# Die Rechtsprechung

des

# Deutschen

# Oberhandelsgerichtes

# zu Leipzig,

herausgegeben

von

**A. Stegemann,**
Anwalt am genannten Gerichtshofe, preußischem Justizrath ꝛc.

**Dritter Band.**

Berlin.
Verlag von J. Guttentag (D. Collin).
1872.

# Inhalt.

c. aus dem Jahre 1872:

## 1.

## Plenum. — Erkenntniß v. 24. Februar 71. (Ref.)

Kölner ./. Rödiger & Quarch (Nr. 68 v. 71).

**Königreich Sachsen.** **Weitere Berufung.**

I. Instanz: Handelsgericht im Bezirksgericht Leipzig,

II. Instanz: Appellationsgericht Leipzig.

**Handelskauf, Verzug, Nachfrist, Schadenersatz.**

**1. Die beiderseitige Vertragserfüllung beim Kauf hat, regelmäßig, Zug um Zug zu geschehen; es kann mithin ein Verzug des Verkäufers in der Uebergabe der Waare ohne gleichzeitige Bereitschaft des Käufers zur Bezahlung nicht eintreten.**

HGB Art. 1, 342 Abs. 3.

Endemann DHR § 109 S. 537, n. 15, auch S. 570 unter B, 1.

**2. Die gemäß Art. 356 HGB erfolgte Bewilligung einer „Frist zur Nachholung des Versäumten" schließt ein Zurückgehen auf entstandene Schäden des bereits vorliegenden Verzuges nicht schlechthin aus.**

HGB Art. 355, 356.

So: Erk. des App.Ger. Leipzig v. 24. Juni 64, Central-Organ, Neue Folge B. III S. 97.

So erkannt vom OHG in einer Leipziger Handelssache, den Ankauf von russischen Fellen betreffend, aus folgenden

**Gründen:**

Mit Recht hat die I. Instanz das vorliegende Geschäft nicht als einen Lieferungskauf — durch welchen Beklagter zu Beschaffung einer bestimmten Zahl von Fellen gewisser Gattung verpflichtet worden wäre —, sondern als Kauf einer gewissen, aus der Gattung bereits ausgeschiedenen, spezifisch bestimmten Menge von Fellen betrachtet. Die den Gegenstand des Vertrages betreffenden Auslassungen beider Theile lassen darüber keinen Zweifel, daß diejenigen 2900 Stück Felle behandelt und gekauft worden sind, welche inhalts eines dem Beklagten zugegangenen Telegramms von dessen Beauftragtem auf der Nischny-Nowgoroder Messe eingekauft waren.

Soviel dagegen den nach Art. 355 HGB erforderlichen Nachweis anlangt, daß Verkäufer mit der Uebergabe der Waare im Verzuge sei, würde der Argumentation I. Instanz (käme es auf den Nachweis gehöriger Oblation des Kaufpreises an) insoweit nicht beizutreten sein, als danach aus dem Mangel bedungener Vorauszahlung des Kaufpreises die Verpflichtung des Verkäufers, zuerst die Uebergabe der Waare zu bewirken oder doch dem Käufer anzubieten, gefolgert wird; während die im Art. 342 HGB vorgeschriebene Entrichtung des Kaufpreises bei der Uebergabe nur das gemeinrechtliche Prinzip der Zug um Zug zu bewirkenden Uebergabe und Zahlung ausdrückt,

v. Hahn, Komm. B. II S. 203 [vgl. Rspr. I S. 45],

folglich des Verkäufers Verzug in der Uebergabe des Kaufobjekts ohne die Bereitheit des Käufers zu gleichzeitiger Zahlung des Kaufpreises nicht eintreten kann.

Richtig ist aber, daß, wie die I. Instanz weiter bemerkt, Käufers Verpflichtung zu thatsächlichem Anerbieten der seinerseitigen Leistung nach § 748 d. bürg. GB für das Königreich Sachsen dann wegfällt, wenn der Verkäufer im Voraus erklärt hat, daß er die Erfüllung nicht annehmen werde.* Nun hat aber Beklagter eingeräumt, daß er nicht nur die Uebergabe der Waare fort und fort

* Vgl. unten S. 46. Ebenso ist in Bezug auf Art. 356 HGB angenommen worden, daß der säumige Kontrahent eine Nachfrist nicht beanspruchen darf, wenn er schon bestimmt erklärt hat, nicht

verweigert, sondern auch die Erfüllung des streitigen Kaufes überhaupt abgelehnt und dem Kläger statt der von ihm verlangten, eine ganz andere Leistung angeboten habe. Nimmt man hinzu, daß ... keineswegs eine bloße Modalität der Vertragserfüllung, sondern das Wesen des Vertrages, der Gegenstand des Kaufs den Kernpunkt der unter den Parteien obwaltenden Differenz bildet: so erscheint in gedachtem Verhalten des Beklagten, verbunden mit dem Zurückweisen des vom Kläger angezogenen Vertrages selbst, zugleich die Erfüllung und Annahme der demselben entspringenden Leistungen und Gegenleistungen so unzweideutig abgelehnt, daß nochmalige Oblation des Kaufgeldes von Seiten Klägers auf eine leere Formalität hinauskommen würde. Es war daher auch von dem Eide über das betreffende, der Sache nach replikatorische Vorbringen — in Uebereinstimmung mit der I. Instanz — abzusehen.

Wenn endlich Kläger in der Bescheinigung des ihm entzogenen Gewinns auf die Zeit nach Ablauf der dem Beklagten in Gemäßheit der Schlußbestimmung des Art. 356 HGB brieflich gesetzten Frist beschränkt worden ist: so scheint dabei die Meinung zu Grunde zu liegen, daß der Ablauf der vorgedachten Frist als Beginn des auf Seiten des Beklagten vorhandenen Verzugs anzusehen sei, weil ein früherer Anfangspunkt aus den Akten nicht zu entnehmen ist. Letzteres ist zwar richtig, schließt jedoch nicht aus, daß dem Definitiverkenntniß nach geführter Bescheinigung, bzw. Gegenbescheinigung der wahre Sachverhalt in dieser Beziehung klarer vorliege, als jetzt, wo es sich nur darum handelt, daß (nicht auch wann) Beklagter vor Anstellung der Klage in Verzug mit Uebergabe der Waare

leisten zu können oder zu wollen. Preuß. OTr. IV. Sen. Erk. v. 27. Sept. 66, Strieth. Arch. B. 63 S. 355; OHG Plen Erk. v. 10. Juni 71 i. S. Pieper '. Schleß, Nr. 287 v. 71; v. Hahn Komm. § 3 zu Art. 356, B. II S. 280. — Vgl. auch Fall Nr. 28.

gerathen sei. — Daß an sich die dem Beklagten im Briefe nachgelassene Frist das Zurückgehen auf die Schäden des schon zuvor entstandenen Verzugs nicht schlechthin ausschließt, folgt schon daraus, daß die Schlußbestimmung des Art. 356 nur für das dem verletzten Kontrahenten zustehende Wahlrecht unter den verschiedenen ihm aus dem Verzuge des Gegners erwachsenen Befugnissen maaßgebend wird, das Recht, Erfüllung zu verlangen, aber nach klarem Inhalt des Art. 355 den Anspruch auf Schadenersatz wegen verspäteter Erfüllung mitumfaßt.

## Nr. 2.

## Plenum. — Urtel v. 9. März (B.) u. 13. April 71. (Ref.)

**Handelskauf, Distanzgeschäfte. Stillschweigende Billigung empfangener Waare. Arglistiges Verfahren des Verkäufers.**
HGB Art. 347, 350.

Die im Distanzhandel* nach Art. 347 HGB dem Käufer einer Waare bei deren Eingange obliegende Verpflichtung zur Untersuchung, bzw. Rüge von Mängeln wird durch die Band I Nr. 28, 57 u. 65, sowie Band II Nr. 28 S. 137 mitgetheilten Rechtsfälle erläutert. Die hieraus für den regelmäßigen Geschäftsgang sich ergebenden Normen gelten aber nicht, wenn von Seiten des Verkäufers ein arglistiges, auf Täuschung seines Abnehmers berechnetes Verfahren stattfand — sei es beim Eingehen, sei es bei der Erfüllung des Kaufvertrages (HGB Art. 350). Ueber solche, immer nach den gerade obwaltenden Umständen zu beurtheilende, Ausnahmsfälle hat das OHG sich ausgesprochen

A. in der sächsischen Appellsache Burckhardt & Co. Gränitz, Nr. 98 v. 71 (I. Instanz: Handelsgericht Chemnitz) durch Erk. v. 9. März 71 dahin:

* Wegen der Platzgeschäfte vgl. Rspr. II Fall 15, S. 66.

Art. 347 HGB legt bei s. g. Distanzgeschäften dem Käufer die Verpflichtung auf, ohne Verzug nach der Ablieferung, soweit dies nach dem ordnungsmäßigen Geschäftsgange thunlich ist, die Waare zu untersuchen und, wenn sich dieselbe nicht als vertragsmäßig ergiebt, dem Verkäufer sofort Anzeige zu machen; indem er im zweiten Absatz hinzufügt, daß, wenn Käufer dies versäumt, die Waare als genehmigt gilt, soweit es sich nicht um Mängel handelt, welche bei solcher Untersuchung nicht sofort erkennbar waren.

Diese gesetzlichen Bestimmungen sanktioniren nur die schon vorher im Handelsstande zur Geltung gekommene Ansicht, daß der Käufer einer Waare, welcher dieselbe während einer für ordnungsmäßige Untersuchung genügenden Zeit behält, ohne wegen etwaiger Mängel dem Verkäufer Anzeige zu machen, die Waare stillschweigend als eine vertragsmäßige billige und auf Entschädigung für alle erkennbaren Mängel verzichte. Sie beruhen lediglich in der **bona fides**, welche im kaufmännischen Verkehr sich die Kontrahenten in ausgedehntestem Maaße schulden, auf kaufmännischer Uebung und auf dem Bedürfniß des Verkehrs, insbesondere auch auf der Unbilligkeit, welche darin liegt, daß sonst der Verkäufer längere Zeit in Ungewißheit bleiben würde, seinerseits daher auch nicht anderweitig über die Waare disponiren könnte, der Kaufer aber die Möglichkeit haben würde, künftige Gestaltungen der Konjunktur zu seinem alleinigen Vortheil auszunutzen oder doch dem Verkäufer den Beweis der vertragsmäßig geschehenen Lieferung unnöthig zu erschweren.

Vgl. Lürmann, im Neuen Archiv für Handelsrecht B. 2 S. 164 ff.;
Motive zum preußischen Entwurf S. 141 und
Protokolle der Kommission zur Berathung des HGB S. 618—620, 642, 643—653, 656, 657.

Schon danach scheint es sich nun freilich von selbst zu verstehen, ist aber auch durch Art. 350 HGB ausdrücklich ausgesprochen, daß die Bestimmungen des Art. 347 vom Verkäufer im Falle eines Betruges nicht geltend gemacht werden können; denn die stillschweigende Genehmigung der Waare, auf welche Verkäufer in dem gegebenen Falle sich dem Käufer gegenüber soll berufen dürfen, charakterisirt sich offenbar als eine dem Käufer zu opponirende exceptio, bzw. replica doli generalis, welche schon nach allgemeinen Grundsätzen durch einen entgegenstehenden, dem Verkäufer zur Last legenden dolus elidirt wird. Allein einen solchen Betrug hat hier der Beklagte den Klägern überall nicht vorgeworfen, und läßt ein solcher sich auch aus den aktenmäßig vorliegenden Thatsachen* nicht entnehmen; denn obwohl die Verfasser des HGB das Prinzip des Art. 347 nicht blos beim Vorhandensein eines Betruges im strafrechtlichen Sinne, sondern überall da ausschließen wollten, wo Verkäufer die Waarensendung nicht in gutem Glauben gemacht habe, wo er in dolo versire, wo also auch nur die Voraussetzungen des civilrechtlichen dolus vorhanden seien,

vgl. Protokolle, S. 650, 660, 1384, 1461;
v. Hahn, Komm. B. II S. 256, 257;

so ist auch in diesem weiteren Sinne ein dolus der Kläger nicht substantiirt. Beklagter hat weder behauptet, daß der klägerische Reisende ihn durch wissentlich falsche Angaben über die Beschaffenheit des zum Kauf offerirten Mehls zum Abschluß des Vertrages veranlaßt, geschweige denn den Klägern bei Aufgabe der Bestellung hiervon Nachricht gegeben habe, noch auch daß die Kläger bei der Uebersendung

* Durch Weigerung der Kläger, einen ihnen zurückgeschobenen Eid zu leisten, war festgestellt, daß Beklagter, bei einem Reisenden der Kläger, nicht schlechthin (wie die Klage behauptete) Weizenmehl von der Sorte 0 bestellt, vielmehr dabei ausbedungen hatte, das Mehl solle weißes Semmelmehl und so gut wie ein gewisses Mehl von der Sorte 00 sein.

und Lieferung des Mehls gewußt hätten, dasselbe besitze die dem Bekl. von ihrem Reisenden zugesicherten Eigenschaften nicht. Sie haben den Bekl. auch nicht etwa durch die ihm übersendete Faktura getäuscht, da sie das Mehl darin einfach als „das bei ihrem Reisenden mündlich bestellte Weizenmehl von der Sorte 0" bezeichnen. Ein dolus der Kläger könnte daher nur darin gefunden werden, daß sie ihre Klage aufrecht erhalten, obwohl sie jetzt in Folge ihrer Eidesweigerung gegen sich festgestellt haben, daß dem Bekl. allerdings durch ihren Reisenden Mehl mit gewissen besonderen Eigenschaften verkauft sei, deren Vorhandensein bei dem gelieferten Mehl sie selbst nicht behaupten. Allein auch abgesehen davon, daß ein etwa darin liegender nachträglicher dolus, der sich lediglich auf das jetzige Prozeßverfahren beziehen würde, einem dolus bei Eingehung oder Ausführung des Vertrages von Seiten des Verkäufers, wie ihn Art. 350 HGB voraussetzt, nicht gleich zu achten ist: würde es sehr bedenklich sein, aus der durch die Eidesweigerung der Kläger herbeigeführten formellen Gewißheit, daß Beklagter Mehl von besonderer Eigenschaft und Güte zu fordern berechtigt gewesen sei, weitere materielle Folgerungen für das zwischen den Parteien bestehende Rechtsverhältniß herzuleiten; denn es ist sehr wohl möglich, daß die Kläger füglich im Stande gewesen wären, den fraglichen Eid zu schwören, und daß sie dies nur in der Voraussetzung unterließen, Beklagter werde den ihm (wie Kläger schon damals geltend machten) trotz ihrer Eidesweigerung noch obliegenden Beweis rechtzeitiger Mängelanzeige nicht führen können. —

B. In einer schwarzburger Sache —

Kämpfe & List ./. Schmidt, Nr. 120 v. 71;
I. Instanz: Kreisgericht Rudolstadt,
II. Instanz: Appellationsgericht Eisenach —

hatte der auf Preiszahlung belangte Käufer geltend gemacht, daß mindestens der vierte Theil der ihm gelieferten Porzellan-Helmköpfe ganz unbrauchbar gewesen sei und beim Einbrennen der Malerei Risse und Sprünge bekommen habe, daß ferner die Kläger auf (spät erfolgte) Anzeige von dieser fehlerhaften Beschaffenheit der Waare ihm wider ihr besseres Wissen die Versicherung gegeben, die Risse und Sprünge rührten nur von einem unrichtigen Verfahren beim Einbrennen her. So behauptete Beklagter dazu bestimmt worden zu sein, die bis dahin nicht eingebrannten Köpfe mit besonderen Vorsichtsmaaßregeln einzubrennen.

Es ward die fehlerhafte Beschaffenheit der Waare festgestellt, gleichwohl die Einrede des Bekl. in I. Instanz verworfen, weil er eine rechtzeitige Rüge unterlassen hatte. Der II. Richter nahm dagegen an, daß die Berufung auf arglistiges Verfahren der Kläger nach Art. 350 HGB diesen Mangel prompter Anzeige ersetze.

Auf weitere Berufung der Kläger hat das OHG das I. Erkenntniß hergestellt.

**Gründe:**

1. Selbst wenn man das Vorbringen des Bekl. dahin verstehen dürfte,

> daß den Klägern bei Zusendung der Waare an den Beklagten selbst bekannt gewesen, daß wenigstens der vierte Theil der Helmköpfe fehlerhaft gewesen;

so würde darin doch keine Behauptung liegen, welche unter den Gesichtspunkt des Betruges gestellt werden könnte. Sicher ist freilich die Vorschrift des Art. 350 HGB nicht blos auf den Fall zu beschränken, wenn der Verkäufer beim Abschluß des Kaufkontrakts eines dolus sich schuldig gemacht hat, vielmehr greift die Bestimmung auch da Platz, wo ein dolus bei der Erfüllung hervortritt. Aber eine andere Frage ist, ob es schlechthin als dolus in der Erfüllung gelten kann, wenn der Verkäufer zur Erfüllung einer auf ein genus gerichteten Obligation eine Waare an den Käufer sendet, deren vertragswidrige oder gesetzwidrige Beschaffenheit er kennt. Von mehreren Seiten ist die Frage bejaht, — z. B. in den in Busch's Archiv B. III S. 239, B. XVIII S. 465 mitgetheilten Entscheidungen, wo denn namentlich der abweichenden Ansicht der Vorwurf gemacht ist, daß sie das Wort „Betrug" im kriminalrechtlichen Sinne nehme, während ein solches Verständniß in der Konferenz selbst,

vergl. Protokolle der Kommission zur Berathung des HGB S. 1461 (siehe auch S. 659 ff., 665, 1384)

mit 14 gegen 3 Stimmen zurückgewiesen sei.

Allein abgesehen davon, daß mit dieser Konferenzentscheidung wenig gewonnen ist, da sowohl der civilrechtliche Begriff des dolus als auch der strafrechtliche Begriff des Betruges ein sehr bestrittener ist, und nicht erhellt, in welchem Sinne beide Ausdrücke von den Konferenzmitgliedern genommen worden: so kann nicht einmal zugegeben werden, daß in jedem Falle die bewußte Uebersendung vertragswidriger Waare zur Erfüllung der Obligation von Seiten des Verkäufers als civilrechtlicher dolus zu betrachten ist. Sicher dann nicht, wenn Verkäufer dabei selbst auf die Mängel hinweist und die Erwartung ausspricht, daß Käufer die Waare trotzdem genehmigen werde. Allein ebensowenig ist der Verkäufer in dolo, welcher zwar nicht selbst auf die Mängel aufmerksam macht, aber voraussetzt, daß sie dem Käufer selber, der als ordentlicher Kaufmann die sofortige Prüfung nicht unterlassen werde, werden bemerklich werden, und die Hoffnung hegt, daß Käufer sich beruhigen, oder doch daß demnächst eine Verständigung erzielt werden wird. Und nur wenn er, in dieser Erwartung getäuscht, zur Klage schreitet, könnte von einem dolus — aber freilich dann auch nur von einem dolus in agendo — die Rede sein, während Art. 350 von einem dolus specialis redet.

Dieser dolus beginnt, wenn Verkäufer in irgend einer Art dahin wirkt, daß Käufer die vertragswidrige Waare ohne Prüfung, oder doch ohne bei der Prüfung deren Mangel zu erkennen, als Erfüllung annimmt, — daß er also entweder die Prüfung innerhalb der ihm zuständigen Frist ganz unterläßt, oder daß er auch bei der Prüfung die Mängel nicht entdeckt. Es kann dies geschehen durch ausdrückliche Versicherung der vertragsmäßigen Beschaffenheit der Waare; oder es kann ohne solche in der Art der Verpackung der übersendeten Gegenstände, oder selbst unter besonderen Umständen in der bloßen Zusendung liegen, — dann z. B. wenn der Verkäufer weiß, daß in vorliegendem Falle die rechtzeitige Besichtigung unterbleiben wird. Die Zusendung der Waare enthält aber an sich, d. h. von besonderen Umständen abgesehen, nicht die (stillschweigende) Versicherung der vertragsmäßigen Beschaffenheit, vielmehr die (stillschweigende) Aufforderung an den Käufer, selbst die Waare zu besehen.

In dem vorstehend entwickelten Sinne hat auch v. Hahn, Komm. B. II S. 256 ff. den Art. 350 verstanden.

Zum Schluß mag auch noch auf ein praktisches Bedenken gegen die gegentheilige Ansicht hingewiesen werden. Die wohlthätigen Bestimmungen der Artikel 347 u. 349 verlören zu einem großen Theil ihre Bedeutung. Der Käufer, welcher die Frist zur Anzeige der Mängel nicht inne gehalten, wird geneigt sein, mit der Behauptung hervorzugehen — die wenigstens auch vielfach der Wahrheit entsprechen wird —, daß der Verkäufer selbst die vertragswidrige Beschaffenheit der Waare bei deren Zusendung gekannt habe.

Kann nun nach Obigem in der bloßen Zusendung der vertragswidrigen Waare unter besonderen Umständen ein dolus liegen: so fragt sich, ob dieser in vorliegendem Falle nicht angenommen werden muß, in welchem, wie durch Sachverständige konstatirt ist, die Mängel erst nach dem Einbrennen erkannt werden konnten. Die Verkäufer wußten danach, daß die sofortige Besichtigung zu einer Entdeckung der Mängel nicht führen werde; sie wußten aber auch mit Bestimmtheit — da sie geständiger Weise den Zweck kannten, zu welchem Beklagter die Helmköpfe kaufte — daß der Käufer später die Mängel erkennen werde, und konnten begreiflich nicht annehmen, daß das Einbrennen würde 6 Monate hinausgeschoben werden. So haben sie denn zur Verheimlichung der Mängel nichts gethan, und kann von einem dolus nicht die Rede sein.

2. Es ist aber vom Bekl. nicht einmal die Behauptung aufgestellt, daß die Kläger bei Zusendung der Waare deren vertragswidrige Beschaffenheit gekannt haben. Er will nach Entdeckung der Mängel Anzeige an die Kläger gemacht und von diesen nur die Versicherung empfangen haben, daß ihre Waare gut und dauerhaft sei und der Fehler am Einbrennen liegen werde... In dieser Versicherung, welche Kläger gegen ihre Ueberzeugung gemacht haben sollen, findet Beklagter den dolus, welchen er den Klägern vorwirft... Eines dolus haben sich hiernach die Kläger erst schuldig gemacht nach Zusendung der in Rede stehenden Waare und nachdem Beklagter bereits die Anzeige von deren vertragswidriger Beschaffenheit gemacht hatte. [Offenbar war] die Absicht der Kläger . . . darauf gerichtet, den Bekl. zum Aufgeben seiner Ausstellungen und der darauf gegründeten Ansprüche zu bewegen. Ein solcher dolus kann selbständig Ansprüche für den Betrogenen erzeugen, aber niemals die Folgen haben, von denen Art. 350 redet, in welchem ein dolus entweder beim Abschluß oder bei der Erfüllung der Obligation vorausgesetzt wird.

Nr. 3.

## Plenum. — Erkenntniß v. 17. März 71. (B.)

Huffer u. John ·/. Hoffmann & Licht (Nr. 73 v. 71).

**Königreich Sachsen.** **Weitere Berufung.**

I. Instanz: Handelsgericht im Bezirksgericht Leipzig.
II. Instanz: Appellationsgericht Leipzig.

**Rechnungslegung. Beifügung vorhandener Beläge. Vorlegung von Handelsbüchern.**

**1. Gemeinrechtlich umfaßt die Verpflichtung zur Rechnungslegung auch die Verbindlichkeit zur Beibringung der Beläge.**

So auch kgl. sächs. bürgerl. GB § 1394.
Vgl. AGO I. 45 § 1, 5 ff.

**2. Art. 37 HGB trifft eine rein prozessuale Bestimmung, er enthält eine Erweiterung der richterlichen Befugnisse im Prozeß.**

Vgl. Rspr. II Fall 46 S. 243.

**3. Die Vorlegung der Handelsbücher erstreckt sich, wenn vom Richter verordnet, auf alle wirklich geführten und vorhandenen Buchungen des betreffenden kaufmännischen Gewerbes.**

HGB Art. 37.

Beklagte haben für Leipzig und Umgegend die praktische Ausnutzung eines den Klägern ertheilten Patents vertragsmäßig erworben. Ueber die Ergebnisse ihrer betreffenden Geschäfte haben sie den dabei interessirten Klägern Rechnung zu legen, auch für das Jahr 63 im Wesentlichen abgelegt. Die Vollständigkeit dieser Rechenschaft bestreitend, verlangen Kläger von den Gegnern gerichtliche Vorlegung eines im Geschäft vertragsmäßig zu führenden, auch wirklich gehaltenen Betriebsbuchs.

Zwei Instanzen erachten das klägerische Verlangen für gerechtfertigt, — der I. Richter aus Art. 37 HGB, der II. aus § 1394 des kgl. sächs. bürgerl. GB. Auf Berufung der Bekl. hat das OHG bestätigend erkannt.

Gründe:

1. Wenn das Appellurtel zur Begründung der Verpflichtung der Bekl. zur gerichtlichen Vorlegung des sogen. Betriebsbuchs sich auf § 1394 des bürgerlichen GB für das Königreich Sachsen beruft: so steht zwar nicht der Umstand entgegen, daß der Vertrag, aus welchem die Klage erhoben worden, vom 14. Dez. 60, die gesetzliche Giltigkeit des GB dagegen vom 1. März 65 datirt, da der Inhalt des § 1394:

die Ablegung der Rechnung besteht in der Mittheilung einer geordneten Zusammenstellung der Einnahmen und Ausgaben unter Beifügung der vorhandenen Beläge,

schon dem früher geltenden gemeinen Recht angehört, wonach die Verpflichtung zur Rechnungsablegung auch die Verbindlichkeit zur Beibringung der Beläge mit umfaßt. — Dagegen aber erhebt sich gegen diese Bezugnahme auf § 1394 das Bedenken, ob das Betriebsbuch unter den Gesichtspunkt eines Belags gestellt werden kann; da der Ausdruck Belag nur auf solche Urkunden paßt, deren Inhalt sich wesentlich nur auf die abzulegende Rechnung bezieht, nicht aber auch solche Schriftstücke mit umfaßt, die in der Hauptsache einen anderen Inhalt haben, und nur nebenbei in Beziehung zu der abzulegenden Rechnung stehen.

Es bedarf jedoch hierüber keiner Entscheidung, da jedenfalls Art. 37 HGB, auf welchen der I. Richter zurückgegangen ist, hier völlig zutrifft.

2. Freilich fällt auch hier der Abschluß des Vertrages in die Zeit vor der gesetzlichen Giltigkeit des HGB (1. März 62) und zur Zahl derjenigen Vorschriften, denen durch das [kgl. sächs.] Einführungsgesetz v. 30. Okt. 61 und besonders durch die Ausführungsverordnung v. 30. Dez. 61 eine rückwirkende Kraft auf schon früher begründete Verhältnisse beigelegt ist, gehört die zur Frage stehende Bestimmung

nicht. Es ist aber nicht die Meinung und der Wille des Gesetzgebers gewesen, daß in Betreff aller übrigen Vorschriften die vor dem 1. März 62 begründeten Rechtsverhältnisse der Einwirkung des HGB entzogen werden sollten; vielmehr entscheidet hier nach der Intention des Gesetzgebers die gemeinrechtliche Theorie über die rückwirkende Kraft von Gesetzen. In diesem Sinne hat sich auch eine Verordnung des kgl. Sächs. Justizministers v. 19. April 62 ausgesprochen (Ztschr. für sächs. Rechtspflege und Verwaltung B. 22 S. 345 ff.), in der es u. a. heißt, daß

ungeachtet des Vorgangs anderer Gesetzgebungen Bedenken getragen worden, der richterlichen Entscheidung darüber, inwieweit im einzelnen Falle Thatsachen, welche vor dem 1. März 62 eingetreten sind, hinsichtlich ihrer privatrechtlichen Wirkungen überhaupt nach den Bestimmungen des HGB zu beurtheilen seien, durch eine absolute Gesetzesvorschrift vorzugreifen, was nicht ohne die Gefahr eines tiefen Eingriffes in bestehende Rechtsverhältnisse hätte geschehen können. —

Es kommt überdies in Betracht, daß das HGB seit dem 1. Januar 70 als Bundesgesetz gilt, ohne daß in dem betreffenden Gesetze v. 5. Juni 69 über die rückwirkende Kraft eine Bestimmung getroffen ist.

3. Wie vieles nun aber auch in der Lehre von der zeitlichen Herrschaft der Gesetze bestritten sein mag*, darüber herrscht ein fast allseitiges Einverständniß, daß Vorschriften von rein prozessualer Natur sofort anzuwenden sind. Es ist nun freilich in Zweifel gezogen, ob die Bestimmungen der Art. 34 und 35 über die Beweiskraft der Handelsbücher hierher zu rechnen sind, oder ob diese dem materiellen Rechte angehören,

vgl. B. 8 S. 561 ff. der citirten Ztschr.;

* Vgl. v. Savigny System B. VIII § 383 ff.; Windscheid Pandekten § 31 ff., B. I S. 69 ff.

jedenfalls enthält aber Art. 37 eine rein prozessuale Bestimmung. Es handelt sich hier nicht um eine Modifikation der Grundsätze über Urkundenedition,

vgl. Anschütz u. v. Völderndorff Komm. zum HGB I S. 280 ff.;

sondern um eine Erweiterung der richterlichen Befugnisse im Prozeß. Recht klar tritt diese im Entwurf erster Lesung hervor, in welchem der entsprechende Artikel so lautete:

„im Laufe eines Rechtsstreits kann der Richter selbst ohne Antrag einer Partei die Vorlegung der Bücher verordnen, damit ꝛc.

Aber auch in der Abänderung, welche der Entwurf demnächst erfahren hat, ist der Gedanke festgehalten, daß es sich nur um die Erweiterung der richterlichen Befugnisse, nicht um das Recht der Parteien handle. Nicht der Partei, vielmehr dem Richter werden die Handelsbücher, wiewohl unter Zuziehung der antragenden Partei, vorgelegt, und der Gedanke an ein Recht der Gegenpartei ist schon durch das Wort „kann", welches die Entscheidung dem richterlichen Ermessen anheimstellt, gänzlich ausgeschlossen.

Nur das kann zweifelhaft sein, ob das „Betriebsbuch", um dessen Vorlegung es sich hier handelt, zu den Handelsbüchern gehört, von denen Art. 37 redet. Man hat nämlich den Ausdruck nicht selten auf diejenigen Bücher beschränkt, die nach gesetzlicher Vorschrift von einem Kaufmann geführt werden müssen,

vgl. Anschütz u. v. Völderndorff a. a. O. S. 28,

und in diesem Sinne hatte ein B. 8 S. 564 der oben citirten Zeitschrift abgedrucktes Erk. des Oberhandelsgerichts zu Mannheim die Pflicht zur Vorlage des „Bestellbriefes" negirt. Allein wirklich geführte Bücher stehen den nach gesetzlicher Vorschrift zu führenden ganz gleich, — vorausgesetzt, daß die thatsächlich geführten Bücher in Beziehung zu dem kaufmännischen Gewerbe stehen, — was rücksichtlich des Betriebsbuchs nicht füglich zweifelhaft sein kann.

## Nr. 4.

## Plenum. — Erkenntniß v. 17. März 71. (Ref.)

Lüning ⁄. Ruben (Nr. 112 v. 71).

**Bremen.** **Ober-Appellation.**

I. Instanz: Handelsgericht Bremen,

II. Instanz: Obergericht Bremen.

**Außergerichtlicher Accord eines Schuldners mit seinen Gläubigern.**

**Wenn ein zahlungsunfähiger Schuldner mit seinen Gläubigern sich außergerichtlich verständigt und abfindet, so kann ein dem Accord und Erlaß beigetretener Gläubiger hinterher eine etwa nicht mit in Betracht gezogene Forderung nicht mehr geltend machen.**

HGB Art. 1, 279, 282.

Im Oktober 1869 accordirte der Beklagte mit seinen Gläubigern, nachdem er diesen seine bedrängte Vermögenslage kundgegeben, außergerichtlich dahin, daß er denselben ein Drittel ihrer Forderungen gegen Verzicht auf das Uebrige baar auszahlte. Kläger ist dem Accord beigetreten, hat im November 69 auf sein im Status des Schuldners mit 17000 Thlrn. angesetztes Guthaben $33^1/_3$ Prozent erhalten und dies auf dem allgemeinen Quittungsbogen, unter „endgiltiger Verzichtleistung auf den Rest seiner Forderung bis dato" bescheinigt. Gleichwohl macht er jetzt eine ihm damals schon zuständige Darlehnsforderung von 1500 Thlrn. geltend, von welcher bei den Accordverhandlungen überall nicht die Rede gewesen ist.

Diese, in den Vorinstanzen für begründet und liquid erachtete, Klage wurde vom OHG abgewiesen.

**Entscheidungsgründe:**

Bei einer von einem insolventen Schuldner versuchten außergerichtlichen Verständigung mit seinen Gläubigern liegt es in der Natur der Sache, daß der Schuldner zu einem Zustandekommen derselben auf die Zustimmung aller Gläubiger rechnen muß, wenn er seinen Zweck — die Vermeidung eines gerichtlichen Konkurs- oder Debit-Verfahrens und die Liberirung von seinen bisherigen Verpflichtungen — erreichen will; und so hat denn auch Beklagter seinen Gläubigern die Offerte, ihnen gegen Verzichtleistung auf den Rest ihrer Forderungen $33^{1}/_{3}$ Prozent zu bezahlen, ausdrücklich an die Bedingung geknüpft, daß alle seine Gläubiger diesem Vorschlage beitreten würden, welche Bedingung zugleich nothwendig dahin ausgelegt werden muß, daß die einzelnen Gläubiger für ihre sämmtlichen Forderungen beiträten. Danach kann es zunächst keinem Zweifel unterliegen, daß Kläger, indem er den proponirten Accord unbedingt und vorbehaltlos annahm, für seine gesammten damaligen Forderungen an den Bekl., mithin auch für die jetzige Klageforderung, dem Accord beigetreten ist, und folglich dem Bekl. auf diese letztere $66^{2}/_{3}$ Prozent erlassen hat, so daß er höchstens noch die Accorddividende dafür beanspruchen könnte. Aber auch auf diese, vom Bekl. seinen Gläubigern vergleichsweise offerirten Prozente, welche Kläger von der Klageforderung allerdings nicht erhalten hat, muß er als verzichtend angenommen werden. Denn bei einer Accordproposition der vorliegenden Art geht die Absicht des Schuldners offenbar dahin, mit einer ihm zur Verfügung stehenden Geldsumme eine bestimmte größere Schuldsumme zu tilgen, und der ganze Accord wird unausführbar, wenn die zu tilgenden einzelnen Schuldposten nicht vollständig zur Berücksichtigung gelangen; indem davon auszugehen ist, daß dem Schuldner eben nur gewisse beschränkte Geldmittel zu Gebote stehen, um seine Gläubiger abzufinden, und daß er nur in der Voraussetzung: die zu tilgenden Passiva seien ihrem ganzen Betrage nach in den seiner Accordproposition zu Grunde gelegten Status aufgenommen, bestimmte Prozente zu bieten Willens und zu zahlen im Stande ist. Gerade in vorliegendem Falle tritt dies aber auf's klarste hervor, indem der Bekl. in seinem Accordvorschlag unter Bezugnahme auf den demselben beigelegten Vermögensstatus seinen Gläubigern auseinandersetzt, daß in Folge der ungünstigen Realisation der Activa nur 20 Prozent für sie in der Masse lägen, wenn alle Forderungen zur Geltung kämen, daß es ihm aber nach vielfachen Bitten gelungen sei, für den Fall des Zustandekommens eines Accords unter der Hand seinen Schwager, Mitgläubiger K., zu bewegen, mit seiner ganzen [bedeutenden] Forderung* zurückzutreten, daß er ein Gleiches bei dem Gläubiger A. zu erreichen hoffe, und daß er hierdurch in den Stand gesetzt werde, den Accord von 33 1/3 %, also erheblich mehr, zu offeriren. Unter diesen Umständen waren offenbar die Gläubiger, welchen die Accordproposition gemacht wurde, und war mithin auch Kläger, zumal er der hauptsächlichste unter ihnen war, nicht nur in die Lage versetzt, sondern auch verpflichtet, die Richtigkeit der in dem beigefügten Vermögenstatus enthaltenen Angaben über den Betrag ihrer betr. Forderungen zu prüfen, falls sie dem Accord beitreten wollten; und erkannten sie daher durch Annahme und Unterzeichnung des Accords zugleich an, daß ihre Forderungen nicht höher seien, als der Proponent des Accords angegeben hatte, indem mit einer Unrichtigkeit der einzelnen Schuldposten nach dieser Richtung hin nothwendig die ganze Accordproposition in sich zusammenfiel. Wollte ein beitretender Gläubiger dagegen moniren, so mußte er dies entweder sofort thun oder es sich mindestens vorbehalten, um den Schuldner in die Lage zu versetzen, den Accord etwa durch Herabsetzung der Dividende oder in

* Welche nach dem Status über 12466 Thaler betrug und der Höhe nach gleich hinter dem Guthaben des Klägers, welcher am meisten zu fordern hatte, stand.

sonstiger Weise dennoch zu Stande zu bringen. Hinterher kann er mit einer solchen Monitur nicht mehr gehört werden, sei es nun daß er dieselbe absichtlich unterlassen, oder daß er sich auch nur in Betreff der Höhe seiner Forderung geirrt haben sollte. Eine solche irrthümliche Unterlassung darf nur dem betreffenden Gläubiger zum Nachtheil gereichen, nicht aber dem Schuldner, welcher jenen vollständig in den Stand gesetzt hatte, sich das von ihm durch Annahme des Accords zu bringende Opfer zu berechnen, welcher voraussetzen durfte, daß seine Aufstellung der Passiva von allen Gläubigern als richtig anerkannt, also vertragsmäßig festgestellt sei, und welcher darauf hin den Accord erfüllte, also seinen beigetretenen Gläubigern mehr leistete, als sie selbst im Falle eines Konkurses hätten erzwingen können. Wollte man eine solche nachträgliche Monitur noch zulassen, so würde dadurch nicht allein der Beklagte selbst, sondern es würden dadurch auch dritte Personen, nämlich diejenigen seiner Gläubiger benachtheiligt werden, welche zur Ermöglichung des Accords und in dem Vertrauen, daß ihr Schuldner durch den Accord von seinen übrigen Verbindlichkeiten gänzlich befreit werde, mit ihren Forderungen zurückgetreten waren. Eine wesentliche Unterstützung der Auffassung, daß sowohl Beklagter als auch die Gläubiger des Bekl., welche dem Accord beitraten, die Absicht hatten, gegen Empfang der auf die im Status aufgeführten Forderungsbeträge entfallenden Dividenden solle jeder weitere Anspruch wegfallen, ergiebt sich dann aber auch noch aus dem vom Bekl. vorgelegten und vom Kläger und den übrigen Gläubigern unterzeichneten Quittungsbogen, indem darin von den Gläubigern nicht nur über den Empfang der zugesicherten Accorddividende von 33 $^1/_3$ Prozent quittirt, sondern zugleich auch endgiltig auf den Rest ihrer Forderungen bis dato verzichtet wird.

Nr. 5.

## Plenum. — Erkenntniß v. 24. März 71. (Ref.)

Reichel ./. Rösler (Nr. 173 v. 71).

**Königreich Sachsen. Wechselsache. Weitere Berufung.**

I. Instanz: Handelsgericht Löbau,
II. Instanz: Appellationsgericht Bautzen.

**Wechsel. Zahlungszeit: in 3 Monaten.**

**Die Zahlungszeit eines gehörig datirten Wechsels ist durch die Worte: „in 3 Monaten zahle ich" genügend bestimmt.**

DWO Art. 4 Nr. 4, Art. 7, 96 Nr. 4.
Anders: Borchardt DWO Zusatz 97 S. 63.

Aus einem vom 24. Dezbr. 69 datirten Eigenwechsel, welcher am 24. März 70 Mangels Zahlung protestirt worden, wird Regreßklage erhoben. Die Zahlungszeit hatte der Aussteller im Wechsel mit den Worten bestimmt: „in drei Monaten zahle ich."

Die Giltigkeit des Wechsels ward bestritten und in zwei Instanzen verneint, vom OHG aber durch abänderndes Urtel anerkannt.

**Gründe.**

Die früheren Richter haben ... dem vorgelegten Wechsel wegen **Unförmlichkeit** Wirksamkeit versagt ..., [weil darin] dem in den Art. 4 Nr. 4 u. 96 Nr. 4 DWO als *wesentlich* hingestellten Erforderniß jedes Wechsels — des gezogenen, wie des eigenen —: daß in demselben die *Zeit*, zu welcher die *Zahlung* erfolgen solle, *bestimmt* angegeben sein müsse, nicht genügt worden... Hier sei weder unmittelbar, noch mittelbar „ein bestimmter Tag" als derjenige der Zahlung bezeichnet, auch die Zahlung nicht „auf eine bestimmte Zeit nach dem Tage der Ausstellung" festgesetzt. Es fehle nämlich

a) an der Erklärung, daß die drei Monate ihren *Anfang* am Ausstellungstage nehmen sollten, und

b) der Ausdruck „*in* drei Monaten" sei nicht gleichbedeutend mit „*nach* drei Monaten", lasse vielmehr die Deutung zu „*innerhalb* drei Monaten", so daß *jeder* beliebige Tag im Laufe des dreimonatigen Zeitraums — nicht ausschließlich der letzte Tag desselben — als bezeichneter Zahlungstag angesehen werden könne.

Zu a.

Der ersten gegen den Wechsel erhobenen Beanstandung war kein irgend erhebliches Gewicht beizulegen.

Wer in einer Urkunde an einem darin bestimmt genannten Tage verspricht, daß von ihm (oder einem Anderen für ihn) Zahlung bei Ablauf eines gewissen Zeitraums erfolgen werde, der macht sich, ohne daß darüber ein begründeter Zweifel erhoben werden kann, dazu verbindlich, daß die Zahlung dann zu leisten sei, wann der genannte, mit dem Tage des Versprechens beginnende Zeitraum sein Ende erreicht haben werde. Dasselbe Verständniß, welches im Falle des Gebrauchs der Worte „von heute", „nach dato" oder eines entsprechenden Ausdrucks, bewirkt werden würde, ergiebt sich aus der so, wie vorstehend angegeben, gewählten Fassung der Urkunde von selbst.

In Betreff gewöhnlicher Verpflichtungs-Urkunden wird dies schwerlich in Zweifel gezogen; dagegen soll, wie Einige annehmen, in Beziehung auf Wechsel ein Bedenken insofern entstehen können, als es bei Nichtaufnahme der Worte „von heute" (oder dergl.) ungewiß bleibe, ob der Tag der Ausstellung, oder derjenige einer noch erst auszuführenden Vorzeigung an die zahlensollende Person als Anfangszeitpunkt der Frist anzusehen sei. Allein wenn, wie dies beim gewöhnlichen Wortlaut des Wechsels der Fall ist und auch bei dem Klagewechsel sich so verhält, kein Wort des Textes darauf hinführt, daß erst nach einer vorgängigen Vorzeigung die Frist, deren Ende den Zahlungstag bezeichnet, zu laufen beginnen solle: kann zu dem vorstehend angegebenen Zweifel keine Veranlassung angenommen werden. Als ein beim Ablauf eines gewissen Zeitraums „nach Vorzeigung" („nach Sicht" oder dergl.)

zahlbarer Wechsel kann nur ein solcher angesehen werden, in welchem zweifellos angegeben ist, daß es einer erst vorzunehmenden Präsentation bedürfe, um dadurch mittelbar die Zahlungszeit zu fixiren.* Niemand wird dagegen einen Wechsel, welcher bezüglich der Angabe der Zahlungszeit so lautet, wie der hier vorgelegte, für einen Wechsel „zahlbar bei Ablauf einer gewissen Zeit nach Sicht" erklären.

Insbesondere gilt dies von eigenen Wechseln, bei welchen zur Annahme, daß der Aussteller durch den Nichtgebrauch der Worte „von heute" oder dergl. habe ausdrücken wollen, die angegebene Zeitfrist solle erst von einem in der Zukunft liegenden Tage, an welchem ihm der Wechsel wiederum vorgelegt werde, ihren Lauf nehmen, gar kein Anlaß ist.

Zu b.

Nicht ganz so unbedenklich war es, ob nicht den früheren Richtern in Betreff der zweiten Beanstandung der Formrichtigkeit des vorgelegten Wechsels beizutreten sei. Indessen gelangte das OHG auch hier dahin, das Vorhandensein einer Unförmlichkeit zu verneinen, und zwar auf Grund folgender Erwägungen.

Von den im Art. 4 DWO aufgeführten wesentlichen Erfordernissen der Wechsel-Urkunde bezieht sich auf deren Text-Abfassung nur eines, indem unter Nr. 1 vorgeschrieben ist, daß der Urkunde, um als Wechsel gelten zu können, das Wort „Wechsel" nicht fehlen dürfe.** Im Uebrigen ist es den Betheiligten anheim gegeben, wie sie den Wortlaut der Wechsel-Urkunde formiren wollen, wenn nur alle materiell erforderlichen Angaben (Größe der zu zahlenden Summe, Personen- und Orts-Namen, Ausstellungs- und Zahlungszeit) in dieselbe aufgenommen und

* Vgl. Rspr. II. S. 288.

** Eine „Zahlung nach Wechselrecht" versprechende Urkunde gilt, wenn in Deutschland ausgestellt, nicht als Wechsel, weil sie der „in den Wechsel selbst aufzunehmenden Bezeichnung als Wechsel" entbehrt. OHG Plen. Erk. v. 24. März 71 in der Dessauer Sache H. Allenstein ./. Eheleute Dräger, Nr. 176 v. 71; Borchardt DWO Zusatz 49, u. 47 S. 40 ff.; Hartmann DWR § 58 S. 156.

bzw. mit genügender Deutlichkeit bezeichnet sind, um hierüber keinen Zweifel zu lassen.

Da demzufolge auch in Betreff „der Zeit", zu welcher gezahlt werden soll, keine zwingende Form-Vorschrift existirt so kommt es bei dem speziell in Rede stehenden Punkte nur darauf an, ob die vom Aussteller eines Wechsels gebrauchten Worte „in drei Monaten zahle ich" einen Zweifel darüber lassen, ob das Zahlungsversprechen, wie die Kläger behaupten, nur auf den Zeitpunkt des letzten Tages des in Rede stehenden Drei-Monat-Zeitraums bezogen werden kann, oder ob es auch die Auslegung leidet, der Aussteller habe sich verpflichten wollen, nach Gefallen des Wechsel-Inhabers an dem letzten oder an irgend einem anderen Tage des angegebenen Zeitraums Zahlung zu leisten. — Wenngleich nun einzuräumen ist, daß die Wortfassung „in drei Monaten zahle ich", um auszudrücken, die Zahlung solle bei Ablauf von drei Monaten erfolgen, keine völlig korrekte genannt werden kann: so ist doch die im Vorstehenden angegebene zweite Auslegung jener freilich einigermaßen vulgären, aber im ersteren Sinne in den Verkehr völlig eingebürgerten Ausdrucksweise eine so gezwungene und der denkbaren Absicht des Ausstellers so sehr zuwiderlaufende, daß man von ihr völlig absehen muß; wovon dann die Folge ist, daß als einzig mögliches Verständniß nur dasjenige der ersteren Auslegung übrig bleibt.

Hienach ist in dem vorliegenden Wechsel eine hinlänglich deutliche Angabe der Zeit, zu welcher die Zahlung der Wechselsumme erfolgen sollte, zu erblicken.

## Nr. 6.

## Plenum. — Erkenntniß v. 3. April 71. (Ref.)

Keltsch ·/. Dresdener Gewerbebank Fröhner & Co. (Nr. 121 v. 71.)

**Königreich Sachsen.** **Weitere Berufung.**

I. Instanz: Handelsgericht im Bezirksgericht Dresden,
II. Instanz: Appellationsgericht Dresden.

**Kommanditgesellschaft. Haftung der Gesellschaft neben der persönlichen Verpflichtung des Komplementars. Ausscheiden eines Kommanditisten, Verlautbarung im Handelsregister.**

**1. Der Gläubiger einer Kommanditgesellschaft hat freie Wahl, ob er seine Forderung gegen den persönlich haftenden Gesellschafter (Komplementar) für dessen Person oder gegen die Gesammtheit der Gesellschafter unter deren Firma geltend machen will. Die ihm zustehenden Klagen verfolgen wesentlich verschiedene Ziele.**

HGB Art. 150, 158, 164, 165, 167.

**2. Wird der persönlich haftende Gesellschafter nur für seine Person belangt (nicht als Repräsentant der Kommanditgesellschaft), so kann eine gegen ihn ergehende Verurtheilung nur in sein Vermögen, nicht in das Gesellschaftsvermögen vollstreckt werden.**

HGB Art. 119, 122, 150, 164, 169.

**3. Die Verlautbarung des Ausscheidens eines Kommanditisten durch das Handelsregister ist nur im Interesse der allgemeinen Rechtsordnung geboten.**

HGB Art. 129, 150, 171.

Bei einer Dresdener Kommanditgesellschaft ist Kläger mit einer Einlage von 500 Thlrn. betheiligt gewesen. Einen Theil dieser Einlage (400 Thlr.) hat er dann von dem persönlich haftenden Gesellschafter Fröhner zurückgefordert, ist aber mit seinem Anspruch angebrachter Maaßen abgewiesen worden. Während der Prozeß noch schwebte, erhob derselbe gegen die Gesellschaft Klage auf Rückgabe jener 500 Thaler. Die beklagte Firma wendete bezüglich der schon eingeklagten 400 Thlr. Rechtshängigkeit der Sache ein und will übrigens zur Zurückbehaltung des klägerischen Guthabens berechtigt sein, weil Kläger sich geweigert, sein Ausscheiden als Kommanditist im Handelsregister vermerken zu lassen.

In I. u. II. Instanz ward die neue Klage angebrachter

Maaßen abgewiesen; das OHG aber entschied zu Gunsten des Klägers.

**Gründe.**

Daß im Vorprozeß der persönlich haftende Gesellschafter Fröhner zum Theil wegen desselben Gegenstandes in Anspruch genommen worden, steht der jetzigen Klage nicht entgegen. Denn das Vorgehen des Klägers findet allseitig Rechtfertigung in den gesetzlichen Normen über das Rechtsverhältniß einer Kommanditgesellschaft zu dritten Personen.

Nach Art. 150 HGB ist die Haftung des Komplementars einer Kommanditgesellschaft für die Verpflichtungen der letzteren nicht auf seine Vermögenseinlage beschränkt; er wird als der persönlich haftende Gesellschafter bezeichnet und steht für die Verpflichtungen der Gesellschaft, wie der Socius der offenen Handelsgesellschaft, mit seinem ganzen Vermögen ein. Daneben kann jedoch nach Art. 164 desselben GB die Kommanditgesellschaft unter ihrer Firma Rechte erwerben und Verbindlichkeiten eingehen, vor Gericht klagen und verklagt werden. Der Gläubiger einer Kommanditgesellschaft hat mithin, wie hieraus zweifellos sich ergiebt, freie Macht, ob er für seine Forderung den persönlich haftenden Gesellschafter — Komplementar — für seine Person oder die gesammten Mitglieder der Gesellschaft unter deren Firma in Anspruch nehmen wolle. In beiden Fällen handelt es sich um eine Schuld der Gesellschaft, es ist aber der Rechtswirkung nach keineswegs gleichgiltig, welchen prozessualen Weg der Rechtsverfolgung der Gläubiger beschritten hat. In dieser Hinsicht kann (nach gegenwärtiger Sachlage) auf sich beruhen, ob und in wie weit ein gegen die Kommanditgesellschaft als solche ergangenes Urtel ohne Weiteres gegen das Privatvermögen der persönlich haftenden Gesellschafter, wirkt, — eine Frage, die von Einigen (vgl. Anschütz und v. Völderndorff Komm.

zum HGB B. 2 S. 373) nicht ohne den Anschein innerer Konsequenz verneint wird, für deren Bejahung aber andererseits wiederum die Erwägung geltend gemacht werden könnte, daß durch die Einlassung unter dem Namen der Firma alle alle einzelnen Socien, also bei der Kommanditgesellschaft die persönlich haftenden Gesellschafter der Sache nach wirklich in den Prozeß eintreten; (vgl. v. Hahn Komm. B. I S. 284). Ganz anders, wenn (wie jetzt der Fall) zunächst der Komplementar in Anspruch genommen worden ist.

Die Verurtheilung des einzelnen Gesellschafters — auch der Komplementar ist nach Innen zu nur ein solcher, und selbst nach Außen hin dann nicht Repräsentant der Gesellschaft, wenn er für seine Person belangt wird — ann res judicata offenbar deshalb nicht begründen, weil der Komplex der Gesellschafter, als der Inhaber des Gesellschaftsfonds, nach der der Klage gegebenen Richtung keine prozessuale Vertretung erlangt hat und erlangen konnte. Die Exekution hat demnach nur in das Vermögen des Verurtheilten, nicht in das Vermögen der Firma statt; (vgl. Siebenhaar, Correalobligation S. 369). Eine derartige Exekution gegen das Gesellschaftsvermögen wird jedoch dann ermöglicht, wenn Kläger mit der jetzigen Klage obtinirt. Beide successiv erhobenen Klagen verfolgen demnach ein wesentlich verschiedenes Ziel, weil nicht nur das Parteiverhältniß im rechtlichen Sinne ein verschiedenes ist, sondern auch der mögliche prozessuale Erfolg ein anderer. Hieraus folgt, daß die Anhängigkeit des Vorprozesses eine Thatsache ist, die, was die Statthaftigkeit der Rechtsverfolgun g anlangt, für den jetzigen Prozeß präjudizieller Wirkung entbehrte. Die Rechtsverfolgung in beiden Fällen vollzieht sich nach den bei Gesammtschuldverhältnissen geltenden Grundsätzen. Ist der Gläubiger von einem Schuldner durch Zahlung oder, was dem in der Wirkung gleichsteht, durch Aufrechnung

(Kompensation) befriedigt, so kommt dies allerdings dem anderen Schuldner zu Gute. Aber bevor in dieser Weise der Schuldnexus definitiv gehoben ist, kann der Gläubiger nach seiner Wahl von einigen oder von allen Schuldnern das Ganze verlangen.

§ 1019, 1024, 1026, 1027 kgl. sächs. bürgerl. GB. [Windscheid Pandekten § 293, B. II S. 129].

Nur insofern läßt sich nach der besonderen Sachgestaltung ein Einfluß des Vorprozesses auf die jetzt in Frage stehende Rechtsverfolgung denken, als nach eingetretener Rechtskraft der im älteren Prozeß ertheilten Entscheidung, bezüglich der Wirkung einer vorgeschützten Kompensation, dafern sich Beklagte in jetzigem Prozeß darauf bezieht, in Frage gelangen kann, ob nicht dieser Umstand als eine neu erwachsene Ausflucht der Bekl. zu Statten komme. Hierauf ist Beklagte bereits in voriger Instanz ausdrücklich hingewiesen worden. Anlaß zu einem Eingreifen in den geordneten Prozeßgang aus justizpolizeilichen Gründen, wie Beklagte meint, ist in alle Wege nach den aktenkundigen Umständen nicht geboten...

Kläger fordert weiter den, nach erfolgter Kündigung des Betrags von 400 Thlrn. übrig gebliebenen, Rest seiner Einlage mit 100 Thlrn. Diese 100 Thlr., bemerkt er, seien gleichfalls fällig geworden. Es habe nämlich der Aufsichtsrath der Gesellschaft im Jahre 67, weil Kläger deren Vertreter beleidigt haben solle, auf Grund einer Bestimmung des Gesellschaftsvertrags beschlossen, ihn seiner Mitgliedschaft als Kommanditist für verlustig zu erklären, und dieser Beschluß sei auf eine an die Generalversammlung der beklagten Gesellschaft eingewendete Berufung von dieser am 24. März 68 bestätigt worden. Kläger beansprucht auf Grund dieses Vorgangs die Rückzahlung seiner bei der Gesellschaft verbliebenen Einlage...

Mit Rücksicht darauf, daß Kläger unbestritten seiner

Löschung als Kommanditist vor dem Handelsgericht Dresden, als Firmenbehörde, Widerspruch entgegengesetzt hat, ist der Klageanspruch von den Vorderrichtern in der angebrachten Art abgewiesen worden. Das Appellgericht hat diese Abweisung durch Hinweis darauf zu motiviren gesucht, es falle die Erfüllung der Verbindlichkeit eines Kommanditisten, im Falle seines Austritts aus der Gesellschaft die Verlautbarung im Handelsregister geschehen zu lassen, gegenüber den der Gesellschaft obliegenden Verpflichtungen unter den Gesichtspunkt einer Gegenleistung; es erscheine mithin die im § 768 des sächs. bürgerl. GB enthaltene Bestimmung maaßgebend, wonach demjenigen, welcher einem Anderen in Folge eines Rechtsgeschäfts, vermöge dessen Letzterem selbst eine fällige Gegenleistung obliegt, zur Herausgabe einer Sache verpflichtet ist, das Recht zustehe, bis zu seiner Befriedigung die schuldige Sache zurückzubehalten.

Diese Auffassung verkennt die besondere Gestaltung der gegenwärtigen Sachlage.

Die Thatsache, daß die bekl. Gesellschaft den Kläger ausgeschlossen, beruht in unbestrittener Rechtsgewißheit. Kläger hat sich allerdings von vornherein geweigert, diese Ausschließung anzuerkennen; inhalts gegenwärtiger Klage will er sie jedoch über sich ergehen lassen. Die Gesellschaft kann sich nicht darauf beziehen, in Folge der früheren Weigerung des Klägers ihren Ausschließungsbeschluß wieder zurückgenommen zu haben. Er ist also als fortbestehend anzusehen und, da Kläger sich ihm jetzt unterwirft, treten zweifellos auf Seiten der bekl. Gesellschaft alle Rechtswirkungen einer solchen Ausschließung ein.

Des Klägers zur Zeit vorliegende Weigerung, sein Ausscheiden im Handelsregister verlautbaren zu lassen, begründet kein Recht der Bekl. zur Zurückhaltung der Einlagen. Zwar liegt dem Kläger nach Art. 171 HGB auf

Grund der vorbezeichneten Sachlage die Abgabe entsprechender Erklärung vor dem Handelsgericht behufs Anbahnung des erforderlichen Eintrags im Handelsregister zweifellos ob. Aber nach Inhalt der gedachten Gesetzesvorschrift, in Verbindung mit der generellen Bestimmung des Art. 129, handelt es sich dabei augenscheinlich blos um Erfüllung einer im öffentlichen Interesse gebotenen Ordnungsvorschrift, nicht um Vollziehung einer durch Vertrag begründeten Gegenleistung des Klägers. Und selbst wenn man zu Gunsten der Bekl. davon ausgehen will, daß ihr an pünktlicher Ausführung jener Ordnungsvorschrift durch den Kläger ein privatrechtliches Interesse zustehe: so würde der dadurch begründete Anspruch zur Zeit deshalb noch nicht als ein fälliger sich darstellen, weil Beklagte bis jetzt weder die durch die Ausschließung bedingte Befriedigung des Klägers, noch die ihrerseits eingetretene vertragsmäßige Liberation von weiteren Leistungen an den Kläger liquid gestellt hat. Bevor eins oder das andere geschehen, ist Kläger zur definitiven Aufgabe seiner Gesellschaftsrechte durch Erklärung vor dem Handelsregister nicht für verpflichtet anzusehen. In alle Wege kann daher von den Voraussetzungen eines Retentionsrechts der Bekl. im Sinne des bürgerl. GB § 767, 768 gegenwärtig nicht die Rede sein.

## Nr. 7.

## Plenum. — Erkenntniß v. 13. April 71. (B.)

Fr. Röse ./. C. Leske (Nr. 194 v. 71).

**Königreich Sachsen.** **Weitere Berufung.**

I. Instanz: Gerichtsamt Pulsnitz,

II. Instanz: Appellationsgericht Bautzen.

**Bedeutung einer Vertragsurkunde gegenüber der mündlichen Vereinbarung. Kauf auf Probe oder Kauf zur Probe?**

1. Durch eine Vertragsurkunde werden die wesentlichen und entscheidenden Momente der getroffenen Verein-

**barung festgestellt. Gegen den Inhalt der Urkunde kann daher der Regel nach ein wesentlich abweichender Inhalt des vorhergegangenen mündlichen Vertragsschlusses nicht geltend gemacht werden; vielmehr sind wesentliche Abreden, welche die Urkunde verändert oder übergeht, kraft der Unterschrift als aufgegeben anzusehen.**

HGB Art. 1; vgl. 413, 415, 558, 644, 653, 788, 875.

**2. Der Unterschied zwischen einem unbedingten Kauf zur Probe und einem bloßen Kauf auf Probe ist nicht als dem Sprachgebrauch und Verständniß des gewöhnlichen Lebens geläufig anzusehen.**

HGB Art. 278, 339, 341.

Angenommen in einer sächsischen Handelssache aus folgenden

**Gründen:**

Parteien sind darüber einig, daß die streitigen Urkunden ... nach mündlichem Abschluß des Kaufvertrages errichtet sind.

Es war zuvor keine Abrede getroffen, daß der Vertrag schriftlich redigirt werden sollte.* Weichen auch die Vorträge der Parteien über die Aeußerungen, welche zur Ausstellung jener Urkunde veranlaßt haben, von einander ab: so machen doch die beiderseitigen Anführungen unzweifelhaft, daß in jenen Urkunden der Beweis der mündlichen Vereinbarung erlangt und gesichert werden sollte. Diesem Zweck entsprechend, mußte alles Wesentliche des mündlichen Abschlusses den Urkunden eingefügt werden. Inhalt und Art des mündlichen Abschlusses konnte durch sie nur dann konstatirt werden, wenn die entscheidenden Vertragsrechte und Vertragspflichten darin aufgenommen wurden. Daraus folgt, daß die von einem Theile aufgesetzte Vertragsurkunde von dem anderen Theile nicht vollzogen werden durfte, wenn sie dem mündlichen Abschluß

* Vgl. Rspr. II Nr. 9 S. 39 u. Nr. 41 S. 220.

widersprechend und in wesentlichen Punkten unvollständig war. Namentlich hätte der stillschweigende Vorbehalt des Vollziehenden, bei späterem Streit auf das Abweichende und Fortgelassene des mündlichen Abschlusses zurückzukommen, der beiderseits gewollten Bestimmung der Urkunde widersprochen. Sie vollziehen, hieß: sich zu ihrem Inhalt bekennen und denselben als mit dem mündlichen Abschluß übereinstimmend anerkennen. Freilich setzt dieses Anerkenntniß Prüfung voraus; aber die Prüfung muß präsumirt werden.

Diese aus der Bedeutung einer Vertragsurkunde fließenden Sätze führen dahin, daß der Regel nach dem Inhalt der Vertragsurkunde der in Wesentlichem abweichende Inhalt des vorgängigen mündlichen Abschlusses nicht entgegengestellt werden kann, daß vielmehr wesentliche Abreden, welche die Urkunde verändert oder übergeht, kraft der Unterschrift für aufgegeben gelten müssen.

Und diese Konsequenz ist für das Königreich Sachsen positives Recht.

Vgl. § 826 des bürgerl. GB und die Motive dazu; Siebenhaar, Kommentar II S. 112, 113;
Annalen des OAppGer. Dresden I S. 472, V S. 337 (VIII S. 311); Neue Folge II S. 83.

Aber diese Regel ist nicht absolut. Besondere Umstände, welche darthun, daß die aus der Unterschrift an sich zu folgernde Willensänderung gegenüber dem Inhalt des mündlichen Abschlusses nicht stattgefunden hat, können sie im Einzelfall ausschließen. — Soll ferner die Willensänderung aus der Genehmigung der abweichenden Vertragsurkunde entnommen werden, so muß die Abweichung von dem mündlichen Abschluß in dieser klar ausgesprochen sein. Unsichere, zweifelhafte Ausdrücke und Fassungen werden allein durch die Unterschrift des Kontrahenten nicht im Sinne des Konzipienten entschieden.

Zu diesen, nicht schlechthin klaren und gemeinverständlichen, Ausdrücken gehört der „Kauf zur Probe“ im Unterschied von dem „Kauf auf Probe. Das HGB definirt den Kauf „zur Probe“ als „unbedingten Kauf unter Hinzufügung des Beweggrundes“, den Kauf „auf Probe“ als einen „Kauf unter der aufschiebenden Bedingung, daß Käufer die Waare prüfen und genehmigen werde;“ Art. 341, 339. Die Richtigkeit dieser Definition war vor dem HGB keineswegs eine ausnahmslos anerkannte.

Vgl. Motive zum preuß. Entwurf S. 137.

Und noch jetzt hält der gewöhnliche Sprachgebrauch beide Begriffe nicht scharf aus einander. Mißverständlich wird der Ausdruck „zur Probe“ nicht selten für „auf Probe“ gebraucht.

Vgl. v. Hahn Komm. B. II S. 200 n. 1.

Diese noch nicht geschwundene Ausdrucksweise des geschäftlichen Verkehrs macht die Interpretationsregel des Art. 341 zu einer nicht schlechthin anwendbaren. Letztere kann namentlich dann die Ergründung des wahren Inhalts des Abschlusses, also der Willensmeinung der Kontrahenten nicht ausschließen, wenn deren Lebensstellung und Bildungsgrad dafür spricht, daß sie sich der juristisch korrekten Unterscheidung jener Ausdrücke bei der Prüfung der Kontraktsfassung nicht bewußt gewesen.

Vom Sohne und Reisenden des Klägers, A. R., läßt sich freilich annehmen, daß er den Ausdruck „zur Probe“ wohlbewußt und absichtlich bei Redaktion der Vertragsurkunde angewendet hat. Dafür spricht namentlich der auffällige, die Worte des HGB reproduzirende Zusatz:

„mit dem Beweggrunde, daß wenn mir die Waare gefällt, ich danach eine größere Bestellung mache.“

Dem Bekl. aber, einem Schmied und Handelsmann in einem Städtchen [Pulsnitz], ist die Kenntniß des Unterschieds eines Kaufs auf Probe von dem eines Kaufs zur Probe nicht ohne Weiteres zuzutrauen, und seine Versicherung, daß er erst durch diesen Prozeß, bzw. durch den Gebrauch, welchen Kläger von dem Ausdruck „zur Probe“ jetzt gegen ihn versucht, über jenen Unterschied belehrt worden, erscheint nicht unglaubwürdig.

Ist daher, wie er versichert, zwischen ihm und A. R. so abgeschlossen,

daß er die Cigarren nur auf Probe nehmen solle und dieselben, wenn sie ihm nicht gefielen, jederzeit zurückschicken dürfe;

hat ferner nur der wirklich vereinbarte Kauf Beweises halber zu Papier gebracht, nicht aber irgend eine Aenderung des mündlichen Abschlusses schriftlich fixirt werden sollen: so kann aus dem hier nicht unzweifelhaften Ausdruck „zur Probe“ in der Vertragsurkunde nicht entnommen werden, daß von dem vereinbarten, in das Belieben des Bekl. gestellten Kauf mit dessen Willen abgegangen und ihm ein unbedingter Kauf substituirt wäre. Vielmehr erscheint unter der Voraussetzung, daß der Kauf, so wie Beklagter angiebt, abgeschlossen worden, die von A. R. bewirkte wohlbewußtabweichende Redigirung des Abkommens als eine arglistige und betrügerische — berechnet darauf, daß der Bekl. sich bei dem doppeltunterstrichenen Wort „**Probe**“ beruhigen, den Unterschied „auf“ und „zur“ Probe nicht herausfinden und das Schriftstück arglos vollziehen, bzw. annehmen werde.

Dem Bekl. ist also der Beweis des von ihm behaupteten Abschlusses mit Recht nachgelassen worden.

## Nr. 8.

## Plenum. — Erkenntniß v. 21. April 71. (B.)

Coll ./. Vorschußverein zu Rostock (Nr. 262 v. 71).

**Mecklenburg.** **Wechselsache.** **Appellation.**

I. Instanz: Obergericht Rostock.

**Protest, eine Urkunde bezüglich mehrerer Wechsel. Ort, nach dem Tode des Schuldners. Protest gegen Erben. Notifikation.**

**1. Die Giltigkeit der Protesturkunde wird dadurch nicht beeinträchtigt, daß diese sich auf mehrere Wechsel zugleich bezieht.**

DWO Art. 88, 89.

**2. Die Aufnahme des Protests kann, falls der Acceptant bzw. der Aussteller eines Eigenwechsels gestorben ist, in dem früheren Geschäftslokal des Verstorbenen, eventuell in der Sterbewohnung geschehen, ist auch den Erben gegenüber zuläſſig.**

DWO Art. 88 Nr. 2 u. 4, 91.

**3. Die etwaige Unterlassung der Notifikation hat der Wechselbeklagte im Wege der Einrede geltend zu machen.**

DWO Art. 45 u. Rspr. I S. 356.

Aus zwei vom Musiklehrer Sch. ausgestellten Eigenwechseln — über 180, bzw. 230 Thlr. lautend und am 18., bzw. 20. Febr. 71 fällig — wird Regreß gegen den Blanco-Indossanten Coll genommen. Sch. ist im Februar zu Rostock gestorben, und in seiner Wohnung gegen die Wittwe, sowie gegen den gerichtlich bestellten Vormund der Kinder „als die alleinigen Intestaterben" Protest Mangels Zahlung erhoben worden. Der protestirende Notar hat über die Präsentation beider Wechsel nur eine Urkunde aufgenommen.

Der Beklagte bemängelt den Protest und rügt noch, daß dieser nicht im „Geschäftslokal" des Verstorbenen erhoben worden. Außerdem bestreitet er die Nebenansprüche auf Provision ꝛc. wegen nicht nachgewiesener Notifikation.

Der vom Obergericht Rostock verurtheilte Beklagte legt Berufung ein, und das OHG erkennt (vgl. Rspr. I S. 16) bestätigend.

Gründe:

1. Die Frage, ob eine einzige Protesturkunde genügt, wenn mehrere Wechsel gleichzeitig für denselben Requi-

renten gegen denselben Wechselschuldner protestirt werden, ist zwar in der DWO nirgend ausdrücklich entschieden. Allein wenn Art. 88, der die Erfordernisse einer gehörigen Protesturkunde feststellt, unter denselben nicht die Bestimmung enthält, daß die Urkunde sich nur auf einen einzigen Wechsel beziehen darf, und wenn weiter aus Art. 89 wenigstens so viel hervorgeht, daß eine nutzlose Häufung der Formalitäten nicht im Sinne des Gesetzes liegt: so kann auch die Bejahung der obigen Frage keinem gegründeten Bedenken unterliegen, zumal auch schon vor der DWO die Zulässigkeit der Protestirung mehrerer Wechsel in Einer Urkunde partikularrechtlich vielfach ausdrücklich anerkannt war.

Vgl. Archiv für Wechselrecht B. IX S. 77 ff.

So ist denn die obige Frage heut zu Tage kaum noch streitig, und nur darüber gehen die Ansichten auseinander, ob es genügt, wenn der gleichlautende Theil des Inhalts verschiedener Wechsel nur einmal abgeschrieben wird, oder ob schlechterdings eine wörtliche Abschrift eines jeden der protestirten Wechsel erforderlich ist.

Vgl. Thöl, Wechselrecht S. 288, Archiv für DWR B. 9 S. 77—80; Renaud, Wechselrecht 3. Aufl. S. 109 unten, Wächter, im Archiv für DWR B. VII S. 242 ff., Hoffmann, Erläuterung der DWO S. 626 [Borchardt ADWO Zusatz 705 S. 546 f.]

Hienach ist denn der erste Einwand, welchen Beklagter gegen die Giltigkeit des Protests erhoben hat, völlig grundlos. Dasselbe gilt aber auch weiter in Betreff des zweiten Einwandes, entnommen aus dem Orte der Präsentation.

2. Gesetzlich ist über den Ort der Präsentation nichts bestimmt, wenn der Acceptant oder der Aussteller eines eigenen Wechsels vor dem Verfalltage gestorben ist. Jedenfalls genügt die Aufnahme des Protests in dem früheren

Geschäftslokal des Verstorbenen, in Ermangelung eines solchen in der Sterbewohnung.

Vgl. Borchardt ADWO Zusatz 743 S. 571.

Wenn nun das Gericht nicht blos als gerichtskundig, sondern auch als gemeinkundig in der Stadt Rostock bezeugt, daß der Verstorbene kein besonderes Geschäftslokal gehabt hat, sowie daß die Wittwe noch dieselbe Wohnung inne hat, in welcher ihr Ehemann vor Kurzem verstorben sei: so muß auch die Richtigkeit und Wahrheit dieser thatsächlichen Behauptungen in der höheren Instanz zu Grunde gelegt werden, und verdient die Aufstellung des Bekl., daß von einer Notorietät nicht die Rede sein könne, keine Beachtung. Der Wechselprotest, der nach Inhalt der Protesturkunde in der Wohnung der Wittwe erhoben worden, ist demnach am richtigen Orte — in der Sterbewohnung — aufgenommen. Abgesehen hievon kann wenigstens, wenn der Wechselschuldner verstorben, auch den Erben gegenüber giltig protestirt werden. Eine Verpflichtung dazu liegt nicht vor, schon deshalb nicht, weil es dem Wechselinhaber vielfach unmöglich sein wird, innerhalb der für die Protesterhebung gesetzten Frist in Erfahrung zu bringen, wer Erbe geworden. Aber wenn der Protest, wie hier, den Erben gegenüber erhoben ist, so muß derselbe als vollständig wirksam angesehen werden.

3. Endlich ist auch der Versuch des Bekl. verfehlt, sich durch Berufung auf Art. 45 DWO und § II unter 1 der (Mecklenburg-Schwerin'schen) Verordnung v. 14. Juni 49, betreffend das gerichtliche Verfahren in Wechselsachen, von seiner Verpflichtung zur Zahlung von Provision, Zinsen und Kosten zu befreien. Kläger hat in der Klage angeführt, daß er den Bekl. von der geschehenen Protesterhebung in Kenntniß gesetzt habe; der Bekl. bestreitet dies nicht. Da aber nach der Verordnung v. 14. Juni 49 bei der Klageerhebung „alle zur Begründung der Klage er-

„forderlichen Umstände durch öffentliche oder den Bekl. „verbindende Privat-Urkunden nachgewiesen werden müssen", und da die Berufung auf die Notifikation zur Begründung der Nebenansprüche gehöre, meint Beklagter, auf die bloße (unbescheinigte) Behauptung der Klage, daß zeitig notifizirt worden, sei keine Rücksicht zu nehmen, vielmehr der Anspruch auf Zinsen rc. abzuweisen. Aber eben die Voraussetzung, von welcher der Bekl. ausgeht, daß die Berufung auf die zeitig erfolgte Benachrichtigung des unmittelbaren Vormanns zur Begründung des Anspruchs auf Zinsen, Provision und Kosten gehöre, ist unrichtig; vielmehr ist es — wie die Mehrzahl der Wechselrechtslehrer annimmt, auch namentlich nach den Protokollen der Leipziger Konferenz (Thöl'sche Ausgabe S. 184) kaum noch zweifelhaft erscheint, und auch das OHG bereits [im Plenarurtel v. 14. März, Rspr. I S. 355 ff.] anerkannt hat — Sache der Einrede, den Mangel der Notifikation geltend zu machen In vorliegendem Falle hat nun aber der Bekl. gar nicht behauptet, daß die Notifikation unterblieben sei.

Nr. 9.

## Plenum. — Erkenntniß v. 5. Mai 71. (B.)

Menshausen & Co. ./. Zieland & Co. (Nr. 178 v. 71).

**Königreich Sachsen.** **Weitere Berufung.**

I. Instanz: Handelsgericht im Bezirksgericht Leipzig,

II. Instanz: Appellationsgericht Leipzig.

**Versicherung von Speditionsgut, Ansprüche des Kommittenten.**

**Darf der Kommittent von dem Spediteur (oder Transportunternehmer), welcher in seinem Auftrage Versicherung für das Transportgut genommen hat, Abtretung der Rechte aus dem Versicherungsvertrage verlangen, auch wenn er gleichzeitig auf Erfüllung des Speditionsvertrages, bzw. auf Entschädigung dringt?**

HGB Art. 361, 368 Abs. 2, 374 Abs. 2.

Kgl. sächs. bürgerl. GB § 1310, 970; vgl. 961, 1308.

Als Kommittent des in den Rechtsfällen unseres II. Bandes, unter Nr. 33 und 34 (dort S. 163 ff.) erörterten Waarentransports hat die klagende Firma noch einen besonderen Anspruch wider das Speditionshaus Sieland & Co. geltend gemacht, indem sie Abtretung der Vertragsrechte verlangt, welche dem Beklagten gegen die Triester Versicherungsgesellschaft zustehen. Diese Klage ist in allen Instanzen für statthaft erachtet worden.

**Entscheidungsgründe des OHG:**

Der Streit dreht sich darum, ob Klägerin die Cession des Versicherungsanspruchs verlangen darf, ungeachtet sie gleichzeitig gegen denselben Bekl. auf Erfüllung des Speditionsvertrags, bzw. auf Entschädigung geklagt hat. Ist nun auch Beklagter mit demjenigen Anspruch, dessen Cession Klägerin begehrt, durch Urtel vom heutigen Tage zurückgewiesen worden, [Rspr. II S. 178 ff.] und ist dadurch der Anspruch der Klägerin auf Cession ein gegenstandsloser geworden: so war derselbe doch an sich als begründet anzuerkennen und demgemäß die Appellation des Bekl. zu verwerfen. Denn Klägerin hat wiederholt erklärt, was sie auf die Versicherungssumme erhalten, von ihrer Schadenersatzforderung in Abrechnung bringen zu wollen und umgekehrt, falls Beklagter vollen Schadenersatz geleistet haben sollte, den Anspruch auf die Versicherungssumme zurückcediren zu wollen; sie begehrt also selber nicht doppelten Ersatz ihres Schaden, sondern will die beiden Ansprüche neben einander nur so lange verfolgen, bis sie einmal volle Entschädigung erlangt. Da nun Beklagter von Klägerin den Auftrag erhalten hat, 15 Ballen Tuch unter Assekuranz zu spediren, somit den doppelten Auftrag, zu spediren und zu assekuriren: so haftet er aus dem ersteren auf Erfüllung, bzw. auf Entschädigung, aus dem letzteren — nach den allgemeinen Prinzipien sowohl des HGB wie des bürgerlichen Rechts,

HGB Art. 361, Art. 368 Abs. 2, 374 Abs. 2;
kgl. sächs. bürgerl. GB § 1310, 970 —

auf Cession der in Folge des Auftrags erworbenen Forderungen. Anders würde es sich freilich verhalten, wenn entweder:

1) Beklagter wegen Verbrennens der 15 Ballen der Klägerin bereits Entschädigung geleistet hätte oder doch zu solcher Leistung rechtskräftig verurtheilt worden wäre; denn alsdann würde ihm nach allgemeinen Rechtsgrundsätzen der Vortheil — hier die Versicherungssumme — eben des Ereignisses zukommen, hinsichtlich dessen ihn die Gefahr trifft;

kgl. sächs. bürgerl. GB § 961, 1308;
vgl. § 3 Inst. 3, 23; L. 12, L. 14 pr., § 10—12, L. 53 § 1, L. 80 pr., L. 90 pr. Dig. 47, 2; L. un. § 3, 4 Dig. 47, 5; L. 12 Dig. 42, 1; L. 25 § 8, L. 60 § 2 Dig. 19, 2 etc.
Windscheid, Pandekten § 327 n. 12, B. II S. 288;

oder falls

2) Beklagter nicht blos das Interesse der Klägerin, sondern zugleich sein eigenes Interesse bei Abschluß des Versicherungsvertrags über die 15 Ballen Tuch versichert hätte.

[Vgl. sächs. bürgerl. GB § 1300, 1303.
Pr. u. § 2 Inst. 3, 26; L. 2 § 4 Dig. 17, 1].

Allein die erste Voraussetzung liegt, wie bemerkt, nicht vor, und gegen die letztere, vom Bekl. selber nicht behauptete Voraussetzung spricht, daß der Assekuranzvertrag lediglich im Auftrage der Klägerin geschlossen worden ist.

## Nr. 10.

## Plenum. — Erkenntniß v. 9. Mai 71. (V.)

Tonne c. Nathan (Nr. 200 v. 71).

**Preußen.** **Nichtigkeitsbeschwerde.**

I. Instanz: Stadt- u. Kreisgericht Magdeburg.
II. Instanz: Appellationsgericht daselbst.

**Schiedsvertrag. Berufung der Schiedsrichter.**

**Zur Giltigkeit eines Schiedsvertrages ist nach altpreußischem Recht wesentlich, daß von den Kontrahenten für eintretende Streitfälle das Zustandekommen des Schiedsgerichts, unter Ausschluß einseitiger Willkür, bestimmt vorgesehen worden.**

**Den Staatsgerichten als solchen darf die Wahl von Privatschiedsrichtern nicht anheimgestellt werden.**

Diese in Preußen theils nach der Spruchpraxis in anerkannter Geltung stehenden, theils aus der verfassungsmäßigen Stellung der Gerichtsbehörden sich ergebenden Sätze hat das OHG, bei Vernichtung eines Appellurtels, angenommen.

**Gründe:**

Die Rüge des Imploranten, daß der Appellrichter in den vorliegenden Ladescheinen mit Unrecht einen wirksamen Kompromißvertrag gefunden.., erscheint begründet.

Im Appellurtel sind zwar die Ausdrücke „Schiedsgericht", und „Kompromiß" vermieden. Der Appellrichter spricht nur von einer „Kommission", der Kläger sich unterworfen habe. Ersichtlich aber hat der Richter, in Uebereinstimmung mit der Ausführung der Appellationsrechtfertigung, unter jener Kommission ein Schiedsgericht und unter dem fraglichen Passus der Ladescheine ein Kompromiß verstanden. Denn unter Verwerfung der Ansicht, daß jene Kommission nur zur Feststellung der Höhe eines im Uebrigen konstatirten Schaden berufen sei, hat er aus gesprochen: die Ladescheine verpflichteten den Kläger, „entstandene Differenzen" über jeglichen Schaden an der Ladung, dessen Verschuldung und Betrag in außergerichtlichem Wege entscheiden zu lassen.

Er sieht also in den Mitgliedern der Kommission nicht bloße Arbitratoren oder Schauer im Sinne des Art. 407 [348, 365, 609, 612, 711, 713, 721, 879] HGB*; sondern zur Entscheidung eines Rechtsstreits berufene Schiedsrichter (arbitri), folglich in jener Festsetzung der Ladescheine ein wirksames Kompromiß.

Hierdurch hat er die rechtliche Natur eines solchen verkannt.

Die Frage nach der Giltigkeit des vermeintlichen Kompromisses muß nach preußischem Recht beurtheilt werden. Denn wenn schon die Ladescheine in Prag und unter zwei in Böhmen Domizilirten ausgestellt sind, so war doch Magdeburg sowohl für den Schiffer als für den Empfänger der Erfüllungsort des Frachtvertrags, und das angebliche Schiedsgericht sollte nach letzterem in Magdeburg aus Magdeburger Kaufleuten, nöthigenfalls durch Ernennung Seitens des dortigen Handelsgerichts, gebildet werden. Will man also auch in den gesetzlichen Regeln über die Schiedsgerichte lediglich privatrechtliche Normen finden, so muß doch das in Magdeburg hierüber giltige Recht als dasjenige angesehen werden, dem auch der Cedent der Klägerin sich unterworfen hat.

Das preußische Recht indeß ermangelt über die Essentialien des Kompromißvertrags erschöpfender Bestimmungen.

ALR Th. I Tit. 2 § 167 ff. Tit. 30 § 48 ff. [vgl. Rspr. II S. 114].

Es sind daher die allgemeinen Regeln über die Erfordernisse eines Vertrages maaßgebend. Zur Giltigkeit und Existenz eines Vertrages gehört, daß der Wille des einen

* Vgl. Rspr. II Fall 60 S. 332 ff.

Kontrahenten dem des anderen in wirksamer Weise unterworfen, die Erfüllung demgemäß an sich erzwingbar und nicht der Willkür eines oder beider Kontrahenten überlassen werde. Deshalb fordert die preußische Rechtsprechung, namentlich die des Obertribunals, [vgl. Rspr. I S. 195, 384] zur Giltigkeit eines Kompromißvertrages, daß zwar nicht die Schiedsrichter schon im Vertrage selbst zu benennen, daß aber die Art und Weise ihrer dereinstigen Wahl bzw. Ernennung darin genügend bestimmt sein muß — genügend, um Wahl bzw. Ernennung nach allgemeinen Regeln über Vertragserfüllung erzwingbar und das Zustandekommen des Schiedsgerichts nach dieser Seite nicht von der Willkür eines Theils abhängig zu machen.

Diesem Erforderniß entspricht die fragliche Bestimmung in den Ladescheinen nicht. Inhalts derselben unterwirft sich der Schiffer „dem Ausspruch einer Kommission von zwei Sachverständigen, nöthigenfalls unter Hinzufügung eines Obmanns, die aus Kaufleuten der Magdeburger Börse zu bestehen und mit gegenseitiger Uebereinkunft durch den Empfänger und den Schiffer zu erwählen ist, oder deren Wahl beim Magdeburger Handelsgericht nachgesucht werden muß, wenn nach dreimaligem Vorschlag eine Einigung über die geeigneten Persönlichkeiten nicht Statt gefunden."

Man kann davon absehen, daß nach dieser Bestimmung nur der eine Theil, nämlich der Schiffer, der Kommission unterworfen sein soll, und daß der Ausdruck „Kaufleute der Magdeburger Börse" über die Passiv-Wählbaren anscheinend Zweifel läßt; und will man ferner annehmen, daß beim Mangel einer Bestimmung für den Fall, wenn der eine Theil nicht wählt und auf die Vorschläge des anderen Theils sich nicht erklärt, letzterer befugt sein soll, die Wahl der Kommission beim Stadt- und Kreisgericht Magdeburg (Art. 73 des preuß. Einf.Ges. zum HGB v. 24. Juni 61) nachzusuchen: so ist es gerade dieser Inhalt des Abkommens, welcher der Willkür des einen (nicht wählenden) Theils das Zustandekommen des Schiedsgerichts (der Kommission) anheimstellt.

Denn die preußischen Gerichtsbehörden haben Existenz und Wirksamkeit nur zu und in ihren amtlichen Funktionen.

AGO Th. II Einleitung; Thl. III Tit. 1 § 1 bis 3, § 5; Tit. 3 § 2 ff.; Tit. 8 § 5;
ALR II. 17 §§ 4, 5, 48 ff., 100, 101. —

Die Art ihrer Zusammensetzung und ihrer Abtheilungen bezieht sich nur auf diese. Gleicherweise setzt das Regulativ ihrer Geschäftsführung überall amtliche Verrichtungen voraus.

Verordnung v. 2. Januar 49 § 18 ff., 22, 25, 32 ff.; Ges. v. 26. April 51. — Geschäftsregulative v. 18. Juli 50 und vom 17. Sept. 50.

Die Gerichtskollegien als solche sind zu nicht-amtlichen Funktionen weder befugt noch verpflichtet. Nicht als Gerichte, als Kollegien, sondern nur als Einzelne könnten die Mitglieder eines Gerichts einen außeramtlichen Auftrag annehmen; und in Vollziehung desselben wären sie nicht an den amtlichen Geschäftsgang, sondern an die Regeln der Vertragserfüllung einer Mehrzahl Verpflichteter gewiesen.

Den altpreußischen Gerichten ist aber die Mitwirkung bei der Konstituirung von Privatschiedsgerichten als Theil ihrer amtlichen Funktionen nicht übertragen.

Vgl. C. F. Koch, Preußischer Civil-Prozeß § 4 Nr. III und Note 5.

Was in dieser Beziehung von rheinischen Handelsgerichten gesetzlich oder vermöge Herkommens gelten mag,

— Code de procédure civile Art. 1005 ff., 1017; vgl. Statut der Bonn-Kölner Eisenbahngesellschaft § 59 (Ges.-Sammlung von 1841 S. 42) —

ingleichen die Besonderheit der Befugnisse der in Altpreußen vorhandenen eigentlichen Handelsgerichte bleibt hier außer Frage.

Vgl. Ges. v. 3. April 47 über Errichtung von Handelsgerichten § 17 ff. (Ges.-Samml. S. 182).

Auch die Analogie des Art. 407 (sowie 348, 365) HGB kann nicht in Bezug genommen werden. Denn dort handelt es sich um eine dem Richter vom Gesetz auferlegte Ernennung von Experten zum Zweck einer antizipirten Beweisaufnahme, also um eine amtliche Funktion.

Vgl. preuß. Einf.-Ges. v. 24. Juni 61, Art. 16.

Sonach hat der Appellrichter mit Unrecht in dem fraglichen Passus der Ladescheine einen giltigen Vertrag, insbesondere einen Kompromißvertrag gefunden, folglich ohne zutreffenden Grund die Klage wegen Unzuständigkeit des Gerichts zurückgewiesen.

## Nr. 11.

## Plenum. — Erkenntniß v. 12. Mai 71. (B.)

Partzsch ./. Picht & Berger (Nr. 191 v. 71).

**Königreich Sachsen.** **Weitere Berufung.**

I. Instanz: Gerichtsamt Meerane,
II. Instanz: Appellationsgericht Zwickau.

**Handlungsgehilfe: Entlassung, Ersatzanspruch.**

**1. Welche Ansprüche hat ein rechtswidrig seiner Stellung enthobener Handlungsgehilfe gegen den ihn entlassenden Prinzipal?**

HGB Art. 57, 62, 283.

Auf diese Ansprüche darf — in Sachsen und gemeinrechtlich — eine etwaige anderweitige Verwerthung der Arbeitskraft des Entlassenen in Anrechnung gebracht werden.

Kgl. sächs. bürgerl. GB § 1239.
Windscheid Pandekten § 40 n. 7 B. II S. 465, § 404 n. 6, S. 476.

**2. Welche Gründe berechtigen den Prinzipal zu einseitiger Aufhebung des Dienstverhältnisses seines Handlungsgehilfen?**

Die im Art. 64 HGB aufgeführten Fälle haben nur die Bedeutung einzelner Beispiele.

HGB Art. 62, 64.

v. Hahn Komm. § 2 zu Art. 62, B. I S. 163.

Als Cessionar des Handlungsgehilfen Mandelbaum erhebt Kläger gegen dessen frühere Prinzipale (zu Meerane) Ansprüche wegen ungerechtfertigter Aufhebung des Dienstverhältnisses. Beklagte widersprechen der Klage, weil

1) jener M., indem er der von den Prinzipalen ihm erklärten Ausweisung aus deren Geschäft gefolgt sei, seine Zustimmung zur Aufhebung des gegenseitigen Verhältnisses ertheilt, mithin der bei einseitiger Entlassung etwa zulässigen Forderungen sich begeben habe;

2) Kläger das geforderte (Dreimonat-)Gehalt vertragsmäßig nur als Entgeld für geleistete Arbeiten des M. in Anspruch nehmen dürfe; M. aber habe seine Bereitschaft zu solchen Gegenleistungen nicht kundgegeben, und diese Unterlassung sei der Klage umsomehr präjudizirlich, als auch letztere nichts von solchem Anerbieten enthalte. —

Abgesehen hievon, erheben Beklagte die Einreden,

a) daß das Verhalten des M. die Prinzipale zu einseitiger, unzeitiger Aufhebung des Dienstverhältnisses berechtigt habe, namentlich sein Ableugnen früherer Schuldverbindlichkeiten,

b) daß M. wenige Tage, nachdem er aus dem Geschäft der Bekl. entlassen worden, eine anderweitige Commis-Stellung gefunden und in dieser gleiches Gehalt bezogen habe, Kläger daher für dieselbe Zeit nicht auch von den Bekl. Gehalt fordern dürfe.

Das OHG erkannte die Klage an sich für zulässig,

fand aber die beiden Einreden der Beklagten a u. b erheblich und bestätigte deren Beweisnachlassung.

**Gründe:**

Zu 1) leuchtet von selbst ein, daß einem Commis, welchem der Prinzipal „die sofortige Beendigung des Dienstverhältnisses" ankündigt und „das fernere Betreten der Geschäftsräume untersagt", daraus kein Präjudiz erwachsen kann, wenn er dieser Weisung des Geschäftsherrn, ohne auf Remonstrationen sich einzulassen oder gar Widerstand zu leisten, sich fügt.

Auch zu 2) ist dem (von der I. Instanz für begründet erachteten) Vorbringen jede Wirksamkeit zu versagen. Wer mit Bestimmtheit erklärt, daß er Leistungen, zu welchen ein Anderer ihm gegenüber verpflichtet ist, nicht entgegennehmen will, bringt sich dadurch in die Lage, daß — so lange er nicht etwa jene Erklärung in gehöriger Weise und rechtzeitig zurückgezogen hat — sein Mitkontrahent dieselbe als wirksam zu Grunde legen darf.* Eine Erklärung jener Art ist aber von den Bekl. ... abgegeben worden.

Die Einreden anlangend, zunächst zu a:

Sollten die Beklagten mit Bestimmtheit es sich ausbedungen haben, daß auf M. Schulden aus dessen früherem Geschäft nicht mehr lasten dürften, und hätte, ungeachtet solcher Bevorwortung, M. namhafte Schuldbeträge aus jenem Geschäft noch zu erledigen gehabt: so würde den Bekl. das Recht zu sofortiger Dienstentlassung, nachdem der fragliche Umstand bekannt geworden, nicht versagt werden können.

Wenn Kläger hiegegen sich auf Art. 64 HGB beruft und geltend zu machen sucht, daß seitens der Bekl. keiner der sechs in dem angezogenen Artikel aufgeführten Aufhebungsgründe behauptet worden sei: so ist dies offenbar hinfällig. Art. 62 erkennt die Möglichkeit des Vorhanden-

* Vgl. § 748 kgl. sächs. bürgerl. GB und oben S. 2, n., auch nachher Fall 28.

seins „wichtiger Aufhebungsgründe" in unbestimmter Mannigfaltigkeit an, und die 6 Gründe des Art. 64 werden nur als einzelne Exemplifikationen der allgemeinen Bestimmung des Art. 62 aufgeführt mit den Worten: „die Aufhebung kann insbesondere" 2c.)...

Zu b ist die über Zulassung der Einrede und den demgemäß den Bekl. nachgelassenen Beweis erhobene Beschwerde des Klägers zu verwerfen. Das HGB enthält über die Frage, ob im Falle einer auf Seiten des Dienstherrn durch Zufall oder Kontraktbruch eingetretenen unzeitigen Beendigung eines Dienstverhältnisses die etwaige anderweitige Verwerthung der Zeit und Kräfte des Angestellten während des Zeitraums, für welchen dieser Gehaltszahlung beantragt, dem Dienstherrn zu Gute zu rechnen sei, keine Bestimmung.* Dieser Punkt, in Betreff dessen auch nicht etwa ein in Sachsen giltig gewordenes kaufmännisches Gewohnheitsrecht von einer der Parteien behauptet worden, ist demnach auf Grund des bürgerl. GB für das Königreich Sachsen zu entscheiden. Dieses enthält aber im § 1239 schlechthin den Satz, daß der Dienstberechtigte auf die von ihm an den Dienstverpflichteten unter den in Rede stehenden Umständen zu zahlende Vergütung dann „einen verhältnißmäßigen Abzug machen dürfe, wenn der Dienstverpflichtete dadurch, daß er die Dienste nicht leistete, etwas erspart oder anderweitig etwas durch Dienstleistungen erworben haben sollte, was er außerdem nicht erworben haben würde." Diese hier zur Anwendung kommende Gesetzesbestimmung rechtfertigt die von den vorigen Richtern den Bekl. verstattete Zulassung mit dem in Rede stehenden Vorbringen. Nachdem die Bekl. die ihnen in dieser Richtung aufgelegten näheren Angaben und Beweise beigebracht haben werden, wird es zur ferneren

* Einen ähnlichen Fall regelt das HGB in den Art. 588 Nr. 1, 589 Abs. 2; vgl. Art. 579, 581 bis 587, 588 Nr. 2 u. Schlußsatz.

richterlichen Beurtheilung stehen, ob und ev. in welchem Maaße sie eine Anrechnung des vom Kläger im betreffenden Zeitraum etwa Erworbenen auf das (ihm abgesehen von der Einrede gebührende) Dreimonat-Salair werden beanspruchen können.

Nr. 12.

## Plenum. — Erkenntniß v. 13. Mai 71. (B.)

Gruber ./. Rasch (Nr. 192 v. 71).

**Königreich Sachsen.** **Weitere Berufung.**

I. Instanz: Handelsgericht im Bezirksgericht Oschatz,
II. Instanz: Appellationsgericht Leipzig.

**Kaufmännische Handelsgesellschaft, stille Gesellschaft und Vereinigung zu einzelnen Handelsgeschäften. Erwerbsgesellschaft im Sinne des bürgerlichen Rechts.**

**1. Zum Begriff einer Handelsgesellschaft (im Sinne des HGB Art. 85 ff.) gehört wesentlich der Gewerbsbetrieb unter gemeinschaftlicher Firma.**

HGB Art. 15, 17, 85—89.

**2. Das Charakteristische der stillen Gesellschaft (HGB Art. 250 ff.) liegt in der Betheiligung mit einer Vermögenseinlage an dem Betriebe des Handelsgewerbes eines Anderen; diese Vereinigung umfaßt aber das Handelsgewerbe als solches, nicht blos einzelne Handelsgeschäfte im Sinne des Art. 266 ff.**

**3. Eine vertragsmäßige Vereinigung Mehrerer zu dauerndem Geschäftsbetrieb für gemeinschaftliche Rechnung, jedoch nicht unter gemeinschaftlichem Namen, ist als eine Erwerbsgesellschaft im Sinne des bürgerlichen Rechts anzusehen.**

Die Parteien haben sich vertragsmäßig vereinigt, um für gemeinsame Rechnung von Landwirthschaften Milch an sich zu bringen („zu erpachten") und solche verarbeitet (als Käse ꝛc.) wieder zu verkaufen. Ueber die rechtliche Natur dieser Erwerbsgesellschaft hat das OHG sich ausgesprochen in nachstehenden

**Entscheidungsgründen:**

Für die Entscheidung erscheint in mehrfacher Beziehung die Frage präjudiziell: ob nach den Klagevorlagen das zwischen den Parteien abgeschlossene Rechtsgeschäft der Beurtheilung nach den Vorschriften des HGB unterliegt, oder ob sich diese Beurtheilung nach den Bestimmungen des gewöhnlichen Civilrechts regelt? Auf Grund der Vorschriften des Handelsgesetzbuchs würde die unbestrittenermaaßen mitten im Geschäftsjahre erfolgte Aufkündigung der Societät, selbst wenn letztere von unbestimmter Dauer gewesen, als eine rechtzeitige, den Societätsbestand alterirende, nicht angesehen werden können (Art. 124 HGB). Nach § 1380 des kgl. sächs. bürgerl. GB dagegen kann eine Gesellschaft, die auf unbestimmte Zeit geschlossen ist, zu jeder Zeit gekündigt werden. Ferner würde nach Art. 93 HGB der vom Kläger erhobene Zinsenanspruch zweifellos ein gerechtfertigter sein, während dieser Anspruch in den Bestimmungen des bürgerlichen Rechts keine Unterstützung findet. Mit Recht haben die Vorinstanzen die Dispositionen des HGB im konkreten Falle für ausgeschlossen erachtet.

Zwar betrifft die von den Parteien geschlossene Vereinigung zweifellos den Betrieb von Handelsgeschäften im Sinne von Art. 271 Nr. 1 HGB. Denn was die Parteien ein „Erpachten" der Milch nennen, stellt sich juristisch gedacht, als ein „Kaufen" derselben zum Zweck des Wiederverkaufs in verarbeiteter Gestalt dar. Allein die Vereinigung selbst eben ist keine Handelssocietät. Vor Allem erscheint der vom Appellrichter erhobene Zweifel nicht ungerechtfertigt, ob ein Gewerbsbetrieb der vorliegenden Art mit Rücksicht auf Umfang und Anlage des Geschäfts über die Grenzen des Kleingewerbes hinausgehe. Der Betrieb betraf die nur mittelst persönlicher Arbeitskraft bewerkstelligte Ausnutzung eines speziellen Zweiges der Landwirthschaft, und für die Anwendung fabrikmäßiger Thätigkeit bei Bearbeitung des erkauften Materials ist allenthalben ein Anhalt nicht geboten. Schon deshalb kann nach Art. 10 Abs. 2 HGB die eingegangene Vereinigung nicht als Handelsgesellschaft gelten, sie unterliegt mithin den Bestimmungen des Civilrechts. — Entscheidend für die Unzulässigkeit der Annahme einer offenen Handelsgesellschaft ist jedoch der Mangel einer gemeinschaftlichen Firma. Die gemeinschaftliche Firma ist nach Art. 85 HGB in den Begriff der offenen Handelsgesellschaft aufgenommen worden. Freilich erscheint sie nicht in dem Sinne als ein die Existenz der kaufmännischen Gesellschaft bedingendes Gebot, daß auch ohne das Vorhandensein einer Firma Vereinigungen zum Betriebe eines Handelsgewerbes unter Umständen nicht wenigstens in Ansehung des Rechtsverhältnisses der Genossen unter sich, also hinsichtlich der inneren Societätsbeziehungen, den handelsrechtlichen Normen unterstellt werden dürften, vorausgesetzt nur immer, daß über den einschlagenden Vertragswillen, eine Erwerbsgesellschaft nach den Regeln des Handelsrechts zu schließen, ausreichende Gewißheit vorliegt. In dieser Richtung muß jedoch mindestens so viel erkennbar sein, daß die Uebereinkunft auf die Geschäftsführung unter einem Kollektivnamen gerichtet gewesen sei. Es würde außerdem jedes Kriterium dafür fehlen, daß die Betheiligten das Geschäft, welches den Gegenstand der Vereinigung bildet, nach Außen hin unter kaufmännischer Form und mit dem Willen unbeschränkter Haftung zu betreiben beabsichtigt haben. Nach den Angaben der Klage darf nun zwar angenommen werden, daß der Wille der Interessenten auf Geschäftsbetrieb für gemeinschaftliche Rechnung gerichtet gewesen, nicht aber, daß der Geschäftsbetrieb unter gemeinschaftlichem Namen bezweckt worden sei.

Aus dem Gesagten folgt allerdings zunächst nur so viel, daß die Vorschriften des HGB über Handelsgesellschaften — der Inhalt des zweiten Buchs — auf den vorliegenden Fall keine Anwendung leiden. Die im dritten Buche daselbst enthaltenen Bestimmungen von der stillen Gesellschaft und von der Vereinigung zu einzelnen Handelsgeschäften für gemeinschaftliche Rechnung erscheinen an sich, und soweit sie überhaupt ihrer Tendenz nach für die einschlagende Vereinigung maaßgebend sein können, keineswegs ausgeschlossen. (Goldschmidt, Handbuch des HR I S. 385; v. Hahn Komm. I S. 26 ff.) Allein offenbar passen diese Bestimmungen nicht auf den jetzigen Fall. Denn das Charakteristische der stillen Gesellschaft (Art. 250 ff.) besteht in der Betheiligung mit einer Vermögenseinlage an dem Betriebe des Handelsgewerbes eines Anderen; nach der Vertragsintention der Parteien handelte es sich jedoch um den gemeinschaftlichen Betrieb eines Handelsgewerbes. Andererseits umfaßte diese Vereinigung das Handelsgewerbe als solches, nicht blos einzelne Handelsgeschäfte im Sinne der Art. 266 ff. In der That wird daher auf die Vorschriften des bürgerlichen Rechts zu rekurriren sein.

Das erlangte Ergebniß äußert, wie schon oben angedeutet, eine doppelte Wirkung. Einmal erscheint des Klägers Anspruch auf Verzinsung seiner Einlage, sofern derselbe ohne alle Rücksicht auf das Ergebniß des Geschäftsbetriebs formirt worden, nach den Grundsätzen des Civilrechts schlechthin ungerechtfertigt. Sodann ist der [thatsächlich] erfolgten Aufkündigung nach § 1380 des kgl. sächs. bürgerl. GB für den Fall des Gesellschaftsabschlusses auf unbestimmte Zeit — ohne Rücksicht auf den Zeitpunkt jener Aufkündigung — die Rechtswirkung einer Vertragslösung zuzugestehen; während wenn die Gesellschaft auf bestimmte Zeit geschlossen war, nach § 1381 GB vor Ablauf dieser Zeit — ohne das Vorhandensein genügender, jetzt nicht geltend gemachter Gründe — allerdings nicht gekündigt werden durfte.

Nr. 13.

**Plenum. — Erkenntniß v. 13. Mai 71. (B.)**

Sächsische Hypothekenversicherungsgesellschaft zu Dresden ./. Seebe (Nr. 203 v. 71).

**Königreich Sachsen.** **Weitere Berufung.**

I. Instanz: Handelsgericht im Bezirksgericht Dresden,
II. Instanz: Appellationsgericht Dresden.

**Kompromiß, Auslegung. Schuldschein eines Kaufmanns.**

**1. Schiedsverträge (Kompromisse) unterliegen, weil eine Ausnahme von dem gesetzlich geordneten Rechtswege und Instanzenzuge begründend, einer strengen Auslegung.**

**HGB Art. 1, 278.**

Anwendung auf die Einklagung von Schuldscheinen der Aktienzeichner bei Aktiengesellschaften, welche statutenmäßig innere Streitigkeiten auf schiedsrichterlichem Wege zum Austrage bringen sollen.

**2. Die Rechtsvermuthung, daß die von einem Kaufmann gezeichneten Schuldscheine zu dessen Handelsgewerbe gehören, kann nur aus dem Schuldschein selbst widerlegt werden, namentlich durch die darin liegende Beurkundung eines der privatrechtlichen Sphäre des Unterzeichners, im Gegensatz zu seiner kaufmännischen Thätigkeit, angehörenden Entstehungsgrundes der Schuld.**

**Die Unterzeichnung des Schuldscheins mit dem bürgerlichen Namen, statt mit der Firma, des Kaufmanns genügt nicht zum Ausschluß der gesetzlichen Vermuthung.**

**HGB Art. 274.**

Nach § 63 der Statuten der sächsischen Hypotheken-Versicherungsgesellschaft zu Dresden sollen alle Streitigkeiten zwischen dem Direktorium und den Aktionären, sofern eine gütliche Auseinandersetzung nicht zu bewirken ist, nur durch Schiedsrichter, deren Wahl sich nach § 64 daselbst regelt, zur Entscheidung gebracht werden. Aus dem Beitritt zur Gesellschaft und zufolge der Bedingungen der Aktienzeichnung auf Zahlungen für den Gesellschaftsfond vor dem Handelsgericht seines Wohnorts in Anspruch genommen, wendet der Beklagte zunächst ein, daß die Wirksamkeit der Staatsgerichte hier statutarisch ausgeschlossen sei. Eventuell bestreitet er die Kompetenz des Handelsgerichts, weil er zwar Kaufmann sei, die Eingehung der fraglichen Verbindlichkeit aber nicht zum kaufmännischen Gewerbebetrieb gehöre, er sich auch bei der Aktienzeichnung seiner Firma nicht bedient habe.

Die Einwendungen des Bekl. sind in allen Instanzen verworfen worden.

**Entscheidungsgründe des OHG:**

1) Nach Ansicht der Vorinstanzen ist die statutarische Bestimmung des § 63 auf Rechtssachen der vorliegenden Art nicht anwendbar. Man hat angenommen, daß unter „Streitigkeiten zwischen dem Direktorium und den Aktionären“ nur Differenzen verstanden werden könnten, in welchen das Direktorium der Gesellschaft einem oder mehreren Aktionären in seiner Eigenschaft als solches gegenüberstehe, und wo es sich um die dem Direktorium als solchem obliegenden Rechte und Verbindlichkeiten handle; während gegenwärtig Ansprüche in Frage kämen, welche der Gesellschaft gegen einzelne Aktionäre zustehen und die sonach Streitigkeiten der Gesellschaft, das heißt: der durch das Direktorium vertretenen übrigen Aktionäre, mit Einzelnen derselben betreffen — Streitigkeiten, welche schon deshalb der schiedsrichterlichen Entscheidung nicht zugewiesen sein könnten, weil das Vereinsdirektorium bereits im § 15 der Statuten im Voraus ermächtigt worden sei, in Rückstand verbliebene Zahlungen vier Wochen nach Ablauf der Zahlungsfrist von den betreffenden Aktionären „einzuklagen“.

Diese Gründe sind völlig zutreffend und werden durch

die neueren Ausführungen des Bekl. nicht widerlegt. Beklagter betont zunächst den Wortlaut des § 63 der Statuten, welcher als Gegenstände des schiedsrichterlichen Verfahrens bezeichne:

alle Streitigkeiten der Gesellschaft zwischen dem Direktorium und den Aktionären.

Aber hierdurch wird nichts Wesentliches gewonnen; denn die Frage bleibt immer, welche Angelegenheiten im Sinne der Statuten der bezeichneten Kategorie von Streitigkeiten beizuzählen seien. Bei der Erforschung der (diesfälligen) Willensabsicht der Interessenten gelangt zunächst der allgemeine Rechtsgrundsatz in Betracht, daß Kompromisse auf Schiedsspruch, weil sie eine Ausnahme von dem gesetzlich geordneten Rechtswege und Instanzenzuge begründen, einer strikten Auslegung unterliegen, somit im Zweifelsfalle derjenigen Auslegung, welche die Aufrechterhaltung der Regel gestattet, der Vorzug vor der entgegengesetzten zu geben ist. In vorliegendem Falle bedarf es jedoch nicht einmal eines Zurückgehens auf dieses allgemeine Interpretationsmoment. Denn darüber, daß die Rechtsverfolgung aus den, von den Aktionären nach § 6 der Statuten zur Erfüllung des Aktienbetrags gezeichneten Schuldscheinen dem schiedsrichterlichen Verfahren entzogen worden sei, kann schon nach Inhalt des erwähnten § 15 derselben Statuten kein Zweifel obwalten. Daß das in letzterem § gebrauchte Wort „einklagen" die Anrufung der richterlichen Hilfe im Sinne der staatlichen Rechtsverfassung voraussetze, verkennt Beklagter selbst nicht; er meint aber, daß sich diese Hilfe nur auf die Exekution des von den Schiedsrichtern ertheilten Laudum beschränke. Mit Recht hat jedoch Klägerin hiergegen auf die Fassung des § 15 hingewiesen, wonach das Direktorium ermächtigt wird, von den säumigen Aktionären die rückständige Zahlung aus den Schuldscheinen einzuklagen. Unverkennbar spricht diese Fassung dafür, daß beabsichtigt worden, die durch Vollziehung der Schuldscheine von Seiten der Aktionäre für die Gesellschaft erlangten formellen Rechte prozessual zur Geltung zu bringen; wovon dann nicht die Rede sein konnte, wenn das Direktorium gezwungen wäre, auch in solchem Falle urkundlicher Feststellung die Zahlungspflicht der Schuldner erst noch durch Einholung eines Schiedsspruchs zu konstatiren. Könnte hierüber nach dem Gesagten noch ein Zweifel übrig bleiben, so müßte er schwinden bei Berücksichtigung des durch die Statuten selbst vorgeschriebenen Inhalts jener Schuldscheine. Der Aktionär — in gegenwärtigem Falle auch Beklagter — verspricht, die verschriebene Summe nach Wechselrecht zu zahlen; er übernimmt alle durch Einhebung des schuldigen Betrags entstehenden gerichtlichen und außergerichtlichen Kosten &c. und unterwirft sich in allen Beziehungen dem allgemeinen deutschen oder dem am Orte, wo er anzutreffen, geltenden Wechselrecht. Alle diese Stipulationen weisen unverkennbar darauf hin, daß im Sinne der Statuten die Formen des Wechselprozesses eben so, wie die Normen des materiellen Wechselrechts für anwendbar haben erachtet werden sollen.

Steht dies fest, so können die späteren, in den §§ 63 ff. der Statuten enthaltenen Bestimmungen über das schiedsrichterliche Verfahren, soll nicht ein innerer Widerspruch zwischen dem Inhalt der einzelnen Feststellungen statuirt werden, auf Streitigkeiten der jetzt vorliegenden Art um so gewisser nicht bezogen werden, als nach § 67 der Statuten die Schiedsrichter nicht schlechthin nach allgemein geltenden Rechtsnormen, sondern „unter gehöriger Berücksichtigung der statutarischen Vorschriften durchaus nach billigem Ermessen" entscheiden sollen. Dieser leitenden Anordnung gegenüber würden die durch Vollziehung der Schuldscheine und durch Unterwerfung unter die strikten

Formen des Wechselrechts bedingten prozessualen Vortheile alle wesentliche Bedeutung verlieren; es würde somit die Ausstellung der streitigen Urkunden selbst zu einer inhaltsleeren Formalität herbsinken, was im Zweifel als von den Interessenten beabsichtigt nicht angenommen werden kann.

Mit vollem Recht sind daher die vorigen Instanzen davon ausgegangen, daß Streitfälle, welche aus dem, nach § 6 der Statuten urkundlich bereits geordneten, Rechtsverhältniß zwischen dem einzelnen Aktionär und der Gesellschaft hervortreten, den in § 63 ff. erwähnten Streitfällen nicht beigezählt werden dürfen.

2) Beklagter bestreitet aber weiter,

daß ein die Zuständigkeit des Handelsgerichts begründendes Handelsgeschäft vorliege.

Die vorige Instanz hat diesen Einwand deshalb zurückgewiesen, weil die Präsumtion des Art. 274 HGB bei dem liquiden Umstande, daß Beklagter Kaufmann sei, für das Vorliegen eines Handelsgeschäfts spreche, die Art des Geschäfts aber nicht zur Annahme des Gegentheils nöthige, ebenso wenig auch die erfolgte Unterzeichnung des bürgerlichen Namens jene gesetzliche Präsumtion ausschließe. Dieser Auffassung hatte man sich in jetziger Instanz lediglich anzuschließen.

Nach Art. 274 Abs. 2 HGB gelten die von einem Kaufmann gezeichneten Schuldscheine als im Betriebe des Handelsgewerbes gezeichnet, sofern sich nicht aus ihnen das Gegentheil ergiebt. Hiernach ist eine Rechtsvermuthung dafür, daß die von einem Kaufmann gezeichneten Schuldscheine zu dessen Handelsgewerbe gehören, von dem Gesetzgeber geschaffen worden. Es ist aber von demselben zugleich der allein zulässige Weg zur Ausschließung dieser Rechtsvermuthung festgestellt: die Vermuthung cessirt nur dann, wenn das Gegentheil aus dem Schuldschein selbst mit Bestimmtheit sich ergiebt, wenn also die Urkunde den Zweck des Geschäfts erkennen läßt und der hiernach angezeigte Entstehungsgrund der Schuld offenbar nur der privatrechtlichen Sphäre des Kaufmanns, im Gegensatz zu seiner kaufmännischen Thätigkeit, angehört. Ein außerhalb des Geschäftsbetriebs liegender Entstehungsgrund ist jedoch im konkreten Falle durch den Inhalt der Klageurkunden keineswegs indizirt. Dieselben haben erkennbar den Zweck, die Einzahlungen zu einem Aktienunternehmen zu beschaffen, dessen Gegenstand die Uebernahme von Versicherungen gegen Prämien betrifft. Ein derartiges Unternehmen fällt an sich in das Bereich des Banquiergeschäfts. Der Beitritt dazu durch Betheiligung als Aktionär beruht, wenigstens bei einem Kaufmann, präsumtiv auf der Absicht der Realisirung eines Gewinnes, also auf Spekulation. Die Eingehung eines solchen Geschäfts bleibt aber, nach der Schlußbestimmung des Art. 272, auch dann noch ein Handelsgeschäft, wenn es zwar einzeln, jedoch von einem Kaufmann im Betriebe seines gewöhnlich auf andere Geschäfte gerichteten Handelsgewerbes gemacht worden ist. — Ein zulässiger Grund für die Annahme des Gegentheils ist in vorliegendem Falle endlich auch daraus nicht zu entnehmen, daß Beklagter die streitigen Schuldscheine nicht mit der Firma seiner Handlung, sondern mit seinem bürgerlichen Namen gezeichnet hat. Denn nach der Fassung des Gesetzes knüpft sich die Vermuthung an die „von einem Kaufmann" gezeichneten Schuldscheine, und diese allgemeine Fassung ist eine absichtliche. Denn der Auffassung, daß die gesetzliche Vermuthung der Zubehörigkeit zum Handelsbetrieb ausgeschlossen sei, wenn ein Kaufmann, der eine von seinem Namen verschiedene Firma führt, einen Schuldschein nicht mit dieser, sondern mit seinem Namen gezeichnet habe, wurde im Schooße der Nürnberger Konferenz ausdrücklich widersprochen, und der Antrag: „die von einem Kaufmann unter seiner Firma gezeichneten Schuldscheine" zu setzen, abgelehnt (Prot. S. 1298). Die allgemeine gesetzliche Präsumtion für den Zusammenhang des Schuldscheins eines Kaufmanns mit dessen Handelsgeschäften wird demnach durch die Unterzeichnung des bürgerlichen Namens nicht ausgeschlossen.*

## Nr. 14.

## Plenum. — Erkenntniß v. 26. Mai 71. (B., Ref.)

Betz & van Heist und Kikkert ⁒. Jansen & Co. (Nr. 146 v. 71).

**Hamburg.** **Oberappellation.**

I. Instanz: Handelsgericht Hamburg.

II. Instanz: Obergericht daselbst.

**Vertragsauslegung. Handelskauf, „ab fremden Plätzen zu verladen". Verfolgung der Ansprüche aus dem Connossement gegen den Schiffer.**

**1. Aus Art. 336 HGB ist nicht als Regel zu entnehmen, daß beim Mangel besonderer Verabredung der gesammte Vertragsinhalt, insbesondere der Gegenstand der Vertragsleistung selbst, nach den geschäftlichen Auffassungen des Erfüllungsorts sich bestimme.**

HGB Art. 1, 278, 336.

**2. Das Abladegeschäft „ab fremden Plätzen" unterscheidet sich wesentlich von dem Platzgeschäft des Erfüllungsorts, wird daher von den für letzteres maaßgebenden Regeln nicht beherrscht.**

**3. Welche Bedeutung hat es für die Vertragsauslegung, daß über die besondere Beschaffenheit einer Handelswaare in mehreren Punkten nähere, theilweise selbstverständliche Vereinbarungen getroffen worden?**

HGB Art 278.

**4. Ist der Käufer und Connossements-Inhaber einer ihm auf dem Seewege zugehenden Waare verpflichtet, im**

* So auch: Goldschmidt, Handelsrecht B. I S. 508 n. 17; v. Hahn Komm. § 4 zu Art. 274, B. II S. 43.

**Interesse des absendenden Verkäufers den Schiffer auf Grund des Connossements zur Ersatzleistung wegen der Beschaffenheit oder Menge der Waare (durch Frachtabzug oder sonst) anzuhalten?**

HGB Art. 348, 653 ff.

Ueber vorstehende Punkte hat das OHG, theilweise abweichend von der zweitrichterlichen Auffassung, sich in einer Hamburger Sache — unter ausführlicher Darlegung des Sachverhalts — ausgesprochen in nachstehenden

**Entscheidungsgründen:**

1) Kläger haben von den Beklagten eine Ladung Stockfische (Rundfische, Dorsche), ab Wardoe und Vadsoe (in Finnmarken) mit dem Schiffe „Karen Bothilde," Kapitän Kn. nach Rotterdam zu verladen, gekauft. Nach Ankunft der Ladung am Bestimmungsplatze haben Kläger gegen die Beschaffenheit der Fische sofort monirt, eine Untersuchung derselben durch gerichtsseitig ernannte Sachkundige unter Zuziehung des Rotterdamer Agenten der Bekl. veranstaltet und nach dem Ergebniß der Untersuchung die Fische zur Disposition der Bekl. gestellt. Als Beklagte dies nicht genehmigten, haben Kläger, zur Vermeidung größeren Schadens, die Fische — auf den Rath der Sachkundigen und nach davon vorgängig den Beklagten gemachter Anzeige — öffentlich verkaufen lassen und dann den Ausfall des Verkaufsergebnisses 2c. gegen Beklagte geltend gemacht.

Die Einwendungen der Kläger gegen die Beschaffenheit der Fische gehen dahin: erstens, daß dieselben größtentheils aus schlecht getrockneter, fauler und schimmeliger Waare bestanden haben; zweitens, daß sie überhaupt nicht eine solche Waare gewesen seien, welche den Gegenstand des Handels gebildet habe. Beklagte hätten nämlich „holländische Rundfische" d. h., nach Angabe der Kläger, für den holländischen Markt bestimmte und dort gangbare Fische abladen müssen, während es sich bei der Untersuchung der Waare gezeigt habe, daß „italienische Rundfische“ (nur für die Verschiffung nach Italien und für den italienischen Markt geeignete Fische) abgeladen worden seien. Und zwar setzen Kläger den Unterschied zwischen beiden Arten von Rundfischen darein, daß, abgesehen von der [nicht beanstandeten] Größe der Fische an holländischen Fischen keine schwarze Farbe vorkommen dürfe, während das Vorkommen derselben an italienischen Fischen diese nicht unempfangbar mache. Die den Klägern in der „Karen Bothilde“ zugekommenen Fische wären aber zum großen Theil schwarz gefärbt gewesen. — Beklagte haben bestritten, daß sie durch den Inhalt des Verkauf-Kontrakts zur Lieferung (Abladung) von Fischen solcher Art, wie Kläger jetzt beanspruchen, verpflichtet gewesen seien.

Das Handelsgericht hat den Bekl. — welche, wie nunmehr rechtskräftig feststeht, die Verladung der Waare in kontraktmäßiger Beschaffenheit beweisen müssen — in Betreff des ersten Monitums den Beweis aufgelegt, daß „die Fische bei deren Verladung in gesundem Zustande sich befunden hätten und gut getrocknet gewesen seien.“ In Betreff des zweiten Monitums ist das Handelsgericht davon ausgegangen: es könne nach dem Akteninhalt nicht in Zweifel gezogen werden, daß an einem großen Theil der Fische die gerügte schwarze Farbe sich gezeigt habe, auch daß diese, von den Sachverständigen der Periode des Trocknens der Fische (unter den klimatischen Verhältnissen des hohen Nordens) beigemessene, Färbung schon zur Zeit der Abladung vorhanden gewesen sei. Eine Unempfangbarkeit der Fische wegen dieser schwarzen Farbe würde in vorliegendem Falle dann anzunehmen sein, wenn nach holländischer Geschäftsauffassung (falls nicht etwa besondere Vorworte der Kontrahenten das Gegentheil festgestellt haben sollten), Rundfische, welche in Folge des Trocknens schwarz geworden seien, als unempfangbar betrachtet würden. Sollte dies sich wie angegeben verhalten, so würden Beklagte verpflichtet gewesen sein, der vorgedachten holländischen Geschäftsauffassung zu genügen, und zwar deshalb, weil der Handel in Holland (zwischen den durch ihren dortigen Agenten vertretenen Beklagten und den Klägern) über eine nach Holland bestimmte Ladung geschlossen worden sei, aus welchem Umstande (bei der Nichtverstattung schwarzgefärbter Fische durch kontraktliche Vereinbarung) gefolgert werden müsse, es seien in Holland empfangbare, also nicht mit schwarzer Farbe behaftete Fische zu liefern gewesen. — Demgemäß hat das Handelsgericht den Klägern den Beweis der von ihnen behaupteten, in Holland bestehenden Geschäftsauffassung zur Pflicht gemacht.

Auf Beschwerdeführung der Bekl. ist diese Beweisauflage vom Obergericht in Wegfall gebracht worden, und hiergegen haben Kläger die jetzige Instanz beschritten.

Kläger stützen sich wesentlich auf das Argument, daß hier nach allgemeinen Prinzipien, übrigens auch auf der Grundlage des Art. 336 HGB, die auf den Gegenstand des vorliegenden Handels bezüglichen holländischen Geschäfts-Auffassungen als in allen denjenigen Beziehungen unter den Parteien maaßgebend behandelt werden müßten, über welche bei Eingehung des Geschäfts keine besonderen Verabredungen getroffen worden.

Den Klägern kann hierin nicht beigepflichtet werden. Anlangend zuvörderst den Art. 336 HGB, so redet derselbe nur von den am Erfüllungsort bestehenden äußeren Faktoren, welche bei der näheren Bestimmung dessen, was auf Grund eines Vertrages zu leisten ist, im Zweifel zur Anwendung zu bringen sind (Maaß, Gewicht, Münzfuß 2c.); nicht aber enthält er die allgemeine Regel, daß im Zweifel auch der Kontrakts-Inhalt selbst, insbesondere sofern es auf den Gegenstand der Leistung ankommt, unter

Zugrundelegung der Auffassungen des Erfüllungsorts auszulegen sei. So naheliegend und in den maaßgebenden Umständen begründet die Bestimmung des Art. 336 in der ihr zufolge des eben Bemerkten beizulegenden Beschränkung ist, eben so bedenklich würde es sein, die derselben von den Klägern beigemessene Wirksamkeit anzuerkennen. Es bedarf indessen hier eines näheren Eingehens auf diesen Punkt nicht, da in vorliegendem Falle der Art. 336, selbst bei der von den Klägern ihm gegebenen Auslegung, doch nicht zu dem von denselben beabsichtigten Ergebniß führen würde. Denn, wie keinem Zweifel unterliegt, so bildeten den Ort, an welchem Beklagte den mit den Klägern geschlossenen Kontrakt zu erfüllen hatten, die Abladeplätze in Finnmarken Wardoe und Vadsoe, nicht aber Rotterdam; wie denn auch demgemäß der für die Kontrakts-Erfüllung in Wirksamkeit kommende Gewichts-Faktor hier nicht auf holländische Pfunde (Kilogramme), sondern auf das norwegische Gewichtsmaaß (Vog) unter den Parteien festgesetzt worden ist.

Indessen auch abgesehen von Art. 336 ist es unthunlich, mit den Klägern und im Wesentlichen auf Grund der Argumentation des Handelsgerichts — unter der Voraussetzung, daß bei einem unter Holländern über in Holland zu liefernde Fische geschlossenen Geschäft schwärzlich oder schwarz gefärbte Fische aufgeschossen werden dürften — das Gleiche auch in dem Falle eintreten zu lassen, in welchem zwischen einem Holländer und einem Ausländer über eine vom Auslande nach einem holländischen Hafen auszuführende Abladung kontrahirt worden ist. — Das Platzgeschäft wird ohne Zweifel durch die lokalen Auffassungen in den Punkten näher bestimmt, über welche die Kontrahenten Besonderes nicht vereinbart haben;* das Abladegeschäft ab fremden Plätzen wird dagegen durch jene

* Vgl. Rspr. II S. 66.

Auffassungen nicht beherrscht. Auf das letztere können dem Platzgeschäft fernliegende Umstände mancherlei Art, darunter insbesondere die Eigenthümlichkeiten des Produktions- und Ablade-Orts der betreffenden Waare, sehr erheblich einwirken; außerdem schließt auch schon einigermaaßen die Ungewißheit, ob die zu verladende Waare im Destinationsplatze selbst Verwendung finden oder eine andere Bestimmung erhalten werde, die Zugrundelegung der in Rede stehenden Auffassung aus.

Das Obergericht hat überdies mit Grund auf den Inhalt des Kontrakts verwiesen, in welchem den Klägern in Betreff der Beschaffenheit der zu verladenden Waare nach mehreren Richtungen spezielle Zusicherungen gemacht worden sind, ohne daß des Umstandes, daß Beklagte auch den beim Rotterdamer Platzhandel geltenden Auffassungen (insonderheit des in Rede stehenden Punkts) zu entsprechen hätten, gedacht worden wäre. Zwar liegt kein eigentliches Kontrakts-Instrument, auch kein Schreiben der Kläger selbst über den Inhalt des Kontrakts vor, allein ein Schreiben der Beklagten an ihren Rotterdamer Agenten ... ersetzt hier das Kontrakts-Instrument, bzw. solche eigenen Erklärungen der Kläger. In jenem Schreiben haben Beklagte die Gesammtheit des Geschäfts zum Zweck der definitiven Feststellung der Kontraktsbedingungen zusammengefaßt und diese letzteren besonders formulirt. Die Absendung dieses Schreibens geschah, wie es in demselben heißt, „nachdem die Kläger noch verschiedene Verlangen („Bitten") gestellt hatten, deren Erfüllung Beklagte nach Möglichkeit berücksichtigten." Daß der Agent auf Grundlage dieses Schreibens mit den Klägern im Namen der Beklagten abgeschlossen hat, darf unbedenklich angenommen werden; auch haben Kläger in der Replik „den sogenannten Abschlußbrief" im Allgemeinen anerkannt...

Nun sind aber in jenem Schreiben (und zwar, wie

schon bemerkt, auf Grund vorgängiger klägerischer Ausbedingungen) mehrere besondere Zusicherungen in Betreff der Beschaffenheit der Fische gemacht, unter welchen diejenige der Abwesenheit schwarzer Farbe nicht vorkommt, und aus denen mithin geschlossen werden darf, daß Beklagte die vorbemerkte Eigenschaft nicht gewährleisten wollten und sollten. Auf Grund der von den Klägern ausgegangenen Anträge versprachen Beklagte u. a.,

daß nur gesunde Waare abzuladen sei,

daß die Fische in guter Qualität abgeladen werden sollten,

daß die Fische nicht gehackt (weder gekappt, noch geschnitten) sein sollten,

daß nicht mehr als 28 bis 30 Fische auf die Vog gehen sollten.

Wer sich solche, zum Theil die besondere Beschaffenheit der zu liefernden Waare betreffende, zum Theil sogar selbstverständliche Zusicherungen („nur gesunde Waare", „in guter Qualität") machen läßt, von dem darf angenommen werden, daß er nicht beabsichtige, im Verhältniß zu seinem Verkäufer über den Bereich der von diesem ausdrücklich zugesagten Eigenschaften hinausgehen zu wollen. Insbesondere ist diese Annahme in einem Falle, wie der vorliegende, unbedenklich, in welchem es sich um eine Waare handelt, welche in der vereinbarten Abladegegend produzirt wird und in Folge der dortigen örtlichen Verhältnisse, wie jetzt als unbestritten angesehen werden kann, nicht selten die Eigenschaft annimmt, deren Abwesenheit die Kläger verlangen zu dürfen behaupten, eine Eigenschaft, welche (wie schon oben bemerkt worden) die Waare jedenfalls nicht absolut unempfangbar machte...

Auf Grund des Obigen war es in Betreff der von den Klägern behaupteten und vom Handelsgericht ihnen zum Beweis verstellten, nach holländischem Platzgebrauch anzunehmenden Unempfangbarkeit der in mehrgedachter Art schwärzlich oder schwarz gewordenen Rundfische bei dem II. Erk. zu belassen.'

2) Das vom Capitain Kn. gezeichnete Connossement lautet, soweit es auf „Rundfische von Dorsch" sich bezieht, auf „5500 Vog" dieser Waare. Ferner hat derselbe erklärt, durchgängig „gute und wohlgetrocknete Waare", dieselbe „gut und wohlbeschaffen", vom Ablader erhalten zu haben. In das Connossement ist dann noch die Klausel aufgenommen „frei von Beschädigung und Untergewicht."

Kläger sind der Meinung gewesen, daß es der Erwägung bedurft habe, ob nicht der Schiffer wegen der Minderlieferung von ungefähr 300 Vog Rundfische gegen das im Connossement angegebene Quantum, und zwar dies ungeachtet der Befreiungsklausel wegen Untergewichts, sowie wegen der Abweichung der Qualität der ausgelieferten Waare gegen die der eingenommenen Waare im Connossement beigelegte Beschaffenheit, in Anspruch zu nehmen sei. Von der Auffassung ausgehend, daß sie die Waare den Beklagten zur Disposition zu stellen berechtigt seien, haben sie den vorerwähnten, möglicherweise für begründet zu achtenden Anspruch als lediglich diese Letzteren angehend behandelt, sich jedoch erboten, durch Zurückhaltung der Fracht die Geltendmachung des Anspruchs möglichst wirksam zu machen. In einem am 16. Nov. 69 gegen die Beklagten in Hamburg erhobenen Protest haben sie demgemäß denselben Anzeige davon gemacht, daß sie nach Zurückhaltung der Fracht — welche Zurückhaltung überdies seitens der Bekl. für nothwendig erklärt worden sein soll — vom Schiffer auf die Frachtzahlung belangt worden seien, sowie daß die gerichtliche Verhandlung demnächst stattfinden werde. Mit dieser Anzeige haben sie die Aufforderung an Beklagte verbunden, in den Prozeß zu interveniren, oder doch ihnen, den Klägern, die zur

Prozeßführung nöthigen Instruktionen zu ertheilen; würde dieser Aufforderung nicht entsprochen, so würden sie, Kläger, nach eigenem Ermessen handeln. Beklagte haben auf diese Protestation erwidert, die ihnen gemachte Mittheilung „habe für sie keinen Werth." — In demselben Sinne hatten Beklagte schon einige Tage früher (am 9. Nov.) in Betreff der Angelegenheit sich geäußert, indem sie, wegen des von den Sachkundigen zur Vermeidung größeren Schaden empfohlenen öffentlichen Verkaufs der Waare befragt, den Klägern erklärten, „die ganze Angelegenheit gehe sie, Beklagte, nicht an; dieselbe sei lediglich Sache der Kläger."

Beklagte haben in der jetzigen Klage-Beantwortung auf jenen vom Schiffer gegen sie unternommenen Prozeß als auf einen Umstand verwiesen, dessen Ergebniß erst abgewartet werden müsse, bevor Kläger gegen sie klagend auftreten könnten. Nachdem dann Kläger erklärt hatten, bei dem Ausbleiben von Instruktionen der Beklagten sei der Prozeß gegen den Schiffer verloren gegangen, haben Beklagte in der Duplik ihr Einredemoment beibehalten, da sie selbst dadurch nicht betroffen werden würden, wenn etwa der gegen den Schiffer geführte Prozeß ungeachtet guter Vertretung der diesem gegenüber stehenden Interessen erfolglos geblieben sein sollte.

Das Handelsgericht hat dem Antrage der Beklagten nicht entsprochen; dagegen ist dies auf Beschwerdeführung derselben vom Obergericht geschehen, und zwar dahin, daß das Klagerecht der Kläger abhängig zu machen sei von dem ihrerseits zu liefernden Beweise, die aus dem Connossement gegen den Schiffer zuständigen Rechte gehörig gewahrt zu haben.

Die Kläger haben in jetziger Instanz Beseitigung dieses Ausspruchs verlangt, und mit Recht.

Die Argumentation des Obergerichts ist im Wesentlichen folgende: Das Geschäft, welches zu dem Streitverhältniß Veranlassung gegeben habe, sei freilich das Kaufgeschäft über die Ladung Fische ab Finnmarken gewesen; auch hätten Kläger, wenn die Waare nicht kontraktmäßig abgeladen worden sein sollte, dieselbe als sie nicht angehend zurückweisen dürfen. Allein jenes Kaufgeschäft sei nicht das unter den Parteien ausschließlich maaßgebende gewesen. Den Klägern sei von den Beklagten ein an ihre, der Kläger, Ordre ausgestelltes Connossement übertragen worden. Zwar sei der nächste Zweck dieser Uebertragung gewesen, auf Grund des Connossements die erkaufte Waare sich vom Schiffer liefern zu lassen; allein noch eine zweite Bestimmung des Connossements sei von den Klägern zu berücksichtigen gewesen. Sie hätten es als möglich ansehen müssen, daß Beklagte das Connossement ihnen nicht allein zur Erfüllung des Kaufgeschäfts, sondern auch um etwaige anderweitige, durch Geltendmachung gegen den Schiffer zu schützende Interessen derselben zu sichern, zustellten. Kläger hätten in Folge dessen sich als Assignatare der Beklagten anzusehen gehabt und wären als solche verpflichtet gewesen, das ihnen überwiesene Recht dessen ganzem Umfange nach gegen den Schiffer geltend zu machen. Hätten sie dies unterlassen, so würde ihrem Recht des Rückgriffs auf die Beklagten präjudizirt sein. — Die Streitverkündigung an Beklagte und die Passivität der Letzteren auf dieselbe änderten an dem vorbemerkten Ergebniß nichts. Die Kläger hätten ohne Weiteres den bestehenden Umständen die Instruktion darüber entnehmen können und müssen, was sie dem Schiffer gegenüber geltend zu machen gehabt hätten.

Der vorstehenden Argumentation kann schon in ihrem Ausgangspunkt nicht beigetreten werden. Zwischen den Parteien ist nur ein Rechtsgeschäft, der Handel über die Ladung Fische, geschlossen, und nur zur Erfüllung dieses Geschäfts ist den Klägern das Connossement übertragen worden. Ein anderes, zweites Geschäft, dasjenige einer im

Interesse der Beklagten vollzogenen Assignation, kraft dessen die Kläger das Connossement eventuell auch deshalb gegen den Schiffer geltend zu machen gehabt hätten, um besondere Rechte derselben gegen diesen (als solchen) in Wirksamkeit zu bringen, unter Ausschluß des Rechts für ihn, den Schiffer, sich mittelst Einreden an der Person des Abladers zu schützen, hätte freilich accessorisch zu dem Kaufhandel geschlossen werden können, allein die Akten enthalten von einem solchen zweiten, accessorischen Geschäft nichts.

Die bloße Möglichkeit, daß Beklagte in der Lage sein konnten, in dem Connossement und in den aus demselben gegen den Schiffer abzuleitenden selbständigen Rechten ein Schutzmittel gegen den Ablader für sich zu suchen (z. B. wenn Beklagte selbst Käufer von dem Ablader gewesen wären, und diesem den Kaufpreis für die — mangelhaft abgeladene — Waare gezahlt hätten, oder wenn das Connossement ihnen als Pfand für geleisteten Vorschuß zugestellt worden wäre) konnte die Kläger nicht zu der Annahme führen, daß solche Umstände wirklich existirten und es mithin im Interesse der Beklagten liege, den Schiffer für alle Fälle, selbst wenn die mangelhafte Lieferung der Ladung von dem Ablader verschuldet worden sein sollte, verantwortlich zu machen. Hätten aber auch Kläger Ursache gehabt, das Vorhandensein solcher Umstände zu vermuthen oder wäre ihnen nach dem Abschluß des Kaufs Mittheilung von denselben gemacht: so würden sie dennoch nicht verpflichtet gewesen sein, selbstthätig für die Beklagten einzuschreiten. — Die Kläger waren nur Käufer. Wies sich die Waare bei Ankunft des Schiffes so aus, daß sie die in gehöriger Qualität und Quantität geschehene Abladung bezweifeln zu können glaubten: so durften sie bis auf Weiteres die Uebernahme der Angelegenheit für ihre Rechnung zurückweisen, freilich auf die Gefahr hin, daß sie, wenn Beklagte tadellose Abladung erweisen würden, die

Waare später deren Gesammtheit nach (auch mit deren nicht etwa nur durch die Seereise, sondern auch durch etwaige Culpa des Schiffers verursachter Verschlechterung oder Verminderung) übernehmen müßten. Bis dahin, wo dieser Punkt zu Gunsten des einen oder anderen Theils erledigt war, waren sie den Beklagten gegenüber nur verpflichtet, für das zur Sicherstellung derselben Nöthige so weit zu sorgen, daß deren Lage nicht verschlechtert wurde. — Diese Auffassung ist die des HGB, indem dasselbe im Art. 348 vorschreibt, der Käufer, welcher die von einem andern Orte übersendete Waare beanstande, sei verpflichtet, für deren einstweilige Aufbewahrung zu sorgen. Die dieser Bestimmung zu Grunde liegende Erwägung, in der Anwendung auf das Verhältniß der Betheiligten zum Schiffer, führt dahin, aber auch nicht weiter als bis dahin, daß, wenn im Falle einer Zurdispositionsstellung der Waare Grund zur Annahme vorhanden ist, der Schiffer werde wegen des ungenügenden Zustandes derselben in quali oder in quanto, oder in beiden, mit Erfolg in Anspruch genommen werden können, seitens des Käufers das Geeignete durch Einbehaltung der Fracht (oder auf andere Weise) zur Sicherstellung jenes Anspruchs vorgekehrt werden muß, damit dem Verkäufer die Möglichkeit nicht entzogen werde, den in Rede stehenden — einstweilen auch zu seiner Gefahr stehenden — Gegenstand nach seinem Willen ordnen zu lassen.

Daß der Käufer derjenige ist, welcher in Folge der ihm geschehenen Connossements-Uebertragung aktiv und passiv als Gegner des Schiffers erscheint, übt auf den besprochenen Punkt keinen Einfluß aus. Obschon die Verhandlungen mit dem Schiffer im Namen des Käufers (als Connossements-Inhabers) geführt werden müssen, sind es doch einstweilen die Interessen des Verkäufers, welche in jener Parteirolle ihre Vertretung finden.

Daß in vorliegendem Falle den Beklagten auf ausreichende Weise Gelegenheit gegeben worden ist, ihre Interessen (mochten solche für sie im Allgemeinen als Verkäufer oder in Folge anderweitiger besonderer, in Verhältnissen zum Ablader begründeter Umstände vorhanden sein) gegen den Schiffer vertreten zu lassen, ohne daß sie anders als zurückweisend auf das ihnen gemachte Anerbieten, daß nach ihrem Belieben entweder ihnen als Intervenienten die Sachführung überlassen oder die Verhandlungen gegen den Schiffer zwar im Namen der Kläger, doch nach ihren (der Bekl.) Instruktionen geführt werden sollten, sich erklärt haben, ergiebt sich aus dem oben über das Faktische Bemerkten. Es ist hiernach unbegründet und erfolglos, wenn Beklagte dem Kläger einen Vorwurf daraus machen, sich gegen den Schiffer passiv verhalten zu haben. — Insofern Beklagte in gegenwärtigem Prozeß unterliegen sollten, haben sie es sich selbst beizumessen, daß ihre Interessen dem Schiffer gegenüber nicht vertreten worden sind; für den anderen Fall hing es vom Ermessen der Kläger ab, ob sie ihrem Interesse dadurch dienen würden, daß und ev. in welcher Weise sie den Schiffer in Anspruch nähmen.

Es liegt überhaupt außer Zweifel, daß weder ein Verkäufer, der selbst Ablader ist, noch auch ein solcher Verkäufer, welcher, wie hier Beklagte, die von einem Anderen bewirkte Abladung als *seine* Kontrakts-Erfüllung gelten läßt, die Verantwortlichkeit für die Kontraktmäßigkeit der Abladung, dem Käufer und Connossements-Inhaber gegenüber, deshalb ablehnen darf, weil Letzterer in der Lage gewesen sei, auf Grund des mit dem mangelhaften Thatbestand nicht übereinstimmenden Connossements den Schiffer wirksam in Anspruch zu nehmen, indem der Schiffer das Connossement dem *Wortlaut* nach zu erfüllen gehabt habe, ohne Einreden aus der ungenügenden Lieferung der Ladung seitens des Abladers vorschützen zu dürfen. Der Schutz, welchen der

Connossements-Inhaber in der vorgedachten Weise genießt, (HGB Art. 653 ff.) wird diesem nur in seinem Interesse und um das Vertrauen auf das Connossement als auf ein negociables Handelsdokument aufrecht zu erhalten, gewährt. Ist derselbe in der Lage, das aus einer mangelhaften Lieferung für ihn sich ergebende Interesse sowohl auf Grund des formalen Rechts gegen den Schiffer, als auch auf Grund des materiellen Thatbestandes und der Kontraktsrechte gegen den Ablader geltend machen zu können, so stehen ihm beide Wege nach Belieben zu Gebote. Der selbstabladende oder die Abladung eines Anderen vertretende Verkäufer hat kein Recht darauf, daß der Käufer und Destinatär statt seiner den Schiffer büßen lasse.

Das Vorstehende führte dahin, daß die vom Obergericht den Klägern gemachte Auflage, sich (bei Vermeidung der Abweisung von der Instanz) über die Wahrung der aus dem Connossement gegen den Schiffer ihnen zuständigen Rechte auszuweisen, in Wegfall gebracht werden mußte.

## Nr. 15.

## Plenum. — Erkenntniß v. 26. Mai 71. (B.)

Chr. Zimmermann & Sohn ·/. Kellmann (Nr. 207 v. 71).

**Hamburg.** **Ober-Appellation.**

I. Instanz: Handelsgericht Hamburg,
II. Instanz: Obergericht daselbst.

**Agentur-Verhältniß. Dauer.**

**Im Wesen der kaufmännischen Agentur liegt, so verschiedene Arten derselben es giebt, nichts, das die Vereinbarung eines Agenturverhältnisses auf eine gewisse Zeitdauer rechtlich unzulässig erscheinen ließe.**

**Die Widerruflichkeit aller Aufträge und Vollmachten steht den Ansprüchen des Agenten aus solchem Vertragsverhältniß nicht entgegen.**

HGB Art. 1, 54, 272 Nr. 4.

Ein unter den Parteien seit 1851 bestehendes, von Jahr zu Jahr verlängertes Agentur-Verhältniß wurde im Juni 70 von den Klägern einseitig und während des Laufs einer (geschäftsüblichen) Vertragsperiode aufgehoben. Beklagter stellt es zwar in das Belieben der Gegner, von seinen Diensten fortan keinen Gebrauch zu machen, beansprucht aber auf Grund des Vertragsverhältnisses die ihm zugesicherte Vergütung für das ganze Geschäftsjahr 70.

Das Hamburger Handelsgericht entschied für Kläger, der Appellrichter zu Gunsten des Bekl., eine weitere Berufung der Kläger an das OHG blieb erfolglos.

**Entscheidungsgründe des OHG.**

Beklagter behauptet, zwischen ihm und den Klägern habe ein Kontrakt-Verhältniß von der Art bestanden, daß er seine und seines Geschäfts-Personals Dienste zu dem Zwecke aufzuwenden gehabt habe, um als Agent der Kläger die Einleitung von Verkäufen der klägerischen Fabrikate zu treffen, gegen welche Dienstleistung ihm 2½ Prozent der sich ergebenden Verkaufsbeträge von den Klägern zu vergüten gewesen seien; dieses Verhältniß soll auch ein in dem Maaße periodisch dauerndes gewesen sein, daß es, wenn zu Anfang der Geschäftszeit eines Jahres neu begonnen, als bis zu dessen Ende fortbestehend habe angesehen werden dürfen und müssen.

Dafür aber, daß ein derartiges Verhältniß mit der angegebenen periodischen Dauer wirklich zwischen ihm und den Klägern bestanden habe, hat Beklagter sich darauf berufen, daß wenngleich eine dahin gehende Vereinbarung nicht ausdrücklich abgeschlossen worden sei, doch konkludente Umstände zweifellos auf jenes Bestehen hinführten.

Die Kläger haben die Unmöglichkeit eines solchen, auf irgend einen in der Zukunft liegenden Zeitraum für sie verbindlichen Kontrakt-Verhältnisses (rechtlich einer Dienstmiethe) auszuführen gesucht. Sie haben sich zuvörderst auf

Art. 54 HGB berufen, zufolge welches Handlungsvollmachten jeglicher Art, also auch Agenturen, zu jeder Zeit widerruflich seien; allein sie haben die ausdrücklich hinzugefügte — übrigens ohnehin selbstverständliche — Bestimmung des angezogenen Artikels unberücksichtigt gelassen: „unbeschadet der Rechte aus dem bestehenden Dienstverhältniß"; und damit fällt dieses Argument der Kläger hinweg. Kläger haben ferner gemeint, der Begriff eines „Agenten" — und als solcher wolle doch Beklagter in einem Obligations-Verhältniß zu ihnen gestanden haben — sei ein schwankender und völlig unbestimmter, dies aber schließe die Annahme eines auf eine gewisse Zeitdauer eingegangenen Obligationsverhältnisses zwischen dem Prinzipal und dem Agenten aus. Auch dieses Vorbringen ist grundlos. Darauf, was Beklagter als „Agent" den Klägern zu leisten hatte, ob, oder eventuell in welchem Umfange, er befugt war, sie durch von ihm eingegangene Geschäfte zu obligiren rc., kommt es hier überhaupt nicht an. — Daß der Beklagte den Klägern Dienste zu leisten hatte, diese dagegen ihm gewisse Vergütungen zukommen zu lassen verpflichtet waren; ferner die Art jener Dienstleistungen, sowie das Maaß der dem Bekl. dafür zugesicherten Remuneration liegt außer Streit. Nur um die vom Bekl. behauptete periodische Dauer des in Rede stehenden Verhältnisses handelt es sich. — Die Behauptung nun, daß Agenten deshalb, weil es Agenten verschiedener Art gebe, nicht auf eine gewisse Zeitdauer angestellt, also auch zum Anspruch auf eine Vergütung für eine solche nicht berechtigt sein könnten, erscheint ohne Weiteres als durchaus unhaltbar.

Der I. Richter findet ein Bedenken, hier den Bestand eines auf die Dauer geschlossenen Agentur-Verhältnisses anzunehmen, darin, daß Beklagter, als selbständig in seinem Wohnorte etablirter Kaufmann, unter anderen Geschäften die Vertretung der Kläger, eines inländischen Fabrikhauses, als deren Agent besorgt habe. Das OHG vermag dieses Bedenken nicht zu theilen. — Daß die Stellung eines selbständig etablirten Kaufmanns mit der Verwaltung einer Agentur der fraglichen Art überhaupt unvereinbar sei, nimmt auch der I. Richter nicht an. Dafür aber, daß eine Vereinigung beider Stellungen freilich auf unbestimmte Zeit möglich sei, jedoch nicht auf gewisse Zeiträume oder Perioden vereinbart werden könne, lassen sich Gründe nicht auffinden.

Daß im Uebrigen wie jedes andere kontraktliche Verhältniß eben so wirksam durch konkludente Handlungen, wie durch ausdrückliche Verabredung zur Entstehung gelangen kann: so auch dasselbe von dem Obligations-Nexus zwischen einem Dienstberechtigten und dem Dienstleistenden, insonderheit zwischen einem Prinzipal und dessen Agenten, zu gelten hat, ist nicht zu bezweifeln. Hier aber liegen konkludente Handlungen vor, welche die vom Bekl. geltend gemachte Auffassung des in Rede stehenden Verhältnisses rechtfertigen.

Wesentlich unverändert hatte Beklagter seit 1851 die Agentur für die Kläger verwaltet. Hierbei waren die Geschäfte der einzelnen Jahreszeiträume immer als maaßgebende Einheits-Komplexe behandelt worden, indem die Hingabe des klägerischen Musterlagers an den Bekl., bzw. die Kompletirung und Arrangirung desselben, je für die Geschäftszeit eines Jahres, um die Zeit des Beginnes derselben stattgefunden hatte, die Berechnung und Vergütung der dem Bekl. gebührenden Provision in Jahresperioden geschehen war, und, so lange dem Bekl. eine besondere Miethevergütung gezahlt wurde, auch diese Vergütung jedesmal auf einen Jahreszeitraum sich bezogen hatte. Wenn nach diesen gleichmäßigen Vorgängen einer langen Reihe früherer Jahre die Kläger den Bekl. beim Beginn der Geschäftszeit [im März] 1870 wiederum in den Besitz des neu arrangirten Musterlagers sammt Preislisten und Instruktionen für die Geschäftszeit 1870 setzten, ohne irgendwie Erwähnung davon zu thun, daß das bis dahin beobachtete Verhältniß verändert, bzw. demselben vor dem Schluß der Geschäftszeit 1870 ein Ende gemacht werden solle: so lag hierin eine Bekundung seitens der Kläger, welche den Bekl. berechtigte, das frühere Verhältniß, dessen gesammter unter den Parteien usueller Behandlung nach, für das ganze Geschäftsjahr 1870 als erneuert anzusehen. Dies um so mehr, als, wie auch den Klägern bekannt war, die Führung ihrer Agentur dem Bekl. die Nothwendigkeit auflegte, nicht unbeträchtlichen Aufwendungen an Miethe und Salair für die bevorstehende Geschäftszeit sich zu unterziehen und überdies den Bekl. hinderte, mit anderen Produzenten der von den Klägern fabrizirten Artikel in Geschäfte sich einzulassen. — Uebrigens war für beide Theile nach dem Vorgange im März 70 das frühere Verhältniß für die Geschäftszeit des Jahres 70 erneuert. Hätte Beklagter die Agentur der Kläger im Lauf der Geschäftszeit 1870 einseitig niedergelegt, vollends wäre er in ein entsprechendes Verhältniß zu einem Konkurrenten der Kläger getreten: so wären diese zweifellos berechtigt gewesen, ihn wegen Kontrakts- und Treubruchs auf Ersatz des Interesse in Anspruch zu nehmen. In vorliegender Sache hat Beklagter nur dasselbe Recht geltend gemacht, welches in dem vorstehend supponirten Falle von den Klägern auszuüben gewesen wäre.

## Nr. 16.

## Plenum. — Urtel v. 2. Mai (B.) u. 1. Juni 71 (B.).

**Bedeutung einer Wechselverschreibung für das dem Akte zu Grunde liegende Schuldverhältniß.**

Hat es von Rechtswegen eine gewisse Einwirkung auf das Schuldverhältniß, wenn dem Gläubiger eine Wechselverschreibung ausgestellt, ein seine Forderung deckender

Wechsel begeben oder sonst ein auf seine Befriedigung abzielendes wechselmäßiges Recht gewährt wird?

Die Praxis neigt zur Bejahung der aufgeworfenen Frage in der Annahme, daß regelmäßig die Ausstellung, bzw. Begebung eines dem Schuldbetrage gleichkommenden Wechsels als Zahlungsleistung oder doch als eine Umschaffung (Novation) des betreffenden Schuldverhältnisses gelte. Das OHG faßt jedoch grundsätzlich den Wechselzug oder den sonstigen, einen wechselrechtlichen Anspruch schaffenden Akt als ein seiner Natur nach selbständiges Geschäft auf, welches von den veranlassenden Beziehungen der Interessenten zu sondern ist und sich vermöge seiner Eigenart schon im Entstehen von den unterliegenden Rechtsverhältnissen ablöst.

Rspr. I S. 198, 397; II S. 142, 374.

DWO Art. 82 (vgl. Hartmann DWR S. 516 ff.)

Als nothwendige Folge dieser Rechtsauffassung erscheint

1) in der RktBschw. Sache Allan ·/. Haaselau & Stobbe (Nr. 187 v. 71; I. Instanz: Kreisgericht Neustadt in Westpreußen) laut Urtel v. 2. Mai 71 der Grundsatz:

**Die Ausstellung eines sogen. Prolongationswechsels — eines neuen Wechsels an Stelle des alten, mit bloßer Veränderung der Verfallzeit — enthält nicht nothwendig eine Tilgung der älteren Verbindlichkeit.**

Vgl. ALR I. 16 § 451—454.

Auf Grund dieser Wechseloperation kann daher der Wechselaussteller nicht aus Art. 48 DWO die Quittirung u. Rückgabe des älteren Wechsels fordern.

**Entscheidungsgründe des OHG:**

Auf Auslegung der Korrespondenz der Parteien und der Wechsel ist die Feststellung des Appellrichters gegründet, daß im Einverständniß der Parteien der neue Wechsel vollständig in die Stelle des alten hat treten sollen... Ist sonach von den Betheiligten der neue Wechsel nur an die

Stelle des alten, [damals bereits] verfallenen gesetzt, ohne daß in den Verpflichtungen etwas anderes geändert worden als der Verfalltag: so kann auch von einer, übrigens gar nicht beabsichtigten, Tilgung der Wechselverbindlichkeit durch den neueren Wechsel nicht die Rede sein. Der (in der NktBschw. als verletzt bezeichnete) § 242 ALR I. 16 bestimmt nur, daß die Schuld insoweit getilgt ist, als der Gläubiger die an Zahlungsstatt angegebene Sache für einen bestimmten Preis einmal angenommen hat. Das hat der Appellrichter aber gar nicht geleugnet, vielmehr nur verneint, daß unter den obwaltenden Umständen der neue Wechsel als Zahlung gegeben und angenommen ist...

Ist danach die Verbindlichkeit aus dem alten Wechsel seitens des Bekl. nicht getilgt, dann war er um so weniger berechtigt, Rückgabe des quittirten [älteren] Wechsels und der Protesturkunde auf Grund des Art. 48 DWO zu verlangen, als dieser Art. behufs des Regresses Mangels Zahlung das betr. Recht jedem anderen Schuldner giebt, sobald er die Wechselsumme nebst Zinsen und Kosten erstattet hat, — ein Fall, der hier überhaupt nicht vorliegt, da aus jenem Wechsel Beklagter als Aussteller in Anspruch genommen worden. —

2) In einer aus dem Königreich Sachsen eingegangenen Appellsache hat das OHG unterm 1. Juni 71, bei Verwerfung der Berufung des Bekl., (wie wir aus Siebenhaar's bekanntem Archiv, Band III Neuer Folge S. 196 f. entnehmen) den Grundsatz anerkannt:

**Die behufs Tilgung einer Schuld erfolgende Ausstellung, Begebung oder Acceptation eines Wechsels begründet ohne Weiteres nicht die Aufhebung des bestehenden Schuldverhältnisses.**

Kläger hatten nämlich zur Deckung einer Kaufpreisforderung v. 521 Thlrn. zwei Wechsel im Betrage von 300, bzw. 150 Thlrn. erhalten. Hieraus wollte der auf die Differenz von 71 Thlrn. belangte Schuldner eine bereits erfolgte gänzliche Befriedigung der Kläger entnommen wissen. Er drang damit nicht durch.

**Entscheidungsgründe des OHG:**

a. In der Klage heißt es zunächst:

Beklagter habe den Klägern zur Deckung ihrer Forderung im Gesammtbetrage v. 521 Thlrn. Wechsel gegeben,

es wird aber gleich darauf ergänzend hinzugesetzt:

auf die mehr erwähnten Waarenschulden habe Beklagter zwei Wechsel von je 300 und 150 Thlrn. gegeben.

Diese Ausdrücke enthalten nicht das Bekenntniß der Kläger, durch die empfangenen Wechsel für ihre ganze Forderung abgefunden zu sein oder neben den beiden Wechseln noch andere erhalten zu haben oder etwa auf den [wechselmäßig] nicht gedeckten Betrag verzichten zu wollen...

b. Bei Beurtheilung des Verhältnisses, wie es sich zwischen den Parteien, nachdem Kläger auf ihre Forderung zwei durch Indossament an sie begebene Wechsel angenommen hatten, gestaltete, stellt der II. Richter absolut den Satz an die Spitze, durch jene Annahme sei der Kaufgelder-Anspruch der Kläger bis zum Betrage von 450 Thlrn. dergestalt aufgehoben, daß sie ihre Befriedigung wegen letzterer Summe nur aus den empfangenen Wechseln zu suchen gehabt hätten. Hiergegen ist Widerspruch zu erheben und vielmehr davon auszugehen,

daß die behufs Tilgung einer Schuld erfolgende Ausstellung ꝛc. eines Wechsels die Aufhebung des (betr.) Schuldverhältnisses nur dann begründet, wenn die Umstände erkennen lassen, daß es im Willen des Gläubigers lag, den Wechsel an Zahlungsstatt anzunehmen.

Es können indeß die Konsequenzen dieses Grundsatzes für den vorliegenden Fall auf sich beruhen bleiben, da Kläger ihren Anspruch auf den Theil ihrer urspüglichen

Forderung, für welchen sie durch die Wechsel Befriedigung nicht erlangt haben, stützen...

c. Daß durch Annahme des [mit Protest wegen Mangels Zahlung von 200 Thlrn. zurückgekommenen] Wechsels über 300 Thlr. eine Novation nicht bewirkt, die klägerische Forderung auf Höhe dieser 200 Thlr. nicht aufgehoben worden ist, unterliegt keinem Bedenken. Es sind besondere Gründe, welche dies anzunehmen berechtigten, nicht vorhanden...

Es folgt hieraus, daß dem Bekl. der Beweis, daß und in welchem Umfange Kläger aus dem Wechsel Zahlung erlangt haben, obliegt.

## Nr. 17.

## Plenum. — Erkenntniß v. 1. Juni 71. (B.)

Rosenthal ·/. Sobernheim u. Cohen (Nr. 299 v. 71).

**Großherzogthum Hessen.** **Ober-Appellation.**

I. Instanz: Stadtgericht Gießen,

II. Instanz: Hofgericht daselbst.

**Getreidehandel, unverzügliche Beanstandung der Waare im Falle eines Weiterverkaufs.**

**Im Distanzhandel ist der Käufer, auch wenn er die angekommene Waare sofort weiter versendet, zu unverzüglicher Untersuchung und baldigster Anzeige gefundener Mängel verpflichtet. Jeder etwa eingetretene Aufschub ist vom Käufer, namentlich bei einem Preisschwankungen ausgesetzten Handelsartikel, besonders zu rechtfertigen, sonst tritt gegen ihn die gesetzliche Fiktion einer Genehmigung der Waare ein.**

HGB Art. 347. (Vgl. die Fälle Nr. 19 u. 21).

Im Juni 70 hat Kläger (ein Berliner Haus), durch Vermittelung seines Agenten in Frankfurt a. M., dem zu Gießen wohnenden Beklagten Weizen „frei ab Berlin" verkauft. Er sendete den Weizen in Säcken per Bahn von Berlin nach Gießen, wo die Waare am 30. Juni früh eintraf. Beklagter ließ den Weizen, ohne Umladung oder

Untersuchung, sofort weiter nach Diez gehen, wohin er denselben an den Fruchthändler J. verkauft hatte. Der Weizen soll am 3. Juli in Diez angekommen sein, wurde hier am 4. Juli untersucht und von J. dem Bekl. zur Verfügung gestellt. Darauf beanstandete Beklagter, dem Kläger gegenüber, den Weizen erst unterm 8. Juli.

Kläger fordert den bedungenen Preis, indem er die Untersuchung und weiter die Dispositionsstellung seines Abnehmers für verspätet erklärt. Er dringt in allen 3 Instanzen mit seiner Forderung durch.

Das OHG nahm gegen den Bekl. in Erwägung,

1) daß der fragliche Weizen nach dem zwischen den Parteien geschlossenen Vertrage in Gießen an den Bekl. abzuliefern war, die Akten auch nichts darüber ergeben, daß der sofortige Weitertransport des Weizens nach Diez in jenem Vertrage vorgesehen, oder daß die Intention des Bekl., den Weizen ohne Umladung mit Rücksicht auf den Weiterverkauf an J. direkt von Gießen nach Diez weiter transportiren zu lassen, dem Kläger bei Abschluß jenes Vertrages auch nur bekannt gewesen sei; [vgl. Rspr. II S. 137]

daß daher Beklagter nach Art. 347 HGB verbunden war, den Weizen ohne Verzug nach der Ablieferung in Gießen, also am 30. Juni, zu untersuchen und dem Kläger über die etwa vorgefundenen Mängel sofort Anzeige zu machen; und daß, da Beklagter diese Untersuchung in Gießen gänzlich unterlassen, den Weizen ohne vorherige Untersuchung weiter nach Diez hat transportiren lassen und erst nach der dort erfolgten Untersuchung und der ihm über das Ergebniß erstatteten Anzeige des J. den Weizen am 8. Juli dem Kläger zur Disposition gestellt hat, diese Anzeige verspätet und die Waare daher als genehmigt anzusehen, und Beklagter mit seinen Einwendungen gegen die vertragsmäßige oder gesetzmäßige Qualität nicht mehr zu hören ist;

daß Beklagter zwar behauptet, daß er als Großhändler die zu direktem Weiterverkauf in ihrer ursprünglichen Verpackung bestimmte Waare in Gießen zu untersuchen nicht verbunden, zur Dispositionsstellung vielmehr erst nach der Beanstandung seitens seines Abnehmers verpflichtet gewesen sei; daß dies indeß jedenfalls nicht in solcher Allgemeinheit als einem ordnungsmäßigen Geschäftsgange entsprechend zuzugeben, und am allerwenigsten bei einer Waare, welche so erheblichen und so raschen Preisschwankungen, wie Getreide, unterworfen ist, anzuerkennen ist, zumal, wie Kläger richtig bemerkt, die Annahme jenes Satzes bei mehreren auf einander folgenden Weiterverkäufen solcher Art dahin führen würde, daß der Verkäufer oft erst unverhältnißmäßig spät Gewißheit darüber, ob das Geschäft in Ordnung gegangen sei, erlangen würde; [vgl. oben S. 5 u. Rspr. I S. 370]

daß, wenn auch eine Untersuchung des Weizens in Gießen die vom Bekl. behaupteten Unzuträglichkeiten gehabt haben möchte, namentlich dadurch die direkte Weiterbeförderung nach Diez in der vom Bekl. behaupteten Weise erschwert, aufgehalten und vertheuert sein würde, Alles dies den Kläger, welchem das zwischen dem Bekl. und J. abgeschlossene Geschäft völlig fremd ist, nicht im Geringsten berührt, vielmehr Beklagter, wenn er sich die Einrede von Qualitäts-Mängeln dem Kläger gegenüber erhalten wollte, unbedingt und ohne Rücksicht auf die angegebenen Unzuträglichkeiten, die im Art. 347 HGB vorgeschriebene Untersuchung ohne Verzug nach der Ablieferung in Gießen vornehmen, zu dem Ende auch, wenn dies der Geschäftsgang auf dem Bahnhofe erheischte, die Waare umladen und vom Bahnhofe entfernen mußte; wenn er aber jene Unzuträglichkeiten mit Rücksicht auf den Weiterverkauf und Weitertransport nach Diez nicht übernehmen wollte, sich dem

Kläger gegenüber der im Art. 347 begründeten Fiktion der Genehmigung der Waare unterwerfen muß; ...

2) daß dem Bekl. oblag, seinen Einwand so genau thatsächlich zu substantiiren, daß der Richter in der Lage war, sich zu überzeugen, daß Beklagter der Vorschrift des Art. 347 gemäß die Waare ohne Verzug nach der Ablieferung untersucht und sofort Anzeige erstattet habe; daß Beklagter aber dieser Verpflichtung nicht genügt hat, indem die bloße Angabe, daß am 4. Juli die Untersuchung des Weizens in Diez und am 8. Juli die Dispositionsstellung erfolgt sei, um so weniger ausreicht, da an sich nicht abzusehen ist, weßhalb nicht, wenn die Untersuchung am 4. Juli erfolgt ist, J. die Anzeige an den Bekl. sofort am 4. Juli, und Beklagter die Anzeige an Kläger wenigstens sofort am 5. Juli machen konnte; die möglichste Beschleunigung der Anzeige aber gerade bei einem Getreide-Geschäft mit Rücksicht auf die schon oben erwähnten Preisschwankungen geboten war;

daß daher Beklagter es thatsächlich hätte motiviren müssen, aus welchen Gründen er, ohne mit der Vorschrift des Art. 347 und mit den Regeln eines ordnungsmäßigen Geschäftsganges in Widerspruch zu treten, die Anzeige an Kläger bis zum 8. Juli habe aufschieben dürfen; daß ihm namentlich obgelegen hätte, genau den Zeitpunkt der Ankunft des Weizens in Diez, auch des Beginnes und der Beendigung der Untersuchung, sowie den Zeitpunkt der Anzeige des J. an Beklagten anzugeben, und geeigneten Falles darzulegen, daß die verwendete Zeit auch nach ordnungsmäßigem Geschäftsgange erforderlich gewesen, und dadurch den Richter zu einem richtigen Urtheil darüber, ob der Vorschrift des Art. 347 entsprochen worden, in den Stand zu setzen;

daß es auch keinenfalls der Vorschrift im Art. 347 entsprochen haben würde, wenn Beklagter, wie er ..... behauptet, sich, nachdem er die Anzeige des J. erhalten, erst selbst nach Diez begeben, den Weizen auch seinerseits besichtigt und erst dann dem Kläger die fragliche Anzeige gemacht hätte, indem vielmehr die Anzeige an den Kläger jedenfalls sofort nach Empfang des Briefes des J. hätte erfolgen müssen.

## Nr. 18.

## Plenum. — Erkenntniß v. 8. Juni 71. (B.)

Portugiesischer Schooner Baltar, Capitän de Moraes ·/. britisches Dampfschiff Ryhope, Capitän Mullens (Nr. 217 v. 71).

**Hamburg. Seerechtsfall. Beiderseitige Ober-Appellation.**

I. Instanz: Handelsgericht Hamburg,

II. Instanz: Obergericht daselbst.

**Zusammenstoß von Seeschiffen. Gegenseitiges Verschulden, Benutzung freier Rheden. Hamburger Recht. Beweislast.**

1. Bei einem Zusammenstoß von Seeschiffen steht nur dem Schiffe, dessen Besatzung frei von Schuld an der stattgehabten Kollision ist, ein Schadenanspruch zu.

HGB Art. 736—738.

2. Auf freien (offenen) Rheden darf man im Allgemeinen beliebig zu Anker gehen, immer jedoch unter Berücksichtigung der dort etwa schon vor Anker liegenden Schiffe.

3. Art. 736 HGB stellt unbedingt die Erstattung des gesammten Schaden als die Folge eines schuldvoll verursachten Schiffszusammenstoßes hin. Uebrigens sind ältere landesgesetzliche Bestimmungen durch das HGB nicht absolut unwirksam geworden.

HGB Art. 1, 736.

4. Beurtheilung eines konkreten Falles nach Hamburger Recht. (Statuten II. 14 Art. 2).

5. Regelung der Beweislast:

a. Wird ein befestigt liegendes Schiff von einem in Bewegung begriffenen Fahrzeug angerannt, so ist in der Regel letzteres in der Lage, sich entschuldigen zu müssen.

**b. In Ansegelungs-Sachen gewährt die Praxis dem richterlichen Ermessen mehr Freiheit, als gewöhnlich, hinsichtlich der Zulassung oder Versagung einer Beweisführung.**

**c. Im gemeinrechtlichen Prozeß ist ein aequipollens als wirksam zu behandeln, ohne daß es eines hierauf gerichteten Ausspruchs im Beweisinterlokut bedarf.**

In einem Hamburger Rechtsfalle (und übereinstimmend in mehreren gleichliegenden Sachen) hat das OHG, unter eingehender Würdigung des Sachverhalts, sich über die vorangedeuteten Seerechtsgrundsätze dahin ausgesprochen:

**Urtelsgründe:**

Das klägerische Schiff Baltar ist, nachdem es durch schweres Wetter genöthigt worden, (statt in See zu gehen) aus der Nähe des letzten Feuerschiffes auf die Rhede von Cuxhaven zurückzukehren, daselbst am 25. Mai 70 Morgens dem Leuchtthurm gegenüber vor Anker gegangen. An demselben Tage Nachmittags hat sich der Ryhope, ebenfalls durch das Wetter am Auslaufen nach See verhindert, auf derselben Rhede unweit des Baltar vor Anker gelegt, um besseres Wetter abzuwarten. Nachdem bei dem Wechsel von Fluth und Ebbe spät am Abend des 25. und früh am Morgen des 26. Mai die beiden Schiffe umgeschweiet waren, ohne daß für eines derselben ein Schade sich ergeben hatte, sind bei dem gegen Mittag des 26. Mai eingetretenen Stromwechsel die Schiffe an einander gerathen und haben nach der Angabe ihrer Führer beide Schaden erlitten. — In gegenwärtiger Sache handelt es sich nur um die Beschädigung des Baltar, welche der Führer desselben dem Ryhope wegen dessen angeblich schuldvollen Verhaltens zur Last zu bringen versucht. Das Handelsgericht hat die Klage, weil sie nach den vorliegenden Umständen für grundlos zu achten sei, abgewiesen, das Obergericht hat dagegen auf Beweis des Klägers und Gegenbeweis des Bekl. erkannt, und wider das Obergerichts-Erkenntniß ist von beiden Seiten die dritte Instanz angerufen worden.

Es kommt gegenwärtig darauf an,

I. ob Beklagter, seiner Prinzipalbeschwerde gemäß, mit dem Handelsgericht los zu sprechen,

II. wie die Beweislast zu bestimmen und der Beweissatz festzustellen ist.

Zu I

ist dem Obergericht beizutreten, nämlich der Antrag des Klägers auf Wiederherstellung des I. Erk. zu verwerfen.

Die sofortige Lossprechung des Bekl. würde nur dann motivirt sein, wenn schon auf Grund der Akten, wie sie jetzt vorliegen, anzunehmen wäre, entweder daß dem Bekl. keine Schuld an dem Zusammenstoß der Schiffe beigemessen werden könne, oder daß Kläger seinerseits einer Culpa sich schuldig gemacht habe. Denn sollte letzteres geschehen sein, so würde nach Art. 737 HGB, welcher im Falle eigenen Verschuldens dem beschädigten Schiffe Ersatzanspruch versagt, die erhobene Klage selbst dann abgewiesen werden müssen, wenn der Bekl. sich eines Versehens — und wäre es selbst größer als dasjenige des Klägers — schuldig gemacht haben sollte.

Beklagter stützt sein Verlangen sofortiger Lossprechung von der Klage

1) auf die Behauptung, man dürfe auf freien Rheden zu Anker gehen, wo man wolle; halte sich ein daselbst schon vor Anker liegendes Schiff durch ein neu ankommendes Schiff für gefährdet, so sei es seine Sache, den Ankerplätz in einer ihm geeignet scheinenden Weise zu verändern. Den Führer des zweiten Schiffes, welcher nur sein Recht ausübe, treffe keine Verantwortlichkeit wegen der Wahl des Ankerplatzes. — Für vorliegenden Fall wird hieraus gefolgert: erstens, dem Ryhope könne kein Vorwurf daraus gemacht werden, in der Nähe des Baltar — und vielleicht in einer

für dessen Sicherheit zu großen Nähe — vor Anker gegangen zu sein, und zweitens, der Baltar trage ev. selbst die Schuld, wenn er es unterlassen habe, seinen Ankerplatz zu verändern.

Die Hinfälligkeit dieses Vorbringens unterliegt keinem Zweifel. Unbestreitbar hat jeder Schiffer das Recht, auf offenen Rheden — wenn nicht etwa besondere schifffahrtspolizeiliche Bestimmungen entgegenstehen — sein Schiff beliebig, wo er will, zu Anker zu bringen. Allein er muß die Lage derjenigen Schiffe berücksichtigen, welche schon vor ihm von demselben, ihnen nicht minder wie ihm zustehenden, Rechte Gebrauch gemacht haben. Thut er dies nicht, und legt er sein Schiff so vor Anker, daß die Nähe desselben zu einem oder mehreren der schon früher vor Anker gelegten Schiffe in Folge von Wind oder Strömung Kollision und Schaden herbeiführt: so ist er schon nach den Prinzipien der lex Aquilia zum Schadenersatz verpflichtet. Jedenfalls erledigt aber Art. 20 des übereinstimmend von allen Seestaaten erlassenen, in Hamburg am 1. Mai 63 publizirten Gesetzes über die Nacht- und Nebelsignale und das Ausweichen der Seeschiffe:

„Nichts ... kann ein Schiff, dessen Rheder, Capitän oder Mannschaft von den Folgen befreien, welche durch ein Versäumniß in der Führung der Lichter und Signale, durch Mangel an gehöriger Wachsamkeit oder durch Vernachlässigung irgend einer von der gewöhnlichen seemännischen Praxis oder durch besondere Umstände des Falles gebotenen Vorsicht entstehen;"

ein etwa noch zu hegendes Bedenken, indem dadurch die Schiffer und sämmtliche bei der Schiffslenkung Betheiligte allgemein verantwortlich gemacht werden für jeden Mangel gehöriger Wachsamkeit und für Vernachlässigung irgend einer von der gewöhnlichen seemännischen Praxis oder durch besondere Umstände des Falles gebotenen Vorsicht.

Vgl. Caumont, Dictionnaire universel de droit maritime, 2. Ausgabe 1867 S. 68 Nr. 128.

Beklagter beruft sich

2) auf die Bestimmung der Hamburger Statuten II. 14 Art. 2, welche (nach seiner Auslegung) die Verantwortlichkeit des Schiffers, welcher in gefährdender Weise unweit eines schon verankert liegenden Schiffes zu Anker gehe, darauf beschränke, daß er dann, aber auch nur dann, einer culpa sich schuldig mache, wenn er, von dem anderen Schiffe zur Ortsveränderung aufgefordert, dieselbe vorzunehmen sich weigere oder das Einschreiten der Mannschaft des anderen Schiffes verhindere.

Kläger bestreitet die Richtigkeit der vorstehenden Auslegung, will übrigens von diesem Gesetze deshalb ganz abgesehen wissen, weil durch das Handelsgesetzbuch, und insbesondere durch das neue Schadenersatz-Prinzip des Art. 736, alle älteren Partikularrechte, welche auf die Folgen verschuldeter Kollision Bezug haben, aufgehoben worden seien. Dies ist unbegründet; auch ist in dem vom Kläger zur Unterstützung seiner Behauptung angezogenen Falle Linné ·/. Black Swan (Kierulff, Sammlung B. IV S. 764) nur ausgesprochen, daß, nachdem Art. 736 die Erstattung des gesammten Schaden als die Folge einer schuldvoll verursachten Kollision hingestellt habe, diejenigen älteren partikularrechtlichen Bestimmungen, welche dem Schuldigen nur einen Theil des Schaden zur Last brächten, außer Kraft gesetzt seien. Im Uebrigen hängt es in gewöhnlicher Weise auch hier vom Inhalt der älteren Gesetze ab, ob ihnen durch neuere Bestimmungen (hier des Gesetzes von 63 oder des HGB) derogirt worden ist.

Der angezogene Artikel 2 wird aber vom Bekl. unrichtig ausgelegt. Er enthält,* wie das Obergericht mit Grund hervorgehoben hat, keine Beschränkung der Ver-

* Vgl. den Wortlaut S. 95 am Schluß dieses Rechtsfalles.

antwortlichkeit des unvorsichtig einem anderen Schiffe zu nahe ankernden Schiffers, sondern eine dem bedroheten Schiffe eingeräumte besondere Befugniß. Dieses soll, wenn jener auf an ihn gerichtetes Verlangen seinen Ankerplatz nicht verlegt, zur Selbsthilfe schreiten dürfen. Verhindert der Führer des zweiten Schiffes durch Weigerung oder Widerstand die Ausführung des Verlangens, so soll er, wenn ein Schade sich ereignet, schlechthin für diesen aufkommen, ohne daß es erforderlich ist, die näheren Umstände in Erwägung zu ziehen.

Ersichtlich ist hiedurch mittelbar das Gegentheil dessen ausgesprochen, was Beklagter behauptet hat, daß eine Berechtigung anzunehmen sei, die Lage eines schon verankerten Schiffes bei der Wahl der Lage des hinzukommenden eigenen Schiffes unberücksichtigt zu lassen. Im Uebrigen ist — abgesehen von der den heutigen Auffassungen wenig entsprechenden Verstattung der Selbsthilfe — eine Instruktion für den Richter in jenem Gesetze zu erblicken, das in Rede stehende Verhalten des in Anspruch genommenen Schiffers schlechthin als kulpos zu behandeln und ihn und sein Schiff zur Schadloshaltung zu verpflichten. Dies würde der Richter nach jetzigem Recht ohnehin zu thun haben; für das ältere Recht hatte die Gesetzesbestimmung deshalb eine besondere Bedeutung, weil nach demselben im Allgemeinen nur dolus und dem gleich zu achtende grobe culpa den betreffenden Schiffer und dessen Schiff in Kollisionsfällen schadenersatzpflichtig machte.

Hamburger Statuten II, 17 Art. 6—8,
Wisby'sches Seerecht Art. 48, 49.*

Beklagter macht

3) geltend, das zweimalige unschädlich verlaufene Umschweien der Schiffe bei dem Stromwechsel am Abend des

* Das Seerecht von Wisby, vgl. dessen Art. 28, ist die Quelle des fraglichen Art. 2.

25. und demjenigen am Morgen des 26. Mai stelle es in Gewißheit, daß der Ryhope nicht zu nahe bei dem Baltar zu Anker gebracht worden sei. — Ohne Zweifel liegt in diesen Vorgängen ein Indicium zu Gunsten des Bekl., gleichwohl ist dieses nicht stark genug, um das Gelingen einer vom Kläger auf schuldvolle Wahl des beklagtischen [!] Ankerplatzes zu richtenden Beweisführung unmöglich erscheinen zu lassen. Und, wenngleich in Ansegelungssachen dem richterlichen Ermessen eine größere Freiheit als in gewöhnlichen Fällen in Betreff der Verstattung oder Versagung von Beweisführungen, je nach dem Ergebniß der Würdigung der in den Akten liegenden Momente und nach den Erwartungen, welche man vom Erfolg etwaiger Beweisversuche, den Umständen nach, zu hegen hat, einzuräumen ist: so war doch hier um so weniger von einer Zulassung des Klägers zu dem in Rede stehenden Beweise abzusehen, da ihm, wie aus Späterem sich ergeben wird, ohnehin ein anderer Beweis gestattet werden muß.

Beklagter beruft sich

4) darauf, daß nach eigener Angabe des Klägers am Vormittag des 26. Mai eine Maaßregel von diesem unangewendet geblieben sei, welche er am Abend vorher selbst zur Sicherung seines Schiffes für nothwendig gehalten habe: die Befestigung desselben vor zwei Ankern, indem Kläger den Steuerbordsanker, welchen er als zweiten Anker am Abend ausgebracht gehabt hatte, am Vormittag wieder lichtete. — Beklagter erblickt hierin das Anerkenntniß einer eigenen Schuld des Klägers.

Das Vorbringen ist ohne vorgängige, im Beweisverfahren zu liefernde weitere Aufklärung der Umstände nicht für durchschlagend zu halten. Beklagter stützt sich bei demselben nur auf die bezüglichen Angaben in der Verklarung des Klägers. Diese sind jedoch so wenig eingehend, daß über die Gründe des Ausbringens, bzw. Wiederaufnehmens des Ankers das Nähere aus ihnen sich nicht ergiebt. Es ist nicht undenkbar, daß Umstände der Windrichtung, der Strömung, selbst der Lage des zuerst allein ausgebrachten Backbord-Ankers das in Rede stehende Verfahren am Abend des 25. Mai nothwendig oder doch rathsam gemacht haben, welche am Vormittag des 26. Mai nicht mehr bestanden.

Beklagter glaubt endlich

5) den vom Kläger als selbständiges Klagefundament ihm gegenüber geltend gemachten Vorwurf, daß auf seiner, des Bekl., Seite der an ihn kurz vor der Kollision gerichteten Aufforderung, die Vorsegel zu setzen und mehr Kette auszustechen, ungehöriger Weise nicht entsprochen worden sei, durch die Behauptung als unerheblich und klägerischer Beweisführung nicht unterzüglich nachweisen zu können, daß er, Beklagter nicht verpflichtet gewesen sei, jener Aufforderung Folge zu leisten, falls sie überhaupt auf seinem Schiffe vernommen worden wäre und ihr in der verlangten Schnelligkeit hätte Folge geleistet werden können. Es bedarf indessen nur der Hinweisung auf den oben angezogenen Art. 20 des Gesetzes von 1863, um das Grundlose dieses Vorbringens außer Zweifel zu stellen; wie denn, selbst abgesehen von jener Gesetzesbestimmung, schon die Natur dieses Verhältnisses und die Gemeinschaft der aus drohender Kollision für die betheiligten Schiffe sich ergebenden Gefahr darauf hinführen, daß jedes Schiff selbst unaufgefordert diejenigen Manöver ausführen muß, welche zur Vermeidung von Schaden geeignet erscheinen. Um so weniger darf einer Aufforderung zu solchem Manöver, dessen Ausführbarkeit vorausgesetzt, Folgeleistung versagt werden.

Ist nach Obigem dem Verlangen des Bekl., daß ohne Beweisanordnung absolutorisch zu erkennen sei, nicht zu entsprechen, so kommt es

II.

darauf an:

A. ob Kläger mit Recht darüber Beschwerde führt, daß die Beweislast vom Obergericht ihm zugetheilt worden ist, und

B. ob die Einwendungen der Parteien gegen die im II. Erk. formulirten Beweissätze begründet sind.

Zu A. Kläger meint, es bedürfe eines seinseitigen [!] Beweises des Ankerns des Ryhope in zu großer Nähe bei dem von ihm geführten Baltar deshalb nicht, weil eine culpa des Bekl. jedenfalls so weit in Gewißheit sich befinde, daß diesem nur noch etwa ein Exkulpationsbeweis nachzulassen sei. Diese Ansicht wird darauf gestützt, daß in der klägerischen Verklarung angegeben worden ist, am 25. Mai beim Stromwechsel spät Abends habe wenig gefehlt, daß die Schiffe auf einander gestoßen seien. Dieser, nach des Klägers Ansicht durch seine Verklarung genügend bewahrheiteten, Behauptung sei denn auch vom Bekl. niemals widersprochen worden. Beklagter habe aber als umsichtiger Schiffer sich sagen müssen, daß es ihm obliege, einen so gefährdeten Ankerplatz zu verlassen, was gleichwohl, und zwar schuldvoller Weise, nicht geschehen sei. — Nun ist aber schon die Voraussetzung dieser Aufstellung, daß Beklagter die Verklarung des Baltar in Betreff des fragl. Punktes als richtig und maaßgebend anerkannt habe, nicht begründet. Wenn Beklagter verschiedentlich dem Kläger den Einwand entgegengesetzt hat, von diesem, welcher nach der Angabe seiner Verklarung die Lage des Baltar als gefährlich angesehen haben wolle, sei gleichwohl nichts zur Beseitigung der Gefahr geschehen: so liegt hierin überhaupt kein Anerkenntniß der Richtigkeit der klägerischen Angabe, vollends kein Anerkenntniß dessen, worauf es allein ankommen könnte, daß auf Seiten des Ryhope die nämliche Beobachtung während des Umschweiens am Ende des

25. Mai gemacht worden sei. Dem hier berührten Vorbringen des Klägers ist demnach keine Folge zu geben.

Zu B sind

1) Beschwerden des Bekl. über die Formulirung des Hauptbeweises, und

2) des Klägers über diejenige des Gegenbeweises vorgebracht worden.

1) In Betreff des Hauptbeweissatzes verlangt Beklagter, daß zu jedem der beiden Alternativsätze des Obergerichts, betreffend das zu nahe Ankern und die Nichtausführung der am 26. Mai seitens des Baltar verlangten Manöver, kumulativ der Satz hinzugefügt werde, „daß der Ryhope auf den Baltar eingefahren sei und diesen beschädigt habe."

Das Verlangen ist grundlos. Unter der Voraussetzung, daß beide Schiffe in Folge eines Verschuldens des Bekl. auf einander getroffen sind, ist es gleichgiltig, welches derselben im Augenblick der Kollision das antreibende, welches das angetriebene gewesen ist. — Beklagter beruft sich auf den in Ansegelungssachen nicht selten zur Anwendung kommenden Satz, daß, wenn ein befestigt liegendes Schiff von einem anderen, fahrenden oder treibenden, Schiffe angerannt wird, eine Präsumtion für die Schuld auf Seiten des letzteren spreche (falls nicht etwa im Liegeplatz oder im sonstigen Verhalten des befestigt liegenden Schiffes, z. B. wegen fehlenden Lichtes bei Nacht, eine Ordnungswidrigkeit zu finden sein sollte). Ohne Zweifel ist, wenn ein solches Schiff angesegelt wird, das ansegelnde Schiff, weil es eine der äußeren Erscheinung nach ordnungswidrige, beschädigende Handlung ausgeführt hat, in der Lage, sich exkulpiren zu müssen. Daß von dieser Auffassung keine Anwendung in einem Falle gemacht werden kann, in welchem — wie unter der Voraussetzung der Führung eines der beiden in Frage stehenden Alternativbeweise hier anzunehmen sein würde — eine im vermuthlichen Kausalzusammenhange mit der Kollision stehende Schuld des liegenden Schiffes in Gewißheit gebracht wird, ist von selbst einleuchtend...

2) Ueber die Formulirung der Gegenbeweissätze hat Beklagter sich beschwert. Es soll

a) der erste jener Gegenbeweise

„daß der Baltar zu viel Kette gehabt habe oder sein Anker unklar gewesen sei"

gestrichen werden.

Dieser Antrag ist freilich insofern evident unbegründet, als Beklagter Beseitigung auch des ersten Alternativsatzes verlangt. Denn wäre zuviel Kette ausgestochen gewesen, so würde dies, zumal unter Umständen, unter welchen Kläger einen Zusammenstoß seines Schiffes mit einem anderen, seiner Meinung nach ihm zu nahe liegenden Schiffe zur Zeit des Stromwechsels fürchten zu müssen glaubte, zweifellos als eine culpa auf Seiten des Baltar anzusehen sein und ihn nach Art. 737 jedes Schadenersatzanspruchs verlustig machen. Dagegen könnte der zweite, im Beweissatz angeführte Umstand, wenn der Anker des Baltar unklar geworden sein sollte, diesem nicht — wenigstens nicht ohne das Hinzukommen anderer beschwerender Momente, von denen hier nichts behauptet worden ist — zum Vorwurf angerechnet werden. Bei schwerem Seegange werden, insbesondere beim Umschweien, wie aus den Umständen von selbst sich ergiebt, die Anker leicht unklar, ohne daß dem Führer des betr. Schiffes daraus ein Vorwurf gemacht werden kann.

Dieselben Gründe, welche das Obergericht dazu bestimmten, das etwaige Durchgehen des Baltar-Ankers für unpräjudizirlich zu erklären, treffen auch in Betreff des Unklarwerdens desselben zu.

Vgl. Röding, Wörterbuch der Marine, beim Worte: „Anker-Erklärung" Nr. 82 (B. 1 S. 109).

b) Das Obergericht hat dem Bekl. speziell auch den Gegenbeweis verstattet,

„daß Baltar den Zusammenstoß durch seinseitiges Auswerfen des Steuerbord-Ankers hätte verhüten können."

Kläger will diesen Beweis dahin verschärft wissen, daß Beklagter kopulativ zu beweisen habe,

„Kläger habe den Anker im kritischen Moment sofort auswerfen können, die Auswerfung aber aus Nachlässigkeit unterlassen."

Dieses Verlangen ist unbegründet. Daß das Auswerfen eines Ankers da, wo Ankergrund ist, das zunächst liegende und eins der wichtigsten Mittel ist, um einer drohenden Kollisionsgefahr zu entgehen, sowie daß auf einem ordentlich vorbereiteten Schiff der Anker so gehalten werden muß, um ihn jeden Augenblick fallen lassen zu können, unterliegt keinem Zweifel. Kläger hat mithin kein Recht zu dem Verlangen, daß ihm hierüber erst Beweis geliefert werde. Ueberdies steht ihm der Umstand entgegen, daß er am Abend des 25. Mai den Steuerbordsanker zur Sicherung des Schiffes benutzt hat, so daß also die Möglichkeit, ihn am Vormittag des 26. Mai wieder zu benutzen, evident vorliegt...

Außerdem verlangt Kläger, daß in Betreff der ersten Alternative des Hauptbeweises (bezüglich auf das zu nahe Ankern des Ryhope bei Baltar) ausgesprochen werde, diese Alternative sei auch durch den Beweis des Umstandes, als eines aequipollens, zu erbringen, daß beim Umschweien gegen Mitternacht des 25. Mai wenig gefehlt habe, daß nicht ein Zusammenstoß der beiden Schiffe erfolgt sei. Die Beschwerde ist gegenstandslos. Gesetzt, der in Rede stehende Umstand wäre ein aequipollens, so würde der künftige Richter demselben diese Wirkung schon an sich beizulegen haben. Dem Kläger kann also durch die Nichtanerkennung des fragl. Umstandes als eines aequipollens keine Beschwerde zugefügt worden sein. Uebrigens würde die Sache jetzt noch nicht reif sein, um über die Wirksamkeit des in Bezug genommenen Umstandes zu erkennen. Beim Zu-Anker-Gehen um 4 Uhr Nachmittags des 25. Mai waren die damaligen Verhältnisse in Betracht zu ziehen. Von 4 Uhr bis um 11 Uhr, wo Kläger die Gefährdung der Schiffe wahrgenommen haben will, konnten die Verhältnisse in Betreff des Windes, der Strömung rc. sich geändert haben. Ja selbst die Lage des Baltär konnte, wenn etwa sein Anker schlecht gehalten haben sollte, eine andere geworden sein.

* Zu S. 87: „Liegen Schiffe bei einander . . . und derjenige, welcher sein Anker am ersten geworfen oder gesetzt hat, zu dem anderen, so letzt gesetzet, spricht, er möge sein Anker lichten und ferner absetzen, denn es liege ihm zu nahe: weigert sich derselbe das zu thun, so mag der andere das Anker lichten mit seinem Volke und fürter von sich legen; hindert oder verbietet der andere, solches zu thun, kommt Schaden davon, den soll der bessern, der das hindert." (Hamburger Statuten II. 14 Art. 2).

## Nr. 19.

## Plenum. — Erkenntniß v. 8. Juni 71. (B.)

Schmidt ./. Oehme (Nr. 270 v. 71).

**Königreich Sachsen.** **Weitere Berufung.**

I. Instanz: Handelsgericht im Bezirksgericht Chemnitz,

II. Instanz: Appellationsgericht Zwickau.

**Kaufpreiszinsen, Anfang. Rechtzeitiges Beanstanden der Waare, Beweislast.**

**1. Die Verpflichtung des Käufers, den schuldigen Preis zu verzinsen, tritt mit dem (gesetzlichen oder bedungenen) Zahlungstermin von Rechtswegen* ein.**

HGB Art. 1, 288, 289.

Grundsatz: dies interpellat pro homine.

Kgl. sächs. bürgerl. GB § 736.

ALR Th. I Tit. 11 § 109, 221, 227; Tit. 16 § 15, 20, 64, 67, 69.

* Wegen des französischen Rechts vgl. Code civil Art. 1153, 1652.

**2. Der Käufer, welcher die gelieferte Waare bemängelt, hat die Rechtzeitigkeit seiner Dispositionsstellung nachzuweisen.**

HGB Art. 347, vgl. oben S. 79 und nachher S. 101.

So erkannt vom OGG in einer sächsischen Handelssache, bei Verwerfung der Berufung des bekl. Verkäufers.

**Gründe:**

1) Für den vom Kläger erhobenen Zinsanspruch ist der Inhalt der unterm 3. Sept. 69 ausgestellten Faktur maaßgebend, wonach dem Käufer ein Ziel von drei Monaten gewährt ist, welche nach der einfachsten und natürlichsten Deutung ihren Lauf mit Absendung der Waare beginnen. War nun die Absendung am 3. Sept. erfolgt, die Forderung des Klägers also am 3. Dez. 69 fällig: so ist die Forderung von Zinsen schon durch den Umstand begründet, daß beide Theile Kaufleute sind und ein beiderseitiges Handelsgeschäft vorliegt, Art. 289 HGB.

Aber auch ganz abgesehen hiervon, d. h. abgesehen von der Eigenschaft des Beklagten als Kaufmann, ergiebt sich für den vorliegenden Rechtsstreit das gleiche Resultat. Art. 288 bestimmt zwar, daß wer aus einem Geschäft, welches auf seiner Seite ein Handelsgeschäft ist, eine fällige Forderung hat, wegen derselben vom Tage der Mahnung an Zinsen zu fordern hat; fügt aber zugleich hinzu:

„sofern er nicht nach bürgerlichem Recht schon von „einem früheren Zeitpunkt an Zinsen zu fordern be„rechtigt ist."

Der Vorschlag, den Grundsatz: dies interpellat pro homine ausdrücklich auszuschließen,* ist nicht durchgedrungen, im Gegentheil derselbe da für anwendbar erklärt, wo er im bürgerlichen Recht sanktionirt ist. In dem bürgerlichen

* Preuß. Entwurf zum HGB Art. 222; Protokolle S. 421, 1316 f.

Gesetzbuch für das Königreich Sachsen aber — und zwar im § 736, lautend:

ohne Mahnung geräth der Verpflichtete sofort mit dem Ablauf der Zeit in Verzug, wenn für die Erfüllung der Forderung eine nach dem Kalender bestimmte .... Zeit durch Vertrag festgesetzt ist, und der Verpflichtete nicht erfüllt —

ist dieser Satz, wiewohl in limitirter Weise anerkannt, und es kann keinem Bedenken unterliegen, die Beredung eines dreimonatigen Ziels, vom Tage der Absendung der Waare an, unter diesen Gesichtspunkt zu stellen.

Ob nicht bei jener Beredung der Fälligkeit stillschweigend vorausgesetzt ist, daß vor Ablauf der drei Monate die Waarensendung bei dem Käufer angekommen ist, kann hier auf sich beruhen bleiben, da Beklagter seinem eigenen Geständniß zufolge die Waare „in der Zeit vom 3. Sept. bis 1. Nov. 69" empfangen hat.

2) Unbegründet ist auch die Beschwerde des Bekl., betreffend die Mängel der Waaren und deren Dispositionsstellung. Zunächst will Beklagter des Nachweises der Rechtzeitigkeit der Dispositionsstellung überhoben sein. Allein das Recht gestattet dem Käufer die Dispositionsstellung nur in zeitlichen Grenzen; es ist daher Sache dessen, der die gesetzwidrige oder vertragswidrige Beschaffenheit der Waare geltend macht und solche zur Verfügung des Verkäufers stellt, zugleich den Nachweis zu erbringen, daß die in den Art. 347 u. 349 HGB vorgeschriebenen zeitlichen Grenzen innegehalten sind. Wenn nun aber Beklagter dagegen geltend macht, daß die Entscheidung in Bezug auf die Rechtzeitigkeit von der Fixirung des Tages der Ablieferung abhänge, eine solche Fixirung aber Sache des Klägers gewesen sei, der dieselbe jedoch unterlassen, und daß demnach „wegen der Unbestimmtheit des Klagevorbringens die Rechtzeitigkeit der Dispositionsstellung nicht zu

bezweifeln gewesen sei": so ist schlechterdings nicht zu erkennen, in wie fern die Angabe des Datums der erfolgten Ablieferung zur Begründung der Klage erforderlich sein könnte, — ganz abgesehen davon, daß ein Mangel in dieser Beziehung von einer ganz anderen Folge hätte begleitet sein müssen.

Eventuell aber macht Beklagter geltend, . . daß er auf Thatsachen Bezug genommen, welche die ihm gestattete Prüfungsfrist noch über die gesetzlichen Grenzen hinaus zu erstrecken geeignet gewesen wären, was namentlich von der Behauptung gelte, Klägers Reisender habe, um die Vorzüglichkeit seines Oels darzuthun, ihn ersucht, das Oel unvermischt zu gebrauchen, was sofort nicht thunlich gewesen sei. Es können nun zwar zweifelsohne die Fristen für die Prüfung der Waare vertragsmäßig erweitert werden, allein hier liegt für eine solche Annahme nichts vor. In der That verlangt Beklagter selbst aber auch nur, daß bei Anwendung der gesetzlichen Vorschrift des Art. 347 Abs. 1:

„ist die Waare von einem anderen Orte übersandt, so
„hat der Käufer ohne Verzug nach der Ablieferung,
„so weit dieses nach dem ordnungsmäßigen Geschäfts-
„gang thunlich ist, die Waare zu untersuchen,"

auf die besonderen Umstände des Falles, insbesondere auf jenes Ersuchen des klägerischen Reisenden, Rücksicht genommen werde. In dieser Beziehung ist zwar dem Bekl. in so fern Recht zu geben, als eine genau bestimmte Frist, in welcher die Reklamation erfolgen mußte, sich nicht angeben läßt,* vielmehr immer die besonderen Umstände des konkreten Falles zu berücksichtigen sind; ein Grund zur Beschwerde liegt aber nicht vor, da weder der Urtelstenor, noch die Gründe einen Widerspruch gegen jenen Grundsatz enthalten.

* Vgl. Rspr. II Fall 28 S. 137.

Nr. 20.

## Plenum. — Erkenntniß v. 13. Juni 71. (Z.)

Grunelius & Co. ./. Lazard-Speier-Ellissen (Nr. 281 v. 71).

**Preußen (Frankfurt).** **Ober-Appellation.**

I. Instanz: Stadtgericht Frankfurt a. M.
II. Instanz: Appellationsgericht daselbst.

**Handel in Staatspapieren, Haftung des Verkäufers für die Realisirbarkeit der Effekten.**

**1. Gemeinrechtlich ist beim Handel in Staatspapieren ein Gewährleistungsanspruch des Käufers wegen Nichtrealisirbarkeit erworbener Stücke nur statthaft, wenn schon zur Zeit des Kaufabschlusses ein begründetes Realisirungshinderniß vorlag.**

Vgl. L. 54 Dig. 21, 1; L. 3 Cod. 4, 58.

2. Fall unberechtigter Beanstandung von amerikanischen Bonds.

Kläger hatte 1852 zu Frankfurt a. M. 44000 Dollars Nordamerikanische Staatsbonds (United States Stocks), im Jahre 65 einlösbar, vom Beklagten zum Kurse von 105⅜ gekauft. Nach seiner Behauptung sind 1865 bei der Vorzeigung im Schatzdepartement zu Washington zwei dieser Stücke, als von einem Schatzbeamten veruntreut, angehalten und mit einem Eisen durchschlagen worden. Mit vieler Mühe will Kläger, als gutgläubiger Besitzer, deren Einlösung später durchgesetzt haben; er erhebt nun — gestützt auf ein ihm günstiges Gutachten der Handelskammer zu Frankfurt — gegen seinen Verkäufer einen Anspruch auf Erstattung von Zinsen, Porti, Spesen ꝛc.

Diese Klage wird in zwei Instanzen abgewiesen und weitere Berufung vom OHG verworfen

**in Erwägung:**

daß nach den Grundsätzen des gemeinen Rechts bei Staatsschuldscheinen der vorliegenden Art ein Gewährleistungsanspruch des Käufers gegen den Verkäufer wegen Nichtrealisirbarkeit der erworbenen Forderung (mag man dabei von den Prinzipien der Haftung wegen Eviktion oder aber der Haftung für physische Mängel ausgehen) unter allen Umständen voraussetzt, daß schon zur Zeit des Kaufabschlusses ein begründetes Realisirungs-Hinderniß vorlag;

daß aber in Anwendung dieser allgemeinen Grundsätze ein Gewährleistungsanspruch in vorliegendem Falle nicht für begründet zu erachten ist, da, wie in den Urteln der vorigen Instanzen zutreffend ausgeführt worden, von dem klagenden Bankhause ein, schon bei Abschluß des Kaufgeschäfts v. 8. Nov. 52 vorhanden gewesener, die Realisirung hindernder Mangel der fraglichen Bonds gar nicht behauptet und dargelegt ist; daß insbesondere die nackte und oberflächliche Behauptung, daß die Einlösung der Bonds von der betreffenden Einlösungsstelle beanstandet worden, zur Begründung eines Gewährleistungsanspruchs nicht ausreicht, da nicht ersichtlich ist, daß diese Beanstandung eine berechtigte und durch einen vom Verkäufer zu vertretenden Mangel der Bonds veranlaßte war, da überdies gedachte Einlöse-Stelle wenige Monate später die Bonds wirklich eingelöst hat, ohne daß aus den Akten erhellt, daß ein inzwischen eingetretener Umstand ein etwaiges, die anfängliche Zahlungsweigerung motivirendes Hinderniß beseitigt hätte, — was darauf schließen läßt, daß auch die anfängliche Zahlungsweigerung eine unberechtigte gewesen;

daß es daher überall an einem rechtlichen Grunde mangelt, aus welchem das verklagte Bankhaus zur Erstattung der liquidirten Kosten, Auslagen und Zinsen verbunden erachtet werden könnte;

daß zwar Kläger noch auf einen — angeblich durch das übergebene Gutachten der Handelskammer zu Frankfurt a. M. bezeugten — Handelsgebrauch Bezug genommen hat, nach welchem, wenn die zuständige Zahlungsstelle die Einlösung der fraglichen Bonds als entwendet verweigere, der Verkäufer zur Zurücknahme der Bonds und

Erstattung des Kaufpreises verbunden sei; daß aber (abgesehen davon, ob man das auf eine sehr dürftige species facti gestützte „Gutachten", in welchem sich die Handelskammer ohne weitere Motivirung, als durch Berufung auf Handelsgebrauch und Handelssitte, dahin ausspricht, daß der klägerische Anspruch begründet sei, überall als ein Zeugniß eines bestehenden allgemeinen Handelsgebrauchs gelten kann) die Handelskammer zur Begründung des Anspruchs die Konstatirung der Zahlungsweigerung durch einen legalen Protest erfordert, das klagende Bankhaus also, da es einen solchen Protest nicht vorgelegt hat, sich zur Begründung ihres Anspruchs auf das Gutachten der Handelskammer nicht berufen kann.

## Nr. 21.

## Plenum. — Erkenntniß v. 13. Juni 71. (Z.)

Ruch ./. Ramsthal (Nr. 312 v. 71).

**Preußen.** **Nichtigkeitsbeschwerde.**

I. Instanz: Kreisgericht Cassel,
II. Instanz: Appellationsgericht daselbst.

**Handelskauf, Dispositionsstellung wegen Preis-Differenz, späteres Bemängeln der Waare.**

**Wenn der Käufer wegen einer Preis-Differenz die ihm übersendete Waare dem Absender zur Verfügung stellt, so wird er dadurch der gesetzlichen Pflicht zu unverzüglicher Untersuchung der Waare und zu sofortiger Rüge etwaiger Mängel nicht überhoben.**

**HGB Art. 347.**

Beklagter hat von einem Reisenden des Klägers fünf Gebinde Branntwein gekauft und Kläger ihm diese per Bahn von Nordhausen nach Cassel übersendet. Die Waare ist am 28. Dez. 69 in Cassel angekommen, und sofort dem Kläger zur Verfügung gestellt worden, jedoch nur, weil die Faktur den Preis um 1/2 Thaler per Gebind von 180

Quart höher berechnete, als Beklagter bedungen zu haben behauptet.

Kläger entgegnete unterm 31. Dez., daß Beklagter bezüglich der Preisabrede sich im Irrthum befinde, der Reisende des Klägers jedoch im Lauf des Januar 70 zum Bekl. kommen und sich mit ihm darüber näher aussprechen werde. Beklagter ließ diesen Brief unbeantwortet, auch erschien der Reisende nicht. Inzwischen lagerte die Waare auf dem städtischen Steueramte am Bahnhofe zu Cassel. Am 7. Januar 70 ließ Beklagter dieselbe, angeblich im Interesse des Klägers zur Ersparung von Lagergeld, in die steuerfreie Niederlage des Stadtmeßhauses bringen, wo reglementsmäßig, ohne Antrag und Zuthun des Bekl., am 8. Januar 70 eine Revision des Branntweins erfolgte, welche ergab, daß dieser theils 48%, theils nur 47% Tralles hielt.

Vertragsmäßig sollte Waare von 50% Gehalt geliefert werden. Beklagter stellte deshalb nunmehr, mittelst Briefs v. 22. Jan. 70, den Branntwein definitiv dem Kläger zur Verfügung. Kläger erwiderte am 24. Jan., er habe vollhaltigen Branntwein aus eigener Brennerei abgesendet und die inzwischen eingetretene Gehaltsverminderung nicht zu vertreten, könne übrigens die verspätete Dispositionsstellung nicht annehmen, wolle jedoch die geringe Preis-Differenz (von im Ganzen $2^1/_2$ Thlrn.) nachlassen.

Auf Zahlung des Kaufpreises belangt, wollte Beklagter die zweimalige Dispositionsstellung geltend machen, wurde aber in zwei Instanzen (obschon aus verschiedenen Gründen) verurtheilt. Seine NktBschw. wurde vom OHG verworfen

in Erwägung:

daß Beklagter die fragl. 5 Gebinde Branntwein nach Art. 347 HGB ohne Verzug nach der Ablieferung, soweit dies nach ordnungsmäßigem Geschäftsgange thunlich war, untersuchen und wenn dieselben sich nicht als vertragsmäßig ergaben, davon dem Kläger sofort Anzeige machen mußte, widrigenfalls die Waare, soweit es sich um erkennbare Mängel handelt, für genehmigt zu erachten; daß Beklagter die Untersuchung ... [gar] nicht vorgenommen, vielmehr nur durch die seitens des Stadt-Steueramts von Amtswegen erfolgte Revision am 8. Jan. 70 Kenntniß davon erlangt haben will, daß der Branntwein nicht den vollen vertragsmäßigen Gehalt hatte, und

daß Beklagter dann erst am 22. Jan. dem Kläger Anzeige gemacht, hierdurch aber unzweifelhaft der ihm nach Art. 347 obliegenden Verpflichtung nicht nachgekommen ist;

daß Beklagter zur Rechtfertigung dieser verspäteten Anzeige sich darauf berufen hat, daß der Preis .. auf 22½ Thaler .. verabredet worden sei, im Widerspruch mit dieser Abrede Kläger in der Faktur den Preis auf 23 Thaler .. berechnet, und daß Beklagter dieserhalb sofort am 28. Dez. 69 .. den Branntwein zur Disposition des Klägers gestellt und darauf die [oben erwähnte] Antwort vom 31. Dez. erhalten habe, daß dann der Reisende des Klägers nicht zum Bekl. gekommen sei, vielmehr Kläger im Briefe v. 24. an. die Preis-Differenz nachgelassen und hierdurch die Dispositionsstellung v. 28. Dez. ihre Erledigung gefunden habe;

daß Beklagter unter Bezugnahme auf den Sachverhalt auszuführen sucht, daß er, so lange die erste Dispositionsstellung vom 28. Dez. 69 in der Schwebe geblieben sei, also vom 28. Dez. 69 bis zum 24. Januar 70, nicht verpflichtet gewesen sei, gemäß Art. 347 HGB zu untersuchen und Anzeige zu machen, daß er vielmehr erst nach Empfang des Briefs v. 24. Jan. 70 zur Untersuchung der Waare verpflichtet gewesen sei, und deshalb seine bereits am 22. Jan. 70 wegen zu geringen Prozentgehalts des

Branntweins erfolgte Dispositionsstellung als eine rechtzeitige anzusehen sei;

daß jedoch dieser Argumentation nicht beizupflichten ist, da — abgesehen von dem Entscheidungsgrunde des I. Richters, daß Beklagter, indem er den Brief des Klägers v. 31. Dez. 69 unbeantwortet gelassen, sich bei demselben beruhigt habe, daher von der Dispositionsstellung v. 28. Dez. 69 abgestanden sei — diese Dispositionsstellung v. 28. Dez., da sie nicht wegen Qualitäts-Mängel, sondern nur wegen einer Preis-Differenz erfolgte, überhaupt nicht unter die Bestimmung des Art. 347 HGB fällt, diese Preis-Differenz auch nicht eine Zurückweisung der vom Bekl. gekauften Waare, vorausgesetzt daß deren Qualität vertrags- oder gesetzmäßig war, zur Folge haben, sondern nur dahin führen konnte, daß der Widerspruch gegen den fakturirten Preis, falls nicht eine gütliche Einigung erfolgte, im Rechtswege seine Erledigung finden mußte, Beklagter aber nicht bis zur Erledigung der geringfügigen Preis-Differenz, welche durch den Brief des Klägers v. 24. Jan. 70 erfolgte, die Erfüllung der ihm nach Art. 347 HGB obliegenden Verpflichtungen aufschieben durfte, vielmehr ohne Verzug nach der (geständlich) am 28. Dez. 69 erfolgten Ablieferung die Waare ihrer Qualität nach untersuchen und ev. dem Kläger die vorgeschriebene Anzeige machen mußte, und da er dies versäumt, sich gefallen lassen muß, daß die Waare als genehmigt erachtet, und daß er mit Einwendungen gegen die Qualität derselben nicht mehr gehört wird.

## Nr. 22.

## Plenum. — Erkenntniß v. 15. Juni 71. (Ref.)

Cohen Frères ·/. Reischer & Grünberg (Nr. 294 v. 71).

**Königreich Sachsen.** **Weitere Berufung.**

I. Instanz: Handelsgericht im Bezirksgericht Leipzig
II. Instanz: Appellationsgericht daselbst.

**Kauf oder Einkaufskommission? Provision. Dispositionsstellung des Käufers im Distanzhandel.**

**Das Ausbedingen einer Provision ist beim Zweifel, ob Kauf oder Einkaufskommission vorliegt, nicht unbedingt für letztere entscheidend.**

HGB Art. 271 Nr. 1 u. 2, 338, 364.

Ueber die Unterscheidung eines Handelskaufs von bloßer Einkaufskommission, über die Bedeutung des Ausbedingens einer Provision und über eine (nach HGB Art. 347) verspätete Bemängelung gekaufter Waare hat in einer Leipziger Handelssache das OHG sich, bei eingehender Würdigung der Verhältnisse des Einzelfalles, dahin ausgesprochen.

**Urtelsgründe:**

Der Appellrichter hat die auf Preis-Zahlung gerichtete Klage angebrachtermaaßen zurückgewiesen, weil, wenngleich die Parteien selbst ihr Rechtsverhältniß nach den Grundsätzen vom Kauf beurtheilen, in Wahrheit nach Inhalt der Klage nicht ein Kauf, sondern eine Einkaufskommission anzunehmen sei, da Kläger sich als „Kommissionäre in Kurzwaaren" bezeichnen, und sich eine als „Kommission" bezeichnete Gebühr von 5% des Fakturabetrages bedungen und berechnet haben. Hiernach müsse die Angabe bestimmter Preise bei der Bestellung als „Limitum" aufgefaßt werden. Nun sei die Klage des Einkaufskommissionärs auf Bezahlung des Limitums für die eingekaufte Waare mangelhaft, wenn dieselbe (wie vorliegend) die Bezugnahme auf Bezahlung des Limitums seitens des Kommissionärs an diejenigen, von welchen er sich die Waare verschafft hat, vermissen lasse; deshalb müsse die Klage zurückgewiesen werden, zumal die aus dem Stillschweigen des Bekl., insbesondere auf Grund von Art. 347 HGB, gezogenen Folgerungen bei dem Kommissionsverhältniß unstatthaft seien und die Voraussetzungen des Art. 376 HGB in vorliegendem Falle nicht zuträfen.

Die hiergegen und auf Wiederherstellung des I. Urtels gerichtete Beschwerde der Kläger erscheint begründet.

Das streitige Rechtsverhältniß wäre zwar an sich nach französischem, bzw. nach dem in Jassy geltenden rumänischen Recht zu beurtheilen gewesen.* Da indessen beide Theile sich nur auf das bei den Prozeßgerichten geltende deutsche Handelsrecht berufen haben, da auch nicht erhellt, daß das französische, bzw. rumänische Recht von den hier in Betracht kommenden Vorschriften des deutschen Rechts abweicht: so hat das OHG keine Veranlassung gefunden, von der Anwendung des letzteren abzusehen.

[Vgl. kgl. sächs. bürgerl. GB § 172; Rspr. I S. 279 II S. 56 ff., 216 ff.]

1. Thatsächlich ergiebt sich aus der Korrespondenz der Parteien: daß die Kläger Uhren ꝛc. auf Bestellung des Bekl. von Fabrikanten angeschafft haben, dagegen nicht, ob dies zufolge eines als Verkaufsgeschäft anzusehenden Lieferungsvertrages,

HGB Art. 271 Nr. 2, 338,**

oder aber zufolge einer Einkaufskommission geschehen ist. Die in den Briefen vorkommenden Ausdrücke „beorderte Waare", „hübsch und billig besorgen" sind im kaufmännischen Verkehr auch bei Kaufgeschäften, sogar über solche Waaren, welche der Verkäufer aus eigenem Vorrath liefern soll, gebräuchlich. Daß Kläger sich selber als „Kommissionäre in Kurzwaaren" bezeichnen, ist völlig unerheblich, da der hierdurch angedeutete vorwiegende Betrieb von Kommissionsgeschäften weder die Eingehung von Handelsgeschäften für eigene Rechnung ausschließt, noch auch nur eine thatsächliche Vermuthung dafür begründet, daß ein einzelnes Geschäft für fremde Rechnung geschlossen

* Beklagter ist ein Handelshaus in Jassy, welches bei den zu Paris wohnenden Klägern brieflich bestellt hatte.

** Vgl. Urtel des OAppGer. Dresden in der Ztschr. für HR XII S. 245 ff.; v. Hahn Komm. B. II S. 20.

sei. Endlich kann auch das nicht entscheiden, daß Kläger nach Vereinbarung sich eine Gebühr von 5% des Fakturapreises berechnet und in der Faktura, wie in der Klage, dieselbe als „commission“ bezeichnet haben. Denn wenngleich dieses, dem in Deutschland üblichen Ausdruck „Provision“ entsprechende, Wort allerdings zunächst auf eine Vergütung für die Mühe der *Besorgung*, somit auf ein für *fremde* Rechnung geschlossenes Geschäft deutet: so kann doch auch beim Lieferungsgeschäft auf *eigene* Rechnung der *Kaufpreis* in der Weise vereinbart sein, daß der Verkäufer zu dem fest bedungenen oder noch zu ermittelnden Selbstanschaffungspreise einen Zuschlag als Entgelt für die *jedem* Handelsbetrieb innewohnende *Vermittlerthätigkeit* empfängt, und so die Elemente der im Handel üblichen Preisbestimmung — statt, wie gewöhnlich, in Einer Summe combinirt — *auseinandergelegt* werden.

Vgl. L. 13 § 24 Dig. 19, 1; L. 7 § 1, 2 u. L. 37 Dig. 18, 1.

Daß dies aber in *vorliegendem* Falle geschehen ist, steht *prozessualisch* fest. Denn nicht nur sind *beide* Parteien überall vom Vorhandensein eines *Kaufgeschäfts* ausgegangen, sondern es ist auch der Bezeichnung der *ganzen* eingeklagten Summe als „Kaufsumme“ vom Bekl. nirgend widersprochen, wie denn auch Beklagter in seiner Deduktionsschrift die Kläger geradezu als „Verkäufer“ bezeichnet; es hat endlich, was schon *für sich* entscheidend wäre, Beklagter den nachstehenden Passus der Klage:

„Beklagter . . *bestellte* bei den Klägern . . die in der Beifuge näher bezeichneten Waaren zu den *daselbst notirten Preisen und gegen eine seitens der Kläger geforderte, seitens des Bekl. ausdrücklich bewilligte Kommission von 5% des Fakturabetrages*“ —

theils ausdrücklich eingeräumt, theils nur bemerkt, daß „die

Preise viel zu hoch sind", die Preisvereinbarung somit nicht oder doch nicht mit hinreichender Bestimmtheit geleugnet. Eine Preisvereinbarung aber ist bei Einkaufskommissionen undenkbar und geschieht durch bloße Limitirung der Einkaufspreise nicht.

2. Erscheint hiernach die Klage als Kaufklage hinreichend fundirt, so bedurfte es auch überall keiner Beweiserhebung über die unter den Parteien noch streitigen Punkte. Es darf demgemäß dahingestellt bleiben, ob der vom Appellrichter unterstellte Gesichtspunkt einer Einkaufskommission nicht zu gleichem Ergebniß führen würde.

Beklagter hat nämlich fast die ganze gesendete Waare [verschiedentlich] als „der gemachten Bestellung nicht entsprechend", bzw. die Preise als viel zu hoch bezeichnet; will auch gewisse Waaren gar nicht bestellt und sämmtliche Waaren den Klägern rechtzeitig zur Disposition gestellt haben.

Die erste Einrede war zu verwerfen. Denn Sache des Beklagten war es, die Umstände, aus welchen sich die Rechtzeitigkeit seiner Untersuchung und Anzeige ergiebt, darzulegen*, und die Klage ist keineswegs um deswillen unschlüssig, weil sie einer Angabe darüber ermangelt, wann Beklagter die von Klägern abgesendete Waare empfangen hat. Da nun, nach der vom Bekl. produzirten Spesenrechnung bereits am 10. Juli 69 die Waare, wenn nicht in Jassy, doch im nahe dabei gelegenen Czernowitz, wohin Beklagter sie beordert hatte, angelangt war: so hätte er entweder in Czernowitz die ungesäumte Untersuchung vornehmen oder die Waare alsbald nach Jassy kommen lassen und dort ungesäumt untersuchen müssen. Er giebt aber selbst an, erst ... nach Verlauf von 6 Monaten diese Untersuchung bewirkt zu haben, und hat erst mit dem Schreiben v. 25. Dez. 69 den Klägern die Waare zur Ver-

* Vgl. unsere Rechtsfälle Nr. 17 u. 19, oben S. 79 u. 95.

fügung gestellt. Wenn er gegen diese, im Handelsverkehr unerhörte, Verschleppung mit der Behauptung sich zu schützen sucht, daß die Waare in Jassy während seiner Abwesenheit angelangt sei, er auf Messen und Märkten sein Geschäft zu betreiben pflege und keine Veranlassung habe, einen Stellvertreter zum Zweck des Geschäftsbetriebs in Jassy zurückzulassen, daß er erst im Dezember nach Jassy zurückgekehrt sei und nun sogleich die Untersuchung vorgenommen habe: so ist dieser für den Beklagten vielleicht regelmäßige, aber [an sich] keineswegs ordnungsmäßige* Geschäftsgang jedenfalls den mit ihm in Geschäftsverbindung stehenden Personen gegenüber ein durchaus ordnungswidriger; der im HGB Art. 347 sanktionirte Handelsgebrauch begreift selbstverständlich unter einem „ordnungsmäßigen" Geschäftsgang keineswegs einen solchen, den ein einzelner Kaufmann — in schreiender Verletzung der Sitte des redlichen Geschäftsverkehrs — gewohnheitsmäßig einzuschlagen für gut befindet.

War hiernach Beklagter verbunden, sowohl die bestellten, aber angeblich nicht nach Bestellung gelieferten Waaren, wie die etwa durch Schuld der Kläger zerbrochen angelangten, somit mangelhaften Waaren zu behalten und zu bezahlen: so kommt es darauf, ob der Bruch der letzteren durch Schuld der Kläger herbeigeführt war, überall nicht an.

Anlangend hingegen die angeblich unbestellten Waaren und die viel zu hohen Preise des Bestellten, so besteht freilich weder ein Gesetz noch ein allgemeiner Handelsgebrauch, kraft welcher der Empfänger — unter dem Rechtsnachtheil der Genehmigung — zu ungesäumter Ablehnung schlechthin verpflichtet wäre. Allein, was die „unbestellten" Waaren betrifft, so fehlt es prozessualisch an jeder Angabe, welche Waaren unbestellt gewesen seien. Die vage, nicht einmal bei den einzelnen Posten spezialisirte Behauptung

* Vgl. Rspr. II S. 137 u. v. Hahn Komm. B. II S. 229.

aber, daß die Preise „viel zu hoch" seien, vermag der zugestandenen Preisvereinbarung gegenüber nicht in Betracht zu kommen.

Beiden Bemängelungen endlich würde entgegenstehen, daß Beklagter im Schreiben v. 25. Dez. 69 derselben keine Erwähnung thut, vielmehr lediglich die Vertragswidrigkeit der bestellten Waare und den Bruch der Gläser rügt, hiernach aber angenommen werden muß, daß er sowohl die angeblich unbestellten Waaren wie die Preisansätze stillschweigend genehmigt habe.

## Nr. 23.

## Plenum. — Erkenntniß v. 22. Juni 71. (B.)

Nordheim ./. Winnefeld (Nr. 272 v. 71).

**Sachsen.** **Weitere Berufung.**

I. Instanz: Handelsgericht im Bezirksgericht Leipzig.
II. Instanz: Appellationsgericht daselbst.

**Contocurrentverkehr. Zinseszinsen.**

**1. Ein Anspruch auf Zinseszinsen ist außerhalb des eigentlichen kaufmännischen Contocurrentverhältnisses unstatthaft.**

**HGB Art. 1, 291.**
Kgl. sächs. bürgerl. GB § 679.
ALR I. 11 § 818.
Windscheid Pandekten § 261 Nr. 2, B. II S. 42 n. 5.

**2. Ein thatsächlich unterhaltener Contocurrentverkehr (das gewöhnliche „In laufender Rechnung Stehen") ist über den Kreis des eigentlichen Kaufmannsstandes hinaus nicht als ein vertragsmäßig begründetes, wirkliches Contocurrentverhältniß anzusehen.**

Vgl. Rspr. I S. 339, 373; II S. 141, 347, 353.

**Dies gilt namentlich für die Geschäftsbeziehungen eines Vollkaufmanns zu Kleinhändlern (im Sinne des Art. 10 HGB) oder zu Handwerkern (z. B. einem Gerber).**

Beklagter, ein Gerbermeister, hat bis zum November 1866 Jahre lang seinen Geschäftsbedarf von der klagenden

Handlung entnommen und dieserhalb mit Letzterer in laufender Rechnung gestanden.

Klägerin macht jetzt ihr Guthaben aus diesem Verkehr nebst Zinsen geltend, unter Vorlegung einer Rechnung, in welcher die einzelnen Debet- und Creditposten des Bekl. nach Jahren fortlaufend zusammengestellt und am Schluß jeder Periode mit einander verglichen sind, wobei immer das Saldoergebniß einer solchen Abschließung dem weiteren Rechnungswerk vorgetragen wird. Soweit die Klage dem Bekl. eine Verpflichtung zur Gewährung von Zinseszinsen ansinnt, ist sie in allen Instanzen abgewiesen worden.

Entscheidungsgründe des OHG:

Klägerin beschwert sich ohne Grund ... Daß ihr Anspruch [auf Zinseszinsen] nach allgemeinem bürgerlichen Recht unhaltbar sich darstelle, ist in den vorigen Instanzen nachgewiesen, und Klägerin selbst verkennt dies nicht. Sie stützt sich lediglich auf die Ausnahmebestimmung, welche im Handelsrecht nach Art. 291 HGB für Contocurrentverhältnisse gegeben ist. Die Vorderrichter haben jedoch die thatsächliche Begründung der nothwendigen Voraussetzungen eines solchen Verhältnisses vermißt. Dieser Auffassung war lediglich beizutreten.

Zwar finden sich in der vom Bekl. anerkannten Klagerechnung die .. [vorerwähnten Zusammenstellungen]. Es hat ferner Klägerin unter Eidesantrag behauptet, daß von beiden Theilen „solche Einträge", wie sie die [vorgelegte] Rechnung enthalte, in ihren Büchern bewirkt worden seien. Die vorigen Instanzen haben die Eidesschlüssigkeit* dieser Behauptung bestritten. Jedoch selbst wenn man zu Gunsten der Klägerin von der gegentheiligen Annahme ausgehen wollte, würde aus dem Klagevorbringen an und für sich immer nur die Bezugnahme auf die beiderseitige Handhabung einer gewissen Rechnungsmethode, also eines

* Im Sinne des sächsischen Prozeßrechts.

geschäftlichen Internum, sich ergeben. Für die rechtliche Seite des zwischen den Parteien bestandenen Geschäftsverhältnisses folgt daraus schon deshalb, weil Klägerin nicht auf den regelmäßigen Austausch der Rechnungsergebnisse Bezug genommen, und auch sonst nach den konkreten Umständen etwas Entscheidendes nicht. Beklagter hat zur Zeit, als er die in Rechnung gestellten Waarenposten von der klagenden Handlung entnommen, ... das Gerberhandwerk betrieben. In Betreff der gedachten Waarenanschaffungen ist er hiernach zwar im Sinne des HGB (Art. 4, verbunden mit Art. 271 Nr. 1) als Kaufmann zu betrachten, jedoch nicht in des Wortes voller Bedeutung, sondern nur unter den im Art. 10 enthaltenen Beschränkungen. Dieser Umstand ist nicht ohne Gewicht für Beurtheilung der Natur des unter den Parteien bestandenen Geschäftsverkehrs. So zulässig es auch unter gewissen konkreten Verhältnissen erscheinen mag, aus der Modalität der, längere Zeit zwischen zwei Geschäftsfreunden gleichmäßig fortgesetzten, Buchung einen Rückschluß auf deren Vertragsabsicht zu ziehen und deren Einverständniß dahin zu konstatiren, daß die einzelnen Forderungsbeträge nur in ihrer Gesammtheit nach einzelnen Perioden zur Aufrechnung gelangen und die sich ergebenden Saldobeträge als neuer Stamm in der Rechnung fortgeführt werden sollen, als worin die Eigenthümlichkeit der laufenden Rechnung im rechtlichen Sinne sich äußert: so wenig ist doch Grund vorhanden, einer derartigen faktischen Uebung rechtliche Folgen über den Kreis des eigentlichen Kaufmannsstandes hinaus und namentlich auch den Beziehungen des Vollkaufmanns zum Kleinhändler und Handwerker gegenüber zu verstatten. Denn voraussetzlich haben Geschäftsleute letzterer Art nur die gewöhnliche Abwickelung ihrer geschäftlichen Beziehungen im Auge, und selbst wenn sie Geschäftsbücher führen, haben dieselben, weil sie den handelsrechtlichen Formalvorschriften nicht unterliegen, in der Regel einen größeren Werth, als den von Privatnotizen, nicht anzusprechen.

Es tritt jedoch ein neues, allein schon entscheidendes, Moment hinzu. Die der Klägerin abgesprochenen Zinseszinsen erstrecken sich ... nur auf die hinter dem 1. Januar 68 liegende Rechnungsperiode. Die Befugniß aber, von diesem Zeitpunkt ab neue Saldobeträge zu bilden, war der Klägerin — nach den konkreten Verhältnissen und im Mangel ausdrücklicher gegentheiliger Beredung — jedenfalls schon aus dem Grunde entzogen, weil die Geschäftsverbindung der Parteien, insofern dieselbe wesentlich auf Fortsetzung der Waarenbezüge des Bekl. sich stützte, mit dem 29. Okt. 66 faktisch gelöst war. Denn seit dieser Zeit hat Beklagter neue Waarenposten aus der Klägerin Handlung nicht entnommen, es stand daher seitdem blos noch die Abwickelung der aus dem früheren Geschäftsverkehr sich ergebenden Rechtsfolgen in Frage. Von einer laufenden Rechnung im Sinne des Art. 291 des HGB konnte bei einer solchen Sachlage unter allen Umständen nicht weiter die Rede sein.

Nr. 24.

## Plenum. — Erkenntniß v. 22. Juni 71. (B.)

Eschenbach ·/. Dürrschmidt u. Glier (Nr. 288 v. 71).

**Königreich Sachsen.** **Weitere Berufung.**

I. Instanz: Handelsgericht im Bezirksgericht Plauen,
II. Instanz: Appellationsgericht Zwickau.

**Distanzhandel; Lieferungsort, Transportkosten. Rekognitionspflicht.**

**1. Im Distanzhandel werden die rechtlichen Folgen vertragsmäßiger Festsetzung eines Lieferungsortes dadurch nicht berührt, daß der Käufer die Transportkosten übernommen hat.**

HGB Art. 324, 342, 344, 345.

**2. Die Rekognitionspflicht des Ausstellers einer Privaturkunde bezieht sich (gemeinrechtlich) auch auf — unverdächtige, namentlich geschäftsübliche — Nachschriften und Nebenvermerke, welche mit dem Inhalt der durch die Namensunterschrift gedeckten Urkunde erkennbar in wesentlichem Zusammenhange stehen.**

Kläger fordert den Preis von Därmen, welche er in Rußland aufgekauft und dann den Bekl. (sächsischen Saitenfabrikanten) vertragsmäßig nach Bahnhof Adorf übersendet hat. Beklagte, welche die Transportkosten zu tragen hatten, wollen gewisse, ihnen angerechnete Waaren gar nicht erhalten haben.

Bei Verwerfung einer Berufung des Klägers giebt das OHG als

**Gründe:**

1) Bezüglich derjenigen Därme, welche Beklagte dem Klageanbringen zuwider nicht empfangen haben wollen, fordert Kläger, daß dieselben zur Eidesleistung darüber angehalten werden sollen, daß Kläger an sie die Därme nicht abgesendet habe. Dieses Verlangen erscheint, nach den konkreten Umständen, völlig unbegründet. Als Erfüllungsort für die vom Kläger ausgeführten Lieferungen gilt nach unzweideutiger Vertragsbestimmung ... Bahnhof Adorf. Die Gefahr des Transports, von Zeit der Absendung bis zur Ankunft am Lieferungsort, hatte sonach — zufolge Art. 345 Abs. 2 HGB — lediglich Kläger zu tragen. Nach fernerer Vorschrift des erwähnten Art. wurde an dem bezeichneten Verhältniß auch dadurch nichts geändert, daß übereinkunftsgemäß die Kosten des Transports Beklagte übernommen hatten. Immerhin galt hier dem Kläger, als Verkäufer, gegenüber Adorf als Ort der Erfüllung. Für das Vertragsverhältniß der Parteien war daher auch lediglich der Zustand und Umfang der Waare, wie er sich bei der Uebergabe an die Be-

klagten am letzteren Orte gestaltete, von maaßgebendem Einfluß.

In der That haben nun Beklagte, wie sie zugestehen, vom Bahnamt Adorf die ihnen vom Kläger zugesendeten Kisten mit den darin enthaltenen Waaren sich aushändigen lassen. Der damalige Zustand der Waare ist durch ... [in erster Instanz erkannte] Eide zu ermitteln, während auf den Zustand derselben zur Zeit der Absendung dermalen etwas nicht ankommt.

2) Kläger rügt, daß ein als Beweisurkunde beigebrachter Brief v. 10. Sept. 67 einschließlich der angefügten Nachschrift für rekognoszirt erachtet worden. Er hält die Urkunde für irrekognoszibel. Dieselbe enthält einen ... datirten, an den Mitbeklagten A. D. gerichteten Brief, trägt Klägers Unterschrift, enthält aber neben letzterer noch die Nachschrift:

„Solltet Ihr irgend wo Abzüge machen wollen, so laßt die betreffenden Därme unberührt, bis ich selbst komme."

Der Produktion des Originals ungeachtet hat Kläger die gedachte Urkunde weder anerkannt, noch sich zur Diffession erboten. Mit Recht ist dieselbe deshalb von den Vorrichtern für rekognoszirt erachtet worden, und zwar mit Einschluß der erwähnten Nachschrift. Letztere steht in wesentlichem Zusammenhange mit dem Inhalt des durch die Namensunterschrift selbst gedeckten Briefs; sie ist augenscheinlich von derselben Hand, wie dieser, verfaßt, und Kläger hat nicht zu behaupten vermocht, daß sie von unberechtigter dritter Hand unter den Brief gesetzt worden sei. Der Umstand allein, daß die Nachbemerkung neben, nicht über der Unterschrift steht, ist keineswegs geeignet, den Produkten von der Rekognitionspflicht zu befreien. Entscheidend ist der erkennbare Zusammenhang, in welchem der eine Theil der Urkunde zu dem anderen steht; auch kann dabei die geschäftliche Sitte nicht außer Beachtung bleiben. Bekannt ist, daß die auf Wechseln befindlichen Domizilvermerke, obwohl sie von dem wesentlichsten Einfluß auf die Gestaltung der Wechselverpflichtungen sind,* nie mit der besonderen Unterschrift des Domiziliante versehen zu sein pflegen. Und doch ist die Rekognitionspflicht des Wechselbeklagten bezüglich des ganzen Wechsels, einschließlich des Domizilvermerks, in der Praxis — und zwar mit vollem Recht — nie bezweifelt worden.

Nr. 25.

## Plenum. — Erkenntniß v. 24. Juni 71. (B.)

Bolte & Co. ./. Schulze und Günther (Nr. 334 v. 71).

**Königreich Sachsen.** **Weitere Berufung.**

I. Instanz: Handelsgericht im Bezirksgericht Glauchau,
II. Instanz: Appellationsgericht Zwickau.

**Stellvertreter oder Kommissionär? Auslegung.**

**1. Der Ausdruck: „für Jemand handeln" ist mehrdeutig, und im praktischen Leben pflegt man die gebrauchten Worte nicht genau abzuwägen.**

Erfahrungssatz zu HGB Art. 278, 279.

**2. Nach welchen Merkmalen ist demnach im Einzelfalle die nicht scharf hervortretende Unterscheidung zu treffen, ob der den Vertragsschluß bewirkende Agent rechtlich als Stellvertreter des einen Kontrahenten oder als dessen Kommissionär gehandelt hat?**

HGB Art. 272 Nr. 3 u. 4, 298, 360 ff.

Die beiden Beklagten (sächsische Kaufleute) hatten sich zum Ankauf von Baumwolle aus Bremen vereinigt. Einer von ihnen, Sch., war vom Anderen mit dem Geschäftsabschluß beauftragt und bediente sich, nachdem er in Bremen, die Waare geprüft, des Agenten Weigert, um die Vereinbarung mit der jetzt als Verkäuferin klagenden Firma zu Stande zu bringen.

* Vgl. Rspr. I S. 107 n., II S. 131, 375, endlich unten Fall 26.

Es entstand im Prozeß die Frage, ob Weigert als Kommissionär selbständig gehandelt oder aber als bevollmächtigter Stellvertreter Namens der Bekl. ein unmittelbares Vertragsverhältniß unter den Parteien begründet habe. Das OHG hat, bei eingehender Würdigung der Sachlage, letzteres angenommen und die klägerische Berufung verworfen.

### Entscheidungsgründe:

### I.

So scharf auch das Recht zwischen den drei Fällen unterscheidet,

1) wo Jemand als Bote für einen Anderen auftritt,
2) wo er als Stellvertreter kontrahirt,
3) wo er zwar [sachlich] im Interesse eines Anderen (in diesem Sinne also: für denselben), aber in eigenem Namen den Vertrag schließt:

so wenig pflegt dieser Unterschied in präziser Weise im praktischen Leben hervorzutreten, und es ist vielfach Sache der richterlichen Prüfung, bei der alle Umstände sorgfältig ins Auge zu fassen sind, zu eruiren, unter welchen der vorberegten Gesichtspunkte ein konkreter Fall zu stellen ist. Gegenwärtig interessirt nur der Unterschied des Stellvertreters und desjenigen, welcher zwar für einen Anderen (das heißt: im Interesse desselben), aber in eigenem Namen kontrahirt, — des Stellvertreters und des Kommissionärs. Beide kontrahiren, d. h. rufen durch ihre alleinige Thätigkeit — alleinig, unter Ausschluß des Mandanten — in Verbindung mit dem Dritten den obligatorischen Vertrag ins Leben; beide kontrahiren für den Auftraggeber, — der Kommissionär blos in dessen Interesse, der Stellvertreter anstatt und im Namen des Mandanten. Beide sind Mandatare; aber der Stellvertreter handelt nicht kraft des Auftrages, sondern kraft seiner Vollmacht, die wenigstens regelmäßig mit einem

Auftrag verbunden ist, der Kommissionär ist blos Beauftragter.

Abgesehen nun davon, daß es überall nicht Sache des praktischen Lebens ist, die Ausdrücke genau abzuwägen, liegt ein besonderer Grund, weshalb die Unterscheidung des Stellvertreters und Kommissionärs nicht scharf hervorzutreten pflegt, in der Mehrdeutigkeit des Wortes „für". Der Kommissionär handelt nur „für" [einen Anderen], der Stellvertreter „im Namen" des Mandanten. Gleichwohl wird auch das Mandat an den Stellvertreter vielfach lauten; „kaufe, verkaufe für mich". Das Wort „für" bedeutet nämlich nicht blos „zu Gunsten" oder „zum Vortheil", „für Rechnung"; sondern wird vielfach auch im Sinne von „anstatt" genommen. So verstanden, sind die Worte „kaufe für mich" gleichbedeutend mit „schließe statt meiner den Kaufkontrakt ab". Auch diese Worte lassen noch das Verständniß zu: „werde Du (statt meiner) Gläubiger und Schuldner aus einem Kaufkontrakt", mit anderen Worten: „kontrahire als Kommissionär"; indem man bei „kaufen — verkaufen" an „Gläubiger und Schuldner werden" aus einem Kaufkontrakt denkt. Allein viel näher liegt es, das „kaufen" blos auf den äußeren Abschluß des Kaufkontrakts zu beziehen; wonach die Worte den Sinn haben: „erfülle Du statt meiner diejenigen Voraussetzungen, unter denen ich als Käufer berechtigt und verpflichtet werde" — mit anderen Worten: „sei mein Stellvertreter, so daß Deine Handlung rechtlich als die meinige gilt".

So können also die Worte „für mich" auch auf ein Stellvertreterverhältniß hinweisen, und wird dies nach Intention der Parteien sogar vielfach, wenn nicht vielleicht regelmäßig, der Fall sein. Dem Kommissionär gegenüber brauche ich die Worte „für mich" nicht hinzuzufügen, sie verstehen sich bei dem Auftrage, zu kaufen, bzw. verkaufen, von selbst. Beauftrage ich also Jemand, für mich zu kaufen, so wird meistens auch meine Absicht dahin gehen, daß der Beauftragte statt meiner, als mein Stellvertreter, kontrahirt. Noch näher liegt letztere Deutung, wenn der Beauftragte dem Dritten erklärt: „ich kaufe für NN". Hat er damit nur sagen wollen, daß er zwar als Käufer eintrete, die Waare aber vertragsmäßig an NN. auszuantworten habe: so wird dies den Dritten regelmäßig nicht interessiren, dem es ja gleichgiltig sein kann, ob der Käufer die Waare selbst behält, sie verschenkt, verkauft, vernichtet, einem Dritten ausliefert 2c. Möglich ist freilich ein besonderes Interesse des Kommissionärs bei der betreffenden Eröffnung, daß er eben als Kommissionär kaufe. Er kann dem Dritten darthun wollen, daß er selbst bei geforderter Herabsetzung des Preises nicht interessire, er kann den Dritten, der in Beziehungen zum Kommittenten steht, zu einem möglichst günstigen Handel für diesen bestimmen, er kann motiviren wollen, weshalb er auf Erfüllung an einem anderen Orte besteht 2c.

Die Prüfung der thatsächlichen Momente des Falles, von den vorstehend entwickelten Grundsätzen aus, hat zu einer Abänderung des angegriffenen Erk. nicht zu führen vermocht.

II.

Klägerin hat die einzelnen Fakta, aus denen die Frage zu beantworten ist, ob Weigert als Kommissionär oder als Stellvertreter der Bekl. mit Klägerin kontrahirt hat, in ihrer Aufeinanderfolge mit allen Spezialitäten dem Richter vorgeführt, und fährt dann fort:

„nach allem bisher Gesagten steht nun so viel fest,

1) daß die Beklagten gemeinschaftlich den Weigert beauftragt haben, für sie und für ihre Rechnung die in der Klage erwähnten 18 Ballen Baumwolle zu erkaufen;
2) daß Weigert am 17. Sept. 67 diese Ballen bei der Klägerin für Bekl. erkauft hat 2c."

Präzision des Ausdrucks ist, nach obigen Bemerkungen, bei den Verhandlungen der Parteien nicht zu erwarten, — fehlt dieselbe doch auch bei der Zusammenfassung der bisherigen Ergebnisse von Seiten des die Klage konzipirenden Sachwalters —; Sache der richterlichen Prüfung ist es, aus der Gesammtheit aller Umstände die Frage zu beantworten: ob Weigert vorliegend als Kommissionär oder als Stellvertreter aufgetreten ist. Letztere Annahme setzt voraus, daß Weigert von den Beklagten beauftragt war, statt ihrer, d. h. in ihrem Namen, den Vertrag zu schließen, und daß er in ihrem Namen mit der Klägerin kontrahirt hat.

1) Was zunächst das Verhältniß zwischen Weigert und den Beklagten anlangt, so ist davon auszugehen. daß der Mitbeklagte Sch. am 13. Sept. 69 mit Weigert zusammen bei der Klägerin erschienen war, um Baumwolle zu kaufen. Die Klage hebt ausdrücklich hervor, daß Beklagter Sch. selbst zu kaufen beabsichtigte, wie er denn auch Proben aus den Ballen mitnahm, und am Nachmittag wiederzukommen verhieß. Von dieser Absicht, selbst zu kaufen, müßte er wieder abgegangen sein, wenn er Weigert den Auftrag ertheilt hätte, als Kommissionär einzutreten. Nichts weist auf ein solches Abgehen von dem früheren Entschluß hin. Die Erklärung dem Weigert gegenüber:

daß wenn er noch auf die Baumwolle reflektire, er deshalb an Weigert telegraphiren werde,

stellte im Gegentheil die Bevollmächtigung für Weigert in Aussicht, die demnächst auch mittelst Telegramms v. 14. Sept.:

„gesehene 18 Packen Baumwolle von B. & Co. acceptiren wir"

von Seiten beider Beklagten wirklich erfolgte. Und wenn Weigert antwortete:

„gestern Abend empfing ich Ihre Depesche, worin Sie

die 18 Packen von B. & Co. acceptiren, leider konnte ich das Geschäft nicht zum Abschluß bringen",

so wird man beim Worte „Geschäft" subintelligiren müssen „zwischen Ihnen und B." Es kommt aber noch weiter hinzu, daß der Bekl. Sch. zu Weigert (bei seiner persönlichen Anwesenheit am 13. Sept. 69) geäußert hatte, es würde ihm lieb sein, wenn Klägerin für den Fall, daß er und sein Geschäftstheilhaber die 18 Ballen Baumwolle noch kaufen sollten, dieselben an das Handelshaus B. zu Werdau senden würde, und wenn er dort die Zahlung beschaffen könnte. Darauf bezieht sich denn auch ein Schreiben von Weigert an die Beklagten, worin es heißt;

„ich habe das Geschäft abgeschlossen, ... franco Bahnhof; Cassa sofort in preußischen Scheinen; man wollte sich aber nicht darauf einlassen, die Wolle zur Einlösung an den Spediteur zu senden";

desgleichen zwei Schreiben des Bekl. Sch. an Klägerin, worin Ersterer behauptet, daß der Handel wirklich unter letzterer Bedingung abgeschlossen worden sei. So viel ist hiernach klar, daß nach dem Willen des Sch. Klägerin direkt an ihn (und zwar nach Werdau hin) liefern sollte, und daß er den Kaufpreis an Klägerin (und zwar in Werdau) bezahlen wollte, — mit andern Worten, daß Weigert als Stellvertreter den Vertrag schließen sollte.

2) Hat Weigert den Auftrag so, wie er ertheilt worden, ausgerichtet, d. h. den Vertrag im Namen der Beklagten mit Klägerin abgeschlossen? Wenn es im Schlußschein heißt:

„von Herrn B. & Co. kaufte ich heute für Herrn Sch. u. G. [Beklagte] in deren Auftrage ... 18 Ballen Baumwolle ... H. Weigert":

so liegt es nach obigen Ausführungen unter I, zumal da der Auftrag an Weigert auf den Abschluß als Stellvertreter gerichtet war, am nächsten, das „für" als Bezeichnung eines Stellvertretungsverhältnisses zu nehmen.

Ueberdies hatte ja Weigert bei den Verhandlungen mit der Klägerin das Verlangen gestellt, daß sie die Baumwolle an den Spediteur der Bekl. nach Werdau senden und dort die Zahlung entgegennehmen sollten, womit denn die direkte Beziehung des Vertrages auf die Beklagten genügend hervorgehoben ist.

Von großer Bedeutung für die Interpretation des Vertrages ist der nachfolgende Briefwechsel zwischen den Parteien. Klägerin verlangt darin Zahlung und droht entgegengesetzten Falles mit öffentlichem Verkauf der Waare für Rechnung der Bekl. In der Antwort des Sch. wird ebenfalls von einem direkten Vertragsverhältniß zwischen beiden Theilen ausgegangen, aber einestheils geltend gemacht, daß Klägerin sich zur Uebersendung der Wolle an den Spediteur der Bekl. verpflichtet hätte, anderntheils hervorgehoben, daß Klägerin den Bekl. keine Faktura zugesendet habe. Letzteres war richtig. Weigert hatte die Originalfaktur, welche Klägerin ihm übergeben, behalten, und selbst eine Faktur für die Bekl. ausgestellt, in der er sich zugleich eine Gebühr berechnete. Gerade der Vorwurf, daß Klägerin den Bekl. die Faktur nicht zugesendet, enthält zugleich die Behauptung, daß nach Inhalt des abgeschlossenen Vertrages Klägerin zu direkter Zusendung der Faktur verpflichtet war, und die im Appellurtel versuchte Deutung in entgegengesetztem Sinne erscheint nicht zutreffend. — Noch entschiedener lautet der zweite Brief. Wenn es in demselben heißt:

„da Sie in Ihrem Briefe bemerken, Weigert war Bevollmächtigter, so haben Sie gewissermaaßen Recht" rc.,

so findet der Zusatz „gewissermaaßen" darin seine Erklärung, daß dem Inhalt des Kontrakts, wie er von Klägerin geltend gemacht worden, widersprochen und hervorgehoben wird, die Uebersendung der Baumwolle nach Werdau sei bedungen worden. Es heißt nämlich weiter:

„Sprechen Sie mit Weigert, so muß er selbst sagen, daß sämmtliche gekaufte Wolle an V. in Werdau abgesendet werden sollte; ist auch geschehen, und so hat Weigert bei meinem Dortsein die Anweisung erhalten...“

Befremden kann es nach obiger Ausführung [unter I] nicht, daß einzelne Momente für die entgegengesetzte Annahme zu sprechen scheinen, wohin namentlich die Ausdrücke: „kommissionsweise gekauft“ u. „Kommissionsgeschäft“ in Weigert's Büchern gehören. Danach kann denn nicht zweifelhaft sein, daß ein unmittelbares Vertragsverhältniß zwischen der Klägerin und den beiden Bekl. zur Genüge behauptet ist.

## Nr. 26.

## Plenum. — Erkenntniß v. 27. Juni 71. (B. Ref.)

v. Jaruntowska ⁒. Segall (Nr. 347 v. 71).

**Preußen. Wechselsache. Richtigkeitsbeschwerde.**

I. Instanz: Kreisgericht Posen,
II. Instanz: Appellationsgericht daselbst.

**Wechselzug der Ehefrau, Genehmigung durch Accept des Mannes. Nachträglicher Domizilvermerk, Fälschung.**

**1. Wenn der Ehemann einen von der Frau auf ihn gezogenen Wechsel acceptirt, so genehmigt er thatsächlich die aus dem Wechselzuge entstehende Verbindlichkeit seiner Frau.**

So bereits: OHG Plen. Erk. v. 15. Dez. 70 in Sachen Jahne ⁒. Frau Steudtner aus Herrnhut (Busch, Archiv B. 20 S. 465).
Borchardt ADWO Zusatz 24 nebst n. 27, h u. i S. 21, 22.
Vgl. Rspr. I S. 312.

**2. Dabei ist, beim Mangel einer entgegengesetzten Behauptung der Betheiligten, die Voraussetzung wechselrechtlich begründet, daß die Ausstellung des Wechsels der Acceptirung vorangegangen.**

DWO Art. 4 Nr. 5, Art. 21.

**3. Das Hinzufügen eines Domizilvermerks zu einem fertigen Wechsel enthält eine wesentliche Aenderung des**

**Wechselinhalts, nach welchem der Aussteller (bzw. Acceptant) durch seine Unterschrift sich verpflichtet hat, erscheint mithin, wenn ohne dessen Zustimmung unbefugt geschehen, dem Aussteller gegenüber als eine rechtlich unwirksame Fälschung.**

DWO Art. 8, 22, 23, 24, 43, 98, 99.

**4. Die Einrede solcher Fälschung ist aus dem Wechselrecht entnommen, steht daher dem Aussteller, bzw. Acceptanten, welcher seine Unterschrift nicht in blanco gegeben hat, gegen jeden Inhaber des Wechsels zu.**

DWO Art. 75, 76, 82, 98.

Hartmann DWR S. 525 n. 27.

Frau v. J. hat auf ihren Ehemann einen, zur Verfallzeit nicht honorirten, Wechsel über 250 Thlr. gezogen. Der Klagewechsel trägt das Accept ihres Ehegatten und einen Domizilvermerk. Als Ausstellerin in Anspruch genommen, wendet Beklagte ein, daß ihres Ehemannes Genehmigung zu dem Wechselzuge fehle, und daß der Domizilvermerk ohne ihr Wissen und Willen nach der Ausstellung hinzugefügt worden.

Beide Einreden werden in II. Instanz verworfen. Bezüglich der ersteren bleibt die NktBschw. der Bekl. ohne Erfolg, bezüglich des Domizilvermerks aber wird das Appellurtel vernichtet und die Sache in die II. Instanz zurückgewiesen.

**Gründe des OHG:**

1) Der Appellrichter findet, gleich dem ersten Richter, im Accept des von Frau v. J. auf ihren Ehemann gezogenen Wechsels seitens des Ehemanns eine klar und deutlich ausgedrückte Genehmigung des Eintritts der Frau in die gedachte Wechselverbindlichkeit.

Die NktBschw. macht in dieser Beziehung dem Appellrichter die unstatthafte Vermuthung einer Thatsache zum Vorwurf, indem er bei jener Annahme von der Voraussetzung ausgehe, daß die Frau den Wechsel vor ihrem Manne unterschrieben habe. Diese Voraussetzung liegt der Ausführung des vorigen Erk. allerdings zu Grunde, sie ist aber im Wechselrechte selbst begründet, deshalb keine unstatthafte und unberechtigte. Es mag im Wechselverkehr häufig vorkommen, daß Blanco-Accepte ausgestellt und zur beliebigen Ausfüllung und Unterschrift des Trassanten fortgegeben werden: als Regel läßt sich das aber nicht annehmen. Die DWO geht im Gegentheil davon aus, daß das Accept erst nach vollständiger Ausstellung des Wechsels auf denselben gesetzt wird; indem sie im Art. 4 von den Erfordernissen eines gezogenen Wechsels und da unter Nr. 5 von der Unterschrift des Ausstellers (Trassanten), aber erst im Art. 21 von der Annahme (Acceptation) handelt, wie dieselbe zu geschehen hat und welche Beschränkungen beigefügt werden können. Die Fassung eines solchen gezogenen Wechsels und auch des vorliegenden deutet darauf, daß das Accept erst nach der Ausstellung darauf gesetzt wird. Gilt dies aber als Regel, so kann auch dem Richter ein Vorwurf nicht gemacht werden, wenn er bei seiner rechtlichen Beurtheilung davon ausgeht, daß beim Mangel einer entgegengesetzten Behauptung der betheiligten Partei die Ausstellung der Tratte dem Accept des Bezogenen vorausgegangen ist. In vorliegendem Falle gilt das um so mehr, als Beklagte — obschon vom I. Richter darauf hingewiesen — dennoch in II. Instanz und auch jetzt nicht einmal die bestimmte Behauptung aufzustellen gewagt hat, daß ihre Unterschrift erst nach dem Accept ihres Ehemanns auf den Wechsel gesetzt worden.

2) Begründet ist dagegen der fernere Angriff der Bekl. Nachdem ihr in I. Instanz erhobener Einwand, daß der Domizilvermerk auf dem Wechsel ohne ihr Wissen und Willen erst nach Ausstellung des Wechsels mit Wissen des Klägers auf den Wechsel gesetzt worden, durch Eid

des Klägers beseitigt worden, hat Beklagte in II. Instanz den erweiterten Einwand erhoben, daß jener Domizilvermerk **überhaupt ohne ihr Wissen und ihren Willen hinzugefügt** worden. Der Appellrichter weist diesen Einwand aus Art. 82 DWO zurück, weil er ein **doloses** Verhalten des **Klägers** nicht ergebe und auch nicht aus dem **Wechselrecht** entnommen sei. Ersteres ist richtig; gegen den Kläger war der Einwand als Einwand der Arglist nur gerichtet, wie er in I. Instanz erhoben war. Im Uebrigen aber irrt der Appellrichter und verstößt gegen Art. 82 DWO, wenn er den Einwand als unerheblich zurückweist.

Beklagte behauptet und hat dem Kläger den Eid zugeschoben, daß der der Adresse des Bezogenen hinzugefügte Domizilvermerk:

„Zahlbar in Posen bei Herrn NN."

erst nach Ausstellung und Unterschrift des Wechsels ohne ihr Wissen und ihren Willen auf den Wechsel gesetzt worden. Es würde darin eine **wesentliche Aenderung** des Wechsels und somit eine Art von Fälschung desselben liegen, durch welche das Interesse der Ausstellerin erheblich beeinträchtigt wäre. Zu den wesentlichen Erfordernissen des Wechsels gehört nach Art. 4 Nr. 8 DWO die Angabe des **Ortes**, wo die **Zahlung** geschehen soll, und gilt der bei dem Namen des Bezogenen angegebene Ort als Zahlungsort und zugleich als Wohnort des Bezogenen. Durch jenen Vermerk wäre aber nicht blos der Zahlungsort, sondern auch die Person geändert, welcher der Wechsel zur Zahlungsleistung vorzulegen war. Es würde demzufolge auch die gegen den Domiziliaten gerichtete Protestaufnahme der Ausstellerin gegenüber eine unwirksame sein. Es ergiebt sich daraus, daß der Einwand allerdings aus dem **Wechselrecht** selbst entnommen ist, und somit auch der Grund, aus welchem der Appellrichter ihn zurückweist, nicht durchgreift. Letzterer bemerkt zwar noch, der Erwerber des Wechsels habe das Papier zu prüfen, ob es den gesetzlichen Erfordernissen entspreche, und könne dasselbe mit Sicherheit erwerben, sobald er finde, daß dasselbe kein Bedenken ergebe; Kläger habe daher auch den Wechsel dem Domiziliaten präsentiren und gegen diesen Protest erheben können. Auch darin irrt der Richter. Es würde danach jede äußerlich nicht deutlich erkennbare Fälschung des Wechsels dem Erwerber desselben nicht entgegengesetzt werden können, und der Aussteller, bzw. auch der Acceptant mit dem Einwand der Fälschung der Wechselsumme oder eines andern wesentlichen Erfordernisses des Wechsels überhaupt nicht zu hören sein, sobald dem Inhaber nur bei der Prüfung des Wechsels die Fälschung entgangen wäre. Daß dies unrichtig, bedarf keiner weiteren Ausführung. Der Aussteller des Wechsels und auch der Acceptant haftet — ein Blanco-Accept ausgenommen — nur für das, was er unterschrieben; eine spätere Aenderung in irgend einem wesentlichen Theile steht ihm nicht entgegen. Dagegen läßt sich auch nicht einwenden, daß durch den Protest nur die Präsentation des Wechsels an den Acceptanten und dessen Zahlungsweigerung urkundlich festgestellt werden soll, in vorliegendem Falle aber der mitbeklagte Acceptant die Giltigkeit des gegen ihn erhobenen Protests gar nicht geleugnet hat. Das Recht der Trassantin, daß der Wechsel dem von ihr im Wechsel bezeichneten Trassaten selbst und auch an dem von ihr bezeichneten Orte vorgelegt werde, war ein selbständiges, das ihr durch eine entgegenwirkende Erklärung des Trassaten beim Accept nicht entzogen werden durfte. Deshalb steht denn auch ein Anerkenntniß der Giltigkeit des Protests seitens des Acceptanten der Beklagten, als Ausstellerin des vorliegenden Wechsels, nicht entgegen.

Wäre somit obiger Domizilvermerk wider der Bekl. Wissen und Willen nach der Ausstellung dem Wechsel hinzugefügt: so wäre auch die Protesterhebung beim Domiziliaten der Bekl. gegenüber unwirksam (Art. 41 DWO) und der von vorschriftsmäßiger Protesterhebung abhängige Regreß gegen die Trassantin unstatthaft. Daraus ergiebt sich, daß der auf Verletzung der Art. 41, 82 u. 91 DWO gestützte Angriff der Implorantin begründet ist.

Nr. 27.

## Plenum. — Erkenntniß v. 28. Juni 71. (B.)

Bernhard ./. Hausding (Nr. 328 v. 71).

**Sachsen.** **Weitere Berufung.**

I. Instanz: Handelsgericht im Bezirksgericht Leipzig,
II. Instanz: Appellationsgericht Leipzig.

**Gemeinrechtliche Condictio indebiti, Beweislast.**

**1. Gemeinrechtlich, auch im Königreich Sachsen, kann die Condictio indebiti zu nachträglicher Einforderung eines bei Rückgabe des Wechsels an den Wechselschuldner irrthümlich unberichtigt gebliebenen Restbetrages der Wechselschuld benutzt werden. Es ist nicht nothwendig, die Klage zunächst auf Rückgabe der Wechselurkunde zu richten.**

DWO Art. 39, 48.
Kgl. sächs. bürgerl. GB § 1519, 1526, 1531.
L. 4, 10 Dig. 12, 4; L. 115 pr. Dig. 50, 17.

**2. Nach § 1533 des kgl. sächs. bürgerl. GB*, hat Kläger hierbei nur die behauptete Leistung (das Aushändigen des Wechsels ꝛc.) zu beweisen, das Nichtbestehen eines Rechts darauf sowie der eigene Irrthum sind vorauszusetzen, bis der Bekl. das Gegentheil im Wege der Einrede darthut.**

Am 29. April 69 hat Kläger einen Leipziger Meßwechsel über 2000 Thlr. dem in Leipzig anwesenden Acceptanten zur Zahlung vorgelegt und dann ausgehändigt. Kläger

* Gemeinrechtlich streitet man, vgl. Windscheid Pandekten § 426 Nr. 5, B. II S. 557 ff.

behauptet nun, damals die Uebergabe des Wechsels in der irrthümlichen Annahme, daß ihm volle Valuta gezahlt worden, bewirkt zu haben; während er in der That nur 1800 Thaler erhalten. Er erhebt deshalb gegen den Acceptanten Klage (condictio indebiti) auf vollständige Bezahlung der Wechselschuld.

Ueber die rechtliche Natur des Falles und die entsprechende Regelung der Beweislast hat das OHG sich ausgesprochen in folgenden

**Entscheidungsgründen:**

Beruht [die vorgedachte Klagebehauptung] in Wahrheit, so ist Kläger zweifellos zur Kondiktion des Wechsels berechtigt. Denn nur unter der Voraussetzung hatte Beklagter einen rechtsbegründeten Anspruch auf Empfang des Wechsels, wenn er dessen Betrag vollständig getilgt hatte (Art. 39 DWO).

Ebensowenig bestand, so lange diese Voraussetzung nicht allseitig eingetreten war, auf Seiten des Klägers eine Verpflichtung zur Verabfolgung des Wechsels an den Bekl.; verabfolgte er denselben gleichwohl, so gab er damit den an den Besitz des Wechsels geknüpften Anspruch thatsächlich auf. Befand sich aber Kläger diesfalls bei Ausantwortung des Papiers in einem Irrthum, so war er eben so nach den Bestimmungen des gemeinen Rechts (L. 5 § 1 Dig. 19, 1; L. 2 § 3, 4 Dig. 39, 5), als nach den hiermit übereinstimmenden Vorschriften des kgl. sächsischen bürgerl. GB (§ 1531), zur Kondiktion des aufgegebenen Anspruchs, mithin zur Rückforderung des ohne zulänglichen Rechtsgrund aus seiner Hand in des Bekl. Besitz gelangten Wechsels befugt. — Indessen kommt nach der konkreten Sachlage noch ein besonderes Moment in Betracht. Wird nämlich durch Rückgabe der Wechselurkunde an den Kläger das vormals bestandene, durch Klägers Irrthum modifizirte Rechtsverhältniß — nach Anleitung der

Vorschrift in dem angeführten § 1531 — wiederhergestellt; so ergiebt sich aus diesem Rechtsverhältniß ohne Weiteres die Liquidstellung der mittelst der Klage in Anspruch genommenen Zahlungspflicht des Beklagten. Der nach der Klage anzunehmende Inhalt des Wechsels konstatirt dieselbe.

Beklagter kann sich der Erfüllung dieser Pflicht, soweit er ihr nicht bereits nachgekommen, um so weniger entziehen, als er die theilweise erfolgte Honorirung des Wechsels (den Angaben des Klägers entsprechend) ausdrücklich zugegeben und dadurch die Rechtswirksamkeit des auf dem Wechsel befindlichen Accepts . . . thatsächlich zur Genüge anerkannt hat.

In Fällen vorliegender Art erscheint es nach der Auffassung des gemeinen Rechts (L. 4, 10 Dig. 12, 4; L. 115 pr. Dig. 50, 17) — einer Auffassung, die nur als Darlegung selbstverständlicher rechtlicher Konsequenzen aus den allgemeinen Prinzipien der Kondiktionslehre sich darstellt und daher, der gemeinschaftlichen Basis des angeführten § 1531 bürgerl. GB gegenüber, unbedenklich auch im sächsischen Recht Anwendung zu finden hat — rechtlich als völlig gleichgiltig, ob der Kondiktionsberechtigte den Anspruch auf Wiederherstellung des früheren Rechtsverhältnisses unmittelbar oder auf Zahlung des daraus resultirenden Forderungsbetrags richtet. Diesem Gesichtspunkt entspricht es und kann daher nur gebilligt werden, wenn die vorige Instanz den Anspruch des Klägers, obschon er nicht auf die durch die vorgeführten Umstände zunächst gebotene Rückgabe der Wechselurkunde, sondern sofort auf Zahlung der (Klägers Behauptung zufolge) noch ungedeckten Wechselschuld gerichtet ist, allenthalben aufrecht erhalten hat.

Beklagter selbst scheint auch in der That an dieser Rechtsauffassung Anstoß nicht genommen zu haben, wenigstens hat er die durch dieselbe bedingte Konstruktion des Klageanspruchs keineswegs zum Gegenstand besonderer Angriffe gegen die ihm angesonnene Zahlungspflicht gemacht. Vielmehr hat er die letztere nur aus einem formellen Grunde, nämlich deshalb bestritten, weil er meint, daß die in der Klage gegebene Beschreibung des streitigen Wechsels eine mangelhafte sei. Allein dieser Einwand ist gänzlich ohne Belang ꝛc.

Ganz mit Recht hat die vorige Instanz, in Konsequenz der vorstehend dargelegten Rechtsauffassung, den Eid des Klägers beseitigt, welcher nur das Nichtbestehen eines Rechts des Bekl. auf die von dem Kläger vollzogene Hingabe des Wechsels, sowie das Obwalten des vom Kläger behaupteten Irrthums zu konstatiren bezweckt. Der Feststellung dieser Thatsachen bedarf es, vermöge der ausdrücklichen Vorschrift im § 1533 bürgerl. GB, in gegenwärtigem Falle deshalb nicht, weil Beklagter obgedachter Maaßen die vom Kläger behauptete Leistung selbst geleugnet hat. Kläger hat sonach blos diese zu beweisen; das Nichtbestehen eines Rechts auf selbige aber sowie der Irrthum war so lange vorauszusetzen, bis Beklagter das Gegentheil darzuthun vermochte. Beklagter ist jedoch mit einer diesfälligen Einrede-Behauptung nicht hervorgetreten.

## Nr. 28.

## Plenum. — Erkenntniß v. 29. Juni 71. (B.)

Leube & Herrmann ./. Ahnert (Nr. 305 v. 71).

**Reuß.** **Ober-Appellation.**

I. Instanz: Kreisgericht Schleiz,
II. Instanz: Appellationsgericht Eisenach.

**Frachtführer, Ueberbringen des Guts, Annahmeverzug auf Seiten des Destinatärs.**

**1. Der Frachtführer hat die beförderte Waare dem ihm bezeichneten Empfänger (Destinatär) zu überbringen,**

**also regelmäßig vor das Haus zu schaffen und thatsächlich anzubieten.**

HGB Art. 403.

OTr. zu Berlin, Erk. v. 13. Sept. 64, Strieth. Arch. B. 58 S. 21.

**2. Zur Aushändigung des Frachtguts ist der Frachtführer nur gegen vollständige Bezahlung der Fracht* verbunden.**

HGB Art. 406, 409, 412.

**3. Im Falle eines Empfangnahme-Verzuges auf Seiten des Destinatärs verwandelt sich die Verpflichtung des Frachtführers, jenem das Gut zu bringen, in die Verbindlichkeit, das (an sich behaltene) Gut dem dasselbe abholenden Empfangsberechtigten gegen Zahlung der Fracht auszuliefern.**

(Aus den allgemeinen Grundsätzen von den Folgen des Verzugs hergeleitet).

Angenommen vom OHG, bei Verwerfung der vom klagenden Frachtguts-Empfangsberechtigten erhobenen Oberappellation, in einer Reußischen Sache.

**Gründe:**

1) Bei Prüfung der erhobenen Beschwerde ist davon auszugehen, daß der Frachtführer verbunden ist, dem Destinatär die Waare zu überbringen, und daß seine Verbindlichkeit nicht mit seiner Ankunft an dem Orte, wo der ihm bezeichnete Empfänger wohnt, ihr Ende erreicht, da der Frachtvertrag, sofern nicht ein Anderes bestimmt ist, ihn zur Ablieferung an den Destinatär verpflichtet.

Vgl. Erk. des OTr. zu Berlin v. 13. Sept. 64, Strieth. Arch. B. 58 S. 21 ff.

* Behufs sofortiger Befriedigung der Ansprüche des Frachtführers aus dem gesetzlich dafür als Unterpfand haftenden Frachtgut kann das Gericht des Ortes auf Grund des Art. 407 Abs. 4 u. 5 HGB einen entsprechenden Theil dieses Guts öffentlich verkaufen lassen, auch wenn noch Streit über die Annahme von Seiten des bezeichneten Empfängers oder über die Voraussetzungen der Annahme obwaltet; Plen. Erk. des OHG v. 28. April 71 in der Mecklenburger Appellsache Säfkow ·/. Gebrüder Schultz, Nr. 271 v. 71.

Allein zur Ablieferung ist der Frachtführer nur verbunden gegen Zahlung der vollen Fracht. Die Weigerung des Destinatärs, diese Fracht zu zahlen, steht der Weigerung zur Empfangnahme gleich. Es ist dann eben die Empfangnahme unter denjenigen Modalitäten abgelehnt, unter welchen der Frachtführer sie angeboten hat.

2) In vorliegendem Falle hat nun zwar Beklagter die Waare angeboten, aber im Lokal des Steueramts zu Lobenstein, wohin er dieselbe hatte bringen lassen. War es Absicht des Bekl., das Frachtgut zu sofortiger Ablieferung anzubieten: so lag darin zwar eine oblatio realis, aber eine Oblation inopportuno loco. Ist darin das Anerbieten zu finden, die Waare demnächst nach dem Hause des Destinatärs zu bringen und sie gegen die Frachtzahlung daselbst abzuliefern, so lag nur eine oblatio verbalis vor. Es kann auf sich beruhen bleiben, ob immer zur Begründung des Empfangnahme-Verzuges eine oblatio realis erforderlich ist, und ob nicht die Verbaloblation unter solchen Umständen genügt, unter denen die Möglichkeit augenblicklicher Erfüllung gegeben ist. Auf keinen Fall aber genügt die bloße Verbaloblation, wo diese Möglichkeit nach den vorliegenden Umständen nicht vorhanden ist. — Wäre also hier der Destinatär auf jenes Anerbieten ohne jegliche weitere Erklärung nicht eingegangen, hätte er dasselbe als unstatthaft zurückgewiesen, so würde von einem Verzuge bezüglich der Abnahme keine Rede sein können.

3) Allein er hat . . . dem Bekl. mit voller Bestimmtheit erklärt, daß er die Letzterem zukommende Fracht nicht zahlen werde. Damit hat er aber nicht etwa nur die Empfangnahme, wie sie angeboten war, sondern die Empfangnahme schlechthin unter denjenigen Modalitäten, unter welchen der Frachtführer zur Ablieferung verbunden war, abgelehnt. Bei dieser bestimmten Erklärung, die

Leistung nicht annehmen zu wollen, genügte auch das Angebot, wie es erfolgt war, und brauchte der Beklagte nunmehr nicht die beiden Ballen vor das Haus des Destinatärs zu bringen und dann das Anbieten zu wiederholen, was bei jener Weigerung schon jetzt als erfolglos erscheinen mußte.

Vgl. Mommsen, Beiträge zum Obligationenrecht B. III S. 144, 176.

Windscheid, Pandekten § 345 Nr. 1, (Aufl. 3) S. 282.

Mit dem Eintritt eines Empfangnahme-Verzuges verwandelt sich aber die Verpflichtung des Frachtführers, dem Destinatär das Gut zu bringen, in die Verpflichtung, dem dasselbe abholenden Destinatär es gegen Zahlung der Fracht auszuliefern*. Kein Gesetz bestimmt dies ausdrücklich, es folgt aber aus den allgemeinen Grundsätzen über die Folgen des Verzugs. Der nicht säumige Theil hat das Recht auf Ersatz des Interesse, und dieses Interesse besteht gerade darin, daß nun die Verpflichtung, zum zweiten Male die Waare von einem Orte zum anderm zu transportiren, in Wegfall kommt, nachdem Beklagter dieselbe in Veranlassung jener Erklärung nach seinem Hause geschafft hatte.

Nr. 29.

## Plenum. — Erkenntniß v. 29. Juni 71. (B.)

Schramm c. Jürgens (Nr. 382 v. 71).

**Mecklenburg.** **Ober-Appellation.**

I. Instanz: Stadtgericht Friedland,
II. Instanz: Justizkanzlei Neustrelitz.

**Kauf nach Probe oder Kauf unter der Bedingung der Probemäßigkeit?**

**1. Wer bei einem Handelskauf, dessen Gegenstand eine speziell** bestimmte Waare ist, das Vorliegen eines**

* Außerdem hat der Frachtführer nach richterlichem Ermessen ein Recht auf Deposition des Guts und auf Realisirung seines gesetzlichen Pfandrechts gemäß Art. 407 HGB; v. Hahn Komm. B. II S. 483.

** Für den Kauf eines genus (HGB Art. 338) lassen sich vielleicht andere Gesichtspunkte geltend machen.

**eigentlichen Kaufs nach Probe (im Sinne des HGB Art. 340) behauptet, hat dies zu beweisen.**

**2. Wie ist im Einzelfall, wenn der Vertragswille der Kontrahenten nicht klar erhellt, zu entscheiden, ob ein Kauf nach Probe oder ein Kauf unter der Bedingung der Probemäßigkeit vorliegt?**

HGB Art. 278, 340.

Der aus Friedland (in Mecklenburg) eingegangene Rechtsfall und die Auffassung des OHG ergeben sich aus nachstehenden

**Entscheidungsgründen:**

Nach übereinstimmender Angabe beider Theile ist der gesammte Weizeneinschnitt des Guts N. vom Jahre 69 Gegenstand des Kaufes gewesen, und Streit besteht nur darüber, ob Kläger dem Bekl. beim Abschluß des Handels die bestimmte Zusicherung gemacht, daß der Weizen, einer vorgezeigten Probe entsprechend, (durchschnittlich) ein Gewicht von 88 Pfd. per Scheffel haben werde. Der diesfälligen Behauptung des Bekl. gegenüber hat Kläger seinerseits nur eingeräumt, daß er bei den Verhandlungen zwei Proben vorgezeigt, die eine vom Winter-, die andere vom Sommer-Weizen, und daß diese Proben ein dem Gewicht von 88 Pfd. per Scheffel entsprechendes Gewicht gehabt.

Es kommt darauf an, die Bedeutung der vorberegten Behauptung des Bekl. festzustellen. Ausgeschlossen ist die Annahme des I. Richters, daß nach Darstellung des Bekl. nicht der gesammte Weizeneinschnitt des Jahres 69, sondern nur derjenige Theil desselben verkauft worden, welcher ein Gewicht von 88 Pfd. per Scheffel ergeben werde — in Folge welcher Deutung er zu der Annahme gelangt, daß über das Objekt des Handels keine Uebereinstimmung bestehe. Näher liegt es, die Behauptung des Bekl. dahin zu verstehen, daß der über den gesammten Weizen abgeschlossene Handel von der Voraussetzung abhängig gemacht ist, daß der Weizen durchschnittlich ein Gewicht von 88 Pfd. per Scheffel enthalten werde. Die Vorlegung einer Probe kann diese Bedeutung haben, und in den Protokollen der Kommission zur Berathung eines allg. deutschen HGB S. 4589 ff. ist darauf hingewiesen, daß dies namentlich in Seestädten beim Verkauf schwimmender Güter häufig vorkommt. Auch hat Beklagter es ... nicht an einzelnen Aeußerungen fehlen lassen, welche darauf hinzuführen scheinen. Allein an anderen Stellen hebt er auf's bestimmteste hervor, daß Kläger „die Verhaftung für das der Probe entsprechende Gewicht übernommen habe, indem er ihm jene Zusicherung ertheilt", — „daß der Handel unbedingt, jedoch unter der Verpflichtung des Verkäufers für die Probemäßigkeit zu haften, geschlossen sei", — „daß ein Handel nach Probe vorliege", — ein Ausdruck, der auch wol von einem unter der Bedingung der Probemäßigkeit abgeschlossenen Kaufkontrakt gebraucht wird, aber genau genommen nicht paßt —; ja er stellt den Handel, wie er von ihm behauptet worden, ausdrücklich unter die Bestimmung HGB Art. 340.

Ist es nun gleich Interpretationsfrage, was die Parteien gewollt haben, ob einen Kauf unter der Bedingung der Probemäßigkeit oder einen Kauf nach Probe im Sinne des Art. 340 HGB, und sind auch für die Entscheidung die gebrauchten Ausdrücke nicht absolut maaßgebend*: so kann doch bei diesen bestimmten Erklärungen des Bekl. nicht zweifelhaft sein, daß er wirklich seinerseits einen Kauf nach Probe im Sinne des gedachten Artikels hat geltend machen wollen. Es ist aber klar, daß demjenigen, welcher aus dem Kaufe nach Probe — wenigstens wenn es sich um den Verkauf einer species handelt — ein Recht ableitet, auch die Beweislast trifft, daß nach Probe verkauft worden.

* HGB Art. 278, vgl. oben Rechtsfall Nr. 25 S. 116.

Es fragt sich daher nur, ob Beklagter dieses Beweises in Folge des Eingeständnisses von Seiten des Klägers, daß er bei den Verhandlnngen dem Bekl. eine Probe vorgelegt, und daß diese Probe ein dem Gewicht von 88 Pfd. per Scheffel entsprechendes Gewicht gehabt, überhoben ist. Daß eine Uebergabe der Probe an den Verkäufer nicht erfolgt ist, kann nicht für die Verneinung der Frage, ob darin ein Kauf nach Probe zu finden ist, entscheiden — in vorliegendem Falle um so weniger, da die Uebergabe kaum einen Zweck haben konnte, nachdem sich beide Theile von dem Gewicht überzeugt hatten, auf welches es (nach der Behauptung des Bekl.) bei der Probe allein ankommen sollte. Allein an sich kann aus der Vorzeigung einer Probe nicht mit Bestimmtheit auf die Absicht der Kontrahenten geschlossen werden, daß Verkäufer die Verpflichtung zur probemäßigen Lieferung hat übernehmen wollen, wozu in vorliegendem Falle kommt, daß Verkäufer bei der Vorzeigung der Probe (nach übereinstimmender Angabe beider Theile) dem Käufer erklärt hatte, daß der Weizen zum größeren Theile noch nicht gedroschen sei, und der Winterweizen noch in der Scheuer, der Sommerweizen aber in Miethen stehe. Mochte nun Verkäufer mit dieser Erklärung es auch motiviren wollen, wenn er geräumige Lieferungsfristen in Anspruch nahm, jedenfalls erscheint doch hiernach die Annahme sehr bedenklich, daß er, ohne die Beschaffenheit des erst auszudreschenden Weizens zu kennen, eine Garantie seinerseits hat auf sich nehmen wollen. Näher liegt scheinbar die Auffassung, daß mit der Vorzeigung der Probe die Probemäßigkeit des Weizens zu einer Bedingung für den Vertrag erhoben ist. Auf der einen Seite wäre damit eine Verpflichtung vom Verkäufer nicht übernommen, auf der anderen Seite würde in Bezug auf den Käufer das Bedenken gehoben sein, welches die Annahme, daß er ohne Gewähr und unbedingt den ganzen

Weizeneinschnitt gekauft, mit sich führt. Allein mit dieser Auffassung steht das eigene Vorbringen des Bekl., der nach Obigem gar nicht einmal einen Kauf unter der Bedingung der Probemäßigkeit hat behaupten wollen, in Widerspruch, und abgesehen davon darf aus der bloßen Vorzeigung der Probe **an sich** auch nicht auf den Abschluß eines Kaufkontrakts unter der Voraussetzung der Probemäßigkeit geschlossen werden, wenigstens dann nicht, wenn, wie hier, ein anderer Erklärungsgrund sich darbietet. Es ist nämlich völlig erklärlich, daß der Kläger, wenn er den ganzen Weizeneinschnitt zu verkaufen beabsichtigte, demjenigen, welchem er die fragliche Vertragsproposition machte, eine Probe des bisher gedroschenen Weizens vorzeigte, weil die Erwartung gerechtfertigt sein mochte, daß der erst auszudreschende Weizen nicht wesentlich von dem gedroschenen differiren werde. In dieser Erwartung hat vielleicht Beklagter des Klägers Offerte angenommen; und wenn er darin sich getäuscht gesehen, so hat er bei einem unbedingt und ohne alle Garantieübernahme abgeschlossenen Handel nur dann einen Anspruch gegen den Verkäufer, wenn dieser doloser Weise ihn in eine nicht gerechtfertigte Erwartung versetzte, wenn also die Probe gar nicht einmal aus dem gedroschenen Weizen entnommen war, oder aber der Verkäufer absichtlich den besseren Theil der Weizenernte zuerst gedroschen hatte, und solches dem Käufer verschwieg u. s. w. Ein dolus des Klägers ist aber entschieden nicht vom Bekl. behauptet.

Nr. 30.

## Plenum. — Erkenntniß v. 30. Juni 71. (Z. Ref.)

Decker ⁄. Gruner & Heye (Nr. 233 v. 71).

**Bremen.** **Seerechtsfall.** **Ober-Appellation.**

I. Instanz: Handelsgericht Bremen.
II. Instanz: Obergericht daselbst.

**Besichtigung über See angekommener Güter. Vertretung des Connossements durch den Verfrachter.**

**1. Ist im Seeverkehr vor der Uebernahme der Güter durch den Empfangsberechtigten eine Besichtigung der Ladung durch amtlich bestellte Sachverständige (Schauer), wenn auch ungenügend, erfolgt: so ist der Entschädigungsanspruch des Empfängers von der Vornahme einer anderweitigen Besichtigung (binnen der im Art. 610 HGB vorgeschriebenen Frist) nicht abhängig.**

**HGB Art. 609, 610.**

**2. Dem Empfänger gegenüber hat der zur Vertretung des Connossements verpflichtete Verfrachter sowohl die Richtigkeit der im Connossement enthaltenen Bezeichnung der abgeladenen Güter, als auch die darin anerkannte Beschaffenheit dieser Güter, sowie alle bei der Abladung sichtbaren, aber im Connossement nicht angegebenen Mängel zu verantworten.**

**HGB Art. 653, 654, 660.**

**3. Wie ändert sich diese Verantwortung bei Gütern, die nach dem Connossement dem Schiffer in einer Verpackung oder in geschlossenen Gefäßen übergeben worden, namentlich durch den (dem Schiffer hier gestatteten) Zusatz: „Inhalt unbekannt?“**

**Was gilt dabei rücksichtlich der Beweislast?**

**HGB Art. 655, 656, 660.**

Diese für den Seehandel wichtigen Grundsätze hat das OHG in einer Bremer Handelssache ausführlich erörtert.

**Entscheidungsgründe.**

I) Unbestritten hat schon vor, bzw. bei Löschung der mit dem klägerischen Schiffe in Bremerhaven angebrachten Ladung eine Besichtigung der letzteren durch die dortigen Lucken- und Ladungsbesichtiger stattgefunden, während klägerischerseits bestritten ist, daß bei derjenigen Besichtigung, welche durch die auf Antrag der Beklagten vom Handelsgericht ernannten Sachverständigen nach Ankunft der fraglichen Baumwolle im Bestimmungsort Bremen dort nachträglich noch geschehen ist, die im Art. 610 des HGB vorgeschriebene Frist innegehalten sei. Das Letztere würde aber unerheblich sein, wenn mit dem Obergericht anzunehmen wäre, daß schon die in Bremerhaven vor der Uebernahme der fraglichen, für Beklagte angebrachten Baumwolle geschehene Besichtigung genüge, das in gedachtem Art. 610 an die Unterlassung der Besichtigung geknüpfte Präjudiz des Verlustes des wegen Beschädigung der Baumwolle erhobenen Anspruchs auszuschließen, und in der That ist denn auch der Auffassung des Obergerichts vor der entgegenstehenden des Handelsgerichts aus nachstehenden Gründen der Vorzug zu geben, so daß die diesfällige klägerische Beschwerde unbegründet erscheint.

1) Die Zuständigkeit der Personen, durch welche die Besichtigung vorgenommen ist, für die Feststellung des Zustandes und der Menge der Güter nach Art. 609 u. 610 HGB wird zwar klägerischerseits geleugnet, ist aber — mit den beiden vorderen Instanzen — unbedenklich anzuerkennen. Denn die durch Bremische Verordnung v. 2. Juni 56 für Bremerhaven obrigkeitlich bestellten und beeidigten Lucken- und Ladungsbesichtiger, zu welchen sie unbestritten gehören, sind nach § 1 dieser Verordnung dazu berufen, diejenigen Lucken- und Ladungsbesichtigungen vorzunehmen, welche auf den nach Bremerhaven gelangenden See- und Flußschiffen zu geschehen pflegen.

Sind aber die Lucken- und Ladungsbesichtiger als amtlich bestellte Sachverständige im Sinne des Art. 610 des HGB anzusehen, so wird

2) durch die von ihnen geschehene Besichtigung auch das Präjudiz des Art. 610 HGB ausgeschlossen. Zwar kann es keinem Zweifel unterliegen, daß durch die ober-

flächliche und ungenügende Art und Weise, in welcher die Besichtiger ihren Attesten zufolge sich des ihnen ertheilten Auftrages entledigt haben, die Absicht des Gesetzes nicht oder doch nur höchst unvollkommen erreicht wird; denn daraus, daß unter einer Partie von mehreren hundert Ballen Baumwolle, welche Beklagte aus dem klägerischen Schiffe empfangen haben, einige oder mehrere von Schmutz, bzw. Seewasser oder Ausdünstung beschädigt gefunden sein sollen, läßt sich, auch wenn die Marke, mit welcher die betreffende Partie im Connossement bezeichnet ist, dabei angegeben wurde, der Zustand dieser Partie in Ermangelung der Angabe der Nummern der einzelnen beschädigten Ballen oder auch nur der ungefähren Stückzahl derselben unmöglich entnehmen; will man auch in den Worten „von Schmutz beschädigt" die Bezeichnung einer sogenannten Landbeschädigung (d. h. einer schon vor der Abladung bestandenen Beschädigung, wie sie hier geltend gemacht wird) erblicken. Der Zustand der fraglichen Güter wird also durch eine solche Besichtigung auch nicht annähernd festgestellt, insbesondere nicht dahin, daß sich (wie Beklagte jetzt behaupten) hunderte landbeschädigter Ballen bei der Ablieferung der Baumwolle an sie vorgefunden hätten. Auch erhellt nicht einmal deutlich, ob (wie Beklagte ferner angeführt haben) die Beschädigung durch Schmutz äußerlich sichtbar gewesen sei, oder ob sie sich erst bei näherer Untersuchung des Inhalts der Ballen herausgestellt habe. In Beziehung auf die Mangelhaftigkeit des Resultats der Besichtigung ist daher dem Handelsgericht beizutreten; während dafür, daß den Bestimmungen der Art. 609 u. 610 HGB die Absicht einer zu wirklicher Feststellung des Zustands der Güter geeigneten Besichtigung, nicht blos eines leeren Formalaktes zu Grunde lag, noch auf die Motive zu Art. 498 u. 499 des preußischen Entwurfs (S. 272 u. 273) sowie auf die Kommissions-Protokolle S. 2302 bis 2311, 2502, 2503 u. 3914 ff. verwiesen werden kann, wonach man durch die Besichtigung nicht blos den Schiffer auf die ihm seitens des Empfängers drohenden Entschädigungsansprüche aufmersam machen, sondern auch für die Existenz und die Höhe des Schaden dienliche Grundlagen gewinnen und insbesondere verhindern wollte, daß der Schiffer oder Verfrachter für eine erst später entstandene (bzw. äußerlich sichtbar gewordene) Beschädigung in Anspruch genommen werde. Endlich läßt sich auch nicht einwenden, daß nur die beigebrachten Atteste der Lucken- und Ladungsbesichtiger ungenügend seien, die Art. 609 u. 610 HGB aber die Beibringung solcher Atteste überhaupt nicht verlangten; denn eines Theils wird die Bedeutung und der Werth solcher Besichtigungen durch die äußerliche Fixirung des Befundes und dessen Kundgebung an die Betheiligten bedingt, so daß eine diesfällige Dokumentirung als ein nothwendiges Annexum der Besichtigung selbst erscheint, und anderen Theils muß man auch davon ausgehen, daß die Besichtigung ein anderes, insbesondere ein genügenderes Resultat als das attestirte, nicht ergeben habe, da die Lucken- und Ladungsbesichtiger das Ergebniß jeder von ihnen vorgenommenen Besichtigung thunlichst bald und genau in ein hierzu eingerichtetes besonderes Buch (Journal) einzutragen und dem Requirenten stets eine Bescheinigung über dieses Ergebniß sowie dritten Personen auf Verlangen eine wörtliche Abschrift davon zuzustellen haben,

vgl. §§ 8, 9 u. 12 ihrer Instruktion,

die beigebrachten Atteste sich aber augenscheinlich als solche Bescheinigungen auf Grund des geführten amtlichen Journals charakterisiren.

Allein es steht hier lediglich in Frage, ob in Folge der ungenügenden Ausführung der vor der Uebernahme geschehenen Besichtigung der Anspruch der Beklagten wegen

Beschädigung der Baumwolle erloschen sei, wenn nicht die nach der Uebernahme von ihnen beantragte anderweitige Besichtigung innerhalb der im Art. 610 HGB dafür gestatteten 48stündigen Frist erwirkt sein sollte. Diese Frage ist zu verneinen, da Art. 610 die Verpflichtung des Empfängers zur Erwirkung einer nachträglichen Besichtigung (und im Unterlassungsfalle das Erlöschen der Schadenansprüche des Empfängers) an die Voraussetzung knüpft, daß die Besichtigung vor der Uebernahme — welche nach Art. 609 sowohl der Empfänger als der Schiffer bewirken lassen kann — überhaupt nicht geschehen ist. Ist solche also, sei es nun von der einen oder von der anderen Seite, in der That bewirkt worden: so trifft die Voraussetzung des Artikel 610 nicht zu; denn dafür, daß durch die Besichtigung der beabsichtigte Zweck auch vollständig erreicht werde, ist der Empfänger nicht verantwortlich gemacht, es kommt nur darauf an, daß die Besichtigung den im Art. 609 angegebenen Zweck herbeiführen sollte, und daran läßt sich in vorliegendem Falle nicht zweifeln, da die Lucken- und Ladungsbesichtiger nicht blos die Stauung und das Garnier, sondern auch die Beschaffenheit und den Zustand der Ladung selbst auf Grund der an sie ergangenen Aufforderung untersucht haben.

Es liegt denn auch, wie schon das Obergericht hervorgehoben hat, in der Natur der Sache, daß die Betheiligten davon ausgehen dürfen, daß die amtlich angestellten Sachverständigen mit gehöriger Sorgfalt verfahren werden, und daß es daher den Ladungsempfängern nicht präjudiziren darf, wenn die Besichtigung dennoch nicht in ausreichender Weise geschehen ist, zumal dies in der Regel erst aus dem von den Sachverständigen nach der Besichtigung auszustellenden Attest oder Gutachten ersichtlich, und es bei dessen Zustellung an die Empfänger zur rechtzeitigen Wiederholung der Besichtigung oft schon zu spät sein wird.

Die entgegengesetzte Auffassung würde unter Umständen zu großen Härten für den Empfänger führen, und dieselbe würde sich auch nicht etwa durch die Analogie des Wegfalls des wechselrechtlichen Regresses gegen den Aussteller und die Indossanten in Ermangelung rechtzeitiger Aufnahme eines ordnungsmäßigen Protests-Mangels-Zahlung rechtfertigen lassen; denn letzterer — d. h. die über den gemachten vergeblichen Versuch, vom Trassaten Zahlung zu erhalten, aufgenommene Urkunde — ist Bedingung der Wechsel-Regreßklage, das allein zulässige Beweismittel und die nothwendige Form für den Akt, wogegen die Besichtigung nach Art. 609 u. 610 HGB, über deren Form und Dokumentirung sich nichts vorgeschrieben findet, keineswegs einen solchen rein formellen Charakter hat, vielmehr die Beweiskraft derselben in jedem einzelnen Falle besonders zu prüfen ist, und es den Betheiligten unbenommen bleibt, die Feststellung der besichtigenden Behörde oder Sachverständigen durch anderweitige Beweismittel geeigneten Falles sowohl zu ersetzen und zu verstärken, als auch zu widerlegen.

Daß endlich Beklagte nach Ankunft der fraglichen Baumwolle in Bremen beim Handelsgericht die Ernennung von Sachverständigen zur Besichtigung derselben nach Maaßgabe von Art. 609 u. 610 HGB beantragt haben, und daß sie das Besichtigungscertifikat dieser Sachverständigen ihrem Schadenanspruch zu Grunde legen, involvirt keineswegs nothwendig einen Verzicht der Beklagten auf die bereits durch die voraufgegangene Besichtigung in Bremerhaven bewirkte Erhaltung ihres Anspruchs oder eine Anerkennung, daß die frühere Besichtigung zur Erhaltung dieses Anspruchs nicht genüge, erklärt sich vielmehr hinreichend aus der mangelhaften Weise, in welcher bei der ersten Besichtigung verfahren war.

II) Dagegen erscheint die auf Wiederherstellung des

handelsgerichtlichen Erkenntnisses gerichtete klägerische Beschwerde begründet, soweit sie sich auf die Beweislast in Betreff des von den Bekl. wegen Beschädigung der Baumwolle erhobenen Anspruchs bezieht.

Art. 653 HGB verpflichtet den Verfrachter dem Empfänger (Destinatär) gegenüber zur Vertretung des Connossements; er legt ihm in Ansehung der Ansprüche des Empfängers die Haftung für die Ablieferung nach Maaßgabe des als eine Verpflichtungsurkunde sich darstellenden Connossements allgemein und unbeschränkt auf. Das Gesetz hat auch alle Konsequenzen dieses, im Seeverkehr durch die Praxis ausgebildeten, Grundsatzes in vollem Umfange gezogen. Zunächst erklärt Art. 654 den Verfrachter verantwortlich für die Richtigkeit der im Connossement enthaltenen Bezeichnung der abgeladenen Güter. Hiernach und in Gemäßheit der Schlußbestimmung des Art. 655 wird der Verfrachter mit dem Vorbringen nicht gehört, daß er abgeliefert, was er bei der Abladung empfangen habe. Er muß — über die aus dem Frachtvertrage und dem Receptum entspringenden Verpflichtungen hinaus — für die Connossements-Bezeichnung aufkommen und namentlich in Bezug auf Art und Gattung der Güter das Connossement erfüllen, auch wenn festgestelltermaaßen von ihm abgeliefert ist, was er empfing. — Weiter noch dehnt Art. 660 die Haftung aus dem Connossement auch auf die Beschaffenheit der abgeladenen Güter aus. Hat der Schiffer im Connossement erklärt, die Güter in guter Ordnung und Beschaffenheit empfangen zu haben: so kann er sich, wie Art. 660 klar ergiebt, nicht mit dem Vorbringen schützen, eine bei der Ablieferung sichtbare schlechte Beschaffenheit sei schon bei der Abladung in gleicher Weise vorhanden gewesen. Er soll sogar, um die Vertheidigung, er habe die Güter in der schlechten Beschaffenheit empfangen, in welcher sie abgeliefert sind, nicht zu verlieren, nach Art. 660 die sichtbaren Fehler und Mängel selbst dann im Connossement bemerken, wenn in diesem die gute Ordnung und Beschaffenheit nicht erwähnt ist, so daß die herkömmliche Erwähnung der guten Ordnung und Beschaffenheit als im Connossement, soweit letzteres nicht ein Anderes ergiebt, stillschweigend enthalten angesehen wird.

Nun hat das Gesetz aber andererseits auch Vorsorge getroffen, daß der erwähnte Grundsatz nicht zu übertriebenen Härten gegen den Schiffer führe. Denn sofern

1) die Güter in Verpackung oder in geschlossenen Gefäßen abgeladen sind, wird zwar hiedurch nach Art. 655 die Anwendung des Grundsatzes, daß die Richtigkeit der Connossementszeichnung zu vertreten ist, keineswegs schon ausgeschlossen; ergiebt aber das Connossement die Abladung in Verpackung oder geschlossenen Gefäßen, so wird der Grundsatz zum großen Theile unanwendbar. Es soll dann nämlich nach Art. 655 bei der Haftung nur aus dem Frachtvertrage und aus dem Receptum verbleiben, und daher nur das erweislich Empfangene abzuliefern sein, wenn der Verfrachter zugleich seinerseits den Beweis führt, daß die Unrichtigkeit der Connossementszeichnung ungeachtet der Sorgfalt eines ordentlichen Schiffers nicht habe wahrgenommen werden können.

2) Bei Abladung in Verpackung oder in geschlossenen Gefäßen ist der Schiffer nach Art. 656 befugt, das Connossement mit dem Zusatz „Inhalt unbekannt" zu versehen. Diese Klausel bewirkt eine günstigere Lage des Schiffers nach zwei Richtungen. Einmal wird der erwähnte Grundsatz schlechthin unanwendbar, oder — mit anderen Worten — der Schiffer wird von der Haftung für die Richtigkeit der Connossementsbezeichnung völlig befreit. Sodann aber nöthigt sie, wie Art. 656 nicht minder deutlich hervorhebt, den Empfänger zu dem Be-

weise, daß der Schiffer einen anderen als den abgelieferten Inhalt empfangen habe.

Die aus dem Connossement ersichtliche Abladung in Verpackung oder geschlossenen Gefäßen und die Klausel „Inhalt unbekannt" sind hiernach von ähnlicher, nicht aber von völlig identischer Wirkung. Beide schließen die Anwendung des Grundsatzes: „die Richtigkeit der Connossements-Bezeichnung muß vertreten und der letzteren gemäß ausgeliefert werden, auch wenn ein Anderes abgeladen war" aus, jedoch nur die letztere thut dies allgemein, die erstere nur unter einer bestimmten Voraussetzung; sodann aber stellt, und dies erscheint noch wichtiger, die Connossements-klausel „Inhalt unbekannt" den Schiffer in Bezug auf die Beweislast günstiger, indem sie den Empfänger für seine Ansprüche aus dem Frachtvertrage und dem Receptum zu dem Beweise nöthigt, daß ein Anderes als das Empfangene abgeliefert sei.

3) Die Verpflichtung zur Vertretung des Connossements beschränkt Art. 660, die schlechte Beschaffenheit betreffend, nur auf die zur Zeit, wann der Schiffer die Güter empfing und das Connossement zeichnete, sichtbaren Fehler und Mängel — eine Beschränkung, die außerdem schon aus der Natur der Sache folgt.

In vorliegendem Falle handelt es sich nun darum, daß der Verfrachter für eine schlechte Beschaffenheit der Güter aufkommen soll, die bereits zur Zeit der Abladung vorhanden war (sogenannte Landbeschädigung), für die er also aus dem Frachtvertrage und dem Receptum nicht verantwortlich ist und nur vermöge der Verpflichtung zur Vertretung des Connossements haftbar sein kann. Bei Unterstellung der Nichtsichtbarkeit der Fehler und Mängel zur Zeit, als der Schiffer die Güter empfing und das Connossement zeichnete, würde also die Haftung in Gemäßheit des Art. 660 zu verneinen sein. Der Streit kann nur die Beweislast betreffen, ob nämlich der Schiffer die Nichterkennbarkeit zur entscheidenden Zeit oder der Empfänger die damalige Erkennbarkeit zu beweisen habe. Auf diese Frage giebt Art. 660 selbst keine Antwort; das Schweigen erklärt sich aus dem Zweck des Artikels, welcher nicht allein dahin geht, die Haftung aus dem Connossement auch für die erkennbar schlechte Beschaffenheit hervorzuheben, sondern vorzugsweise der ist, das Eintreten dieser Haftung selbst im Falle der, die Verpflichtungen aus dem Frachtvertrage und dem Receptum verringernden, Connossementsklausel „frei von Beschädigung“ und dergl. zu bestimmen. Allein die Antwort findet sich in den Art. 655 und 656. Von entscheidender Bedeutung hierbei ist, daß nur die Vertretung des Connossements in Frage steht, daß dem Verfrachter zugemuthet wird, über die Verpflichtung aus dem Frachtvertrage und dem Receptum hinaus für solche Mängel und Fehler aufzukommen, welche bereits bei der Abladung vorhanden waren, also für etwas Anderes, als das Empfangene, einzustehen. Juristisch betrachtet ist es völlig gleichgiltig, ob die Verpflichtung zur Vertretung des Connossements sich dahin verwirklichen soll, daß der Schiffer eine andere Art oder Gattung von Gütern, als er empfangen hat, oder eine andere Beschaffenheit der Güter, als diejenige, in welcher er dieselben empfing, zu vertreten hat. In beiden Fällen wird die Haftung für etwas Anderes als das Empfangene verlangt und in beiden Fällen diese Haftung einzig und allein auf die strenge Verpflichtung zur Vertretung des Connossements gestützt. Es ist sogar nicht einmal inkorrekt, auch im zweiten Falle von der Haftung für die Richtigkeit der Connossements-Bezeichnung zu sprechen, sei es daß die gute Beschaffenheit der Güter im Connossement ausdrücklich bemerkt oder als stillschweigend darin enthalten anzunehmen ist. Wie die gedachte Frage aber nach Art. 655 und 656 zu beantworten ist, kann keinem erheblichen Bedenken unterliegen. Ein reines Connossement vorausgesetzt, ist ohne Zweifel nach Abs. 2 des Art. 665 der Verfrachter die Nichterkennbarkeit der schlechten Beschaffenheit oder der Fehler und Mängel zu beweisen schuldig, das heißt: er ist zu dem Beweise verbunden, daß die schlechte Beschaffenheit oder die Landbeschädigung zur entscheidenden Zeit ungeachtet der Sorgfalt eines ordentlichen Schiffers nicht wahrzunehmen war, da der im Abs. 2 des Art. 655 entschiedene Fall von dem unterstellten seiner inneren Natur nach nicht verschieden ist. Hat dagegen, wie in vorliegendem Falle geschehen ist, der Schiffer das Connossement mit dem Zusatz „Inhalt unbekannt" gezeichnet: so folgt — auch zugegeben, daß diese Klausel die Haftnng für die bei der Abladung erkennbar gewesene, im Connossement nicht erwähnte Landbeschädigung wegen Art. 660 nicht ausschließe — doch unter allen Umständen aus der positiven Vorschrift des Art. 656 die Verpflichtung des Empfängers, nunmehr seinerseits den Beweis der Erkennbarkeit der Fehler und Mängel zur angegebenen Zeit zu führen. Die Modifikation, welche Art. 656 durch Art. 660 erleidet, kann unmöglich weiter reichen, als daß der Empfänger nicht auf den im Art. 656 nachgelassenen Beweis der Abladung eines anderen als des abgelieferten Inhalts beschränkt ist, sondern in Gemäßheit des Art. 660 auch mit dem Beweise gehört werden muß, daß der empfangene Inhalt oder genauer der Inhalt mit den Fehlern und Mängeln, welche bereits bei der Abladung bestanden, zwar abgeliefert sei, daß jedoch diese Fehler und Mängel zur Zeit der Abladung bei Anwendung der Sorgfalt eines ordentlichen Schiffers hätten erkannt werden müssen und daß sie gleichwohl im Connossement nicht bemerkt seien. Zugleich erhellt die Unerheblichkeit des in das Connossement aufgenommenen Zusatzes, die Güter seien in guter Beschaffenheit abgeladen, ein Zusatz, welcher nach Obigem wegen seiner Herkömmlichkeit zufolge Art. 660 in jedem Connossement als enthalten anzusehen ist, wenn nicht das Gegentheil darin bemerkt oder angedeutet wurde.

Art. 656 legt, wie bereits gezeigt ist, der Klausel „Inhalt unbekannt" zunächst die Wirkung bei, daß der Schiffer nur aus dem Frachtvertrage und aus dem Receptum verpflichtet und von der Verpflichtung zur Vertretung der Richtigkeit der Connossementsbezeichnung befreit wird. Es kann sich daher die Frage erheben, ob diese Wirkung auch auf die Haftung für die bei der Abladung sichtbare schlechte Beschaffenheit sich erstrecke, ob also die Klausel „Inhalt unbekannt" unbedingt keine andere Haftung als die übrig lasse, nur das Empfangene und dies nur in der empfangenen Beschaffenheit auszuliefern, indem namentlich auch die Vorschrift des Art. 660 über die Verpflichtung des Schiffers zur Vertretung einer bei der Abladung entdeckten oder bei Anwendung der gehörigen Sorgfalt sichtbaren schlechten Beschaffenheit unanwendbar werde. Wird diese Frage wegen der absoluten Fassung des Art. 660 aber auch verneint, so liegt doch kein Grund vor, bei der Anwendung des Art. 660 die zweite im Art. 656 festgesetzte, auf die Beweislast sich beziehende, Wirkung der Klausel „Inhalt unbekannt" zu ignoriren, mag nun die gute Beschaffenheit im Connossement ausdrücklich erwähnt oder als stillschweigend darin enthalten anzusehen sein. Die Bezeugung der guten Beschaffenheit kann immer nur dahin verstanden werden, daß bei der Abladung und bei der Zeichnung des Connossements ungeachtet der sorgfältigen Prüfung, wie sie einem ordentlichen Schiffer obliege, eine schlechte Beschaffenheit nicht wahrgenommen sei. Wird demnächst streitig, ob eine zu jener Zeit schon vorhandene schlechte Beschaffenheit dem Schiffer bei Anwendung der gehörigen Sorgfalt nicht hätte unbekannt bleiben können und daher kraft des Connossements zu vertreten sei: so leuchtet ein, daß der Behauptung des Schiffers, die schlechte Beschaffenheit sei zur kritischen Zeit nicht wahrnehmbar gewesen, das im Connossement enthaltene Zeugniß über die gute Beschaffenheit nicht entgegensteht. Da dieses Zeugniß nur auf die Wahrnehmbarkeit sich bezieht, so bleibt es für den über die letztere entstandenen Streit unerheblich. In Ansehung dieses Streits muß sich die im Art. 656 anerkannte, die Beweislast betreffende, Folge der Klausel „Inhalt unbekannt" wieder wirksam erweisen, weil die Beschränkung, welche Art. 656 in Ansehung der Hauptwirkung der Klausel „Inhalt unbekannt" wegen des Art. 660 erleiden soll, doch nicht weiter erstreckt werden darf, als Art. 660 nothwendig mit sich bringt, und die aus Art. 660 ungeachtet jener Klausel hergeleitete Haftung des Schiffers für schlechte Beschaffenheit, in der er die Güter empfing, gegen das im Art. 656 ausdrücklich enthaltene Prinzip sich nicht ohne inneren Widerspruch noch durch die Auferlegung des Beweises der Nichtwahrnehmbarkeit verschärfen läßt.

## Nr. 31.

## Plenum. — Erkenntniß v. 30. Juni 71. (Ref.)

Cohn ./. Geiger (Nr. 303 v. 71).

**Hamburg.** **Ober-Appellation.**

I. Instanz: Handelsgericht Hamburg,
II. Instanz: Obergericht daselbst.

**Wahl von Schiedsrichtern. Wohnort derselben.**

**1. Bei Verabredung eines Kompromisses ist als Zweck der Parteien nur anzunehmen, daß mit Umgehung des gewöhnlichen Rechtsweges gewisse Streitfälle durch Privatpersonen entschieden werden sollen, von deren Geschäftserfahrung und Redlichkeit eine sachgemäße, gerechte und**

**rasche Erledigung des Streits zu erwarten; dagegen erscheint regelmäßig der Wohnort der Personen, welchen solches Vertrauen zu schenken sein möchte, nicht von Bedeutung.**

HGB Art. 1, 278.

**2. Gemeinrechtlich kann auf jede zur Uebernahme des Schiedsrichteramts überhaupt fähige Person kompromittirt werden, ohne Rücksicht auf deren Wohnort und den Sitz des Schiedsgerichts.**

Vgl. Windscheid Pandekten § 416 Nr. 2, B. II S. 524 n. 10.

Der unter den Parteien in Hamburg errichtete Gesellschaftsvertrag bezweckt den Betrieb eines gemeinschaftlichen Handelsgeschäfts zu Frankfurt a. M., am Wohnort des Klägers, welcher die Geschäftsführung übernommen hat. Dabei ist ausdrücklich vereinbart worden: „Alle aus dem Vertrage entstehenden Streitigkeiten werden ausschließlich durch Schiedsrichter geschlichtet. Jeder der beiden Kontrahenten wählt einen Schiedsrichter und die beiden Gewählten einen Obmann. Können diese sich nicht einigen, so entscheidet unter den Vorgeschlagenen das Loos".

Die Rechtsgiltigkeit dieses pactum de compromittendo * ist landesgesetzlich festgestellt, indem zwei gleichlautende Erkenntnisse den zu Hamburg wohnenden Beklagten, dem Klageantrage gemäß, für verpflichtet erklären, einen Schiedsrichter zu benennen. Die betreffenden Urtel sind jedoch darüber verschiedenen Inhalts, ob als Sitz des vereinbarten Schiedsgerichts Hamburg oder Frankfurt a. M. anzusehen sei. Demgemäß hat der I. Richter erkannt, daß Beklagter einen in Hamburg wohnenden Schiedsrichter zu wählen habe, wogegen ihm in II. Instanz die Ernennung eines in Frankfurt domizilirten Schiedsrichters auferlegt worden ist. Ueber diese in die Oberberufungs-Instanz gediehene Frage hat sich das OHG, wie folgt, ausgesprochen.

* Vgl. Rspr. I S. 387.

**Entscheidungsgründe:**

Für die Frage, ob Beklagter bei der Wahl des von ihm zu ernennenden Mitglieds des Schiedsgerichts an eine in Frankfurt — als dem Wohnort des Klägers und zugleich dem Orte, an welchem der Betrieb des gemeinschaftlichen Geschäfts durch den Kläger stattfinden sollte und stattgefunden hat — domizilirte Person gebunden sei, oder ob er dazu auch eine in Hamburg — als dem Wohnort des Bekl. und dem Orte, an welchem der Societätsvertrag zwischen den Parteien abgeschlossen wurde — domizilirte Person zu ernennen befugt sei? kommt es auf den Ort, an welchem demnächst das verabredete Schiedsgericht selbst sich zu konstituiren hat, überall nicht an.

Ein Grund, weshalb für ein an einem bestimmten Orte zusammentretendes Schiedsgericht nur solche Personen, welche an diesem Orte domizilirt sind, als Schiedsrichter ernannt werden dürften, ist bei den bisherigen Verhandlungen nicht geltend gemacht worden. Nur das Obergericht hat diese Frage überhaupt in den Kreis seiner Erwägungen gezogen, indem es am Schluß seiner Entscheidungsgründe ausspricht, „es könne darüber kein Zweifel obwalten, daß für das mit dem Sitze in Frankfurt zu errichtende Schiedsgericht auch in Frankfurt domizilirte Schiedsrichter erforderlich seien." Damit ist jedoch nur behauptet, was rechtlich zu begründen war, daß nämlich gesetzlich oder vertragsmäßig die Freiheit der Parteien bei der Wahl ihrer Schiedsrichter in der angegebenen Weise beschränkt sei.

Daß nun aber nach dem in dieser Frage sowohl in Frankfurt als in Hamburg geltenden gemeinen Recht gesetzlich eine solche Beschränkung nicht besteht, sondern auf jede zur Uebernahme des Schiedsrichteramtes überhaupt fähige Person kompromittirt werden kann, bedarf keines ferneren Nachweises. Es ließe sich daher höchstens einwenden, daß unter der Voraussetzung, daß die Parteien überhaupt einen bestimmten Ort als Sitz des kontraktlich zu bildenden Schiedsgerichts im Auge gehabt hätten, in dieser Vereinbarung stillschweigend auch die fernere Uebereinkunft enthalten sei, die hierzu von beiden Seiten zu ernennenden Personen müßten an diesem Orte auch ihrerseits domizilirt sein. Allein ein dahin gehender Wille der Parteien findet sich weder im Societätsvertrage ausdrücklich ausgesprochen, noch läßt derselbe sich aus der Natur der Sache mit irgend welcher Sicherheit folgern. Die Parteien sind nur darüber übereingekommen, ihre etwaigen, aus dem Societätskontrakte entstehenden Streitigkeiten, statt vom Gericht, von Privatpersonen entscheiden zu lassen, zu welchem Zweck jeder der Kontrahenten einen Schiedsrichter zu wählen hat 2c. Wollte man nun auch annehmen, es sei die Meinung der Parteien gewesen, daß das so zu bildende Schiedsgericht alle unter den Kontrahenten entstandenen Streitigkeiten in Frankfurt untersuchen und daß es dort seinen Ausspruch abgeben werde — obwohl es an sich zunächst Sache der Schiedsrichter und des Obmanns sein wird, auch in Betreff des Ortes, an welchem sie sich ihres Geschäfts am zweckmäßigsten entledigen können, das Geeignete zu verfügen —: so würde dies doch keineswegs involviren, daß alle Mitglieder des Schiedsgerichts auch in Frankfurt ihren regelmäßigen Wohnsitz haben müssen; denn bei der Verabredung eines Kompromisses geht der Zweck der Parteien im Wesentlichen nur dahin, mit Umgehung des gewöhnlichen Rechtsweges ihre Differenzen durch solche Privatpersonen entscheiden zu lassen, von deren Geschäftserfahrung und Redlichkeit sie eine sachgemäße, gerechte und rasche Erledigung erwarten können, und hierbei tritt der Wohnort derjenigen Personen, welchen ein solches Vertrauen geschenkt werden soll, durchaus in den Hintergrund.

Zwar würde unter Umständen der gedachte Zweck auch durch die Wahl eines an sich gesetzlich qualifizirten Schiedsrichters wesentlich beeinträchtigt werden können, wenn derselbe z. B. aus weiter Ferne mit unverhältnißmäßigem Zeit- und Kosten-Aufwand herbeigeholt werden müßte, oder wenn seiner Persönlichkeit nach anzunehmen wäre, daß er zur Beurtheilung der in Frage kommenden thatsächlichen und rechtlichen Verhältnisse überall nicht im Stande sei. Allein ein Fall dieser Art liegt hier nicht vor, und es braucht daher nicht untersucht zu werden, ob dem Kläger gegen die Wahl eines solchen Schiedsrichters seitens des Bekl. Einwendungen freistehen würden; denn Beklagter verlangt nur im Allgemeinen, mit der Ernennung eines in Hamburg wohnhaften Schiedsrichters zugelassen zu werden, und es läßt sich nicht absehen, wie bei der gegenwärtigen Beschaffenheit der Verkehrsmittel durch die örtliche Entfernung Hamburgs von Frankfurt die Theilnahme eines in Hamburg wohnhaften Mitgliedes an dem zu bestellenden Schiedsgericht dessen Funktionen wesentlich erschweren oder weßhalb ein Hamburger Schiedsrichter an sich weniger geeignet zu dem hier fraglichen Zweck sein sollte, als ein in Frankfurt domizilirter. Für das Letztere würde man sich auch nicht etwa darauf berufen können, daß das zwischen den Parteien streitige Rechtsverhältniß nicht nach Hamburger, sondern nach Frankfurter Recht zu beurtheilen sei; denn dies ist eine Frage, deren Entscheidung die Parteien mit der Entscheidung ihrer Streitigkeit überhaupt den Gerichten entzogen und vielmehr dem zu bestellenden Schiedsgericht übertragen haben, welchem daher hierin bei Gelegenheit eines nur die Verpflichtung des Beklagten zur Ausführung des abgeschlossenen pactum de compromittendo betreffenden Rechtsstreits nicht vorgegriffen werden kann.

Liegt hiernach kein Rechtsgrund vor, den Beklagten — der nach wie vor in Hamburg wohnhaft geblieben ist, sich an dem für gemeinschaftliche Rechnung in Frankfurt betriebenen Geschäft überdies nur als stiller Gesellschafter mit einer Geldeinlage betheiligt hat und anscheinend nicht ohne Grund einwendet, er werde bei seiner Unbekanntschaft mit Frankfurter Persönlichkeiten dort schwerlich Jemand finden, der sich aus Gefälligkeit für ihn der mit dem Schiedsrichteramt verknüpften großen Mühe unterziehen werde — zur Ernennung eines in Frankfurt domizilirten Schiedsrichters anzuhalten, und ist mithin das angefochtene Erkenntniß des Obergerichts wieder aufzuheben: so würde Beklagter auch zur Ernennung eines an einem bestimmten anderen Orte wohnhaften Schiedsrichters an sich nicht verpflichtet sein, und konnte er nur auf Grund seines Erbietens — mit dem Handelsgericht und in Gemäßheit des eventuellen Klagantrages — zur Ernennung eines Hamburgischen Schiedsrichters verurtheilt werden.

## Nr. 32.

## Plenum. — Erkenntniß v. 30. Juni 71. (B.)

Richter ./. Lebensversicherungsgesellschaft Kosmos in Zeyst (Nr. 340 v. 71).

**Königreich Sachsen.** **Weitere Berufung.**

I. Instanz: Handelsgericht im Bezirksgericht Leipzig.
II. Instanz: Appellationsgericht daselbst.

**Versicherungsvertrag. Fortbestand, Erneuerung. Anerkenntnißvertrag.**

**1. Ein Anerkenntnißvertrag — im Sinne der § 1397 ff. kgl. sächs. bürgerl. GB sowie der heutigen gemeinrechtlichen Praxis* — setzt überall die unumwundene Anerkennung eines Schuldverhältnisses voraus.**

**2. In Versicherungsverhältnissen ist die bloße (in den Prämienquittungen gewöhnlich erfolgende) Anerkennung des**

* Vgl. Windscheid Pandekten § 412 a, B. II S. 503 ff.

**Fortbestandes des Versicherungsvertrages scharf zu unterscheiden von der wirklichen Erneuerung des Vertrages.**

Vgl. A. Wiegand, Lebensversicherungspraxis Theil I S. 10 (4. Auflage, 1870).

**3. Eine an Ordre oder auf den Inhaber gestellte Lebensversicherungspolice gehört nicht zu den Ordrepapieren im Sinne des HGB Art. 301 bis 304*.**

Auf das Leben von Karl P. war bei der beklagten Gesellschaft eine Versicherung für den Todesfall genommen worden. Dieselbe war auf eine bestimmte Zeit nicht beschränkt, blieb daher ohne Weiteres in Giltigkeit, sofern nur die bedungenen Prämien rechtzeitig gezahlt wurden. Nach dem Tode des Versicherten fordert als dessen Cessionar Kläger die policemäßige Summe.

Die Beklagte wendete ein, daß sie bei Abschluß des Versicherungsvertrages durch unrichtige Angaben des Karl P. getäuscht, bzw. durch Verschweigungen hintergangen worden. Vorbehaltlich des Erweises dieser Einrede wurde sie in II. Instanz verurtheilt, die Versicherungssumme gegen Aushändigung der Police rc. zu zahlen; Kläger appellirte an das OHG, ohne Erfolg.

**Entscheidungsgründe:**

Daß Beklagte zur Zahlung der Versicherungssumme nur gegen Ablieferung der Police und der Quittung über Zahlung der zuletzt fällig gewesenen Prämie verbunden ist, bestimmt Art. 16 der Versicherungsbedingungen mit dürren Worten. Inwiefern Kläger auch ohne Beibringung dieser Papiere — sei es gegen Kaution, sei es gegen Erwerbung eines Modifikationsdokuments (Art. 19 der Versicherungsbedingungen) — die Zahlung begehren darf, wird eventuell im Exekutionsverfahren zu erledigen sein.

Ohne Grund beschwert Kläger sich darüber, daß der Inhalt seines Replikvortrags für unerheblich erachtet wor-

* Wegen der Seeassekuranz-Policen vgl. Art. 904 HGB.

den sei. Denn derselbe enthält keinerlei selbständige Behauptungen, welche etwa zur Bescheinigung auszusetzen gewesen wären. Weder hat Kläger behauptet, daß Karl P. durch den Agenten der beklagten Gesellschaft zu unrichtigen oder ungenauen Angaben veranlaßt worden sei; noch daß derselbe dem Vertrauensarzt der Gesellschaft ... andere, als in dem Antragsbogen enthaltene Angaben gemacht habe; noch endlich, daß Beklagte zur Zeit der Ausstellung der letzten Prämienquittung (Ende Dez. 69) von den früheren Versicherungsanträgen des P. Kenntniß gehabt habe. Kläger hat nur daraus, daß die Lebensversicherungs-Gesellschaft Thuringia ihre Ablehnungslisten den übrigen Versicherungsgesellschaften mitzutheilen pflege, den Schluß gezogen, daß ohne Zweifel auch die beklagte Gesellschaft solche erhalten habe oder doch leicht sich verschaffen konnte, daß ihr also die Unrichtigkeit der Deklaration bekannt war oder bekannt sein mußte. Dieser Schluß wäre aber selbst dann verfehlt, wenn die Prämisse richtig erschiene. — Wenn endlich Kläger mit besonderem Nachdruck sich auf die erwähnte Prämien-Quittung beruft, in dieser einen Anerkenntnißvertrag finden will und um deswillen der Bekl. den Beweis zumuthet, daß sie zur Zeit der Ausstellung dieser Quittung sich in einem durch Betrug oder große Fahrlässigkeit des P. herbeigeführten Irrthum über die Unrichtigkeit seiner Deklarationen befunden habe, so ist diese Deduktion gänzlich verfehlt. Denn der durch § 1397 ff. des sächs. bürgerl. GB — in Uebereinstimmung mit der neuen gemeinrechtlichen Theorie und Praxis — mit nahezu judicatmäßiger Wirkung ausgestattete „Anerkenntnißvertrag", wonach auf Grund des Anerkenntnisses die Bezahlung der Schuld verlangt werden darf, die Einreden beschränkt sind und Anfechtung nur des Anerkenntnisses selber statthaft ist, setzt überall die unumwundene Anerkennung eines „Schuldverhältnisses" voraus. Gerade hieran aber fehlt es in vorliegendem Falle vollkommen.

Die geschehene Versicherung war eine gewöhnliche, lebenslängliche Versicherung, keine kurze oder Zeitversicherung. Dieselbe bedurfte somit keiner zeitweisen Erneuerung, sondern lief von selber fort, sofern nur die Prämien rechtzeitig gezahlt wurden, erlosch aber bei Nichtzahlung der verfallenen Prämien innerhalb der Respektfristen: Art. 5 Abs. 4, 5, 7 der Versicherungsbedingungen. Nach Abs. 6 daselbst wird über jede Prämienzahlung „eine mit dem Gesellschaftsstempel versehene Prämienquittung — Verlängerungsschein — ertheilt", welche von der Direktion vollzogen wird. Eine solche, als Verlängerungsschein bezeichnete, bloße Prämienquittung ist die Urkunde, auf welche Kläger den angeblichen Anerkennungsvertrag gründet. Nach derselben bescheinigt die Lebensversicherungsbank Kosmos, „die Summe von . . . als Prämie für die laut Police Nr. . . auf das Leben des Herrn Karl P. . . geschlossene Versicherung für die Zeit vom 30. Nov. 69 bis zum 30. Mai 70 Mittag 12 empfangen zu haben." Und wenn es in unmittelbarem Anschluß darin heißt: „wodurch die verbindende Kraft dieser Police bis zum letztgedachten Tage prolongirt ist", so liegt darin zwar die an sich überflüssige Anerkennung, daß dem Fortbestand des Versicherungsvertrages bis zum 30. Mai 70 ein Mangel der Prämienzahlung nicht entgegenstehe, keineswegs aber ein unumwundenes Schuldanerkenntniß aus diesem Versicherungsvertrage. Prämienquittung und Verlängerungsschein werden als durchaus identische Begriffe behandelt, weil aus der Prämienquittung sich die Fortdauer des Vertrages von selber ergiebt. Diese bloße Anerkennung des Fortbestandes des Versicherungsvertrages auf Grund der ursprünglichen Police ist scharf zu unterscheiden von der wirklichen Erneuerung des Versicherungsvertrags, sowohl bei bloßen Zeitversicherungen, nach Ablauf der ursprünglichen Versicherungszeit, wie in Fällen, wo aus irgend einem Grunde, z. B. Mangels rechtzeitiger Prämienzahlung, der ursprüngliche Versicherungsvertrag erloschen war. Bei wirklicher Erneuerung erfolgt eine neue Untersuchung, insbesondere ist ein neues ärztliches Zeugniß über den Gesundheitszustand der versicherten Person beizubringen,

vgl. Art. 6, 14 der Versicherungsbedingungen, und die analoge Vorschrift für den Fall des Rückkaufs der Police, Art. 8 daselbst.

Ist sonach die lebenslängliche Versicherung ein einheitlicher Vertrag, welcher auf Grund des ursprünglichen Versicherungsschlusses von beiden Theilen schlechthin erfüllt werden muß, soweit nicht Gesetz oder Kontrakt Ausnahme begründen; steht es namentlich der Versicherungsanstalt keineswegs zu, wie Kläger behauptet, durch Verweigerung der Prämienannahme die Fortdauer des Vertrages auszuschließen; hat endlich die Versicherungsanstalt nicht die Befugniß, während des Laufs der lebenslänglichen Versicherung ein neues Gesundheitsattest einzufordern: so kann unmöglich ihre Erklärung, daß die verbindende Kraft der Police bis zum Verfalltermin der nächsten Prämie prolongirt sei, in dem Sinne verstanden werden, daß sie unter Verzicht auf alle Einwendungen aus dem ursprünglichen Versicherungsvertrage sich schlechthin zur Zahlung der Versicherungssumme verpflichten wolle.

Allerdings ist richtig, daß auch der gutgläubige Erwerber einer Lebensversicherungspolice der Gefahr eines Verlusts seines erworbenen Rechts durch ihm unbekannte Einreden der Versicherungsanstalt ausgesetzt ist. Aber die Lebensversicherungspolice, auch die an Ordre oder auf Inhaber gestellte, gewährt eben nicht die gleiche Sicherheit, wie andere Werthpapiere, insbesondere die an Ordre oder auf Inhaber lautenden; ihr Erwerb ist stets ein gefährliches Geschäft. Der Erwerber mag sich hiergegen durch Kautionen oder durch ein unumwundenes Schuldbekenntniß des Versicherers schützen; allein er ist nicht befugt, lediglich um seines guten Glaubens willen eine Erklärung des Versicherers, welche ein solches Anerkenntniß nicht enthält, zur Grundlage eines dem Versicherungsnehmer nicht zustehenden Anspruchs zu machen.

## Nr. 33.

### Ferien-Senat. — Erkenntniß v. 31. Juli 71. (B.)

G. Schneider u. Gen. ./. H. Frieß (Nr. 395 v. 71).

**Preußen. Wechselsache. Nichtigkeitsbeschwerde.**

I. Instanz: Kreisgericht Sorau,
II. Instanz: Appellationsgericht Frankfurt a. O.

**Wechsel. Präsentation zur Zahlung. Aushändigung.**

**1. Der Wechselgläubiger, welcher eine Präsentation zur Zahlung vornimmt oder Mangels letzterer Protest erheben läßt, braucht sich dem Schuldner gegenüber nicht zur Aushändigung des Wechsels zu erbieten. Nur wenn der Schuldner wirklich zur Zahlung bereit ist, hat auch der Gläubiger, Zug um Zug, die Wechselurkunde (quittirt) auszuantworten.**

DWO Art. 36, 39, 41, 48, 88 Nr. 3.
Vgl. Borchardt ADWO Zusatz 374 a u. 377, S. 239, 240.

**2. Der Wechselklage steht es nicht entgegen, daß eine gerichtliche Beschlagnahme des Wechsels erfolgt ist, welche zur Zeit eine Aushändigung desselben hindern würde.**

DWO Art. 36, 41, 73, 81.
AGO I. 27 § 4.
Borchardt ADWO Zusatz 845 S. 637.

Aus einem rechtzeitig protestirten Domizilwechsel werden Aussteller, Acceptant und zwei Giranten auf Zahlung belangt. Der Wechsel selbst war schon vor Verfall gerichtlich in Beschlag genommen, weil das Eigenthum daran dem jetzigen Kläger von einem Dritten streitig gemacht worden. Beklagte halten deshalb den erhobenen Protest für unwirksam und widersprechen dem Klageantrage, weil ihre Zahlungspflicht durch Aushändigung des Wechsels bedingt und letztere vor oder bei dem Protest nicht angeboten sei, auch vom Kläger noch nicht gewährt werden könne. Einer von ihnen hat jedoch im Laufe I. Instanz die eingeklagte Summe gerichtlich deponirt. Nunmehr hat der I. Richter die ursprüngliche Klage als durch diese Deposition erledigt erachtet, aber einem modifizirten Klageantrage entsprechend die Beklagten verurtheilt, gegen Aushändigung des Klagewechsels in die Auszahlung der deponirten Summe an den Kläger zu willigen. Gegen das bestätigende Appellurtel ergreifen Beklagte die NktBschw., welche vom OHG zurückgewiesen wird.

**Gründe:**

1) Der erste Angriff der NktBschw. bezieht sich auf die behauptete Ungiltigkeit des Protestaktes v. 6. Febr. 71.

Dieselbe soll dadurch begründet sein, daß dem Protest nicht ein Anerbieten der Aushändigung des Wechsels vorausgegangen ist. Ein solches Anerbieten gehört aber weder zu den gesetzlich vorgeschriebenen Förmlichkeiten des Protests (Art. 88 DWO), noch ist es der Natur der Sache nach rechtlich nothwendig. Der Wechsel muß nach Art. 41, 43 DWO zur Zahlung präsentirt werden. Den Wechsel „zur Zahlung präsentiren" ist aber keineswegs gleichbedeutend mit: denselben „zur Aushändigung offeriren". Die Aushändigung des Wechsels ist nicht die vertragsmäßige Leistung, welche der vom Wechselschuldner begehrten Zahlung vorausgehen muß, dergestalt daß, so lange die Aushändigung nicht angeboten ist, der Wechselschuldner die ihm zugemuthete Leistung mit der Einrede des nicht erfüllten Vertrages ablehnen könnte. Vielmehr ist die Aushändigung des Wechsels nur eine Form, in welcher die durch den

Wechselschuldner geleistete Zahlung konstatirt wird. Daraus folgt, daß die Aushändigung jedenfalls nicht der Zahlung vorauszugehen, daher auch nicht vorher angeboten zu werden braucht. Will man auch Gewicht darauf legen, daß — statt der Vorschrift im § 900 ALR II. 8, nach welcher erst nach gehörig geleisteter Zahlung der Wechsel ausgehändigt werden soll — Art. 39 DWO sagt, daß der Wechselschuldner nur gegen Aushändigung des Wechsels zu zahlen braucht: so ergiebt sich daraus doch nur so viel, daß wenn der Wechselschuldner zur Zahlung bereit ist, der Gläubiger seinerseits auch mit der Wechselurkunde zur Hand sein, und Zahlung und Aushändigung Zug um Zug erfolgen muß. Im Moment der Protesterhebung handelt es sich aber noch nicht um die wirkliche Zahlung. Der protestirende Beamte hat nicht die Wechselsumme zu erheben, sondern den betreffenden Verpflichteten zur Zahlung an den Berechtigten aufzufordern und dessen Erklärung entgegen zu nehmen. Zu diesem Zweck hat er den Wechsel zu präsentiren, nicht aber denselben gegen die Zahlung auszuhändigen oder seine Aushändigung anzubieten.

In vorliegendem Falle ist nun die Aufforderung zur Zahlung, unter Vorlegung des Wechsels, an den Domiziliaten ergangen, und es ist darauf dessen Erklärung erfolgt: daß er keine Deckung erhalten habe und aus diesem Grunde Zahlung nicht leisten könne. Mit dieser Erklärung war die Sache erledigt. Ihr gegenüber cessirte jede Veranlassung zur Aushändigung des Wechsels, und die Frage, ob dieselbe eintretenden Falles hätte bewirkt werden können, blieb auf sich beruhen. Die Weigerung konstatirte, daß die Beklagten ihrerseits mit Erfüllung ihrer Wechselverpflichtung im Verzug waren und gewährte somit die Berechtigung zur Erhebung des Protests Mangels Zahlung.

Der Appellrichter ist also mit seiner die Giltigkeit des letzteren anerkennenden Entscheidung dem richtigen Sinne der (als verletzt bezeichneten) Art. 39 bis 43 DWO nicht zu nahe getreten.

2) Ohne allen Werth ist es, wenn die NktBschw. den zweiten dem angefochtenen Erk. gemachten Vorwurf, den Art. 82 DWO durch unrichtige Anwendung verletzt zu haben, aus dem Wortlaut dieses Artikels zu rechtfertigen sucht, soweit solcher besagt, daß der Wechselschuldner sich nur der ihm unmittelbar gegen den Kläger zustehenden Einreden bedienen könne. Es ist inkorrekt zu sagen, der Ausdruck: „unmittelbar“ beziehe sich nicht auf den Beklagten im Wechselprozeß, sondern auf den Kläger. Der Ausdruck bezieht sich überhaupt nicht einseitig auf die eine oder andere Person, sondern auf das Verhältniß beider Personen zu einander, also wo — wie hier — von einem Dolus die Rede ist, auf einen das Verhältniß des Klägers zu dem ihm gegenüber stehenden Bekl. affizirenden, vom Kläger gegen den Bekl., nicht gegen einen Dritten, verübten Dolus.

Da nun aber nur ein Dolus gegen eine der Wechselverpflichtung nicht unterliegende dritte Person behauptet ist, so hat der Appellrichter den betreffenden Einwand nach Art. 82 DWO mit Recht für unzulässig erklärt.

3) Der dritte Angriff der NktBschw., welcher Verletzung des Art. 40 DWO und der landrechtlichen Vorschriften über die Deposition (§ 213, 221—227 ALR I. 16) behauptet geht von der Ansicht aus: daß weil Kläger wegen der eingetretenen Beschlagnahme des Wechsels in der Verfügung über denselben behindert gewesen sei, den Wechsel also den Beklagten nicht habe aushändigen können, ihm auch die Befugniß gefehlt habe, gegen die Wechselschuldner auf Erfüllung ihrer wechselmäßigen Verpflichtung zu klagen; daß daher die erhobene Klage unbegründet gewesen sei, und Beklagte dem Kläger mit der zur Zeit des unbefugten

Klageantrags erfolgten Deposition der Wechselsumme 2c. zuvorgekommen und dadurch ihm gegenüber jeder Verpflichtung frei geworden seien, so daß die Deposition für ungiltig habe erklärt und Kläger mit seiner Klage habe abgewiesen, auch in die Prozeßkosten verurtheilt werden müssen.

Diese Ansicht ist als richtig nicht anzuerkennen.

Die erhobene Klage findet ihre Begründung in dem durch eine ununterbrochene Giro-Reihe bewirkten Uebergang des formalen Wechselrechts auf den Kläger, in der von den Beklagten durch Ausstellung, Acceptation und Begebung des Wechsels übernommenen Verpflichtung, endlich in dem giltig erfolgten Protest Mangels Zahlung. Sie ist wesentlich darauf gerichtet, die (bestrittene) wechselmäßige Verpflichtung der Bekl. festzustellen. Zu ihrer Begründung gehört nicht die vorherige oder gleichzeitige Aushändigung des Wechsels oder das Erbieten hierzu*). Allerdings braucht der Wechselschuldner die wirkliche Zahlung nur gegen Aushändigung des Wechsels zu leisten. Dies ist indeß selbstverständlich und unabhängig davon, ob der Wechselgläubiger bei Anstellung der Klage sich dazu erboten hat, oder ob bei der Verurtheilung des Schuldners ein Vorbehalt oder eine Modifikation dieserhalb gemacht ist.

Der ursprüngliche Klageantrag war demnach nicht unbegründet, und der Umstand, daß aus der Beschlagnahme des Wechsels möglicherweise Schwierigkeiten in Betreff der Aushändigung entstehen können, steht der gegenwärtigen Klage ebensowenig entgegen, wie daß über die Frage, wer Eigenthümer des Wechsels sei, in einem anderen Prozeß (zwischen dem Kläger und einem Dritten) gestritten wird. Es kann aus jenem Umstand ein Einwand gegen die Klage umsoweniger hergeleitet werden, als, wie der vorige Richter mit Recht hervorhebt, Kläger darauf rechnen

*) So auch: preuß. OTr. IV. Sen. Erk. v. 12. Febr. 63, Striethh. Arch. Bd. 48 S. 186.

konnte, bis dahin, daß es zur Zahlung kommen würde, die Aufhebung des Arrestes zu erlangen.

Hat nun, nachdem im Laufe des Prozesses die Deposition der Wechselsumme bewirkt worden, Kläger sich damit einverstanden erklärt und in eine entsprechende Modifikation der Verurtheilung, wodurch zugleich den Folgen der Beschlagnahme Rechnung getragen wurde, eingewilligt: so ist dies nicht in Folge rechtlicher Nothwendigkeit auf auf Grund des Art. 40 DWO geschehen. Denn der Fall, daß der Gläubiger ohne Zahlung zu fordern die Protestfrist hätte verstreichen lassen, lag nicht vor. Jedenfalls hat Kläger dadurch, daß er sich mit der Deposition einverstanden erklärte, seinen eigentlichen Klageantrag nicht zurückgenommen, denselben vielmehr dem Wesen nach aufrecht erhalten, wozu er genöthigt war, da Beklagte die Wechselsumme nur unter Vorbehalt deponirt haben, nach wie vor ihre Zahlungsverpflichtung bestreiten und die völlige Abweisung der Klage beantragen.

Dieser Sachlage gegenüber zerfällt der [dritte] Angriff. Daß Art. 40 DWO hier nicht Anwendung findet, ist bereits hervorgehoben. — Daß mit den angezogenen landrechtlichen Bestimmungen über die Deposition die angefochtene Entscheidung nicht im Widerspruch steht, erscheint klar, wenn in Betracht gezogen wird, daß entsprechend dem modifizirten Klageantrage durch die Entscheidung des Appellrichters wesentlich die von den Beklagten bestrittene Wechselverpflichtung dem Kläger gegenüber festgestellt und mit der im Tenor des Urtels enthaltenen Verfügung

> „daß die Beklagten schuldig seien, gegen Aushändigung des Wechsels in die Auszahlung der deponirten Summe an den Kläger zu willigen"

der einem anderen Richter zustehenden Entscheidung über die Beschlagnahme des Wechsels und die davon abhängige Frage, wem schließlich die deponirte Summe zufallen wird, nicht vorgegriffen, sondern nur ausgesprochen wird, daß die jetzigen Beklagten, sobald Kläger durch Aufhebung der Beschlagnahme in den Stand gesetzt sein wird ihnen den Wechsel auszuhändigen, der Auszahlung der deponirten Summe an den Kläger ihrerseits einen Widerspruch entgegen zu setzen nicht berechtigt sind.

4) Die den Gegenstand des letzten Angriffs bildende Behauptung, daß der Kläger seinen **Klageantrag** in einer auch **prozessualisch** unzulässigen Weise **modifizirt** und der Richter, indem er dies zugelassen, die Vorschriften der §§ 14, 27 der Verordnung v. 1. Juni 33 und § 1, 7, 8 der Verordnung v. 21. Juli 46 verletzt habe, erledigt sich nach Obigem von selbst, umsomehr, als die bezogenen Prozeßvorschriften, die sich auf die Nothwendigkeit erschöpfender und tempestiver Beantwortung der Klage u. s. w. beziehen, in vorliegendem Falle in keiner Weise in Betracht kommen.

## Nr. 34.

## II. Senat. — Erkenntniß v. 2. September 71. (B.)

Frau M. C. Krawczynska ⁄. J. Nowakowsky (Nr. 285 v. 71).

**Preußen. Wechselsache. Nichtigkeitsbeschwerde.**

I. Instanz: Kreisgericht Breslau,
II. Instanz: Appellationsgericht daselbst.

**Nichtigkeit, thatsächliche Voraussetzungen. Wechselverjährung, Unterbrechung.**

**1. Eine Nichtigkeitsbeschwerde wegen Verletzung von Rechtsgrundsätzen kann nur auf Grund des bereits festgestellten Sachverhalts erhoben bzw. beurtheilt werden*).**

Preuß. Verordnung v. 14. Dez. 33 § 4 Nr. 1, § 16.
Nordd. PO Entw. § 808, 814, 821.

Anwendung auf Code de commerce Art. 113 u. Code civil Art. 1326.

**2) Auch die Ladung vor ein ausländisches Gericht**

* Dasselbe gilt für den französischen Kassationsrekurs und in Bayern nach der neuen CivilPO von 1869 Art. 788 Nr. 7, 791, 792, 802.

**unterbricht die Verjährung, wenn dasselbe zur Zeit für die Sache zuständig ist.**

DWO Art. 80, 98 Nr. 10.
ALR Th. I Tit. 9 § 551.

Auf der Rückseite des Klagewechsels (eines polnischen Billet à ordre) steht eine Erklärung der beklagten Ehefrau, daß sie für die am Verfalltage erfolgende Berichtigung der Wechselsumme solidarisch Gewähr leiste. Darauf folgt eine gemeinsame, zuerst vom Manne und dann von der Bekl. unterschriebene Erklärung der Eheleute, daß sie die Wechselsumme bis Ende Mai 58 prolongiren und bereit seien, nach Ablauf dieser Frist zu zahlen.

Der Wechsel selbst ist in Warschau vom Ehemann der Bekl. ausgestellt, am 1. Juni 57 fällig gewesen und bereits 1860 bei dem dortigen Civiltribunal eingeklagt worden. Die jetzt bei Breslau wohnende Beklagte wird abermals wegen eines Rückstandes in Anspruch genommen. Soweit die Klage auf das Warschauer Judikat sich gründet, wird sie (nach § 30 AGO I. 24 u. dem OTr. Erk. v. 2. Dez. 37, Entsch. B. 3 S. 277) verworfen. Uebrigens hält der I. Richter den Wechselanspruch für verjährt, der Appellrichter aber verurtheilt die Beklagte auf Grund ihrer vorgedachten, nach französisch-polnischem Recht gewürdigten Erklärungen. Die NktBschw. der Bekl. wird zurückgewiesen.

**Gründe:**

1) Der erste Angriff bezieht sich auf die Verpflichtung der Bekl. aus den von ihr auf der Rückseite des Wechsels ausgestellten Erklärungen... Die Entscheidung soll den Art. 113 des Code de commerce und den Art. 1326 des französischen Civilgesetzbuchs verletzt haben.

Vorab ist zu bemerken, daß die Giltigkeit der allegirten franz. Gesetzbücher im Königreich Polen von keiner Seite bestritten, von den zu dem benachbarten Polen in näheren Beziehungen stehenden Gerichten in Breslau als notorisch behandelt und als eine unzweifelhafte zeitgeschichtliche Thatsache zu betrachten ist.

Art. 1326 des Code civil schreibt vor: daß ein einseitiges Schuldbekenntniß ganz von der Hand des Ausstellers geschrieben, oder dafern dies nicht der Fall ist, außer der Unterschrift des Ausstellers mit einem die Schuldsumme in Buchstaben ausdrückenden „gut" oder „genehmigt" versehen sein muß; es sei denn, daß der Aussteller zu einer der im Artikel bezeichneten Kategorien von Personen gehört.

Diese Vorschrift, so wird in der NktBschw. gesagt, finde auch im Falle des Art. 113 des Code de commerce Anwendung, und das Schuldbekenntniß sei deshalb für die Beklagte nicht verpflichtend gewesen . . .

Daß eine promesse im Sinne des Art. 113 des Code de commerce der Bestimmung des Art. 1326 des Code civil unterliegt, kann zugegeben werden. Es ist in der französischen Rechtsprechung überwiegend anerkannt. Nichtsdestoweniger erscheint der erhobene Vorwurf nach allen Seiten hinfällig. Die NktBschw. geht mit demselben von der willkürlichen Annahme aus, daß die die Anwendbarkeit des Art. 1326 bedingenden thatsächlichen Voraussetzungen festgestellt seien. Dies ist aber nicht der Fall. Die Beklagte hätte in den Instanzen aus Art. 1326 eine Einrede herleiten und solche auf die Behauptung stützen können, daß die fraglichen Erklärungen nicht von der Hand der Bekl. geschrieben seien, sie auch keiner der im Artikel bezeichneten Klasse von Personen, für welche die Vorschrift nicht gilt, zuzuzählen sei. Wäre dies geschehen, so hätte der Richter die betreffenden Thatfragen seiner Beurtheilung zu unterwerfen und nach Maaßgabe der darauf bezüglichen Entscheidung die Frage über die Anwendbarkeit des Art. 1326 zu lösen gehabt. Erst wenn dann diese Lösung im Widerspruch mit dem richtigen Sinne des Art. 1326 erfolgt wäre, würde eine Rüge wegen Verletzung des Art. im Nichtigkeitsverfahren haben erfolgen können, die jetzt daran scheitert, daß es dem Nichtigkeitsrichter — für die Beurtheilung der Frage über die Anwendbarkeit des Art. 1326 — an der in diesem Verfahren nicht mehr zu ergänzenden thatsächlichen Unterlage gebricht.

Hierzu kommt, daß Kläger der aus Art. 1326 hergeleiteten Nichtigkeitseinrede nach Befinden der Umstände eine durch die erfolgten Abschlagszahlungen bewirkte freiwillige Vollziehung der Verbindlichkeit (Art. 1338 des Civilgesetzbuchs) hätte entgegensetzen können, endlich noch, daß die Vorschrift des Art. 1326 nicht ad formam negotii gehört, daß sie, wie auch ihre Stellung im Capitel: de la preuve des obligations etc. anzeigt, sich auf die Beweiskraft der Urkunde bezieht, daß letztere, auch wenn sie der Vorschrift des Artikels nicht entsprach, immerhin einer gewissen, der Ergänzung durch Vermuthungen empfänglichen Beweiskraft (commencement de preuve par écrit, Art. 1347, 1353 des Code civil) nicht entbehrte.

2) Der zweite Angriff bezieht sich auf die Verjährungseinrede. Beklagte hat dieselbe auf Art. 100 DWO gestützt. Sie ist dabei von der Ansicht ausgegangen, bezüglich der Verjährung kämen stets die Gesetze des Klageortes zur Anwendung. Da nun nach diesen (Art. 100 cit.) der wechselmäßige Anspruch gegen den Aussteller eines eigenen Wechsels in drei Jahren vom Verfalltage des Wechsels an verjähre, so sei die Verjährung zum Vortheil der Beklagten schon am 1. Juni 60 eingetreten, habe demnach auch durch die erst seit diesem Datum bei den polnischen Gerichten angestellte Klage nicht mehr unterbrochen werden können.

Der Appellrichter hat die Verjährungseinrede verworfen, weil, so lange die Beklagte ihren Wohnsitz in Warschau gehabt, die Verjährung nach den dort geltenden Gesetzen zu beurtheilen sei; weil nach Art. 189 des Code de commerce die Wechselklage in fünf Jahren verjähre, und diese Verjährung durch die 1860 erhobene Klage unterbrochen worden sei. Es habe zwar nach der stattgehabten Unterbrechung, nach den Gesetzen des Wohnsitzes, eine neue Verjährung beginnen können, auf eine solche jedoch Beklagte sich nicht berufen.

Die NktBschw. rügt: der Berufung auf eine seit 1860 begonnene neue Verjährung habe es nicht bedurft, wenn der Einwand der Verjährung überhaupt gemacht worden sei. Die Ladung vor ein ausländisches Garicht könne von dem inländischen Richter als eine Unterbrechung der Verjährung nicht angesehen werden, auch verkenne der II. Richter die rechtliche Wirkung der Unterbrechung...

Bei der Beurtheilung der Verjährungsfrage drängt sich zunächst die Betrachtung auf, daß die vorgeschützte kurze Verjährung schon deshalb unbedingt zu verwerfen war, weil die von der Bekl. als einer nicht handeltreibenden Ehefrau auf dem Wechsel ausgestellte Erklärung, mochte dieselbe formell unter irgend eine Kategorie wechselmäßiger Verpflichtung zu bringen sein, für sie nur eine rein civilrechtliche Verbindlichkeit erzeugte, und dadurch von vornherein die Anwendung der Vorschriften über Verjährung wechselmäßiger Ansprüche — sowohl nach den Gesetzen des früheren (Art. 189 des Code de commerce) wie des jetzigen Wohnortes der Beklagten (Art. 100 DWO) — ausgeschlossen ist; was, soweit es sich um das polnische (französische) Recht handelt, noch dadurch verstärkt wird, daß überhaupt nicht von einem gezogenen Wechsel, sondern von einem billet à ordre die Rede ist, bei welchem die Verjährung aus Art. 189 nur eintritt, wenn dasselbe von einem Kaufmann oder pour fait de commerce ausgestellt ist.

Aber auch abgesehen hiervon sind die Gründe, auf

welche der vorige Richter seine Entscheidung stützt, mit Erfolg nicht angegriffen.

Daß die Ladung vor ein ausländisches Gericht von dem inländischen Richter als Unterbrechung der Verjährung nicht angesehen werden könne, ist unrichtig. So lange die Beklagte in Warschau wohnte und der Herrschaft der dortigen Gesetze sowie der Jurisdiktion der dortigen Gerichte unterworfen war, hatte die Ladung vor ein dortiges Gericht für sie die Wirkung, welche die für ihre Rechtsverhältnisse maaßgebenden Gesetze damit verbanden, und diese Wirkung muß auch der durch die Verlegung des Wohnsitzes der Beklagten kompetent gewordene diesseitige Richter anerkennen, wenn er an die Beurtheilung der im früheren Wohnsitz der Beklagten entstandenen Rechtsverhältnisse die Gesetze dieses Wohnsitzes als Maaßstab anlegt.

Wenn der Appellrichter auf eine Untersuchung der Frage, ob unter der Herrschaft der DWO — seit Verlegung des Wohnsitzes der Beklagten in das derselben unterworfene Gebiet — eine neue Verjährung eingetreten sei, sich nicht einläßt, weil eine solche von der Bekl. nicht vorgeschützt sei: so ist es unbegründet, daß die NktBschw. ihm den Vorwurf macht, damit die §§ 551, 559, 560, 563 ALR I. 9 verletzt zu haben, nach welchen nach erfolgter Unterbrechung durch Klageanmeldung eine neue Verjährung wieder anfangen kann. Der Richter erkennt diesen Grundsatz vielmehr ausdrücklich an und hält denselben nur deshalb für nicht anwendbar, weil eine solche neue Verjährung nicht behauptet worden sei, die Beklagte ihre Verjährungseinrede ausdrücklich auf den Zeitraum bis zum 1. Juli 60 beschränkt habe. Ob diese der erhobenen Verjährungseinrede unterlegte Beschränkung etwa prozessualisch anfechtbar gewesen wäre, bleibt dahin gestellt, da eine solche Anfechtung nicht erfolgt ist.

## Nr. 35.

## II. Senat. — Erkenntniß v. 2. Sept. 71. (B.)

Chr. Winter ./. Fr. W. Breidenstein, in Firma H. L. Brönner's Druckerei (Nr. 293 v. 71).

**Preußen (Frankfurt.)** **Ober-Appellation.**

I. Instanz: Stadtgericht Frankfurt a. M.
II. Instanz: Appellationsgericht daselbst.

**Rechnungslegung. Auszahlen des Saldo.**

**Der rechnungspflichtige Schuldner, dessen abgelegte Rechnung ein liquides Saldo aufweist, kann zu dessen Berichtigung einstweilen angehalten werden, ohne Rücksicht auf noch offene Streitpunkte.**

Nach Auflösung der unter den Parteien bestandenen Handelsgesellschaft hatte der geschäftsführende Beklagte seinem früheren stillen Gesellschafter eine Rechnung gelegt, deren vermeintlich feststehendes Ergebniß jetzt eingeklagt wird. Der II. Richter weist die Klage als „voreilig" zurück, die NktBschw. des Klägers wird verworfen.

**Gründe:**

Unzweifelhaft richtig ist der Grundsatz, auf welchen der I. Richter seine Entscheidung stützt, daß der rechnungspflichtige Schuldner, dessen Rechnung mit einem liquiden Saldo abschließt, zur Berichtigung desselben einstweilen angehalten werden kann, und er sich der Verpflichtung hierzu unter dem Einwand nicht entziehen kann, daß neben dem liquiden Betrage noch andere Streitpunkte zu erledigen sind. Ebenso ist es richtig, daß diesem Grundsatz durch Art. 265 HGB nicht derogirt wird, d. h. daß der Geschäfts-Inhaber, welchem Art. 265 die Pflicht auferlegt, sich nach Auflösung des Gesellschaftsverhältnisses mit dem stillen Gesellschafter auseinanderzusetzen und die Forderung desselben in Gelde zu berichtigen, die Ausbezahlung eines feststehenden liquiden Saldo nicht deshalb verweigern kann, weil eine förmliche Auseinandersetzung zwischen ihm und dem stillen Gesellschafter noch nicht stattgefunden hat.

Die Frage ist nur, und darum dreht sich in vorliegendem Falle die Beurtheilung: Ist in der vom Bekl. dem Kläger mitgetheilten Bilanz oder Abrechnung die Anerkennung einer solchen liquiden, von der Erörterung weiter sich etwa ergebender Streitpunkte gesonderten Forderung enthalten? Diese Frage ist vom II. Richter mit Recht verneint worden. Die Intention des Bekl. bei Mittheilung der Abrechnung geht aus dem Begleitschreiben ... hervor; danach hat Beklagter sich nicht zu dem Saldo der Abrechnung pure schuldig bekennen wollen; die Abrechnung charakterisirt sich vielmehr als ein Vorschlag. Beklagter erbietet sich, die ausgedrückte Summe dem Kläger zu bezahlen, wenn dieser seinerseits die Grundlagen, auf welchen dieselbe beruht, anerkennt und gelten läßt...

Die Anerkennung dieser Grundlage ist die Bedingung, an welche das Erbieten geknüpft ist. Letzteres cessirt, da Kläger die Bedingung nicht erfüllt hat. Es würde der erklärten Absicht widersprechen, wenn Kläger den gemachten Vorschlag, soweit er ihm vortheilhaft, acceptiren, soweit er ihm nachtheilig ist, zurückweisen wollte...

Die Konsequenz dieser Auffassung ist, daß die Klage so, wie sie angestellt ist, zur Zeit nicht angestellt werden konnte, daher vom II. Richter mit Recht als voreilig abgewiesen worden ist. Allerdings ist damit nicht gesagt, daß Kläger nothwendig eine vorherige Auseinandersetzung abwarten, daß eine solche der Klage vorhergehen müsse. Damit würde ein unzulässiger Formalismus statuirt und Kläger nachtheiliger, als jeder gewöhnliche Gläubiger gestellt werden. Es steht ihm, wenn Beklagter sich in der Erfüllung der durch Art. 265 HGB ihm auferlegten Pflicht säumig bezeigt, der Weg der Klage offen. Aber er muß den der Sachlage entsprechenden, richtigen Weg einschlagen und er muß, so lange eine anerkannte liquide Forderung nicht vorliegt, nicht mit einer solchen, sondern mit dem allgemeinen Anspruch auf Rechnungslegung beginnen.

## Nr. 36.

## I. Senat. — Erkenntniß v. 2. Sept. 71. (B.)

J. C. Schwencke ./. J. A. Richter, in Vollmacht der See-Assekuranzgesellschaft Albis (Nr. 302 v. 71).

**Hamburg.** **Ober-Appellation.**

I. Instanz: Handelsgericht Hamburg,
II. Instanz: Obergericht daselbst.

**Allgemeine Seeversicherungs-Bedingungen von 1867, deren Auslegung. Verantwortlichkeit des Versicherers beim Schiffsverkaufsfalle.**

**1. Bei Auslegung der Allgemeinen Seeversicherungs-Bedingungen von 1867 ist nach den Quellen ihres Inhalts zu unterscheiden, ob eine Bestimmung aus dem HGB übernommen oder von den Versicherern, zur Herbeiführung eines geordneten und gleichmäßigen Ganges des Versicherungsgeschäfts, beliebt worden ist. Ersteren Falles gelten die Interpretationsregeln der Gesetzesauslegung; der autonomische Theil der Bedingungen dagegen ist, als Kontraktsvorschlag der Versicherer, nach den für die Auslegung von Rechtsgeschäften maaßgebenden Grundsätzen aufzufassen.**

HGB Art. 1, 278, 782 ff.

2. Anwendung auf die §§ 127 bis 132 der Seeversicherungs-Bedingungen, betr. Partialschäden an versicherten Schiffen und Schiffsverkaufsfälle.

„Auf der Grundlage des HGB und nach Berathungen von Sachverständigen in den norddeutschen Seestädten" sind im Jahre 1867 von den betheiligten Versicherern „Allgemeine Seeversicherungs-Bedingungen* festgestellt worden,

* Vgl. Rspr. II Fall 13 S. 59. — Eine gedruckte Ausgabe der Bedingungen ist von der Hamburger Handelskammer veranstaltet; Hamburg 1867, H. G. Voigt's Buchdruckerei.

welche für die seitdem geschlossenen Seeassekurrenz-Geschäfte regelmäßig maaßgebend sind. Ueber die verschiedenen Grundlagen dieser Bestimmungen und über deren danach sich richtende interpretative Auffassung hat das OHG in einer Hamburger Streitsache sich auszusprechen Anlaß genommen.

**Entscheidungsgründe:**

Den zur Entscheidung stehenden Streitpunkt bildet eine Interpretationsfrage: die Frage, ob die im 3. Absatz des § 127 der Allg. Seeversicherungs-Bedingungen von 1867 enthaltene Bestimmung,

> dem Versicherten bleibe für den Fall der Vernachlässigung der in §§ 128 ff. aufgestellten Vorschriften über die Konstatirung und Schätzung vorgekommener Schiffs-Partialschäden eine anderweitige Beweisführung (unter gewissen Beschränkungen) frei,

auch in einem Falle, wie der vorliegende, Anwendung finde, in welchem das versicherte Schiff in Veranlassung einer erlittenen Beschädigung zum Verkauf gebracht worden, ohne daß den im § 131 enthaltenen Bestimmungen über die Voraussetzungen der die Versicherer treffenden Verbindlichkeit von Schiffsverkäufen genügt wäre — und zwar Anwendung finde mit der Wirkung, daß die durch den Verkauf herbeigeführte Erhöhung des Schaden die Versicherer treffe.

Das Handelsgericht hat sich für die Anwendbarkeit jener Bestimmung unter den angegebenen Umständen mit der vorbemerkten Wirkung, das Obergericht gegen dieselbe ausgesprochen. Die gegenwärtige Instanz mußte letzterer Auffassung beitreten.

Beklagte haben sich... auf den Wortlaut der bezüglichen §§ der „Bedingungen", außerdem aber darauf berufen, daß, wenn dieser Wortlaut zu Zweifeln Veranlassung geben sollte, von solchen deshalb abzusehen sei, weil jedenfalls dem in Rede stehenden Theil der „Bedingungen", nach dessen Gesammt-Auffassung in Betreff der Verantwortlichkeit der Versicherer für Schiffsverkäufe und nach seiner Entstehungsgeschichte, die Absicht zu Grunde liege, die fraglichen Bestimmungen auf Fälle unregelmäßig bewirkter Schiffsverkäufe nicht anwenden zu lassen. Auf diese letztere Basis war indessen den Beklagten nicht zu folgen.

Bei Abfassung und Feststellung der „Bedingungen" ist bezweckt worden, eine vollständige Zusammenstellung der für den Inhalt, das Verständniß und die Wirksamkeit der zu schließenden Versicherungsverträge maaßgebenden Regeln zu veranstalten. Ihnen liegt der 11. Titel des 5. Buches des HGB zu Grunde. Wo dieser Titel unbedingt bindende Vorschriften enthält (z. B. betreffs des Verbots der Wett-Assekuranz, der Unwirksamkeit der Versicherung von Heuergeldern), ferner wo die Bestimmungen des HGB in Verhältnisse hineinreichen, welche der Vertrags-Autonomie der Assekuranz-Kontrahenten nicht unterworfen sind (z. B. beim Retentionsrecht): mußten die Bestimmungen des HGB unverändert beibehalten werden, und finden sich dieselben denn auch unverändert in den „Bedingungen" wieder. Allein auch in Betracht der großen Mehrheit der übrigen Artikel des 11. Titels hat Beibehaltung stattgefunden. — Die Abweichungen der „Bedingungen" vom Inhalt des 11. Titels bestehen nämlich nur darin, daß

1) eine nicht geringe Anzahl von Spezialien, deren konventionelle Feststellung im Interesse eines geordneten und gleichmäßigen Ganges des Versicherungsgeschäfts rathsam erschien, im HGB keinen Platz hatte finden können, und daß
2) die Versicherer in Betreff einzelner Punkte des Versicherungs-Vertrages von dessen im HGB als

Regel hingestellter Formulirung abzuweichen sich veranlaßt fanden.

Aus Vorstehendem ergiebt sich, daß der Inhalt der „Bedingungen“ auf zwei verschiedene Quellen zurückzuführen ist: auf die Bestimmungen des HGB und auf die in Veranlassung der Versicherer abgefaßten und als Norm, nach welcher sie kontrahiren wollten, bekannt gemachten Zusätze und Modifikationen. Eine Folge hiervon ist, daß die Art der Interpretation der verschiedenen Theile der Bedingungen keine gleichmäßige sein kann. — In Betreff der dem Gesetzbuch entnommenen Bestimmungen gelten selbstverständlich die Interpretationsregeln, welche bei der Gesetzes-Auslegung zu Grunde zu legen sind; in Betreff des selbständigen Inhalts der „Bedingungen“ sind dagegen diejenigen Regeln zur Anwendung zu bringen, welche bei der Auslegung der Rechtsgeschäfte maaßgebend sind. Kann nun freilich, wenn vorkommenden Falles ein Gesetz lückenhaft oder unklar befunden wird, die Nothwendigkeit eintreten, die Absicht des Gesetzgebers zu erforschen und derselben Wirksamkeit einzuräumen: so würde doch ein gleiches Verfahren in Betreff des autonomischen Theils der „Bedingungen“ nicht statthaft sein. Diesen Theil haben die Versicherer als einen von ihnen ausgehenden Kontrakts-Vorschlag gelten zu lassen. Ist darin etwas mangelhaft oder dunkel, und ergiebt sich nicht etwa mit Sicherheit aus dem Zusammenhang mit anderen Bestimmungen, in welchem Sinne der zweifelhafte Punkt aufzufassen ist: so muß in Betreff desselben zu Ungunsten der Versicherer — als der Proponenten und derer, qui clarius loqui debuissent — entschieden werden.

Hiernach ist in vorliegendem Falle, in welchem einer der autonomisch festgestellten Theile der „Bedingungen“ in Frage steht, von der demselben zu Grunde liegenden Absicht abzusehen und nur der urkundlich dargelegte

Sinn der betreffenden Bestimmung als maaßgebend zu behandeln, eventuell aber, wenn ein solcher nicht erkennbar sein sollte, muß so, wie vorstehend angegeben, verfahren werden. Ein Zweifelsfall ist indessen hier nicht anzunehmen.

Die hier, unmittelbar oder mittelbar, in Betracht kommenden §§ 127 bis 132 der „Bedingungen" handeln von Partialschäden an Schiffen. § 127 stellt den Satz an die Spitze, der Schade an dem Schiffe müsse baldigstthunlich durch Sachkundige, welche in einer gewissen näher vorgeschriebenen Weise zu bestellen seien, konstatirt, nicht minder müsse der als erforderlich anzusehende Reparaturbelauf durch Taxation festgestellt werden; ferner sei, abgesehen von gewissen Ausnahmefällen, sofort zur Reparatur zu schreiten. Wegen des Näheren wird auf die §§ 128 bis 130 verwiesen, in welchen bestimmt wird, wie mit der Begutachtung und Taxirung zu verfahren und die Schadenrechnung zu formiren sei. — Schon im § 127 ist bemerkt, daß

„unter besonderen Umständen der Versicherte befugt sein könne, das beschädigte Schiff für Rechnung des Versicherers zum öffentlichen Verkauf zu bringen",

wegen welches Punktes auf die §§ 131 und 132 verwiesen wird.

Hiernach werden der Verkauf des Schiffes und die Verantwortlichkeit der Versicherer für die aus demselben sich ergebenden besonderen Nachtheile gleich Anfangs als Singularitäten, welche nur ausnahmsweise eintreten dürften, hingestellt.

Nur auf die gewöhnlichen Fälle der Wiederherstellbarkeit des beschädigten Schiffes durch Reparatur, nicht aber auch auf den vorgedachten singulären Ausnahmefall, sind schon hiernach die (vom Handelsgericht auf den letzteren angewendeten) Worte des dritten Absatzes des § 127 zu beziehen:

„Wird nicht in Gemäßheit der (in §§ 128 ff.)

getroffenen Bestimmungen verfahren, so bleibt es freilich dem Versicherten, falls er den Versicherer auf Schadenvergütung in Anspruch nehmen will, unbenommen, den Beweis zu liefern, daß Schäden, und zwar welche Schäden, zu der Zeit, zu welcher die Besichtigung und Begutachtung hätten vorgenommen werden müssen, an dem Schiff vorhanden gewesen; . . . es sind jedoch hierbei vorschriftswidrig aufgenommene Beweisdokumente ausgeschlossen und die Personen, welche an den ungehörigen Konstatirungen Theil genommen haben, als Zeugen unzulässig ꝛc.

Die Veranlassung zu dem vorstehenden Satze liegt nahe. Es mußte bei Feststellung der Bedingungen in Frage kommen, was die Folge sei, wenn die Vorschriften über Konstatirung und Taxirung der Schäden nicht befolgt würden. Wollte man nicht die in Betreff der Beschädigung von Gütern geübte Strenge des Verlusts der Entschädigungs-Ansprüche (§ 133 Abs. 7) auch hier eintreten lassen, gegen welche Behandlungsweise in Betreff der Partialschäden an Schiffen Billigkeitsgründe sprechen mochten: so blieb kaum ein anderer Ausweg übrig, als in der Weise des obigen Satzes zu verfahren. — Die den Versicherten frei gelassene Beweisführung ist aber denselben ausdrücklich nur in Betreff der Existenz und des Werthbetrags

„der an dem Schiff vorhanden gewesenen Schäden“

verstattet, unter welchen Worten nicht auch die völlig anders gearteten, außerordentlichen Nachtheile verstanden werden können, welche dem Versicherer daraus erwachsen, wenn das mit Schäden behaftete Schiff den Umständen nach zum Verkauf gebracht werden muß, oder wenigstens zum Verkauf gebracht wird.

Jeder etwa noch bleibende Zweifel wird indessen erledigt durch § 131, welcher das Spezielle über die Verantwortlichkeit der Versicherer in Schiffs-Verkaufsfällen angiebt. In diesem § findet sich nicht nur keine positive Andeutung davon, daß jemals ein ordnungswidriger Schiffsverkauf den Versicherern solle zur Last gebracht werden dürfen, sondern der Wortlaut des § schließt diese Annahme aus. Schon durch die Anfangsworte:

> Besteht das Ergebniß der in den §§ 127—129 vorgeschriebenen Besichtigung und Begutachtung darin, daß Reparaturunfähigkeit anzunehmen ist ... so darf in einer für die Versicherer verbindlichen Weise zum Verkauf des Schiffes geschritten werden 2c.

wird die Autorisation zum Schiffs-Verkauf als bedingt durch den vorgängigen ordnungsmäßigen Ausspruch der Sachkundigen hingestellt, daß nicht nur gewisse Schäden an dem Schiff vorhanden seien, sondern auch daß das Schiff reparaturunfähig sei. — Außerdem werden mehrere Voraussetzungen aufgeführt, von denen keine fehlen dürfe, wenn der Verkauf des Schiffes für die Versicherer verbindlich sein solle. Unter diesen Voraussetzungen sind zwei, welche durch eine nachträglich (zu einer Zeit, wann das Schiff längst nicht mehr existirt) vorgenommene Beweisführung unmöglich ersetzt werden können. Erstens: die in der Nummer 2 des § 131 angegebene besondere Richtung des Sachverständigen-Gutachtens auf eine etwaige Verschiedenartigkeit der an dem Schiff vorgefundenen Schäden und auf den Kausalzusammenhang zwischen den zur Verantwortung der Versicherer stehenden Schäden mit der Reparaturunfähigkeit; zweitens: die Kontrolle des Konstatirungs- und Begutachtungsverfahrens durch die beikommende gerichtliche oder obrigkeitliche Behörde und die von Letzterer ausgehende Sanktionirung des Verkaufs. Es leuchtet von selbst ein, daß insbesondere die Aufstellung dieser letzteren Voraussetzung die Anwendbarkeit des im § 127 enthaltenen, oben näher angegebenen Satzes auf die hier in Rede stehenden Umstände ausschließt.

Endlich ist im vorletzten Satze des § 131 ausgesprochen, daß zu den Fällen, in welchen „Kondemnation und Verkauf zur Last des Versicherten bleiben" der Fall gehöre, wenn

„Mängel im Verfahren"

stattgehabt haben sollten. In diesen Worten ist über das Präjudiz, welches im Falle ordnungswidrigen Schiffs-Verkaufs eintreten soll, sogar eine besondere Bestimmung getroffen, und zwar eine Bestimmung, welche die Versicherer in Betreff der aus dem Schiffs-Verkauf sich ergebenden Nachtheile völlig befreit, während dieselben im Uebrigen nach Maaßgabe der §§ 127 bis 129 ersatzpflichtig bleiben, also auch hier der außerordentlichen Beweisführung des § 127 Absatz 3, jedoch nur in der oben angegebenen Richtung, unterzüglich [!] sind.

## Nachtrag.

In einer preußischen NktBschw.-Sache (Rahm und Dietrich ·/. die Norddeutsche See- und Flußversicherungs-Gesellschaft zu Stettin, Nr. 588 v. 71) hatte Implorant, um eine freiere Auslegung der gegen ihn angewendeten Bestimmungen aus den Allg. Seeversicherungs-Bedingungen zu ermöglichen, diese letzteren als eine Fixirung des Handelsbrauchs in Seeassekuranzsachen bezeichnen zu dürfen geglaubt. Er drang damit nicht durch. Der I. Senat des OHG erklärte im Z. Erk. v. 21. Nov. 71:

(Urtelsgründe)

„Grundlos ist die aufgestellte Behauptung, die Allg. Seeversicherungsbedingungen von 1867 müßten, weil sie den allgemeinen Gebrauch fixirt haben, als objektive Rechtsnormen im Sinne von § 4 Nr. 1 der [preuß.] Verordnung v. 14. Dez. 33 gelten.

Wie die Entstehungsgeschichte jener Bedingungen lehrt, enthalten dieselben nur die Bestimmungen, unter welchen im Norden Deutschlands, insbesondere in

Hamburg, die Assecuradeure Versicherungsverträge abzuschließen pflegten, — jedoch ergänzt, berichtigt und geändert einestheils in Veranlassung der Einführung der seerechtlichen Normen des HGB, anderntheils in Berücksichtigung der neusten Erfahrungen. Sie sind, in Gemäßheit ihres Zwecks und nach ihrer juristischen Bedeutung, nur Normativbedingungen für Seeassekuranz-Verträge, mithin ausschließlich* als kontraktliche Vereinbarungen anzusehen, wenn sie im konkreten Falle, ausdrücklich oder stillschweigend, von den Kontrahenten für maaßgebend erklärt sind."

## Nr. 37.

## I. Senat. — Erkenntniß v. 2. Sept. 71. (B.)

Hockmeyer und Rittscher ./. Franz Stiel (Nr. 358 v. 71.)

**Hamburg.** **Ober-Appellation.**

I. Instanz: Handelsgericht Hamburg.
II. Instanz: Obergericht daselbst.

**Handel in Hamburg über eine zu überseeischer Versendung bestimmte Waare. Transportgefahr, Untersuchungs- und Rügepflicht des Käufers.**

**Bei einem nach dem HGB zu beurtheilenden, an einem norddeutschen Exportplatze geschlossenen und dort seitens des Verkäufers zu erfüllenden Kaufgeschäft über eine Waare, welche der Käufer alsbald nach einem überseeischen Orte versenden läßt, ändert die (ausdrückliche oder stillschweigende) Vereinbarung der Kontrahenten, daß der Käufer die Untersuchung der Waare erst nach deren Ankunft am überseeischen Bestimmungsplatze vorzunehmen braucht, nichts an den sonstigen rechtlichen Verhältnissen der Parteien (z. B. an der Befreiung des Verkäufers von der Transportgefahr auf dem Seewege).**

**HGB Art. 1, 324 Abs. 1, 346, 347.**

* Das „ausschließlich" dürfte wol, sofern eine Bestimmung lediglich aus dem HGB entnommen ist, sich modifiziren nach obiger, durchaus zutreffenden Entscheidung desselben Senats v. 2. Sept.

Beklagter hat in Hamburg als Exportartikel Stearinkerzen verkauft und geliefert, welche von den Abnehmern (Kaufleuten in Guatemala) alsbald nach Guatemala gesendet worden sind und hier sich als nicht empfangbar ergeben haben sollen. Kläger wollen deshalb vom Vertrage zurücktreten, Beklagter hält die Bemängelung der Beschaffenheit der Waare für verspätet und dringt mit diesem Einwand in II. und III. Instanz durch.

**Entscheidungsgründe des OHG:**

Durch (handelsgerichtliches) Erk. v. 13. Juli 69 ist rechtskräftig festgestellt, daß Kläger ihre Erklärung über die Vertragsmäßigkeit der Waare bis zur Entgegennahme derselben in Guatemala verschieben durften*; aber nur dies...

Hieraus folgt aber nichts für die Frage, wo Beklagter zu erfüllen hatte, und auf wessen Gefahr die Waare von Hamburg nach Guatemala transportirt wurde. Nicht selten geht bei Geschäften der vorliegenden Art die Absicht der Parteien wirklich dahin, daß wenngleich im Uebrigen an der rechtlichen Stellung des Verkäufers in Betreff des Ortes, wo er die Waare in kontraktmäßiger Beschaffenheit zu liefern hat, sowie an der Befreiung von der Gefahr nach solcher Lieferung nichts geändert werden soll, doch eine Untersuchung der Waare im europäischen Verschiffungshafen nicht stattzufinden hat, sondern (meistens, um die Waare nicht schon früher aus der Verpackung herausnehmen zu müssen) bis zur Ankunft am Bestimmungsort verschoben werden darf. Ob solches in vorkommenden Fällen anzunehmen ist, bildet immer eine thatsächliche Frage; aber unrichtig würde es sein, aus der in der angegebenen Weise vereinbarten Hinausschiebung der Untersuchungspflicht ohne Weiteres zu folgern, daß der Verkäufer am schließlichen Bestimmungsort der Waare zu erfüllen gehabt habe und verantwortlich dafür

* Vgl. Rspr. II S. 137 u. oben Fall 17 S. 79.

sei, daß die Waar dort in kontraktmäßiger Beschaffenheit anlange; wie dies hier vom Handelsgericht im Erk. v. 10. Dez. 70 angenommen worden zu sein scheint, welches den Zustand, in welchem die Waare „zur Zeit deren Lieferung in Guatemala sich befunden habe", zu Grunde gelegt wissen wollte.

Für den vorliegenden Fall unterliegt es keinem Zweifel, daß mit dem Obergericht davon auszugehen ist, daß Beklagter in Hamburg zu erfüllen hatte, und daß Veränderungen, welche mit der Waare auf dem Transport von dort nach Guatemala etwa eingetreten sein mochten, nicht zu seiner Verantwortlichkeit standen. Entscheidend sind hiefür die Worte der vom Agenten der Kläger dem Bekl. in Hamburg übergebenen Bestellungsnote „zu liefern Anfang Juli, franco in Hamburg, an meine Adresse".

Hiernach war der Ort des Abschlusses des Handels und zugleich derjenige der Erfüllung seitens des Verkäufers — überdies, da Letzterem der Kaufpreis (in einem Wechsel oder baar) ebenfalls dort zu vergüten war, auch der Ort der Erfüllung seitens der Käufer — Hamburg. Die unter Umständen zu Zweifeln Veranlassung gebende Frage, ob das Recht des Abschlußorts oder das des Erfüllungsorts, bzw. wenn verschiedene Orte der Erfüllung vereinbart sind, welches Erfüllungsorts, für ein gewisses Geschäft das maaßgebende sei, kann demzufolge hier zu keinem Bedenken führen. Zweifellos beherrschte das in Hamburg geltende Recht, also in erster Linie das HGB, das unter den Parteien geschlossene Geschäft.

Daß, wenn dieses zu Grunde gelegt wird, Kläger die Waare ohne Verzug, nachdem ihnen dieselbe in Guatemala zugekommen war, hätten untersuchen und von den etwa vorgefundenen Mängeln Meldung machen müssen (Art. 347), wird von ihnen nicht bestritten. Sie meinen indessen eventuell, daß der Mangel, auf den es ankomme (Schlechtbrennen und von selbst eintretendes Erlöschen der Lichter) **kein äußerlich erkennbarer** gewesen sei. Dies ist unbegründet. Mit Recht bemerkt Beklagter, daß Kerzen dadurch geprüft würden, daß man sie zur Probe brennen lasse. Es würde also den Klägern zur Last kommen, wenn sie diese Probe nicht unverzüglich, nachdem ihnen die Waare in Guatemala zugekommen war, vorgenommen hätten.

Es bedurfte überdies einer solchen Probe nach den eigenen Vorlagen der Kläger, welche diese gegen sich gelten lassen müssen, nicht mehr, und zugleich ergiebt sich aus denselben, daß das Obergericht den Klägern in keinem Falle zu nahe getreten ist, wenn es den 30. April 68 als den Zeitpunkt annahm, an welchem diese **spätestens** von wahrgenommenen Mängeln hätten Meldung machen müssen. Im Schreiben vom 16. Mai 68 sprechen Kläger aus:

> „Die Lichter brennen eine oder zwei Stunden und gehen ohne jedwede Ursache aus. Wir selbst haben diese Erfahrung gemacht. Schreiber Dieses hat solches ebenfalls am Bord unserer Bark Guatemala bemerkt, welches Capitän und Steuerleute gern bereit sein werden zu bezeugen".

Kannten die Kläger den jetzt von ihnen gerügten Mangel aus einer Prüfung der Waare, welche einer ihrer Theilhaber schon **vor** der am 10. Jan. 68 zu San Jozé erfolgten Ankunft des Schiffes angestellt hatte: so mußten sie — wenn nicht alsbald nach vorgenanntem Tage, doch — jedenfalls unverzüglich nach dem Eintreffen der Waare in Guatemala, welches am 3. März 68 stattgefunden hat, von jenem Mangel Anzeige machen...

Ob **eventuell**, wenn von den Bestimmungen des **deutschen** Handelsrechts abzusehen gewesen wäre, Grund bestanden hätte, für **nicht deutsche** Handelsplätze eine **Vermuthung** dafür anzunehmen, daß eine Pflicht **sofortiger** Untersuchung anlangender Waare und etwaiger unverzüglicher Rüge von Mängeln, nicht im Rechte begründet sei, — eine Annahme, welche mit der über diesen Gegenstand herrschenden Meinung, vgl. die Citate in den Motiven zum preuß. Entwurf eines HGB S. 141 (zu Art. 264), im Widerspruch stehen würde: diese Frage bedarf [hier] keiner Entscheidung.

## Nr. 38.

## I. Senat. — Erkenntniß v. 5. Sept. 71. (B.)

Pessel ./. Müller (Nr. 350 v. 71).

**Preußen.** **Nichtigkeitsbeschwerde.**

I. Instanz: Kreisgericht Neuhaldensleben,
II. Instanz: Appellationsgericht Magdeburg.

**Viehhandel. Rücktritt des Käufers vom Geschäft, Unterhaltungskosten für die Zwischenzeit.**

**Bei den nach ALR* zu beurtheilenden Kaufgeschäften (namentlich im Viehhandel) darf der Käufer, welcher wegen fehlerhafter Beschaffenheit der Sache vom Kauf zurücktritt und das Empfangene zurückgiebt (oder weil es in Folge des Fehlers untergegangen, nicht zurückzugeben braucht), wie ein redlicher Besitzer für die Zwischenzeit Ersatz der Kosten beanspruchen, welche er auf die Unterhaltung der Sache verwendet hat.**

ALR Th. I Tit. 5 § 337, Tit. 7 § 212 ff.

Kläger hat vom Bekl. Hammel gekauft, von denen 80 Stück einer schon zur Zeit der Uebergabe vorhanden gewesenen Krankheit erlegen sind. Vom Geschäfte zurücktretend, beansprucht und erstreitet er u. a. die für Fütterung und Untersuchung der kranken Thiere aufgewendeten Kosten. Das OHG giebt dabei folgende

**Gründe:**

Die Entscheidungsgründe des Appellrichters lauten: Beklagter hat die vom Kläger aufgewendeten Kosten der Fütterung und der Untersuchung der Hammel zu ersetzen, weil

* Wegen des gemeinen Rechts vgl. Erk. des II. Senats vom 9. Sept., unten Fall 48.

dieselben für dem Kläger unmittelbar durch des Bekl. Handlungsweise verursachte Schäden zu erachten sind (ALR Th. I Tit. 11 § 198, Tit. 5 § 288, Tit. 6 § 2, 3). Für die Fütterungskosten bieten keine Nutzungen einen Ersatz.

Diese Entscheidungsgründe treten mit Rechtsgrundsätzen in Widerspruch. Sie lassen ein doppeltes Verständniß zu. Entweder hat der Appellrichter angenommen, der Verkäufer einer fehlerhaften Sache sei nach den allegirten Vorschriften zum Schadenersatz auch dann verpflichtet, wenn ihm in keiner Weise ein Versehen zur Last falle. Diese Annahme würde jedoch eine Verletzung jener Vorschriften ergeben, deren Wortinhalt keinen Zweifel darüber zuläßt, daß die Verpflichtung zum Schadenersatz von einer culpa des Veräußerers abhängig gemacht ist. — Oder der Appellrichter ist von der Voraussetzung ausgegangen, dem Bekl. falle ein Versehen zur Last. Diese Voraussetzung würde eine Verletzung des Rechtsgrundsatzes § 28 AGO I. 13 enthalten ... Da nun die Entscheidung mit anderen Gründen nicht gerechtfertigt und der Angriff der NktBschw. richtig formulirt ist: so muß diese für begründet erachtet werden. Indeß war die Entscheidung selbst, als der Sachlage entsprechend, aus anderen Gründen aufrecht zu erhalten; [vgl. Rspr. II S. 191, 251, 350].

Der Klageinhalt läßt deutlich erkennen, daß Kläger in Ansehung der gefallenen oder geschlachteten 80 Hammel die Aufhebung des Kaufgeschäfts verlangt hat. Denn die Klage ist auf Rückzahlung des vollen Kaufgeldes — nach Abzug dessen, was durch Verwerthung der Felle und des Fleisches in das Vermögen des Klägers gelangt ist — gerichtet. Zu einem solchen Anspruch erscheint auch Kläger hier nach ALR Th. I Tit. 11 § 198, Tit. 5 §§ 318 bis 322, 325 bis 331 berechtigt. Insbesondere kann die Vorschrift des Tit. 5 § 327 [daß der zurücktretende Käufer die Sache in dem Stande, in welchem er sie empfangen, zurückzugeben hat] diesem Anspruch nicht entgegen stehen, weil sie einleuchtend sich auf den Fall nicht beziehen läßt, in welchem der zu vertretende Fehler den Untergang des Gegenstandes veranlaßt hat. Nun bestimmt aber § 337 ALR I. 5:

> ein Uebernehmer, welcher die Sache wegen fehlerhafter Beschaffenheit derselben zurückgiebt, hat die Rechte eines redlichen Besitzers.

Diese Vorschrift ergiebt überzeugend, daß der Käufer, welcher vom Kauf wegen fehlerhafter Beschaffenheit der Sache zurücktritt und die Sache zurückgiebt — oder (was dasselbe ist) nicht zurückzugeben braucht, weil sie in Folge des Fehlers unterging —, in gleicher Art wie ein redlicher Besitzer die Kosten ersetzt verlangen kann, welche er auf Unterhaltung der Sache nach der Uebergabe bis zu dem durch die Fehlerhaftigkeit veranlaßten Untergange verwendet hat, § 212 ff. ALR I. 7.

Welche Modifikationen die Regel erleidet, wenn die Sache Nutzungen gewährte, darf hier auf sich beruhen, weil vorliegend von Nutzungen keine Rede sein kann. Hierauf deutet auch der Appellrichter hin, wenn er bemerkt: „für die Fütterungskosten bieten keine Nutzungen einen Ersatz“. Daß aber Fütterungskosten als nothwendige Aufwendungen anzusehen sind, bedarf kaum der Erwähnung.

## Nr. 39.

## II. Senat. — Erkenntniß v. 5. Sept. 71. (B.)

W. Manasse ./. B. Jacob (Nr. 428 v. 71).

**Preußen. Wechselsache. Nichtigkeitsbeschwerde.**

I. Instanz: Stadtgericht Berlin,
II. Instanz: Kammergericht daselbst.

**Wechselunterschrift. Norm des Diffessionseides in Altpreußen.**

Die Vorschriften der AGO über die Normirung des

**Diffessionseides sind prozessualer Natur und gehören nicht zu den wesentlichen* Prozeßvorschriften (im Sinne des preuß. Nichtigkeitsverfahrens).**

AGO I. 10 § 134, 135.
Min. Instruktion v. 7. April 39 Nr. 11.

Als Wechsel-Indossant zu Berlin in Anspruch genommen, läßt Beklagter sich vom I. Richter ungehört verurtheilen. In II. Instanz erbietet er sich zur Diffession des fraglichen Giro und hat auch beschworen,

daß er die entscheidende Unterschrift „W. J." nicht selbst geschrieben habe, und
daß dieselbe auch nicht an seiner Statt von einem Anderen in Folge seines schriftlichen Auftrags geschrieben worden.

Dies erachtet der Appellrichter im gegebenen Falle für ausreichend. Die NktBschw. des abgewiesenen Klägers bleibt erfolglos.

Gründe:

Beklagter hat bezüglich seines angeblichen Giro auf dem Klagewechsel den Diffessionseid nicht in der [vollen] gesetzlich vorgeschriebenen Norm**... abgeleistet.

Der Appellrichter hat in Folge dessen die Klage zurückgewiesen, weil er die Behauptung vermißt, daß Beklagter Kaufmann oder die fragl. Wechselbegebung ein Handelsgeschäft gewesen sei, und weil nur bei der Existenz eines

* Vgl. Rspr. I S. 270, 398; II S. 101, 119, 211.

** Die AGO verlangt bei Urkunden nur ein Diffitiren der Unterschrift von dem angeblichen Aussteller, und bestimmt im § 134 Th. I Tit. 10: Jeder, welchem Privaturkunden, die er selbst ausgestellt haben soll [vom Prozeßrichter] vorgelegt werden, muß sich sofort erklären, ob er sie für seine Hand und Unterschrift erkenne, oder schwören:

daß er die Namensunterschrift unter dem ihm vorgelegten Instrument nicht selbst geschrieben habe, und daß dieselbe auch nicht an seiner Statt von einem Anderen, mit seinem Wissen und Willen, geschrieben worden sei.

dieser beiden Fälle auch ein mündlicher Auftrag zur Girirung genügt hätte, um den Bekl. aus dem Giro haftbar zu machen.

Die erhobene NktBschw. ist nicht geeignet, die Beseitigung dieser Gründe herbeizuführen.

Zunächst rügt sie Verletzung der §§ 134 und 135 AGO I. 10 durch unrichtige Anwendung. Allein beide Paragraphen enthalten Prozeßvorschriften. Von dem § 134 ist dies ohne Weiteres klar; denn er bestimmt nur die Norm des Diffessionseides. Der § 135 verordnet zwar, daß eine Urkunde, welche nicht auf die vorgeschriebene Weise diffitirt worden, für „recognoscirt" anzunehmen. Aber daß hiermit nichts über die materielle Giltigkeit des durch die Urkunde verbrieften Rechtsgeschäfts hat bestimmt, sondern nur vom Beweise hat gehandelt werden sollen, ist außer Zweifel.

Vgl. Erk. des OTr. v. 14. Dez. 48 (Entsch. B. 17 S. 457); Plenar-Beschluß desselben v. 4. Dez. 54 Entsch. B. 29 S. 293);

Bemerkungen des Revisors in v. Rönne's Ergänzungen zur AGO I. 10 § 134;

C. F. Koch, preußischer Civil-Prozeß, 2. Ausgabe, S. 430 und dessen Recht der Forderungen, 2. Ausgabe, II S. 167;

Bornemann System, 2. Ausgabe, II S. 261.

Als Prozeßvorschriften gehören aber beide Paragraphen nicht zu den vom Gesetz als wesentlich bezeichneten. Die Rüge also, daß der Appellrichter den Diffessionseid in unzulässiger Norm abgenommen habe, ist ungeeignet, die NktBschw. zu stützen.

Die Wirksamkeit dieser Rüge aber ist die Voraussetzung und Grundlage des weiteren Inhalts der Beschwerdeschrift.

Aus der gesetzlichen Norm des Diffessionseides nämlich

folgert Implorant, daß damit nicht nur der Fall des Auftrages zur Vollziehung einer Urkunde, sondern auch der Fall späterer Genehmigung einer (ohne oder nur auf mündlichen Auftrag) geschehenen Vollziehung gedeckt werde. Und weil der Appellrichter namentlich den hiernach nicht ausgeschlossenen Fall einer schriftlichen Genehmigung nicht erwogen habe, wird Verletzung der §§ 116, 185 bis 189 I. 5, §§ 142 bis 146 I. 13 und des Plenarbeschlusses des ObTr. v. 22. April 50 durch Nichtanwendung gerügt.

Allein gesetzt, diese Allegate wären auf den vom Imploranten supponirten Fall der schriftlichen Genehmigung anwendbar, so könnte sich der Appellrichter mit ihnen nur in Widerspruch gesetzt haben, wenn der vorausgesetzte Thatbestand von ihm nicht ohne prozessualen Verstoß (im Sinne der Verordnung v. 14. Dez. 33 und der Deklaration v. 6. April 39) hätte ignorirt werden können. Es ist aber in dieser Richtung vom Imploranten ein wirksamer prozessualer Angriff nicht erhoben. Die eigentliche Verletzung setzt Implorant, wie bemerkt, in die unterlassene Abnahme des Diffessionseides in voller gesetzlicher Norm. Gehört aber die Anwendung dieser unveränderten Norm nicht zu den wesentlichen Prozeßschriften...: so ist auch die Nichtbeachtung eines durch die Norm gedeckten möglichen, aber anderweit nicht festgestellten Thatbestandes [vgl. oben S. 167] kein die Nichtigkeit der Entscheidung begründendes Verhalten.

Hieraus ergiebt sich, daß es auf eine Prüfung des wahren Inhalts der obigen, von der NktBschw. als verletzt bezeichneten materiellen Gesetzvorschriften und des Plenar-Beschlusses v. 22. April 50 nicht ankommt, die NktBschw. vielmehr als unbegründet zurückzuweisen war.

## Nachtrag.

Dieselbe Frage war beim OHG bereits in der Königsberger Wechsel- und NktBschw.-Sache J. Reinglaß ·/. H. Lichtenstein (Nr. 35 v. 70) vorgekommen. Hier hatte die Beklagte den vollen gesetzlichen Diffessionseid zu leisten abgelehnt und nur beschwören wollen, daß sie selbst beim Annahmevermerk die verpflichtende Unterschrift ihrer Firma nicht geschrieben habe. Deshalb nahm das Ostpreußische Tribunal das fragl. Accept für rekognoscirt an, weil der zweite Theil des gesetzlich normirten Diffessionseides nicht (wie Beklagte auszuführen gesucht) für die Wechselunterschrift bedeutungslos sei, vielmehr (nach dem OTr. Erk. v. 4. April 65, Strieth. Arch. B. 59 S. 46) nicht nur etwaige Mentalreservationen des Schwörenden abschneiden, sondern auch feststellen solle, daß der Schwörende bei der Unterschrift in keiner Weise betheiligt gewesen sei, endlich, sofern eine solche Betheiligung stattgefunden, den Schwörenden nöthigen solle bestimmt anzugeben, wie die Unterschrift stattgefunden, wonächst dann erst die sachliche Rechtsgiltigkeit der Unterschrift eines Dritten in Frage kommen könne. Das OHG verwarf durch Erk. v. 25. Okt. 70 die NktBschw. der damaligen Bekl. und gab als Gründe:

Die [erhobene] Rüge, daß „einer Parteierklärung eine ihr nicht zukommende Folge gegeben sei, könnte nur von Bedeutung sein, wenn Implorantin behauptet hätte, daß der Appellrichter durch Anwendung des § 135 AGO I. 10 gegen sie entweder rechtsgrundsätzlich verstoßen, oder eine wesentliche Prozeßvorschrift verletzt habe. Aber einen bestimmten Rechtsgrundsatz, dessen Verletzung behauptet würde, führt die NktBschw. nicht auf; die von ihr als verletzt bezeichneten §§ der Prozeßordnung [über Normirung von Parteieiden] aber enthalten nur Vorschriften, welche vom Gesetz als wesentliche [im Sinne des Nichtigkeitsverfahrens, vgl. Nspr. II S. 119] nicht anerkannt sind...

Der Appellrichter hat sich enthalten, die Frage von der „Rechtsgiltigkeit der Unterschrift durch einen Dritten" für den Mandanten sowie die andere Frage, „wie die Unterschrift eines Bevollmächtigten unter dem Accept beschaffen sein müsse, um den Machtgeber zu verpflichten", in Erörterung zu nehmen — und zwar deshalb, weil er als streitig ansah, ob nicht Beklagte selber die fragl. Firma J. R. geschrieben habe, und weil er übrigens die Echtheit des Accepts schlechthin gegen die Bekl. in contumaciam feststellt. Dieser Feststellung gegenüber hat die Rüge einer „Verkennung der rechtlichen Natur des Wechsels als Literal-Vertrag" sowie der unrichtigen „Erweiterung der Tragweite der gesetzlichen Norm des Diffessionseides" keinen Boden.

## Nr. 40.

## I. Senat. — Erkenntniß v. 5. Sept. 71. (Z.)

Marie Wolff ·/. F. Kaeding (Nr. 457 v. 71).

**Preußen.** **Wechselsache.** **Revision.**

I. Instanz: Kreisgericht Stralsund,
II. Instanz: Appellationsgericht Greifswald.

**Durchstreichen der Wechselunterschrift.**

**Die, zu den wesentlichen Bestandtheilen eines Wechsels gehörende, Unterschrift des Wechselausstellers verliert, wenn sie durchstrichen oder sonst getilgt wird*, ihre wechsel-**

* Dagegen ist dem Klagewechsel die Eigenschaft einer fehlerfreien Beweisurkunde und die materielle Giltigkeit deshalb nicht abzusprechen, weil der Name des (klagenden) Ausstellers zwei Mal unter dem Wechsel gestanden hat und eine dieser Unterschriften (vor der Protestaufnahme) ausgestrichen worden ist. Denn für das Rechtsverhältniß der Wechselinteressenten ist es unerheblich, ob der Aussteller ein oder zwei Mal den Wechsel unterzeichnete, bzw. letzteren Falles, wann, von wem und aus welchem Grunde die eine Namensschrift wieder ausgestrichen worden.

So: OHG Plen. Erk. v. 20. Jan. 71 in Sachen Lemmerzahl ·/. Hirt, Nr. 23 v. 71 (I. Instanz: Kreisgericht Saalfeld, II. Instanz: App.-Ger. Hildburghausen.)

**rechtliche Bedeutung, so daß dann ein giltiger Wechsel nicht mehr vorliegt.**

DWO Art. 4 Nr. 5, Art. 7, 96 Nr. 5, 98 Nr. 1.

Auf dem Klagewechsel, aus welchem der Acceptant in Anspruch genommen wird, ist die zur (Zeit der Protesterhebung noch vorhanden gewesene) Namensunterschrift des Ausstellers — Erblassers der Klägerin — durchstrichen. Der I. Richter verurtheilt gleichwohl den Bekl., der II. weist die Klägerin ab. In der Revisionsinstanz wird das Appellurtel bestätigt.

Gründe des OHG.

Zu den wesentlichen Bestandtheilen eines gezogenen Wechsels gehört die Unterschrift des Ausstellers; DWO Art. 4 Nr. 5. Fehlt diese, so ermangelt der Wechsel der Form, ohne welche Wechselrecht weder ent- noch bestehen kann; DWO Art. 7. Denn das Wechselrecht haftet an der gesetzlich bestimmten Form, seine rechtliche Existenz erlischt also durch deren Zerstörung.

Die Form wird zerstört durch Tilgung der wesentlichen Unterschrift. Die übliche Tilgung ist das Durchstreichen (cancellare). — Auch eine nach dem Durchstreichen lesbar gebliebene Unterschrift ist getilgt, weil die Striche besagen, daß ihre Bedeutung, insbesondere die durch sie übernommene Wechselverpflichtung erloschen ist.

Thöl Handelsrecht, 2. Auflage, II. S. 130, 708, 709.
L. Wächter, im Archiv für WR VI. S. 41 bis 50, VIII. S. 123, 125.
Neues Archiv für HR (v. Voigt u. Heineken) III. S. 91 bis 122, insbesondere S. 99, 103, 105, 109.
Goldschmidt Ztschr. I. S. 30 (vgl. 456);
Archiv für WR X. S. 308 (Dresden).

Diese regelmäßige Wirkung der Durchstreichung ist auch in der DWO anerkannt, Art. 36 und 55; vgl. Prot. der Leipziger Konferenz, 14. Sitzung (zu Art. 36, Hirschfeld S. 70, 71).

In vorliegendem Wechsel ist die Unterschrift des Ausstellers durchstrichen — von wem und in welcher Absicht, ist nicht angegeben, aber auch nicht erheblich. Es genügt, daß sie jetzt fehlt. Daß sie durch Zufall, aus Versehen oder **rechtswidrig** gelöscht worden, ist nicht behauptet, kommt also nicht in Frage.

Daß sie zur Zeit der Protesterhebung [über ein Jahr vor Anstellung der Klage] existirte, mag richtig sein; das beweist, daß damals ein formgiltiger Wechsel bestand. Aber nachdem sie durchstrichen worden, hat sie ihre wechselrechtliche Bedeutung und damit der Wechsel seine Existenz verloren; vgl. Neues Archiv III S. 106. Die Klage aus diesem, nicht mehr vorhandenen Wechsel ist sonach unbegründet.

---

Nr. 41.

## II. Senat. — Erkenntniß v. 6. Sept. 71. (Ref.)

Storch & Co. ./. Noll's Erben (Nr. 344 v. 71).

**Hessen.** **Ober-Appellation.**

I. Instanz: Stadtgericht Gießen,
II. Instanz: Hofgericht daselbst.

**Lieferungsvertrag, Nichterfüllung, Schadenersatz.**

**Bei einem [nicht nach dem HGB zu beurtheilenden] Lieferungsgeschäft ist gemeinrechtlich im Falle der Nichterfüllung des Vertrages durch den Verkäufer dieser nicht ohne Weiteres verbunden, den höchsten Preis der Waare während des Zeitraums vom Beginn des Verzuges bis zur Erfüllung, bzw. bis zum Endurtel, zu vergüten; vielmehr hat regelmäßig der Käufer nur die Preisdifferenz zur Erfüllungszeit und am Erfüllungsorte als Interesse zu fordern, niemals aber mehr als das Doppelte des vertragsmäßig bedungenen Preises.**

Gemeinrechtliche Streitfrage (vgl. Fr. Mommsen, Beiträge zum Obligationenrecht, 3. Abtheilung, S. 208 ff.)
L. un. Cod. 7, 47 (Justinian).

Durch Vertrag v. 14. Okt. 53 haben Beklagte sich verpflichtet, dem Kläger am 4. April 54 4000 Centner Braunstein zu bestimmten Preisen, franco Bahnhof Gießen zu liefern. Sie sind, auf eine im Mai 54 erhobene Klage, seit 1867 rechtskräftig zu solcher Lieferung und zum Schadenersatz verurtheilt. Dieselben haben nicht geliefert, es ist deshalb ein Liquidationsverfahren über den Schadenbetrag eröffnet.

Der nun geltend gemachte Anspruch des Klägers (jetzt seiner Erben) beruht auf der Voraussetzung, daß er den höchsten Preis, welcher im ganzen Zeitraum des Verzuges bis zu etwaiger Erfüllung gegolten, liquidiren dürfe (vgl. Puchta Pandekten § 268, n. f; L. Arndts Pandektenlehrbuch § 251, n. f). Auch will Kläger darthun, daß er beim Weiterverkauf des Braunsteins nach Bayern, Oesterreich ꝛc. einen das Doppelte des 1854 vertragsmäßig bedungenen Preises weit übersteigenden Nutzen hätte erzielen können.

Die Beweisurtel I. und II. Instanz sind übereinstimmend in diesem Sinne ergangen, im Anschluß an die Rechtsprechung des Ober-App.-Ger. Darmstadt (Schäffer's Archiv B. II S. 472 ff., III S. 466 ff., IV S. 525 ff., V S. 448 ff.).

Das OHG hat dagegen den Anspruch des Klägers, soweit er über das Doppelte des vertragsmäßigen Preises hinausging, unbedingt verworfen und dem Kläger nur den Beweis nachgelassen, daß am 4. April 54 zu Gießen der Verkaufspreis des Braunsteins, wie Beklagte solchen kontraktlich zu liefern hatten, das Doppelte der im Vertrage v. 14. Okt. 53 stipulirten Preise betragen habe.

Der Gerichtshof sieht hierbei von der Bestimmung im Art. 357 HGB ab, weil diese, „da der vorliegende Vertrag vor Einführung des HGB geschlossen ist und zu erfüllen war, für die zu treffende Entscheidung nicht an sich maaßgebend ist." Uebrigens beruht sein Urtel auf folgender

Erwägung:

1) daß nach gemeinem Recht — nach der für richtig zu achtenden, wenngleich nicht unbestrittenen Ansicht — der Verkäufer im Falle der Nicht-Erfüllung des Vertrages nicht ohne Weiteres verbunden ist, den höchsten Preis in dem Zeitraum vom Beginn des Verzugs bis zur Erfüllung, bzw. bis zum Endurtel zu vergüten; daß vielmehr der Käufer regelmäßig nur die Preis-Differenz zur Erfüllungszeit und am Erfüllungs-Orte als Interesse fordern kann;

daß die Bestimmung in L. 8 § 1 Dig. 13, 1 — als eine singuläre, für den Fall des furtum gegebene und auf der ratio, daß fur semper moram facere videtur, beruhende — keine analoge Ausdehnung auf nicht erfüllte Lieferungs-Verträge zuläßt;

[ebenso: Göschen, Mommsen, Windscheid]

daß das Ober-Appellations-Gericht Darmstadt die der klägerischen Liquidation zu Grunde liegende Rechtsansicht nicht unbedingt, sondern nur unter wesentlich beschränkenden Voraussetzungen adoptirt hat, die in Bezug genommenen Entscheidungen des genannten Gerichtshofes auch, da sie nicht auf einer partikularen Rechtsnorm beruhen, sondern nur eine gemeinrechtliche Kontroverse entscheiden, den gegenwärtig erkennenden Gerichtshof nicht behindern, der von ihm für die richtige erachteten Rechtsansicht zu folgen*;

2) daß zwar dem Kläger das Recht nicht abzusprechen sein würde, einen die Preisdifferenz am Lieferungs-Tage und Orte übersteigenden, entgangenen Gewinn zu liquidiren, wenn er glaubhaft gemacht hätte, daß er beim

* Bezüglich dieser letzten Urtelserwägung vgl. unseren Nachtrag. S. 199.

Wiederverkauf des von den Beklagten nicht gelieferten Braunsteins höhere Preise erzielt haben würde; daß aber die bezüglichen Behauptungen des Klägers nicht genügend substantiirt sind, um als Unterlage für eine Beweis-Auflage dienen zu können; daß nämlich Kläger gar nicht behauptet, daß ihm durch das vertragswidrige Verhalten der Beklagten die Erfüllung von Verträgen, wodurch er Braunstein zu höheren Preisen an Dritte verkauft, unmöglich gemacht sei; daß zwar ohne Weiteres anzunehmen sein dürfte, daß es dem Kläger nicht an Gelegenheit gefehlt haben würde, den fragl. Braunstein, wenn Beklagte ihm solchen geliefert hätten, überhaupt — sei es in kleineren oder größeren Quantitäten — wieder zu verkaufen, daß aber dem Kläger obgelegen hätte, glaubhaft darzulegen, daß er den Braunstein zu den von ihm behaupteten, ungewöhnlich hohen Preisen nach dem 4. April 54 hätte weiter verkaufen können;...

3) daß Beklagte sich mit Recht auf die Bestimmung in L. un. Cod. 7, 47 [vom Kaiser Justinian:

> Sancimus itaque in omnibus casibus, qui certam habent quantitatem vel naturam, veluti in venditionibus et omnibus contractibus, hoc quod interest dupli quantitatem minime excedere]

berufen, wonach der Schade, bzw. der entgangene Gewinn keinenfalls über das Doppelte des stipulirten Kaufpreises hinausgehen darf, daß hier eine obligatio certa zweifellos vorliegt, ein bestimmter Kaufpreis vereinbart ist und die vom I. Richter allegirte Vorschrift des HGB [Art. 283, 284 Abs. 1] auf den vorliegenden älteren Fall keine Anwendung leidet.

---

**Nachtrag** (zu S. 198).

**Die Stellung des OHG gegenüber dem partikularen Rechtsleben.**

1) Bereits im I. Bande der Rspr. ist (S. 15, n.) angedeutet, daß das OHG bezüglich aller Fragen des Landes-

prozeßrechts prinzipiell an dem festhalte, was in der betr. Gerichtspraxis sonst beobachtet zu werden pflegt. Diesem Grundsatz hat der Hof in einem schon (Rspr. II Nr. 6 S. 26 ff.) mitgetheilten Rechtsfalle, der sächsischen Appellsache Nr. 74 v. 1870 — bei Beurtheilung der Aktivlegitimation der Kläger oder genauer des aktiven Klagegrundes — durch Plen. Erk. v. 30. Dez. 70 seine eigene [wir dürfen hinzufügen: bessere] Meinung ausgesprochener Maaßen geopfert; denn das OHG sagte damals in den Entscheidungsgründen:

Demnach dürfte in vorliegendem Falle an sich mit Grund bezweifelt werden, ob diejenige Uebereinstimmung zweier Erkenntnisse — den Worten oder der Sache nach — vorhanden sei, welche die Berufung gegen ein in III. Instanz ergangenes Urtel ausschließt [vgl. Rspr. I S. 16]. Gleichwohl glaubte das OHG, welches nach § 16 des Bd.-Ges. v. 12. Juni 69 hinsichtlich des Prozeßverfahrens an die Prozeßgesetze desjenigen Gebiets gebunden ist, aus welchem die Sache an dasselbe gelangt, in vorliegendem Falle von der ihm bekannt gewordenen konstanten Praxis des kgl. sächs. OApp.-Ger.,

> daß zum Ausschluß weiterer Berufung es für hinreichend erachtet wird, sofern zwei Urtel auch nur darin übereinstimmen, daß dem Kläger ein gewisser Anspruch gegen Beklagten zustehe, mögen sie auch hinsichtlich des Klagegrundes, wie hinsichtlich der aus dem Klagegrunde sich ergebenden Konsequenzen verschieden geurtheilt haben, und daß in solchem Falle der in letzter Instanz für erwiesen erachtete Klagegrund für die weitere Beurtheilung maaßgebend erscheine,

umsoweniger abgehen zu dürfen, als dieser Praxis die berechtigte Erwägung zu Grunde liegen dürfte, daß eine unangemessene Häufung von Rechtsmitteln dem Zweck der Rechtspflege nicht entspricht.

Sonach durfte das OHG die Frage, ob den Klägern nach Lage der Sache irgend welches Klagerecht zustehe, seiner Erörterung nicht unterziehen, mußte vielmehr als rechtskräftig entschieden erachten, daß Kläger . . zur Verfolgung der . . [fragl.] . . Entschädigungsansprüche befugt seien. —

Diese konservative Haltung des OHG liegt auch der

Annahme des Rspr. II S. 232 unter Nr. 1 von uns gegebenen Rechtssatzes zu Grunde und hat in preußischen Nichtigkeitsbeschwerde-Sachen schon manche kühne Hoffnung von Imploranten scheitern lassen.

Daß übrigens das OHG nicht unbedingt und auf alle Fälle der prozessualen Landespraxis nachgeben will und praktisch beipflichtet, zeigen die von der Spruchpraxis des Berliner Ober-Tribunals abweichenden Erkenntnisse v. 3. u. 10. Juni 71 über das Wechselseparatum nach der preuß. AGO (Rspr. II S. 257, 296).

2) Die obige Entscheidung des OHG v. 6. Sept. giebt zu erkennen, daß man auch auf dem Gebiet der materiellen Landesrechte die betr. partikulare Rechtsentwickelung möglichst schonen will. In diesem Sinne hat der II. Senat durch Erk. v. 2. Sept. 71 (in Sachen M. Ojus ·/. die Mobiliar-Feuerversicherungsgesellschaft für die Bewohner des platten Landes der Provinz Preußen, Nr. 313 v. 71) die ein Apellurtel von Marienwerder angreifende NktBschw. des Klägers aus folgenden Gründen zurückgewiesen:

Der vom Appellrichter geltend gemachte Rechtsgrundsatz:

> für Entschädigungsansprüche aus unerlaubten Handlungen der Ehefrau haftet nach ALR bei obwaltender Gütergemeinschaft das gemeinschaftliche Vermögen der Eheleute,

ist vom kgl. OTr. zu Berlin im Erk. [des I. Sen.] v. 2. Juni 62, Präjudiz Nr. 2726, (Entsch. B. 47 S. 238) aufgestellt worden und hat in der Praxis der preuß. Gerichte eine, soweit bekannt, ausnahmslose Anerkennung und Anwendung gefunden.

Von diesem Rechtsgrundsatz abzugehen und den gegentheiligen, welchen die NktBschw. aufstellt [und der I. Sen. des OTr. früher angewendet hat, vgl. Erk. v. 27. Mai 61, Strieth. Arch. B. 41 S. 267], zur Geltung zu bringen, würden daher nur ganz zweifellose Gründe rechtfertigen können. Solche aber sind im preuß. Gesetz nicht enthalten. Namentlich ist auch, gegenüber der eingehenden Motivirung jenes Erk. des höchsten Landesgerichtshofes, nicht anzunehmen, daß durch den fragl. Grundsatz diejenigen Gesetzes-Bestimmungen verletzt werden, welche Implorant als verletzt bezeichnet. Der bezügliche Angriff kann sonach für begründet nicht erachtet werden.

Nr. 42.

## II. Senat. — Erkenntniß v. 6. Sept. 71. (Ref.)

Becker & Co. ./. Vetter & Co. (Nr. 531 v. 71).

**Königreich Sachsen. Wechselsache. Weitere Berufung.**

I. Instanz: Handelsgericht im Bezirksgericht Leipzig,
II. Instanz: Appellationsgericht daselbst.

**Contocurrentverhältniß, besondere Geltendmachung eines Wechselregreßanspruchs.**

**Das Bestehen eines (eigentlichen) kaufmännischen Contocurrent-Verhältnisses unter den Parteien und die im Wechselverkehr derselben erfolgende Gutschrift einer Wechselvaluta in diesem Contocurrent machen, wenn der betreffende Wechsel bei Verfall nicht honorirt wird, eine besondere Wechselregreßklage nicht ohne Weiteres unstatthaft.**

**Bei der Gutschrift ist, nach allgemeiner kaufmännischer Anschauung, der Vorbehalt selbstverständlich, daß der Wechsel nicht Noth leiden werde.**

HGB Art. 279, 291; DWO Art. 82.

Anders: die Erk. v. 21. März 71, Rspr. I S. 373 u. v. 25. April 71, Rspr. II S. 141.

Die in zwei Berliner Wechselsachen (den Rechtsfällen Nr. 66 unseres I. und Nr. 29 des II. Bandes) vom OHG ausgesprochenen Grundsätze über die Tragweite eines — wie gewöhnlich, ohne vertragsmäßige Festsetzung von Einzelnheiten bestehenden, vgl. Rspr. II S. 347 n. — kaufmännischen Contocurrent-Verhältnisses haben, sofern sie den Ausschluß besonderer Geltendmachung von Einzelforderungen unter den betr. Geschäftsfreunden als Regel auch für Wechselregresse hinstellten, großes Aufsehen gemacht und vielfach Widerspruch gefunden. Namentlich glaubten die Bankhäuser von Leipzig, welche die Geschäftswechsel sächsischer Fabrikanten zu discontiren pflegen und dabei während eines Jahres enorme Summen durch ihre Contocurrents gehen lassen, in ihrer Handelspraxis ernstliche Störungen befürchten zu müssen, wenn fortan jene ihnen fremde Auffassung maaßgebend Platz greifen sollte.

Im allgemeinen kaufmännischen Interesse unternahmen es deshalb zwei Leipziger Firmen ersten Ranges mit Hilfe bewährter Rechtsfreunde, eine anderweitige gerichtliche Erwägung gedachter, ihre geschäftlichen Beziehungen so empfindlich berührender Streitfrage herbeizuführen. Es wurde ein vom 13. April datirter, am 12. Juli 71 fälliger Wechsel über 201 Thlr. gezogen, welcher bei ausbleibender Zahlung gehörig protestirt ward. Aus diesem nahm am 13. Juli der Inhaber seinen Giranten, den Wechselaussteller vor dem Handelsgericht Leipzig in Anspruch. Ein Anwalt des Beklagten war zur Stelle und berief sich, der Klage widersprechend, lediglich auf ein unter den Parteien bestehendes Contocurrent-Verhältniß.

Er übergab eine, ordnungsmäßig geführte, laufende Rechnung, welche im „Credit" des Klägers unterm 13. April 71 als „Rimesse" 201 Thlr. aufwies; demgemäß hielt Beklagter den Gegner nur berechtigt, die (jetzt baar geforderte) Wechselsumme nebst Retourspesen mit 203 Thlr. dem Beklagten im Contocurrent per 12. Juli 71 ins Debet zu stellen. Kläger erkannte die vorliegende Rechnung an, beharrte aber auf Geltendmachung seines formellen Wechselrechts. Thatsächlich war nichts streitig*.

Der I. Richter erkannte sofort auf Verurtheilung des Bekl. Dieser appellirte schleunigst und machte noch

* Gleichwohl erscheint dieser eigenthümliche, nur in I. Instanz mündlich verhandelte, Prozeß auch durch seine überaus rasche Erledigung bemerkenswerth. Es möchte sich schwerlich in deutscher Gerichtspraxis ein Fall finden, wo der Wechselschuldner bereits am 6. Tage nach Verfall in zwei Instanzen verurtheilt war. Vom OHG ließ sich, bei der prinzipiellen Bedeutung des nicht eilig erscheinenden Falles, vor Ablauf der Gerichtsferien ein Urtel nicht erwarten. Am 2. Sept. 71 trat der Hof zum ersten Male wieder vollzählig zusammen und schon vom 6. datirt seine Entscheidung!

geltend, daß er dem Kläger für den Contocurrent-Kredit Deckung in Werthpapieren gegeben habe. Der II. Richter entschied, auf Grund der Akten und neuen Schriftsätze, bereits am 18. Juli und zwar abändernd dahin, daß die Klage angebrachter Maaßen abzuweisen.

Kläger legte weitere Berufung ein und führte aus, daß das angegriffene Erkenntniß an die nackte Thatsache des Bestehens einer Contocurrentverbindung völlig unhaltbare rechtliche Folgerungen knüpfe. Hierauf erging vom II. Sen. des OHG eine das I. Urtel herstellende Entscheidung.

Gründe des OHG:

Der Klagewechsel ist vom Bekl. an eigene Ordre gezogen und an die Ordre des Klägers girirt. Daher unterliegt es mit Rücksicht auf den nach Verfall Mangels Zahlung erhobenen Protest keinem Zweifel, daß Beklagter, als Aussteller und Indossant, dem Kläger für die Wechselsumme 2c. wechselmäßig verhaftet ist, sofern ihm nicht besondere Einreden zur Seite stehen. Hierin sind auch die Parteien einverstanden.

Vom Bekl. ist dem Klageanspruch nur der Einwand opponirt worden, daß zwischen ihm und dem Kläger laufende Rechnung geführt und die Wechselsumme in sein Credit vom Kläger eingetragen worden sei, weshalb Kläger für berechtigt nicht erachtet werden könnte, die Wechselforderung als solche geltend zu machen.

Die Thatsachen sind zugestanden. Auch kann als unstreitig betrachtet werden, daß durch die Führung der laufenden Rechnung ein Contocurrent-Verhältniß im eigentlichen und engeren Sinne (Art. 291 HGB) unter den Parteien begründet worden ist. Kläger hat aber die hieraus gegnerischerseits hergeleitete Rechtsfolgerung bestritten — und zwar mit Beifall des I. Richters, welcher ausführt: Die Eingehung eines Contocurrent-Verhältnisses bewirke keine Beschränkung der Kontrahenten in der Befugniß zum Abschluß gesonderter Rechtsgeschäfte. Schon der Natur der Sache nach liege in der Kontrahirung einer Wechselschuld die Uebernahme einer außerhalb des Contocurrent-Verhältnisses bestehenden Verpflichtung. Wenn die eine der in solchem Verhältniß stehenden Personen von der anderen einen Wechsel, aus welchem diese verpflichtet sei, erhalten und derselben die Valuta gutgeschrieben habe: so gehöre nur diese Operation zu den Contocurrentgeschäften, nicht aber die Verpflichtung des anderen Theils, den Wechsel bei Verfall einzulösen. Die Auffassung entspreche der Praxis und dem kaufmännischen Bedürfniß. Eine Ausnahme sei nur dann anzuerkennen, wenn die laufende Rechnung gerade die Ausgleichung der wechselmäßigen Verbindlichkeiten zum Zweck habe, oder wenn der Wechselgläubiger den wechselmäßigen Anspruch bereits in die laufende Rechnung zu Lasten des Wechselschuldners eingetragen und diesen hiervon in Kenntniß gesetzt habe.

Auf Appellation des Bekl. ist jedoch . . . die Klage angebrachter Maaßen abgewiesen worden.

Davon ausgehend, daß nach Natur und Zweck des Contocurrentvertrages die einzelnen Leistungen und Gegenleistungen nicht als solche, sondern nur in ihrer Gesammtheit, nämlich im Schlußsaldo, zur Geltung gelangten, also als Ein Vertragsobjekt anzusehen seien, und zwar gleichviel aus welchem Rechtsgrunde sie herrührten, nimmt der Appellrichter an: Kläger hätte dadurch, daß er den ihm durch Giro übertragenen Klagewechsel in den Contocurrentnexus aufgenommen und dies dem Bekl. angezeigt, in bindender Weise seine Absicht zu erkennen gegeben, den ihm etwa erwachsenden Regreßanspruch seinerseits gleichfalls nur in laufender Rechnung als einen Factor der Saldoberechnung zur Geltung zu bringen. Der eventuelle Regreßanspruch aus einer in den Contocurrent-Verband getretenen, uneingelöst gebliebenen Tratte sei dadurch, daß letztere Aufnahme in die laufende Rechnung gefunden habe, selbst eine aus dem Contocurrent-Verhältniß entspringende Forderung geworden. Daß vom Kläger die Gutschrift des Klagewechsels in laufender Rechnung unter dem Vorbehalt des Zahlungseinganges bewirkt worden, sei unerheblich, weil diese Klausel nur eine selbstverständliche, stillschweigende Bedingung der Wirksamkeit der erfolgten Gutschrift bei dem Schlußergebniß des bestehenden Contocurrent-Vertrages enthalte. Sei daher auch dieser Regreßanspruch nach dem 30. Juni 71, zu welchem Zeitpunkt zwar ein Abschluß der Rechnung, nicht aber der Contocurrentschluß stattgefunden habe, in Gestalt einer liquiden Geldforderung des Klägers zur Entstehung gelangt: so erschiene Kläger bei der Fortdauer des Contocurrent-Verhältnisses doch nicht berechtigt, den Regreßanspruch jetzt selbständig einzuklagen, sondern es habe derselbe als Debetpost des Bekl. in die laufende Rechnung zu treten und in dieser Eigenschaft einen Factor bei der Ziehung des künftigen Saldo zu bilden.

Die hierdurch veranlaßte Appellationsbeschwerde des Klägers mußte für begründet erachtet werden.

Mag ein Contocurrent-Verhältniß durch ausdrückliche Vereinbarung oder stillschweigendes Einverständniß begründet worden sein, in jedem Falle ist seine Entstehung auf einen Vertrag zurückzuführen, dem die Absicht zu Grunde liegt, daß nur der Saldo der beiderseitigen (kompensablen) Leistungen darüber entscheiden soll, welchem von den Kontrahenten die Stellung des Gläubigers oder die des Schuldners zukomme*. Von dem Contocurrent-Verhältniß werden daher diejenigen Rechtsgeschäfte nicht berührt, auf welche nach ihrer Natur oder den Abreden der Kontrahenten diese Absicht nicht bezogen werden kann.

* So: Rsp. I S. 374, II S. 351 f. u. III, Fall Nr. 58.

Zu den Forderungen aus solchen Rechtsgeschäften sind, beim Mangel entgegenstehender Willensäußerungen, Wechsel-Ansprüche insofern zu rechnen, als es sich um die Erfüllung des, von den im Contocurrent-Verhältniß stehenden Personen mit einander, geschlossenen Wechsel-Vertrages handelt. Nach Handelsgebrauch pflegt zwar der Wechselempfänger die Valuta dem Wechselgeber ohne Weiteres als Baarzahlung in das Credit der laufenden Rechnung zu stellen, jedoch nur unter der Voraussetzung, daß die Wechselschuld getilgt werden, für ihn also eine Regreßverpflichtung, bzw. Veranlassung zur Ausübung seines Wechselregreßrechts nicht entstehen werde. Ob er für den Fall, daß diese Voraussetzung nicht zutreffen sollte, seine Rechte — wie hier seitens des Klägers geschehen — sich ausdrücklich vorbehalten oder ob er keinen Vorbehalt gemacht hat, erscheint gleichgiltig. Letzteren Falles muß, nach der allgemeinsten kaufmännischen Anschauung, der Vorbehalt subintelligirt werden. Dies verkennt auch der Appellrichter nicht. Es wird aber von ihm die Bedeutung des fragl. Vorbehalts nicht gehörig gewürdigt, und es ist seine Folgerung aus der klägerischen Gutschrift der Valuta des Klagewechsels nicht schlüssig. Eben deshalb, weil solche Gutschrift regelmäßig geschieht, kann aus ihr auf die Absicht: die eventuelle Wechselregreßforderung nicht als solche geltend zu machen, sondern die Gutschrift durch Debitirung des Betrages der Forderung zu beseitigen und hierdurch die Schuld auszugleichen, nicht geschlossen werden. Als Gegenstand des in Rede stehenden Vorbehalts läßt sich — von Besonderheiten des Falles abgesehen — nur die Ausübung des Regreßrechts betrachten. Letzteres gehört zum Wesen der Wechselforderung. Ein Verzicht auf dasselbe ist nicht zu präsumiren. Vielmehr ist anzunehmen, daß in Rücksicht auf dieses Recht die Forderung erworben worden. Ob etwa im Einzelfalle, nach den

Umständen oder Erklärungen beim Wechsel-Erwerb oder beim Eintritt in das Contocurrent-Verhältniß, eine andere Auffassung für berechtigt zu erachten, muß in Anwendung des Art. 278 HGB erwogen werden. Wo aber solche Erwägungen nicht indizirt oder nicht von Erfolg sind, der Vorbehalt also auf das Wechselregreßrecht bezogen werden muß, schließt er selbstredend die betreffende Wechselforderung von der obgedachten, dem Contocurrent-Verhältniß zu Grunde liegenden Absicht der Kontrahenten für den Fall des Eintritts der Bedingung seiner Geltendmachung aus.

Hiernach irrt der Appellrichter, wenn er — mit Rücksicht auf die generelle Wirkung und Zweckbestimmung des Contocurrentvertrages — aus dem Umstand, daß in gegenwärtigem Falle die Valuta des Klagewechsels in das Credit des Bekl. vom Kläger eingetragen worden, die Folgerung zieht, daß die streitige Wechselforderung „eine aus dem Contocurrent-Verhältniß entspringende Forderung geworden ist."

Daß bei Begründung oder während des Bestehens des vorliegenden Contocurrent-Verhältnisses irgend welche Verabredung in Bezug auf Wechselgeschäfte getroffen oder daß in Ansehung des Klagewechsels von den Parteien etwas verabredet worden sei, das auf ihr Contocurrent-Verhältniß, bzw. auf die Geltendmachung des Regreßrechts aus dem Klagewechsel von Einfluß sein könnte, ist keinerseits behauptet worden. Deshalb muß die einzige Streitfrage, ob dieses Contocurrent-Verhältniß dem Klageanspruch entgegenstehe? hier von dem, oben dargelegten, allgemeinen Gesichtspunkt aus entschieden, also mit dem I. Richter verneint werden.

Anlangend die eventuelle, in II. Instanz aufgestellte Beschwerde des Bekl. darüber, daß seine Einrede: dem Kläger für den Contocurrent-Kredit Deckung in Werthpapieren gegeben zu haben, ihm nicht ausdrücklich zur Widerklage vorbehalten worden: so ist dieselbe als unbegründet zu verwerfen, weil Natur und Wirksamkeit eines Contocurrent=Verhältnisses davon, ob für den Kredit Deckung gewährt worden, unabhängig ist. Hieraus folgt, daß es bei dem I. Erkenntniß, unter Beseitigung des Appellurtels, überall zu belassen war.

Noch sei erwähnt, daß sich Beklagter auf eine abgedruckte Entscheidung des OHG berufen hat, aus deren Motivirung die Erheblichkeit ihres, durch vorstehende Ausführung verworfenen, Einwandes herzuleiten sein soll. Das angerufene Erkenntniß ist nicht näher bezeichnet; es fehlt die Beifuge, worin dasselbe mitgetheilt sein soll, bei den Akten. Doch ist nicht zu bezweifeln, daß das Urtel v. 21. März 71 in Sachen Calm & Ahlfeld ·/. Salomons ... gemeint ist. Dieses Urtel basirt aber auf einem wesentlich anderen Sach= und Rechtsverhältniß. Laut der Entscheidungsgründe war in dem untergelegenen Rechtsfalle ausdrücklich vereinbart, daß dem (damaligen) Bekl. Kredit in laufender Rechnung durch Darlehen und Diskontirung von Wechseln gewährt werden sollte, und auf Grund dieser Vereinbarung hatte die (damalige) Klägerin die Klagewechsel in Zahlung und bzw. zur Diskontirung übergeben erhalten, letztere auch bewirkt und die Valuta vereinnahmt. Auf diesen Besonderheiten des damaligen Falles beruht die Entscheidung desselben. Keine von ihnen aber kommt in gegenwärtigem Rechtsstreit vor.

---

Wir überlassen einem geneigten Leser, die hier angedeuteten Besonderheiten des Einzelfalles als Grundlage der abweichenden Entscheidung v. 21. März herauszüfinden. Soviel bekannt geworden, ist allgemein die frühere Auffassung des OHG als eine prinzipiell gemeinte angesehen worden. So hat das preuß. Kammergericht, welches den damaligen Fall genau kennt, in der Berliner Wechselsache F. W. Krause & Co ·/. G. Leuffgen, als Beklagter der Wechselforderung die Einrede eines unter den Parteien bestehenden Contocurrentverhältnisses entgegensetzte, im Appellurtel v. 19. Juli 71 bei Verwerfung dieses Einwandes wörtlich erklärt: „Das OHG hat in Sachen Calm & Ahlfeld ·/. Salomons rechtsgrundsätzlich angenommen, daß während der Dauer eines Contocurrentverhältnisses eine Ausklagung einzelner Creditposten, selbst wenn sie aus Wechseln herrühren, im Laufe einer Rechnungsperiode nicht statthaft sei, sofern nicht besondere Abreden dieser Rechtsregel entgegenstehen.

Es kann jedoch dieser Rechtsgrundsatz, soweit er sich auf Wechsel bezieht, die im Contocurrentverkehr gegeben werden, in seiner Allgemeinheit für richtig nicht erachtet werden."

Ebenso bemerkt Dr. Calm in seiner Wochenschrift bei Mittheilung des obigen Erk. v. 6. Sept.:

„durch den [Leipziger, zweifellos] ohne materielle Unterlage geführten Prozeß ist soviel erreicht, daß das OHG den in seiner Allgemeinheit höchst bedenklichen Rechtsgrundsatz, welchen es in Sachen Calm & Ahlfeld ./. H. C. Salomons am 21. März u. 25. April aufgestellt hatte, wesentlich restringirt hat — zur Befriedigung des gesammten Handelsstandes".

## Nr. 43.

## I. Senat. — Erkenntniß v. 8. Sept. 71. (B.)

Cabell & Schwartzkopf ./. Ehlers & Bruhns (Nr. 324 v. 71).

**Hamburg.** **Ober-Appellation.**

I. Instanz: Handelsgericht Hamburg,
II. Instanz: Obergericht daselbst.

Lieferungsschein im Handel. Theilung des Vertragsgegenstandes.

**1. Als Lieferungsschein über verkaufte und noch abzunehmende Waaren, auf Grund dessen vom auswärtigen Käufer (kontraktlich) Zahlung gefordert werden darf, kann nur eine Urkunde angesehen werden, inhalts deren ein zuverlässiger Dritter (etwa eine öffentliche Anstalt) die Waare als zur Verfügung des Käufers liegend bezeugt, auch für Wahrheit und Dauer dieses Bestandes sich verbindlich macht.**

HGB Art. 1, 279, 302.

**2. Das Recht eines Kontrahenten auf nur theilweise Leistung des Vertragsgegenstandes läßt sich nicht aus L. 52 Dig. 19, 2 herleiten.**

Kläger hat dem Bekl. theils gewisse Hölzer, theils 1000 Tonnen Theer verkauft. Die Waare sollte vom Lagerplatze in ein vom Käufer zu sendendes Schiff abgeladen werden, und weiter war bedungen:

wird das Holz nicht bis zum 15. Juli abgenommen, so ist Verkäufer berechtigt, den Fakturabetrag gegen

Einsendung eines Lieferungsscheins, ausweise dessen das Holz zur Verfügung des Abnehmers liegt, auf den Käufer mit 3 Monat-Ziel zu trassiren.

Bekl. nahm die Waare nicht ab, Kläger will deshalb 500 Tonnen Theer offerirt, auch auf seinem Lagerplatze am 26. Juli das verkaufte Holz für den Bekl. besonders zurechtgelegt und unter Aufsicht gestellt, und dem Bekl. einen sogen. Lieferungsschein übersendet haben. Er macht nun die Acceptirungs-, ev. Zahlungspflicht des Bekl. geltend.

Der Lieferungsschein wurde für bedeutungslos erklärt und bezüglich des Holzes anderweitiger Beweis der Erfüllungsbereitschaft dem Kläger auferlegt; bezüglich des Theers ward eine nicht die volle bedungene Menge umfassende Lieferungsbereitschaft für ungenügend erachtet. Beide Theile legten Berufung an das OHG ein, nur der Bekl. mit theilweisem Erfolge.

**Entscheidungsgründe.**

1) Durch die gemachten Vorlagen würde Kläger zu dem gestellten Accepts-, bzw. Zahlungs-Verlangen nur berechtigt sein, wenn das beigebrachte Attest als ein der Verkaufsnote entsprechender „Lieferungsschein" angesehen werden könnte.

Unter solchem Lieferungsschein*, wie er bei Geschäften ähnlicher Art vorzukommen pflegt, kann nur eine Urkunde gemeint gewesen sein, welche dem Käufer — in gewissem Maaße wenigstens — eine Gewährleistung dafür giebt, daß ihm die Waare gesichert sei und er ohne besondere Gefährdung Zahlung leisten könne. Hierzu war erforderlich, daß, wenn nicht ein zuverlässiger Dritter das Holz als zur Disposition des Beklagten liegend bezeugt und für Wahrheit und Dauer dieses Bestandes sich obligirt hatte, etwa eine öffentliche Autorität eine geeignete sicherstellende

* Vgl. HGB Art. 302: Auslieferungsscheine, Lagerscheine, Warrants; und Endemann DHR § 78, V S. 393.

Erklärung abgebe. Keinem dieser Erfordernisse entspricht aber das in Rede stehende Attest. Ein „Aufseher" hat darin bezeugt, daß Kläger auf seinem (Klägers) Lagerplatze ein Quantum Holz der betreffenden Größe lagern habe und daß „dieses Holz für Rechnung des Bekl. dort liege." Daß das Attest von dem eigenen Lagerplatze des Klägers rede, hat dieser eingeräumt und von einer anderen Stellung des Attestanten als eines Angestellten des Klägers ergiebt sich nichts aus den Akten. Hiernach hat das Attest keine größere Bedeutung als die einfache eigene Behauptung des Klägers, daß eine Partie Holz zur Abladung für Beklagten in Bereitschaft gelegt worden sei, ohne irgendwelche Sicherstellung des Letzteren, daß dieser Bestand, wenn überhaupt existent geworden, fortdauern und nicht etwa nach dem Belieben des Klägers ganz oder theilweise werde aufgehoben werden...

2) Für den Fall, daß der vorgelegte Lieferungsschein für ungenügend erachtet werden sollte, will Kläger für berechtigt erklärt werden, mittelst eines beizubringenden neuen, besseren Lieferungsscheins die Zahlungspflicht des Bekl. herbeizuführen.

Dieses Verlangen ist unbegründet. Die zwischen einem Verkäufer und dem Käufer getroffene Vereinbarung, daß Letzterer, wenn er bis zu einem gewissen Zeitpunkt den verkauften Gegenstand nicht entgegenehme, gegen Einhändigung eines Lieferungsscheins Zahlung zu leisten habe, ist singulärer Natur. Will Verkäufer, falls er den Umständen nach von dem ihm eingeräumten Recht Gebrauch machen kann, hierzu schreiten, so muß er dies in gehöriger Weise thun. Geschieht dies nicht, und weiset Käufer den Lieferungsschein berechtigterweise zurück: so braucht derselbe auf erneuerte Versuche des Verkäufers, die demselben gewährte außerordentliche Befugniß nutzbar zu machen, sich nicht einzulassen . . .

3) Beklagter meint, daß, wenn Kläger nicht am 15. Juli das Holz zur Abladung in Bereitschaft gelegt haben sollte, er

später von der kontraktlichen Befugniß, den Fakturabetrag gegen Einsendung eines Lieferungsscheins ꝛc. zu trassiren, keinen Gebrauch habe machen können, so daß die nach seiner Behauptung am 26. Juli stattgehabte In-Bereitschafts-Legung nicht geeignet gewesen sei, ihm das Recht zur Trassirung zu verleihen. Allein mit Unrecht. — Es kann nicht angenommen werden, daß jenes Recht mit dem 15. Juli habe zu Ende gehen sollen; vielmehr konnte die Trassirung auch später geschehen; sie war aber für Beklagten nur dann verbindlich, wenn zur Zeit derselben Erfüllungsbereitschaft auf Seiten des Klägers bestanden hatte. Da nun die Klage auf die am 26. Juli vorhanden gewesene Bereitschaft gestützt worden ist, auch der Kläger daraus weitere Folgen (das Recht auf Zinsen nach Ablauf des dreimonatigen Wechselsziels) abgeleitet hat: so rechtfertigt sich die Beibehaltung des vorgedachten Tages in dem für den Kläger bestimmten Beweissatz.

Dem Antrage des Bekl., in diesen die Worte einzuschalten: „mittelst Holzes in kontraktlicher Qualität" war zu entsprechen. Fiel die vereinbarte besondere Art der vorläufigen Erledigung des Geschäfts durch Niederlegung der Waare und Beschaffung sowie demnächstige Uebergabe eines Lieferungsscheins einerseits, und durch Acceptleistung, bzw. Zahlung andererseits, in Folge des Verhaltens des Klägers hinweg: so gelangten die allgemeinen Grundsätze zur Geltung, und bei deren Anwendung genügte es nicht um Beklagten in Verzug zu setzen, daß Kläger im Allgemeinen Holz in Bereitschaft hatte, sondern er konnte die Gegenleistung nur dann fordern, wenn die Bereitschaft sich auf kontraktmäßige Waare bezog.

4) Kläger behauptet, da seine Erfüllungsbereitschaft, so weit es sich um 500 Tonnen Theer gehandelt habe, nicht in Zweifel gezogen werden könne, so hätte Beklagter in den Fakturabelauf dieses Theils des Streitgegenstandes, als

in ein Liquidum, verurtheilt werden müssen. Dies deshalb, weil selbst wenn ein Geschäft über 1000 Tonnen Theer unter den Parteien zu Stande gekommen, hierin jedenfalls ein Consensus über nur 500 Tonnen dieser Waare gelegen haben würde.

Kläger verkennt bei diesem Vorbringen die Wirkung des betreffs der 1000 Tonnen Theer anzunehmenden Einheitsgeschäfts, welche darin besteht, daß keine Theilung einseitig vorgenommen werden kann. Außerdem ist aber die rechtliche Begründung der Beschwerde eine hinfällige. Der hiefür angerufenen L. 52 Dig. 19, 2 giebt der Kläger eine unrichtige Auslegung. In derselben ist nicht gesagt, daß, wenn Kontrahenten über ein Objekt gewisser Größe einen Vertrag geschlossen haben, jeder derselben auf Verlangen des Anderen auch einen Theil des Ganzen als Vertragsgegenstand gelten lassen müsse — eine Annahme, welche irrationell sein würde, — sondern nur, daß der Irrthum eines der Kontrahenten über die Größe des Vertrags-Objekts den Vertrag dann nicht unverbindlich mache, wenn der Irrende, betreffs einer von ihm zu machenden Leistung, nach der Absicht des anderen Theils minder schwer belastet werde, als er angenommen hatte*.

## Nr. 44.

## I. Senat. — Erkenntniß v. 8. Sept. 71. (B.)

G. Robinon & Sohn ./. Crasemann & Stavenhagen (Nr. 389 v. 71).

**Hamburg.** **Ober-Appellation.**

I. Instanz: Handelsgericht Hamburg,
II. Instanz: Obergericht daselbst.

**Handel über schwimmende Waare. Verschiffungsart.**

1. Bei Kaufgeschäften über schwimmende (oder doch

* Unmittelbar entscheidet der röm. Jurist (Pomponius) sogar nur den Fall, daß der Vermiether einen höheren Miethszins als der Miether im Sinne gehabt hat; dann gilt der Vertrag als um den geringeren Zins vereinbart.

**über See zu verladende) Güter kann regelmäßig als zur Erfüllung des Vertrages geeignet nur eine Waare gelten, in Betreff welcher die vereinbarte Verladungszeit, der festgestellte Verschiffungsweg sowie die Verladung in dem etwa bestimmten Schiffe eingehalten worden.**

Pacta sunt servanda; Handelsbrauch.
Vgl. HGB Art. 344, 566.

**2. Wenn Handelswaare von Westindien nach Hamburg verladen werden soll, so ist die sogen. „indirekte" — das heißt: eine nicht unmittelbar auf Hamburg erfolgende, sondern über einen nordeuropäischen Hafen (namentlich via Liverpool) gehende — Verschiffung als nichts Ungewöhnliches anzusehen.**

Bestätigte Hamburger Praxis.

Im Juni 70 verkaufte zu Hamburg Kläger an die Beklagten laut Schlußnote

„1000 Quintals Barceloner Baumwolle, Abladung von Blohm & Co. in Laguayra, per Schiff Johannes und/oder andere Schiffe auf hier zu verladen."

Die Waare wurde demnächst (im Okt.) nicht in ein direkt von Laguayra nach Hamburg gehendes Schiff, sondern über Liverpool dorthin verladen. Beklagte wiesen, da inzwischen die Baumwollenpreise gefallen waren, diese Verschiffung als sie nicht angehend zurück.

Das Handelsgericht Hamburg erachtete die Weigerung der Bekl. für gerechtfertigt, die II. Instanz nicht. Das OHG verwarf die Ober-Appellation derselben.

**Gründe:**

Im Allgemeinen ist es nicht zu bezweifeln, daß der Käufer einer erst zu verladenden, bzw. einer schon verschifften („schwimmenden") Waare nicht verbunden ist, eine andere Waare als zur Erfüllung des Handels geeignet gelten zu lassen, als diejenige, in Betreff welcher die vereinbarte

Verladungszeit, der festgestellte Verschiffungsweg sowie, wenn ein bestimmtes Schiff als das die Waare transportirende im Kontrakt oder durch spätere Anzeige bezeichnet worden sein sollte, die Verladung in jenem Schiffe eingehalten worden sind. Auch braucht der Käufer, welcher wegen Nicht-Uebereinstimmung des Hergangs mit dem Inhalt der kontraktlichen Feststellungen die Annahme der ihm offerirten Waare verweigert, keine Gründe für seine Weigerung anzugeben. Es leuchtet denn auch von selbst ein, daß die Abladungszeit, die Verschiffungsart, die Wahl des einen oder anderen Schiffes auf das Ergebniß des Geschäfts den erheblichsten Einfluß haben können. Unter Umständen können sogar schadenbringende Ereignisse, welche die Waare auf dem kontraktlichen Wege getroffen haben, oder dieselbe, wenn sie kontraktlich verschifft worden wäre, getroffen haben würden, für den Käufer von Nutzen sein, wenn nämlich der Stand der Preise zur Zeit der wirklichen, bzw. der zu erwarten gewesenen Ankunft der Waare das Geschäft zu einem verlustbringenden macht. Der durch ein kasuelles Ereigniß, bzw. durch Unregelmäßigkeit der Kontraktserfüllung des anderen Theils dem Käufer abgenommene Verlust darf ihm nicht dadurch wieder zur Last gebracht werden, daß dem Verkäufer gestattet wird, anderweitig angeschaffte, bzw. kontraktwidrig verschiffte Waare ihm aufzunöthigen.

Demzufolge kommt es auch hier nicht auf die Gründe an, durch welche Beklagte bestimmt worden, die ihnen angebotene Waare zurückzuweisen, sondern nur darauf, ob die für die Waare gewählte Verschiffungsart — via Liverpool — als dem geschlossenen Kontrakt entsprechend anzusehen ist.

Hiefür spricht Folgendes:

1) Daß aus der Nennung des Schiffes „Johannes" in der Schlußnote keine Berechtigung der Beklagten zu dem

Verlangen der Verschiffung gerade mit diesem Schiffe — oder auch nur im Allgemeinen mit einem Segelschiffe — abzuleiten ist, unterliegt wegen der Hinzufügung „und oder andere Schiffe" keinem Zweifel. Dieser Zusatz führt vielmehr darauf hin, daß dem Verkäufer oder dessen Korrespondenten die Wahl jeder sonstigen ordentlichen Schiffsgelegenheit von Venezuela nach Hamburg freistehen sollte.

2) Die von den Abladern gewählte Verschiffungsart über England kann als eine außerhalb des Bereichs der kontraktlichen Vereinbarung liegende nicht angesehen werden.

Das von den Klägern beigebrachte Connossement zeigt, daß die sogenannte „indirekte" Verschiffung von West-Indien nach den in Betracht kommenden europäischen Kontinentalhäfen so wenig ungewöhnlich ist, daß eigens eine Organisation dafür besteht. Bei der hier in Rede stehenden Abladung wurde ein Connossements-Formular gebraucht, welches die Ueberschrift führt:

> „Through bill of lading for produce from the West-Iudies via Liverpool to London, Hamburg, Bremen, Hâvre, Bordoaux otc."

und die Verfrachterin (West-Iudia and Pacific Steam Ship Company) übernahm den Transport der Waare nicht etwa nur bis Liverpool, so daß mit der dort geschehenden Löschung der Waare aus ihrem Steamer „Crusader" ihre Frachtleistung beendigt worden wäre; sondern sie übernahm die Verpflichtung,

> „to carry the 275 bales of cotton to Liverpool, from which port they are to be forwarded, either by railway or steamer or other conveyance, as the case may be, to the Port of Hamburg."

Hiernach hatte die Verfrachterin die Waare von

deren Verladung in Laguayra an bis zu deren Ablieferung in Hamburg unter ihrer Obhut, und es ist ohne Grund, wenn Beklagte den Hergang so darstellen, als ob zwei separate Verschiffungen stattgehabt hätten, so daß den Abladern die Waare in Liverpool von Neuem zugekommen wäre und sie dort beliebig auf dieselbe hätten einwirken können. Die Connossements-Inhaber hatten in Liverpool von dem Capitän des Crusader oder der Verfrachterin, als Rhederin dieses Schiffes, nichts zu fordern; vielmehr war diese Letztere nur verpflichtet, die Waare in Hamburg zu liefern. Daß nicht sofort das Schiff angegeben war, aus welchem die Waare in Hamburg geliefert werden würde, änderte hieran nichts. Für die dortige Lieferung war die Verfrachterin darum nicht minder verantwortlich.

Dafür, daß die sogen. indirekte Verschiffung von Westindien nach europäischen Kontinentalhäfen nichts Ungewöhnliches, also bei einem Handel, wie ein solcher hier geschlossen ist, nichts außerhalb des Bereichs der kontraktlichen Vereinbarungen Liegendes sei*, haben Beklagte auf im Jahre 64 abgegebene konforme Entscheidungen des Hamburgischen Handelsgerichts und Obergerichts sich bezogen,

— Hamburger Gerichtszeitung IV S. 163 und 224 —

auf Entscheidungen, welche allerdings erheblich zu ihren Gunsten ins Gewicht fallen. — Es handelte sich darum, ob unter Baumwolle-Abladungen von Laguayra auf Grund eines nach Hamburg gerichteten Kaufgeschäfts u. a. auch solche Abladungen mit zu verstehen seien, welche nach Hamburg via Liverpool gemacht worden wären. Damals wurde ausgesprochen, es sei kein Grund zu der Annahme vorhanden, daß eine solche, der räumlichen Lage nach in ein nahes Verhältniß zu Hamburg, als dem Lieferungsort der Schlußnote, gebrachte Abladung von der Verbindlichkeit

* Vgl. Rspr. II S. 347 Satz 2 u. 3.

der Kontrahenten habe ausgeschlossen werden sollen, und zwar um so weniger, als es keineswegs ungewöhnlich sei, daß Baumwolle, welche von Süd-Amerika nach Hamburg bestimmt sei, doch zunächst nach anderen Häfen Nord-Europas (namentlich Hâvre, Liverpool oder Bremen) verladen werde.

Ergiebt sich aus vorstehenden Anführungen, daß die in vorliegendem Falle von Laguayra nach Hamburg verladene Waare nicht auf einem ungewöhnlichen Wege oder auf unregelmäßige Art abgefertigt worden ist: so könnte nur dann zu Gunsten der Beklagten erkannt werden, wenn die Schlußnote solche Bestimmungen enthielte, welche die gewählte Verschiffungsart ausgeschlossen hätten.

Solche Vereinbarungen finden sich in der Schlußnote nicht.

a) Der Bestimmung, daß 1000 Quintals Baumwolle auf Hamburg verladen werden sollten, ist durch die, wie oben gezeigt, „to the Port of Hamburg“ geschehene Abladung entsprochen worden.

b) Aus dem weiteren Inhalt der Schlußnote haben Beklagte die Worte hervorgehoben:

„die wirkliche Verladung bleibt vorbehalten“;

diese stehen aber in gar keiner Verbindung mit der hier vorliegenden Frage. Ihnen kann nur das Verständniß beigelegt werden, daß die Kläger in dem Falle nicht verantwortlich sein wollten, wenn etwa Blohm & Co. aus irgend einem Grunde nicht abladen sollten. Von der Art und dem Wege der Verschiffung ist hier auch nicht mittelbar die Rede.

Endlich führen

c) weder der sonstige Inhalt der Schlußnote, noch auch die bei der Abladung in Betracht zu ziehenden Umstände darauf hin, daß eine dahin gerichtete Kontraktsbestimmung motivirt gewesen sei, oder es im Interesse der Beklagten gelegen habe, die Baumwolle nur per Segelschiff direkt, statt (wie geschehen) via Liverpool, und zwar bis dahin per Dampfer verschiffen zu lassen. Die höhere Fracht bei dieser letzteren, übrigens schnelleren und deshalb in dieser Beziehung für die Käufer vortheilhafteren Verschiffung hatten (nach den übrigen Bestimmungen der Schlußnote) Kläger zu tragen; Seebeschädigung aber kam den Beklagten überhaupt nicht zur Last, indem nach der Schlußnote die beschädigten Ballen entweder zurückgenommen oder den Beklagten Refactie vergütet werden sollte. Wenn Beklagte noch der Möglichkeit einer Beschädigung beim Umladen in Liverpool Erwähnung thun, so ist dies schon an sich ohne alle Erheblichkeit; überdies würde solche Beschädigung nach den Bestimmungen der Schlußnote unter die Pflicht der Kläger zur Refactie-Vergütung gefallen sein.

## Nr. 45.

## I. Senat. — Erkenntniß v. 8. Sept. 71. (B.)

Wolff ·/. Kassel (Nr. 542 v. 71).

**Hessen.** **Ober-Appellation.**

I. Instanz: Stadtgericht Gießen,
II. Instanz: Hofgericht daselbst.

**Quittung auf dem Wechsel, Durchstreichen derselben.**

**1. Eine auf dem Klagewechsel befindliche Quittung, welche durchstrichen ist, gilt als nicht vorhanden.**

Vgl. DWO Art. 36 Abs. 2, 55.

OHG Plen. Erk. v. 3. Febr. 71 in der Hamburger Sache C. F. Lange ·/. R. Möhlmann, Nr. 58 v. 70*.

**2. Wenn der Wechselinhaber einen Quittungsvermerk**

* In diesem Urtel sagt der Hof: „Es bedarf keiner Ausführung, daß ein Wechsel mit ausgestrichenem Accept etwas wesentlich Anderes ist, als ein Wechsel mit unversehrtem Accept. Das Ausstreichen von wechselmäßigen Verpflichtungs-Erklärungen ist das gewöhnliche und ordentliche Mittel, deren Erloschensein urkundlich zu machen. Ein wechselmäßiger Anspruch an den Acceptanten nach Tilgung des Accepts ist hiernach unmöglich, wenngleich unter Umständen ein sonstiges Klagerecht des W.-Inhabers gegen den Acceptanten auch nach der Acceptstilgung konstruirt werden kann". —

**auf den Wechsel setzt, so bewirkt dies an und für sich keine Entlastung der Wechselverpflichteten; solange jener den Wechsel behält, kann er die (präsumtiv blos vorbereitete) Quittung beliebig durchstreichen.**

Vgl. DWO Art. 39, 48.

Wegen anderer Durchstreichungen auf dem Wechsel vgl. oben Fall 40 S. 194 u. Rsp. I S. 41, 42, 211, 213.

Ein vom Beklagten acceptirter Domizilwechsel ist Mangels Zahlung gehörig protestirt worden. Aus der Protesturkunde geht hervor, daß damals eine vom Wechselinhaber (jetzigen Kläger), ausgestellte Quittung — lautend: „Werth empfangen" — auf dem Wechsel gestanden hat. Dieser Quittungsvermerk ist jetzt durchstrichen.

Beklagter wendet ein, die allgemeine Quittung habe den Wechsel seiner Form nach zerstört (Thöl HR B. II § 319), daher erscheine der Protest unstatthaft, auch habe es nicht mehr in der Befugniß des Wechselinhabers gelegen, nach dem Protest die Quittung zu streichen. Beklagter wird verurtheilt.

**Entscheidungsgründe des OHG:**

Die Thatsache, daß der Wechselinhaber eine Quittung auf den Wechsel setzt, begründet an und für sich weder eine Zerstörung des Wechsels, noch eine Entlastung der Wechselverpflichteten; denn so lange der Quittirende den Wechsel in Händen behält und Herr desselben ist, steht ihm frei, die präsumtiv blos vorbereitete Quittung wieder zu durchstreichen und hierdurch werthlos zu machen. Es ist deshalb im Wechselrecht grundsätzlich anerkannt, daß die auf einem Wechsel befindliche Quittung, welche durchstrichen ist, als nicht vorhanden gelte. Wendet man diese Grundsätze auf vorliegenden Fall an, so ist die Wechselklage mit Recht als begründet erkannt worden.

Die Urkunden, auf welche die Klage sich gründet, — der Wechsel und die Protesterhebung — entsprechen, so wie sie vorliegen, nach Form und Inhalt den gesetzlichen Anforderungen . . .

Wenn nun hervorgehoben wird, es sei durch die Protesturkunde das Vorhandensein einer unversehrten Quittung festgestellt, und hiermit dem Bekl. ein wohlerworbenes Recht erwachsen, den Wechsel als formell unwirksam anzugreifen, welches Recht durch die spätere Streichung der Quittung nicht mehr habe alterirt werden können*: so ist diese Anschauung eine völlig unrichtige.

Es ist ein im kaufmännischen Verkehr nicht ungewöhnliches und aus der Bestimmung des Art. 39 DWO, daß der Wechselschuldner nur gegen Aushändigung des quittirten Wechsels zu zahlen brauche, sehr erklärliches Verfahren, daß der Inhaber des Wechsels, um diesen einzukassiren, im Voraus seinen Quittungsvermerk auf denselben setzt und ihn so zur Zahlung präsentiren läßt.

Der Wechselinhaber riskirt hierbei nichts, da er, falls Zahlung nicht erfolgt, sofort den Quittungsvermerk streichen und hierdurch unschädlich machen kann; auch ist klar, daß wer einen von ihm selbst quittirten Wechsel mit der Aufforderung zum Zahlen präsentiren läßt, hiermit auf das unzweideutigste ausspricht, daß die fragliche Quit-

* Derselbe Einwand war aus einer auf der Rückseite eines Eigenwechsels stehenden Quittung bereits in der Appellsache Müller und Sohn ⁒. N. Alexander (Nr. 55 v. 70; I. Instanz: Kreisgericht Sonneberg, II. Instanz: App.-Ger. Hildburghausen) erhoben worden. Hier sagte das OHG Plen. Erk. v. 20. Jan. 71 bei der Verwerfung: Selbst wenn der auf dem Klagewechsel stehende Quittungsvermerk des letzten Indossatars T. B. vollständig wäre, würde er die Legitimation der Kläger nicht beeinträchtigen, da unstreitig Beklagter nicht Zahlung geleistet hat, und daß T. B. vom Aussteller Zahlung empfangen habe, aus dem Vermerk nicht erhellt; die von Anderen empfangene Zahlung aber selbstverständlich den Regreß gegen die Vormänner des Zahlenden nicht ausschließt (vgl. Rspr. I S. 355). Der Vermerk ist aber überdies unvollständig; denn vor T. B. steht „p. P." und diese Formel erfordert zur Vollständigkeit nothwendig den — hier durchstrichenen, also als nicht geschrieben zu erachtenden — Namen des Prokuristen.

tung nur eine vorläufige, für den Fall der Zahlung beisetzte, im Falle der Nichtzahlung aber wieder zu löschende sei.

Wenn nun aus vorliegender Protesturkunde erhellt, daß Kläger seinen Wechsel mit Quittungsvermerk versehen zur Zahlung präsentiren ließ, daß aber Zahlung verweigert wurde, und in Folge dessen der mit jenem Vermerk versehene Wechsel in den Händen des Inhabers blieb: so ist hiermit im Grunde nichts weiter bewiesen, als daß die Voraussetzung, unter welcher die Quittung beigesetzt war, nicht eingetreten sei; es ist aber offenbar die Folgerung nicht berechtigt, daß die spätere Durchstreichung, welche der Inhaber des Wechsels seinem Recht gemäß vornahm, als ungiltig zu betrachten sei.

## Nr. 46.

## II. Senat. — Erkenntniß v. 9. September 71. (B.)

A. v. Reck ·/. Löwenthal Söhne (Nr. 332 v. 71).

**Preußen (Frankfurt.)** **Ober-Appellation.**

I. Instanz: Stadtgericht Frankfurt a. M.
II. Instanz: Appellationsgericht daselbst.

**Vertragsauslegung, Traktate, Probezeit. Entlassung eines Handlungsgehilfen. Konventionalstrafe und Vertragserfüllung.**

**1) Die Vertragsauslegung bestimmt sich in Handelssachen wesentlich durch den Willen (die Intentionen) der Parteien.**

HGB Art. 278 (vgl. Rspr. I S. 29, 92, 150; II S. 33, 245). Anwendung auf die Unterscheidung bloßer Traktate von wirklichem Vertragsschluß, auf eine Probezeit, auf die Bedeutung einer Konventionalstrafe.

**2. Ob ungehöriges Verhalten eines Handlungsgehilfen den Prinzipal nur zur (vertragsmäßig vorbehaltenen) Kündigung oder zu sofortiger Dienstentlassung berechtigt, hat der Richter im Einzelfalle nach seinem Ermessen zu beurtheilen.**

HGB Art. 62, 64; vgl. oben S. 45.

### 3. Gemeinrechtlich können regelmäßig Konventionalstrafe und Vertragserfüllung nicht vereint gefordert werden*.

L. 115 § 2 Dig. 45, 1.

v. Savigny Obligationenrecht II S. 275 ff.

Vgl. Windscheid Pandekten § 285 Nr. 4, B. II S. 102.

Auch auf dem Gebiet des Handelsrechts ist die Anwendung dieses Grundsatzes nicht ausgeschlossen.

HGB Art. 1, 284.

Kläger war 1869 von der beklagten Weinhandlung zu Frankfurt a. M. auf 3 Jahre als Geschäftsreisender angenommen worden, wurde aber schon nach Ablauf eines Vierteljahres aus dieser Stellung entlassen. Er forderte und erstritt die für jede Vertragsverletzung bedungene Konventionalstrafe von 1000 Thalern, wurde dagegen in II. Instanz mit dem gleichzeitigen Anspruch auf Gehalt für das zweite Quartal sowie mit der Forderung einer Entschädigung v. 500 Thlrn. abgewiesen. Letztere war ihm vertragsmäßig, nach Ablauf der Kontraktszeit, dafür zugesichert worden, daß er innerhalb eines Jahres nach dem Ausscheiden aus dem beklagten Hause in kein gleichartiges Geschäft eintreten durfte.

Beiderseitige Oberappellation blieb ohne Erfolg.

#### Gründe des OHG:

I. (Auf die Oberappellation der Beklagten).

a) Beklagte kommt wiederholt auf die von den Vorderrichtern beseitigte Behauptung zurück, die Urkunde v. 8. Mai 69 enthalte keinen bindenden Vertrag, vielmehr nur die Feststellung der Grundzüge eines erst künftig zu schließenden Vertrages.

Diese Behauptung verdient in der That keine Berücksichtigung.

Wenn aus der Korrespondenz v. 5. und 6. April 69 hevorgeht, daß damals unter den Parteien über einen

* Ebenso nach § 1428 kgl. sächs. bürgerl. GB und Art. 1226, 1228, 1229 des Code civil. Anders nach ALR I. 5 § 292, 306, 311.

künftigen Vertrag und dessen Modalitäten unterhandelt wurde: so liegt nichts näher als die Annahme, daß die unterm 8. Mai zu Stande gekommene, von beiden Theilen vollzogene und das Dienstverhältniß nach allen Seiten hin erschöpfend regulirende Vereinbarung gerade jener [brieflich] vorbehaltene Vertrag ist. In der Urkunde wird keineswegs gesagt, daß man hier einstweilen die Grundzüge eines noch zu schließenden Vertrages aufzeichne, den Eintritt der beiderseitigen Verpflichtungen aber abhängig mache von der Vollziehung des demnächst noch abzuschließenden Vertrages. Es wird vielmehr einfach gesagt:

> Unter dem heutigen Datum wurde . . . nachfolgender Vertrag vereinbart und vollzogen.

Es folgt dann das Detail der Vertragsbedingungen und darauf Datum und Unterschrift der Parteien.

Es liegen hier alle Elemente eines giltigen Vertrages vor, und es hat keinen Sinn, wenn Beklagte darauf beharrt, diese Vereinbarung nicht einen Vertrag, sondern eine Punktation nennen zu wollen.

b) In Betreff der Auslegung des § 6 dieses Vertrages und der daran sich knüpfenden Frage, ob durch denselben der Beklagten ein Kündigungsrecht nach Ablauf eines halben Jahres oder zu jeder Zeit während des ersten halben Jahres verliehen worden sei, ist der Beklagten die Widerlegung der Ausführungen der vorigen Richter nicht gelungen.

Wenn im § 6 das erste halbe Jahr als Probezeit bezeichnet wird, so hat dies, wie die Folge erkennen läßt, keinen weiteren Sinn, als daß zu Ende dieses Zeitabschnitts beide Theile kündigen können. Dies schließt nicht aus, daß im Uebrigen auch schon im ersten halben Jahre das vereinbarte Vertragsverhältniß als solches giltig ist. Im § 1 ib. wird gesagt: Das Engagement (als ein einheitliches Verhältniß) dauere drei Jahre, vom 1. Mai 69 beginnend und am 1. Mai 72 endigend, was mit der Voraussetzung nicht vereinbar ist, daß die sogenannte Probezeit in dem Sinne zu verstehen sei, daß während derselben nur ein thatsächliches Versuchs-Verhältniß, dem nach Willkür beider Theile in jedem Augenblick ein Ende gemacht werden könnte, bestehen solle.

Es hat denn auch Beklagte die von ihr in Anspruch genommene Befugniß, den Kläger ohne Weiteres zu entlassen, nicht so sehr aus dem § 6 der Vertragsurkunde v. 8. Mai 69 als daraus hergeleitet, daß diese Urkunde überhaupt nur eine interimistische Feststellung der Vertragspunkte, keinen bindenden Vertrag enthalten habe.

Ist diese Ansicht aber, wie unter a) schon ausgeführt, verwerflich, ist der Vertrag v. 8. Mai 69 in allen Theilen bindend und der § 6 desselben dahin zu verstehen, daß er beiden Theilen das Recht der Kündigung nach Ablauf des ersten halben Jahres verleiht: so hat die Beklagte dadurch, daß sie den Kläger vor der bestimmten Zeit „vollkommen entlassen und jede Verbindung mit ihm aufgelöst" hat, daß sie ihm auch die Auszahlung des ihm gebührenden Gehalts verweigert hat und bis jetzt noch verweigert, gegen den Vertrag verstoßen und ist demzufolge der im § 7 vereinbarten Konventionalstrafe verfallen, welche in der betr. Vertragsklausel ohne Unterschied auf jede Verletzung des Vertrages gesetzt ist. Daß diese Klausel sich auf den Gesammtinhalt aller vorausgegangenen sechs §§ bezieht, ist augenscheinlich. Gänzlich unhaltbar ist der Versuch der Bekl., dieselbe auf die unmittelbar vorher erwähnte Pflicht des Nichteintretens in ein gleichartiges Geschäft nach erfolgtem Austritt aus dem Geschäft der Bekl. zu beschränken.

c) Anlangend die Frage, ob das Verhalten des Klägers während der Zeit, wo er im Dienst der Bekl. thätig war, dieser nach den allgemeinen Grundsätzen des Handelsrechts (Art. 62 und 64 HGB) eine Berechtigung, das Dienstverhältniß vor der bestimmten Zeit aufzuheben, geboten, kann ebenfalls auf die Gründe des I. Richters verwiesen werden. Es konzentrirt sich die diesfällige [juristisch uninteressante] Beurtheilung auf das Resultat, daß, mochte Beklagte, in dem für Kläger ungünstigsten Falle, genugsame Veranlassung haben, von der ihr zustehenden Kündigungsbefugniß Gebrauch zu machen, doch keineswegs das Verhalten des Klägers ein solches gewesen ist, daß es sich dem richterlichen Ermessen* als ein zur Aufhebung des Dienstverhältnisses vor der bestimmten Zeit im Sinne der Art. 62, 64 HGB berechtigendes darstellte.

II. (Auf die Oberappellation des Klägers).

a) Die erste Beschwerde des Klägers bezieht sich darauf, daß Beklagte neben der Konventionalstrafe nicht auch zur Bezahlung des geforderten Gehaltsquartals verurtheilt worden.

Die Beschwerde ist nicht begründet.

Daß Konventionalstrafe und Erfüllung im Zweifel nicht vereint gefordert werden können, ist gemeinrechtlicher Grundsatz; L. 115 § 2 Dig. 45, 1. Die Anwendbarkeit dieses Grundsatzes ist in dem Gebiet des Handelsrechts nicht ausgeschlossen**. Demselben ist insbesondere durch die speziellen Bestimmungen des Art. 284 HGB nicht derogirt. Es muß also auch hier dargethan werden, daß der (nach Art. 278 HGB vor Allem maaßgebende) Wille der Parteien dahin gegangen sei, daß die Konventionalstrafe mit und neben der Erfüllung solle gefordert werden können. Gründe, die hierfür sprächen, liegen nicht vor, vielmehr spricht die ungewöhnliche Höhe der Kon-

* Vgl. oben Fall Nr. 11 S. 45.

** Durch vorbehaltlose Annahme der Erfüllung verzichtet der Betreffende auf die etwa zu seinen Gunsten verwirkte Konventionalstrafe. Mit Bezug auf § 307 ALR I. 5 in der westpreuß. Getreide-Handelssache Cohn ./. Zollenkopf (OHG Nr. 211 v. 71) angenommen durch Erk. v. 9. Mai 71.

ventionalstrafe dagegen und für die Ansicht, daß die Parteien das zu prästirende Interesse haben feststellen wollen.

b) Bei Beurtheilung der Frage, ob dem Kläger die Entschädigung von 500 Thlrn. nur für den Austritt nach Ablauf der Kontraktszeit von drei Jahren zugesagt war, oder ob er dieselbe auch schon bei einem Austritt, wie er jetzt erfolgt ist, fordern kann, muß vor Allem der Gesichtspunkt festgehalten werden, daß der Wortlaut des betr. § 7, welcher allerdings ohne Unterschied vom Austritt des Klägers spricht, nicht das Entscheidende sein kann, vielmehr hier vorzugsweise darauf zu sehen ist, woran die Parteien bei Abfassung dieser zunächst das Interesse der Beklagten zu wahren bestimmten Klausel gedacht haben, und dies ist doch augenscheinlich der Fall des regelmäßigen Verlaufs des ganzen Vertragsverhältnisses und des darauf erfolgenden Ausscheidens des Klägers, da einerseits nur für diesen Fall in der That bei dem Kläger eine so umfassende Bekanntschaft mit den Geschäftsverhältnissen seines Prinzipals vorauszusetzen war, daß deren Verwerthung in einem fremden Geschäft der Bekl. wesentlich nachtheilig werden konnte, und andererseits sich nicht annehmen läßt, daß es in der Intention der Parteien gelegen haben könne, dem Kläger die Möglichkeit zu gewähren, seinerseits durch Benutzung der halbjährigen Kündigungsbefugniß nach so kurzer Dauer des Vertragsverhältnisses auf die Entschädigung von 500 Thlrn. als auf einen Gewinn gewissermaaßen rechnen zu können.

## Nr. 47.

## II. Senat. — Erkenntniß v. 9. Sept. 71. (V.)

Gebr. Ginsberg ./. Oberschlesische Eisenbahngesellschaft und Max Rogge (Nr. 353 v. 71).

**Preußen.** **Nichtigkeitsbeschwerde.**

I. Instanz: Stadtgericht Breslau,
II. Instanz: Appellationsgericht daselbst.

Bahnfrachtgut, unterlassene Einziehung von Nachnahmen bei der Auslieferung, Schadenersatz.

**1. Mit Nachnahme beschwertes Frachtgut dürfen Eisenbahnen nur gegen Zahlung des Nachnahmebetrages verabfolgen, sonst sind sie schadenersatzpflichtig.**

HGB Art. 382, 409, 410, 421 Abs. 1.

Vgl. Vereins-Güter-, bzw. Betriebs-Reglement v. 3. Sept. 65 § 9.

**2. Wie bestimmt sich in solchem Falle die Schadenersatzleistung?**

Mittelst Frachtbriefs fv. 12. März 69 haben Kläger der Oberschlesischen Bahn eine Ladung Bretter zur Beförderung von Sosnowice nach Breslau an M. Rogge übergeben unter dem ausdrücklichen Bedingen, daß die Auslieferung der Bretter an Rogge nur gegen Zahlung einer Nachnahme von 150 Rubeln erfolgen solle. Die Bretter sind nach Breslau gegangen, aber ohne Erhebung des aufgegebenen Betrages dem Adressaten ausgeantwortet worden.

Kläger beanspruchen jetzt von der Bahn ihre Nachnahmesumme, Beklagte hat den M. Rogge als Streitgenossen beiladen lassen. Der I. Richter verurtheilt die Beklagte, der II. erkennt auf Abweisung des Klägers. Das OHG hat das Appellurtel wegen Omittirung eines erheblichen Beweismoments (vgl. Rspr. I S. 97 n., 396) vernichtet und die Sache zu anderweitiger Entscheidung in die Vorinstanz zurückgewiesen. In der Sache selbst lauten die

Gründe des OHG:

Kläger haben ihren Anspruch zunächst auf den Begriff der Nachnahme, die Bestimmungen des HGBs und den allgemeinen Handelsgebrauch über die Behandlung der Nachnahme gestützt, sodann aber darauf, daß durch die Schuld der Beklagten ihnen ein Schade zugefügt worden, indem die für gewisse Auslagen als Pfand haftenden Bretter von der Beklagten an den Adressaten Rogge ausgeliefert worden, ohne jene Auslagen von Rogge einzuziehen; den Klägern somit das Pfandobjekt durch Schuld der Bekl. entzogen sei.

Der Appellrichter hat nun den Anspruch, soweit er auf das erste Fundament gegründet ist, für unbegründet erklärt, weil hier von einer „Nachnahme" nicht die Rede sein könne, die nur dann anzunehmen sei, wenn die Waare durch die Hände mehrerer Spediteure gegangen und der Vormann wegen seiner Forderung an Provision, Auslagen, Kosten 2c. vom Nachmann befriedigt sei.

Inwieweit diese Ausführung sich mit den Bestimmungen der Art. 382 f. HGB (vgl. auch Erk. des Berliner OTr. v. 23. Nov. 58, Entsch. B. 39 S. 274) vereinigen läßt, muß dahingestellt bleiben; Kläger haben dagegen einen Angriff nicht gerichtet, sich bei der Zurückweisung ihres Anspruchs auf unbedingte Zuerkennung der ganzen Nachnahme beruhigt, und sie verfolgen den Anspruch nur noch aus dem anderen eventuellen Fundament, insoweit der Werth der fragl. Bretter die Summe von 150 Rubeln erreicht.

Darin aber, daß der Anspruch von diesem Gesichtspunkt aus begründet ist, muß der Ausführung des Appellrichters beigetreten werden. Jedenfalls liegt in der Uebernahme der Bretter zur Beförderung an Rogge auf Grund des Frachtbriefs mit Rücksicht auf den in letzterem enthaltenen Vermerk:

„Gesammt-Nachnahme 150 Rubel"

auch die Uebernahme des Auftrages, die Bretter an Rogge nur gegen Zahlung dieser 150 Rubel auszuliefern. Beklagte hat das auch nicht geleugnet, im Gegentheil durch Bezugnahme auf den § 9 des Vereins-Güter-, bzw. Betriebs-Reglements v. 3. Sept. 65 indirekt zugestanden. Denn wenn hiernach die Eisenbahn eine Nachnahme dem Absender nur baar verabfolgen darf, sobald die Zahlung von Seiten des Adressaten bewirkt ist: so ergiebt sich doch jedenfalls das daraus, daß die Bahn auch verpflichtet ist, die Nachnahme vom Adressaten gegen Aushändigung des Frachtguts einzuziehen. Dadurch nun, daß die Beklagte jenem Auftrage zuwider die in Fracht erhaltenen Bretter auslieferte, ohne die 150 Rubel einzuziehen, hat sie sich eines vertretbaren Versehens schuldig gemacht. Nach § 55 ALR I. 13 ist der Bevollmächtigte zu demjenigen Grade von Aufmerksamkeit verpflichtet, wie in seinen eigenen Angelegenheiten, eventuell haftet er nach § 56 für ein mäßiges Versehen.

Wollte man in der Auslieferung des Frachtguts ohne Einziehung der Nachnahme selbst auch nicht grobes Versehen finden: so liegt mindestens darin doch ein mäßiges, und Beklagte muß daher der Klägerin den dadurch erwachsenen Schaden ersetzen. Sie kann sich auch damit nicht entschuldigen, daß der Empfänger des Frachtguts, Rogge, wohlhabend und zur Bezahlung vermögend ist. Nicht hierauf, sondern auf die Verpflichtung des Rogge zur Zahlung kommt es wesentlich und zunächst an. Ein Rechtsverhältniß zwischen Klägerin und Rogge, aus welchem eine Verbindlichkeit zur Zahlung der Nachnahme zu folgern wäre, ist nicht behauptet, von Rogge auch geradezu geleugnet.

Der durch das Versehen der Beklagten für Kläger herbeigeführte Schade besteht — wie bereits angedeutet — somit darin, daß ihnen die Bretter als Pfand ihrer Forderung von 150 Rubeln entzogen sind. Bis zu dieser Höhe würde somit Beklagte Ersatz zu leisten verbunden sein, und kommt es daher wesentlich auf den Werth der Bretter an. Kläger haben behauptet, daß derselbe jedenfalls den Betrag der Nachnahme erreiche, Beklagte hat es bestritten. Ist hiernach die Thatsache erheblich, so folgt daraus auch die Nothwendigkeit einer Beweisaufnahme und anderweitigen Entscheidung in II. Instanz.

Der Beweis ist zwar schon in erster Instanz vorgebracht, der I. Richter erachtete aber die Beweisaufnahme für unerheblich, indem er hauptsächlich aus dem ersten oben angegebenen Klagegrunde die Beklagte zur Zahlung der ganzen 150 Rubel verurtheilte.

## Nr. 48.

## II. Senat. — Erkenntniß v. 9. Sept. 71. (V.)

Behr & Leiser ./. O. Olesen (Nr. 881 v. 71).

**Preußen (Schleswig-Holstein). Nichtigkeitsbeschwerde.**

I. Instanz: Kreisgericht Flensburg,
II. Instanz: Appellationsgericht Kiel.

**Viehhandel. Wandelungsklage, Futterkosten.**

**1. Gemeinrechtlich gilt beim Kauf für den Fall einer Wandelung (Redhibition) der Grundsatz, daß der Käufer aus dem Geschäft ohne allen Nachtheil (indemnis) herauskommen soll.**

L. 23 § 1 u. 7 L. 60 Dig. 21, 1.
Windscheid Pandekten § 394 Nr. 2, B. II S. 442.

**2. Beim Viehhandel ist daher, sobald der Käufer vom Geschäft zurücktritt, ein Anspruch auf Ersatz der Fütterungskosten an sich nicht unstatthaft*. L. 30 § 1 Dig. 21, 1 bestimmt nur, daß, falls Käufer das betreffende Thier benutzt hat oder doch hätte benutzen können, die Vortheile dieser Benutzung gegen die Kosten der Fütterung ꝛc. aufgerechnet werden sollen.**

Wegen des preuß. Rechts vgl. oben Fall 38 S. 187.

Auf dem Roßmarkt zu Halle a. S. hat Beklagter (Händler aus Schleswig) im März 69 ein Pferd verkauft, welches bald darauf als dämpfig (am Kehlkopfspfeifen leidend) befunden worden ist. Der Käufer hat deshalb eine Wandelungsklage erhoben, und Beklagter ist verurtheilt, das Pferd gegen Erstattung des Preises zurückzunehmen,

* Im Allgemeinen ist die gemeinrechtliche Theorie anderer Ansicht, vgl. L. 17 § 2 Dig. 47, 2.

auch die Kosten der stattgehabten thierärztlichen Untersuchung und Begutachtung zu tragen. Kläger beansprucht aber weiter die ihm durch Fütterung, Stallung und Wartung des Thiers erwachsenen Kosten. Die Klage wird in den Instanzen unbeanstandet nach dem Recht von Schleswig-Holstein beurtheilt, und der I. Richter erklärt den Beklagten für schuldig, an Fütterungskosten 15 Sgr. pro Tag zu zahlen; der Appellrichter dagegen weist den Kläger hierin ab, weil nach den Grundsätzen des ädilitischen Ediktes (L. 30 § 1 Dig. 21, 1), wenn das Thier einen Gebrauchswerth habe, ein Ersatz der Futterkosten nicht eintrete, anderer Seits auch eine Vergütung für Benutzung des Thiers nicht geltend gemacht werden könne.

Das OHG hat auf Vernichtung des Appellurtels und Herstellung der I. Entscheidung erkannt

in Erwägung:

1) daß der Appellrichter den Anspruch auf Ersatz der Kosten der Fütterung, Stallung und Wartung des fragl. Pferdes durch die Bestimmung in L. 30 § 1 Dig. 21, 1 an sich für ausgeschlossen erachtet und nur in Ermangelung einer darauf bezüglichen substantiirten Behauptung des Klägers dahingestellt sein läßt, ob ein Ersatz-Anspruch sich durch die Behauptung hätte begründen lassen, daß unter den vorliegenden Umständen eine Benutzung des Pferdes überall nicht oder doch nur in beschränkter Weise möglich gewesen sei;

daß in dieser Ausführung eine Verletzung der citirten L. 30 § 1 durch unrichtige Anwendung gefunden werden muß; daß durch dieses Gesetz der Anspruch auf Ersatz von Fütterungskosten keineswegs unbedingt ausgeschlossen, sondern nur bestimmt wird, daß unter der (allerdings gewöhnlich zutreffenden) Voraussetzung, daß eine entsprechende Benutzung des redhibirten Thiers (ministerium) stattgefunden hat oder doch hätte stattfinden können, die Vortheile dieser Benutzung gegen die Kosten der Fütterung aufgerechnet werden sollen;

daß daher der Appellrichter sich der Prüfung nicht entziehen durfte, ob jene Voraussetzung des Gesetzes in vorliegendem Falle zutraf, ob und inwieweit also ein ministerium stattgefunden oder, obwohl es möglich gewesen, versäumt worden; daß diese Auffassung der gesetzlichen Bestimmung auch den allgemeinen Grundsätzen der Redhibitionsklage, wonach das Geschäft, als wenn gar kein Kauf geschlossen wäre, rückgängig gemacht werden, der Käufer indemnis aus der Sache herausgehen soll, entspricht; daß demnach das Appellurtel zu vernichten war;

2) daß, was die anderweite Entscheidung der Sache betrifft, Parteien darüber einverstanden sind, daß bei der Entscheidung nicht das in Halle geltende preußische ALR, sondern die im Herzogthum Schleswig geltenden Gesetze zur Anwendung zu bringen sind; daß im Herzogthum Schleswig das gemeine Recht zwar nicht unbeschränkt, aber doch, soweit es der Natur der Sache und der Billigkeit entspricht, Gesetzeskraft hat; daß die Bestimmung der citirten L. 30 § 1 aber, wenn man sie in der oben angegebenen Weise interpretirt, als eine der Natur der Sache und der Billigkeit entsprechende anzuerkennen ist;

daß Kläger schon in der Klage zur Fundirung des Anspruchs auf Fütterungskosten behauptet, daß er das kranke Pferd nicht hätte nützen können, und daß diese Angabe vollen Glauben verdient, da das Pferd nach den produzirten ärztlichen Gutachten an Dämpfigkeit (Kehlkopf-Pfeifen) in erheblichem Maaße gelitten hat, und nicht erfindlich ist, wie und wozu Kläger, zumal als Pferdehändler, ein an dieser Krankheit leidendes Pferd hätte benutzen können;

daß Beklagter der Ausführung des I. Richters gegenüber, welcher dem Kläger die vollen Fütterungskosten zusprach, alle Veranlassung gehabt hätte, wenigstens in II. Instanz eine gänzliche Aufrechnung der Fütterungskosten gegen die stattgehabte Benutzung zu beanspruchen, wenn er sich dazu für berechtigt erachtet hätte, daß aber Beklagter nur, die Anträge I. Instanz wiederholend, einen Abzug an der Klageforderung mit Rücksicht auf die Benutzung der Kläger beansprucht, diesen Anspruch aber nicht genügend substantiirt hat;

daß endlich auch der vom I. Richter zuerkannte Betrag nach dem Resultat der Beweisaufnahme motivirt ist.

## Nr. 49.

## I. Senat. — Erkenntniß v. 12. Sept. 71. (V.)

E. Janssen ./. F. C. Schuckardt (Nr. 346 v. 71).

**Preußen (Nassau).** **Nichtigkeitsbeschwerde.**

I. Instanz: Kreisgericht Wiesbaden,
II. Instanz: Appellationsgericht daselbst.

**Handelskauf, Inhaber eines bestimmten Geschäfts als Käufer.**

**Wenn eine Waare nach dem (zweifellos feststehenden) Willen der Kontrahenten an den Inhaber eines bestimmten Geschäfts hat verkauft werden sollen: so ist ein Irrthum des Verkäufers über die Person des Käufers für den Bestand des Vertrages nicht von Bedeutung.**

HGB Art. 278.

Vgl. den Nachtrag unten S. 239 u. Rspr. I Fall 60 S. 347.

Zwei Töchter des Beklagten haben in Wiesbaden bis Anfang 1863 ein offenes Modewaarengeschäft unter der Firma „Geschwister Sch." betrieben. Sie mußten ihre Zahlungen einstellen, und Beklagter übernahm die Handlung, welche er seitdem in demselben Laden, jedoch unter seiner eigenen Firma „F. C. Sch.", fortführt. Für dieses Geschäft nun sind während der Jahre 64 und 65 von den Töchtern des Beklagten wiederholt Waaren beim Kläger entnommen worden. Beklagter verweigert die Bezahlung und will den Verkäufer dieserhalb an seine (insolventen) Töchter verweisen. In I. Instanz verurtheilt, erstreitet er in II. Instanz die Abweisung des Klägers. Das OHG hat das I. Erkenntniß hergestellt.

Gründe:

Wenn in der Klage gesagt ist, daß die beiden Töchter vom Bekl. generell mit der Führung seines Modewaarengeschäfts beauftragt gewesen und daß jene Waaren auf ihre Bestellung zum Betrieb dieses Geschäfts erkauft und geliefert sind; wenn ferner in der Replik hinzugefügt ist, diese Waaren seien auch im Geschäft des Bekl. weiter verkauft und Letzterer habe seine Töchter zu Geschäftseinkäufen jeglicher Art ermächtigt, das Geschäft überhaupt durch sie führen lassen: so verletzt der Appellrichter den Art. 52 HGB, indem er denselben auf den vorliegenden Fall anzuwenden unterläßt.

Nach Vorschrift dieses Artikels wird durch ein vom Handlungsbevollmächtigten vollmachtgemäß abgeschlossenes Rechtsgeschäft der Prinzipal dem Dritten verpflichtet, wenn dasselbe auch nicht ausdrücklich im Namen des Prinzipals geschlossen ist, aber aus den Umständen erhellt, daß es nach dem Willen der Kontrahenten für den Prinzipal geschlossen werden soll.

Daß die Töchter des Beklagten nicht die Absicht gehabt haben, die Modewaaren für ihre Person und Rechnung — und nicht für das Geschäft des Vaters — zu beziehen, ist als feststehend anzunehmen.

Denn während die vom Kläger an sie gerichteten Fakturen und Mahnbriefe regelmäßig an Fräulein „Geschw. Sch.“ (die erloschene Firma) adressirt sind, tragen ihre . . . Bestellbriefe und Stundungsbitten regelmäßig die Unterschrift „F. C. Sch.“, also die Firma des Beklagten.

Daß aber auch Kläger in dem mehrjährigen Geschäftsverkehr Willens gewesen ist, die Waaren dem Inhaber des derselben bedürftigen Geschäfts — also des bestehenden, nicht des erloschenen Geschäfts —, nicht aber persönlich dem jeweiligen Besteller oder Schreiber der Bestellbriefe zu verkaufen, sich also wegen der Bezahlung an den Geschäftsinhaber zu halten, ist nicht minder selbstverständlich. Die Annahme des Gegentheils würde dem im Handelsverkehr Gewöhnlichen widersprechen, diese Ausnahme * und ihre thatsächliche Begründung also hier besonders festzustellen gewesen sein, — was nicht geschehen. Freilich muß in der Regel Derjenige als der gewollte Käufer angesehen werden, auf dessen Namen die Faktur gestellt und die Post gebucht ist; und hier hat Kläger die Fakturen für „Fräulein Geschwister Sch." ausgestellt, an sie Mahnbriefe geschrieben und sie wegen der jetzt eingeklagten Schuld sogar mit Klage und Exekution verfolgt. Aber diesen Umständen hat der Appellrichter mit Recht entscheidende Bedeutung nicht beigelegt. Denn offenbar hat Kläger irrthümlich die frühere Geschäftsfirma als noch bestehend erachtet, und mit ihr die Friederike und Marie Sch. nicht für ihre Person, sondern als Geschäftsinhaber bezeichnen wollen, sie auch in dieser vermeintlichen Eigenschaft früher belangt. Wenn aber nach dem Willen der Kontrahenten aus einem Kauf der Inhaber eines Handelsgeschäfts, nicht sein Bevollmächtigter, berechtigt und verpflichtet sein soll: so ist es für diese Verpflichtung des Prinzipals ohne Bedeutung, ob der Verkäufer den Gegenkontrahenten für den Vertreter oder irrthümlich für den Geschäftsinhaber selber gehalten hat. Denn ein derartiger Irrthum in der Eigenschaft einer Person ist auf den Bestand des Rechtsgeschäfts in der Regel ohne Einfluß,

vgl. Treitschke Kaufkontrakt, 2. Auflage S. 80,
Windscheid Pandekten, 3. Auflage S. 181, n. 6 am Ende;

wennschon unter Umständen der Vertreter, um seine

* Vgl. Rspr. II S. 347 Grundsatz 3.

persönliche Haftbarkeit auszuschließen, sich als Bevollmächtigter zu erkennen geben muß.

Vgl. Laband in Goldschmidt's Ztschr. X S. 216, 217 (auch VII S. 610);
Anschütz u. v. Völderndorff Komm. I S. 390, 391;
Windscheid a. a. O. S. 173 und n. 15.

Genügte aber zur Begründung der Haftpflicht des Bekl. bei der vorliegenden Sachlage die Thatsache, daß nach dem Willen der Kontrahirenden an den Inhaber des Geschäfts verkauft sein sollte, und daß die Waare an dessen Bevollmächtigte in der That geliefert ist: so fordert der Appellrichter mit Unrecht die Aufstellung der Behauptung, daß und wodurch dem Kläger bei den einzelnen Kaufabschlüssen die Vollmachtsertheilung des Bekl. an die Töchter bekannt gewesen sei. Nicht auf diese Bekanntschaft, sondern auf den Willen der Kontrahirenden, daß an den Prinzipal des Geschäfts verkauft sein soll, kommt es an. Daß dieser Wille gefehlt habe, ist vom Appellrichter nicht festgestellt. Er hat in dieser Beziehung nur die bestimmte Behauptung vermißt, daß der Beklagte persönlich oder als Inhaber der Firma als Käufer „aufgetreten" sei, und er findet dieser nothwendigen Behauptung widersprechend, daß die Waare an die Geschwister Sch. geliefert ist. Auch hierdurch hat er, wie die NktBschw. mit Recht rügt, rechtsgrundsätzlich gefehlt, weil mit der Haftpflicht des Prinzipals als Käufers die Ablieferung der erkauften Waare an seinen Handlungsbevollmächtigten rechtlich nicht im Widerspruch steht; Art. 47, 52 HGB.

Das Appell-Erkenntniß war hiernach zu vernichten, in der Sache selbst aber das I. Urtel herzustellen. Denn letzteres ist — entsprechend dem vorliegenden Thatbestand — rechtlich begründet.

Entscheidend sind namentlich folgende Thatsachen: Es existirte zur Zeit der fragl. Lieferungen in Wiesbaden nur ein unter dem Namen Sch. geführtes Geschäft, und zwar dasjenige, dessen eingetragener Inhaber der Beklagte war. Aus den Zeugenaussagen erhellt, daß die Töchter des Bekl. seit 1863 nicht etwa ein eigenes Geschäft betrieben, sondern das des Vaters mit seiner Gutheißung geführt haben. Sie haben auch mit dem Kläger nicht unter eigenem Namen, sondern unter der Firma des Vaters korrespondirt, und Letzterer hat 1867 oder 1868 bei der vom Kläger gegen die Töchter bewirkten Auspfändung intervenirend erklärt:

> seine Töchter hätten seit ihrem Konkurse (1862/63) kein Vermögen mehr; was sie benutzten, sei sein Eigenthum.

---

## Nachtrag.

In der Revisionssache B. Cohn ·/. A. F. Dinglinger (Nr. 670 v. 71, I. Instanz: Kreisgericht Hirschberg) hat der II. Senat des OHG durch bestätigendes Erk. v. 23. Dez. 71 einen ähnlichen Fall entsprechend entschieden.

Die Berliner Firma A. F. D. (eine seit 1865 von der Wittwe D. und dem Kaufmann P. geführte Societätshandlung) hat eine Fabrik in Hirschberg. Von ihrem dortigen Fabrikdirektor soll 1867 Beklagter, ein Hirschberger Kaufmann, 13 Ballen Waare gekauft und erhalten haben, deren Preis eingefordert wird.

Der die Klage führende Sachwalter bezeichnete irrthümlich den (bereits 1860 gestorbenen) Kaufmann A. F. D. zu Berlin als Partei, und es ward durch rechtskräftig gewordenes Urtel v. 26. Juni 68 auf einen Ignoranzeid für den Kläger erkannt. Nun stellte sich heraus, daß die Inhaber der Firma Kläger waren; der Prozeßrichter nahm ihnen ohne Weiteres den Eid ab. Das Obertribunal zu Berlin vernichtete aber den erlassenen Purifikationsbescheid unterm 16. Juli 70, weil beim Widerspruch des Beklagten darüber, ob der entscheidende Eid durch die Inhaber der Handlung A. F. D. mit rechtlicher Wirkung gegeleistet werden könne, hier durch Erkenntniß, vorbehaltlich der ordentlichen Rechtsmittel, zu entscheiden sei (vgl. Rspr. II S. 160, 162 n., 343).

Die Sache durchlief jetzt von Neuem die gesetzlichen Instanzen und kam so an das OHG, welches (mit dem Appellrichter) den geleisteten Eid für ausreichend erachtete.

Gründe des OHG:

Der [offenbare] Irrthum des Sachwalters ist für die materielle Entscheidung völlig einflußlos. Es ist durchaus unwahrscheinlich, daß der Bekl. sich in gleichem Irrthum über die Person des Klägers befunden und nicht gewußt haben sollte, daß nur die Handlung A. F. D. klage, mit der er ja verschiedentlich in Geschäftsverbindung gestanden.

In der Sache selbst hat Beklagter durchaus keinen Einwand erhoben, der sich etwa gegen die Person des Inhabers der Handlung oder der Fabrik richtete, ebensowenig wie aus dieser Person irgend ein Moment für Begründung des Klageanspruchs hergenommen war... Verkäufer ist der Eigenthümer der Fabrik zur Zeit des Vertragsschlusses im Sept. 67, dieses aber unbestritten die Handlung A. F. D. Es ist somit ein für die Entscheidung unerheblicher Irrthum, daß als der zur Einklagung des Kaufgeldes berechtigte Verkäufer der Kaufmann A. F. D. (statt der Handlung) genannt worden. Der Verbesserung dieses Irrthums steht die Rechtskraft des Erk. v. 26. Juni 68 nicht entgegen.

Es fragt sich aber weiter und nur darüber haben die Parteien als den Hauptpunkt jetzt gestritten, ob der Verkaufsvertrag durch den Eid der Wittwe D. und des Kaufmanns P. festgestellt werden konnte, da das rechtskräftige Erk. v. 26. Juni 68 diese Feststellung doch von einem Eide des Kaufmanns D. abhängig machte. In dieser Beziehung kommt allerdings die Person wesentlich in Betracht. Der erkennende Richter hat unzweideutig dem Kläger als

Verkäufer und Eigenthümer der Fabrik den Erfüllungseid zuerkannt. Beklagter hat aber auch in dem nachträglichen Verfahren darüber, ob der Eid von den Inhabern der Fabrik zu leisten, durchaus keinen Umstand angeführt, welcher irgend der Verstattung der richtigen Verkäufer zu jenem Eide entgegenstände. Es hätte dagegen ein Bedenken erhoben werden können, wenn dadurch die Beweisführung der Gegenpartei zum Nachtheil des Bekl. erleichtert wäre. Die AGO bestimmt wenigstens Th. I Tit. 22 § 7 für einen ähnlichen Fall:

Wenn jemand, dem ein nothwendiger Eid, welchen er de veritate leisten könnte, zuerkannt worden, vor dessen Ableistung verstirbt.. und die Erben den Eid nur de ignorantia würden leisten dürfen: so steht dem Gegentheile frei darauf anzutragen, daß Akten zum Erkenntniß über die Frage, ob nicht nunmehr er selbst zur Ableistung des entgegengesetzten Eides de veritate zu lassen sei, anderweit vorgelegt werden.

Es würde kaum etwas dagegen zu erinnern gewesen sein, diese Bestimmung auch analog in vorliegendem Falle anzuwenden, wenn der Eid dem Kaufmann A. F. D. de veritate auferlegt worden wäre. Allein das betr. Erk. macht die Verurtheilung des Bekl. nur von der Ableistung eines Ignoranzeides des Kaufmanns A. F. D. abhängig. Es hätte daher, als der Irrthum in Bezeichnung des Klägers zur Sprache kam, ohne jeden Nachtheil für den Bekl. der fragl. Eid den richtig bezeichneten Inhabern der klagenden Handlung auferlegt werden können und müssen. Beklagter hat von diesem Gesichtspunkt aus einen Einwand gegen Verstattung der Handlungsinhaber zum Erfüllungseide nicht erhoben und sucht jetzt in der Revisionsschrift nur auszuführen, daß Kläger abgewiesen werden müsse, weil nicht blos die Person des Klägers, sondern auch das Fundament des Anspruchs sich wesentlich ge=

ändert habe. Beides ist unrichtig. Wie gezeigt, liegt in der Bezeichnung des Kaufmanns A. F. D. als Klägers nur eine, nicht einmal wesentliche, Verwechselung mit Handlung A. F. D., eine Aenderung in der Person des Klägers ist somit nicht eingetreten. Noch weniger ist das Rechtsgeschäft ein anderes geworden, Beklagter ist hiefür den Nachweis schuldig geblieben....

Es handelt sich nun nicht blos darum, die klagende Partei anders und der Sachlage entsprechend richtig zu bezeichnen, sondern auch und hauptsächlich darum, von wem der erkannte Eid zu leisten. Denn aus der Substituirung von Handelsgesellschaft für Kaufmann A. F. D. würde von selbst und nothwendig noch nicht folgen, daß der Eid von der Wittwe D. und dem Kaufmann P. zu leisten sei. Es hätte somit nur fraglich sein können, ob etwa das Erk. darauf zu beschränken gewesen, daß der Eid von den Inhabern der Handlung zu leisten sei, so daß dann noch die Abfassung einer besonderen Purificatoria erforderlich gewesen wäre. Es liefe das aber auf einen leeren, durch eine Prozeßvorschrift nicht gerechtfertigten Formalismus hinaus.

Den Parteien, insbesondere dem Bekl. und jetzigen Beschwerdeführer, ist in den zulässigen Instanzen genügend Gelegenheit gegeben, Umstände geltend zu machen, welche etwa der Verstattung der Inhaber der Handlung, der Wittwe D. und des Kaufmanns P., zur Ableistung des fragl. Eides entgegenständen. Er hat aber, wie schon bemerkt, durchaus nichts angeführt, was die Entscheidung in dieser Beziehung bedenklich machen könnte. Wenn überhaupt die streitige Thatsache durch Ignoranz-Eid des Klägers festgestellt werden konnte, muß die Ableistung durch beide Socien für den Bekl. noch eine größere Garantie gewähren.

Ob der Eid im Laufe des Prozeßverfahrens oder nach rechtskräftiger Entscheidung darüber, von wem derselbe zu leisten sei, geschworen worden, ist für die Feststellung der zu beschwörenden Thatsache materiell von keiner Bedeutung. Der Eid ist von beiden Inhabern der Handlung A. F. D. in gehöriger Form geleistet und dadurch die Thatsache festgestellt, von welcher die Verurtheilung des Bekl. nach der rechtskräftigen Entscheidung v. 26. Juni 68 abhängig gemacht ist. Eine nochmalige Ableistung, nachdem die Zulässigkeit der Eidesleistung durch die Inhaber der Handlung erkannt worden, würde eine ganz unnöthige Vervielfältigung der Eide enthalten. Mit Recht hat daher der Appellrichter eine nochmalige Eidesleistung für überflüssig erklärt und die Verurtheilung des Bekl. ausgesprochen, wie im Erk. v. 26. Juni 68 für den Schwörungsfall erkannt war.

## Nr. 50.

## I. Senat. — Erkenntniß v. 12. Sept. 71. (B.)

Schwarzmann ./. Badischen Eisenbahn-Fiskus (Nr. 350 v. 71.)

**Baden.** **Oberberufung.**

I. Instanz: Civilkammer } des Kreis- und Hofgerichts
II. Instanz: Appellations-Senat } Offenburg.

**Frachtgeschäft der Eisenbahnen. Schadenersatz bei böslicher Handlungsweise.**

**Eine bösliche Handlungsweise der Bahnverwaltung, welche die volle Haftpflicht für alles Frachtgut begründet und eine Berufung der Bahn auf den sogen. Normalentschädigungssatz ausschließt, ist darin zu finden, daß Bahnbeamte aus Bequemlichkeit, Unbesonnenheit oder gewissenloser Gleichgiltigkeit (obschon aus Anlaß einer Geschäftsüberhäufung) eine ihnen bekannte Gefahr herbeiführen oder abzuwenden unterlassen, mögen dieselben auch im entscheidenden Zeitpunkt der (voraussichtlichen oder doch möglichen) Folgen ihres Verhaltens sich nicht klar bewußt gewesen sein.**

HGB Art. 427 Schlußsatz (vgl. 396 Abs. 5).

Auf der Odenwalder Badischen Staatsbahn sind durch Zusammenstoß zweier Züge am 15. Okt. 69 neun Kisten Baumwollengarn theils vernichtet, theils beschädigt worden.

Der Absender dieser Waaren belangt jetzt den großherzoglich badischen Eisenbahn-Fiskus auf Ersatz des gemeinen Handelswerths der Garne (am Abgangsorte) und 6% Zinsen seit dem Tage der Schadenszufügung.

Beklagter will den Schaden nur nach dem üblichen Normalsatze (HGB Art. 427 Nr. 1) vergüten, also nach Verhältniß einer Werthberechnung von 20 Thlrn. pro Centner, und nur abzüglich des Verkaufserlöses der beschädigten Güter. Der I. Richter verurtheilte nach dem Klageantrage, und das Appellurtel hat dies nur, einer Vereinbarung der Parteien entsprechend, dahin modifizirt, daß Kläger den ihm auszufolgenden Erlös aus den beschädigten Waaren sich abrechnen zu lassen habe.

Das OHG erkannte bestätigend.

**Gründe:**

Beklagter hat rechtzeitig Oberberufung eingelegt, weil der Fall einer „böslichen Handlungsweise der Eisenbahnverwaltung oder ihrer Leute" (HGB Art. 427 Schlußsatz) nicht vorliege, daher es bei der reglementsmäßigen Beschränkung der Haftpflicht auf den Normalsatz sein Bewenden behalte.

Unter den Parteien wird darüber gestritten, ob der Begriff der „böslichen" Handlungsweise — neben der Arglist (dolus) — jede grobe Nachlässigkeit (lata culpa) umfaßt oder sich auf eine besonders ausgezeichnete Art derselben, die sogenannte luxuria — eine im Bewußtsein der Gefahr sich über dieselbe frevelhafterweise hinwegsetzende Handlungsweise — beschränkt*. Zur Entscheidung dieser Frage bot indessen der vorliegende Fall keine Veranlassung, da sowohl der Zugmeister B., welcher den Personenzug

* Vgl. Rspr. II S. 9.

leitete, wie der Stationsbeamte von Königshofen, welcher die Abfahrt des Personenzuges daselbst zu überwachen hatte, ersichtlich sich jener frevelhaften Handlungsweise schuldig gemacht haben, welche unzweifelhaft als „böslich" im Sinne des Gesetzes zu betrachteh ist.

Es steht fest, daß der Zusammenstoß des von Heidelberg nach Würzburg fahrenden Güterzuges Nr. 67, auf welchem sich die beschädigten Waaren befunden haben, mit dem von Würzburg nach Heidelberg fahrenden Personenzuge auf der nur eingeleisigen Strecke der Odenwalder Bahn bei Unterschüpf am 15. Oktober 69 dadurch herbeigeführt worden ist, daß der Zugführer des Personenzuges es unterlassen hat, am instruktionsmäßigen Kreuzungspunkt Königshofen die Ankunft des von der entgegengesetzten Richtung kommenden Güterzuges abzuwarten; daß ferner, nach dem bis zum 15. Okt. 69 geltenden Sommerfahrplan der Güterzug Nr. 67 ein außerordentlicher oder sogenannter Bedarfsgüterzug gewesen ist, welcher zwar zu bestimmten Zeiten, aber doch nur ausnahmsweise abging, daher auf der Station Königshofen, wo er seine Kreuzung mit dem entgegenkommenden Personenzuge hatte, stets signalisirt wurde, und daß der Personenzug den signalisirten Güterzug dort abzuwarten hatte; daß aber am 15. Okt. 69 der Fahrplan für den Winterkurs in Kraft getreten ist, nach welchem der frühere Bedarfsgüterzug einen regelmäßigen Güterzug bildete und um 11¾ Uhr Vormittags auf der Station Königshofen mit dem Personenzuge zu kreuzen hatte, ohne daß es für letzteren einer besonderen Signalisirung des Güterzuges bedurfte.

Nach der eigenen Sachdarstellung des beklagten Fiskus nun sind sowohl der Zugmeister B. wie der vorgedachte Stationsbeamte mit der Vollzugsverfügung der großherzoglichen Direktion der Verkehrsanstalten zum Winterkursplan, in welcher die vorgedachte Kreuzung in Königshofen besonders vorgesehen war, bekannt gewesen. Nur der Zugführer M., welcher als Lokomotivführer unter B's Leitung von Lauda ab den Zug führte, soll durch einen noch nicht aufgeklärten Zufall nicht im Besitz der Vollzugsverordnung gewesen sein, und deshalb geglaubt haben, daß der bisherige Bedarfsgüterzug Nr. 67 auch im Winterdienst nicht regelmäßig gehe. M. ist deshalb, ohne das für die Kreuzungsstation vorgeschriebene Bremssignal zu geben, in Königshofen eingefahren, und als Zugmeister B. — welcher die vorschriftsmäßige Fahrt des Zuges anzuordnen und zu leiten, sowie dessen Sicherheit zu überwachen hatte — ihn darüber zur Rede stellte, entgegnete er, daß der Zug Nr. 67 nicht regelmäßig kursire, für heute aber auch nicht signalisirt sei. Obgleich nun B. eine schriftliche Fahrordre, welche die Kreuzung mit dem regelmäßig und ohne Signal kursirenden Güterzuge Nr. 67 in Königshofen vorschrieb, in der Tasche hatte, ließ er sich durch die Versicherung des M., daß bei ihm und seiner Ordre ein Irrthum unterlaufen müsse, indem M. nicht weiter wisse, als daß Zug Nr. 67 nur nach Bedarf und mit Signal gehe, zur Abfahrt vor Ankunft des Güterzuges verleiten.

Es ist ferner durch die in der Untersuchung gegen B. 2c. erfolgten Erhebungen festgestellt, daß der betreffende Stationsbeamte zur Zeit der Abfahrt des Personenzuges sich gar nicht auf dem Perron der Station Königshofen befunden hat. Letzterer und B. sind deshalb wegen fahrlässiger Beschädigung von Eisenbahnen, welche u. a. auch schwere Körperverletzungen zur Folge gehabt hat, zu Gefängnißstrafe und solidarisch zum Schadenersatz verurtheilt.

Dieses Verhalten der beiden Bahnbeamten — für welche der beklagte Fiskus nach HGB Art. 400, 423 und 427 Schlußsatz unbedingt einzustehen hat — erscheint nicht nur als dienstwidrig und kopflos, sondern geradezu als frevelhaft. Der Stationsbeamte hat unterlassen, am ersten Tage, an welchem der neue Fahrplan ohne Signalisirung des Güterzuges Nr. 67 in Kraft trat, die ihm obliegende, offenbar durchaus nothwendige Kontrolle über die richtige Kreuzung auf der Station Königshofen zu üben; ob aus Bequemlichkeit oder wegen angeblicher Ueberhäufung mit anderweitigen Dienstgeschäften macht keinen Unterschied, da seine vornehmste Pflicht in der Aufrechterhaltung derjenigen Ordnung bestand, durch welche allein im Eisenbahnverkehr die Gefährdung von Leben, Gesundheit und Vermögen verhütet werden kann. Der Zugmeister B. hat — ungeachtet der ihm bekannten und in seinen Händen befindlichen, für ihn schlechthin maaßgebenden Instruktion der Direktion der Verkehrsanstalten — auf die bloße Versicherung eines ihm untergebenen, immerhin sonst glaubwürdigen und zuverlässigen, Beamten den Kreuzungspunkt Königshofen verlassen, ohne den Güterzug abzuwarten. War er durch diese Versicherung an der Richtigkeit seiner Instruktion irre geworden, so war er in der Lage, durch Anfrage bei dem Stationsvorsteher oder mittelst des Telegraphen alsbald den wahren Sachverhalt festzustellen. Beide Beamte kannten die Gefahr, welche sich an die Nichtinnehaltung der vorgeschriebenen Kreuzung knüpfte. Haben sie, gleichviel ob aus Bequemlichkeit, Kopflosigkeit oder aus gewissenloser Gleichgiltigkeit, unterlassen dieselbe abzuwenden, hat vielmehr B. dieselbe geradezu herbeigeführt: so kann es nicht darauf ankommen, ob sie (was dahingestellt bleiben darf) sich im entscheidenden Zeitpunkt der voraussichtlichen oder auch nur möglichen Folgen ihres Verhaltens klar bewußt waren, da die größere oder geringere Klarheit des Bewußtseins für den Begriff der frevelhaften Handlungsweise nicht in Betracht kommt.

Aus diesen Gründen war das Appellurtel zu bestätigen.

Nr. 51.

## I. Senat. — Erkenntniß v. 12. Sept. 71. (B.)

Rieck & Sand ./. Mildenstein (Nr. 352 v. 71).

**Preußen. Seerechtsfall. Nichtigkeitsbeschwerde.**

I. Instanz: Kommerz.- und Admiralitäts-Collegium Königsberg,
II. Instanz: Ostpreußisches Tribunal daselbst.

**Klagerecht des Seeschiffers.**

**Soweit der Seeschiffer durch Eingehen von Rechtsgeschäften die Rhederei — sei es auf Grund erhaltener Vollmacht, sei es nach dem Gesetz und kraft seiner Stellung — verpflichten kann, ist er auch zu selbständiger Einziehung betreffender Forderungen und zur Anstellung von Klagen daraus befugt.**

**Dies gilt insbesondere von der auf eine Chartepartie gestützten, außerhalb des Heimathshafens erfolgenden Einklagung von Liegegeldern.**

HGB Art. 495 ff., 496 Abs. 2, 568, 595.

Beklagte wird als Befrachter, wegen verzögerter Löschung einer über See gegangenen Schiffsladung, vom betreffenden Schiffer (Namens der Rhederei) auf Liegegeld belangt. Sie behauptet, daß der erhobene Anspruch außerhalb des Wirkungskreises des klagenden Schiffers liege, und daß sie selbst in keinem Vertragsverhältniß zum Kläger stehe. Der Appellrichter nimmt das Gegentheil an, weil die Forderung auf der Chartepartie beruht, welche von einem Agenten der Bekl. abgeschlossen und von Letzterer genehmigt worden. Die NktBschw. der Bekl. wird zurückgewiesen.

**Gründe des OHG.**

Die Art. 495, 496 HGB enthalten die Vorschriften darüber, unter welchen Voraussetzungen Rechtsgeschäfte, welche der Schiffer für die Rhederei eingeht, für diese Rhederei verbindlich sind: nämlich

a) wenn der Schiffer auf Grund einer Vollmacht gehandelt hat, oder wenn ein anderer besonderer Verpflichtungsgrund vorliegt (Art. 495);

b) wenn das Schiff sich außerhalb des Heimathshafens befindet, wo er dann für den Rheder alle im Art. 496 näher bezeichneten Rechtshandlungen mit rechtsverbindlicher Kraft für denselben vornehmen kann. Wenn nun hier im Abs. 2 gesagt wird:

> „dieselbe Befugniß erstreckt sich auch ... auf Anstellung von Klagen, welche sich auf den Wirkungskreis des Schiffers beziehen;"

so ist damit für diese Fälle dem Schiffer unzweifelhaft das Recht zu selbständiger Einklagung und Einkassirung der betreffenden Forderungen beigelegt.

Es tritt hinzu, daß der Anspruch auf Liegegelder aus der Chartepartie v. 4. März 67, welche der Korrespondenz-Rheder für den Kläger abgeschlossen hat, erwachsen ist, und daß der Anspruch erst, als sich ergab, daß der Schiffer im Ladungs-, bzw. Löschungs-Hafen [Boulogne] über die kontraktliche Zeit hinaus liegen mußte, also außerhalb des Heimathshafens [Kiel], erwuchs und sich doch recht eigentlich auf den Wirkungskreis des Schiffers bezog.

Stand somit das selbständige Klagerecht des Schiffers fest, und konnte nur noch ein Zweifel darüber entstehen, ob er dasselbe wol dadurch verloren haben sollte, daß er die Vollmacht zu dessen Geltendmachung seinem Sachwalter nach Königsberg nicht schon von Boulogne aus, sondern erst nach der Rückkehr — vom Heimathshafen Kiel aus — zusendete: so wird doch solcher Zweifel vollständig beseitigt durch ein nachgebrachtes Attest des Korrespondenz-Rheders, worin dieser bescheinigt, daß Kläger mit Bewilligung der Rhederei gehandelt habe. Durch diese Erklärung — mit deren nachträglicher Zulassung der Richter die Vorschriften der AGO Th. I Tit. 3 § 25, 28 und Tit. 5 § 4 nicht verletzt hat, zu geschweigen, daß dieselben überhaupt keine wesentlichen Prozeßvorschriften*, sondern nur reglementarische Anweisungen für den Richter enthalten — wird das vollständige Einverständniß der Rhederei mit dem klagenden Schiffer und dessen Ermächtigung zur Klageerhebung und Fortführung des Prozesses dargethan, wobei von irgend einer Entsagung eines Rechtes gar nicht die Rede ist, indem vielmehr festgestellt wird, daß die Rhederei mit der gerichtlichen Verfolgung des vorliegenden Anspruchs durch den Schiffer einverstanden ist, so daß also auch eine Verletzung der §§ 380, 381 ALR I. 16 (wo von der Form der Entsagungen die Rede ist) nicht vorliegt.

Auch ist durch Nachbringung jenes Attests weder die Person des Klägers, noch das Fundament der Klage geändert, in welcher Beziehung es übrigens an jedem Angriff fehlt.

Der Appellrichter hat ferner den Einwand verworfen, daß Beklagte mit dem Kläger in keinem Vertragsverhältniß stehe,

1) indem er als thatsächlich feststehend erachtet, daß Beklagte durch unbeanstandete Annahme der Charteparte v. 4. März und ihre Depesche v. 7. März 67, ihr Schreiben von demselben Tage und die spätere Korrespondenz diese von einem Dritten Namens ihrer geschlossene Charteparte des Klägers genehmigt habe; — dies ist unangefochten geblieben;

2) weil in einem Vorprozeß, in welchem Beklagte als Litisdenunziatin fungirte, — zum Theil auf Grund ihrer eigenen Erklärungen — festgestellt sei, daß sie von der Handlung J. und B. zum Abschluß dieser Chartepartie keinen Auftrag gehabt habe ... [HGB Art. 55, 298].

Diese Ausführung, auf Grund deren der Appellrichter die Bekl. als „aus jenem Vertrage auch dem Kläger gegen-

* Vgl. Rspr. I S. 270, 398; II S. 119; III S. 189.

über verhaftet bleibend" erklärt, wird [lediglich aus prozessualen Gesichtspunkten] ohne Grund angefochten ...

## Nr. 52.

## I. Senat. — Erkenntniß v. 12. Sept. 71. (Ref.)

Gevekoht & Wedekind ./. Ed. Kaufmann Söhne (Nr. 355 v. 71).

**Baden.** **Oberberufung.**

I. Instanz: Handelsgericht Mannheim,
II. Instanz: Kreis- und Hofgericht daselbst, App.-Senat I.

**Distanzhandel. Uebersendung der Waare, Verladungsart.**

**1. Im Distanzhandel wird die entsprechende Verladungsart der per Bahn zu übersendenden Waare durch die jeweiligen Transportverhältnisse bestimmt.**

HGB Art. 344.

**2. Die dem Verkäufer obliegende Uebersendung einer auf Gefahr des Käufers reisenden Waare schließt (regelmäßig) nur die Ueberlieferung des gehörig verpackten Guts an den Frachtführer ein, umfaßt nicht auch die Sorge für weitere ordentliche und schützende Verladung durch den Frachtführer.**

HGB Art. 344, 345; vgl. 395, 481, 607.
Vgl. Rspr. I S. 151, II S. 46.

**3. Wie ist die bei einer Bestellung ausdrücklich betonte Verladbarkeit der Waare aufzufassen?**

HGB Art. 278, 279, 282.

Die jetzt klagende Bremer Firma erhielt von ihrem Agenten J., nachdem dieser mit der Beklagten in Mannheim Kaufunterhandlungen über Reis gepflogen, folgendes, vom 28. Juli 70 Nachmittags 6 Uhr datirte Telegramm:

Kaufmann Söhne [Firma der Beklagten]. Wenn morgen an Militair-Proviantamt Mannheim verladbar: 298, 200, 5 1/6 [soll heißen: 200 Säcke Rangoon Tafelreis Nr. 298 zu 5 1/6 Thlr.]. Comptant 2%. Frachtbrief bemerken: Sendung Kaufmann Söhne. Drahtantwort, Duplikatfrachtbrief einsenden.

Klägerin acceptirte sofort telegraphisch mit dem Vermerk: „Verladung Kaufmann heute" und gab am 29. Juli in Bremen die 200 Säcke Reis zum Transport auf — unter der Adresse „an das Militair-Proviantamt Mannheim" und mit dem Vermerk: „von Sendung Kaufmann Söhne." Die Versendung erfolgte in 3 offenen Wagen mit Decklaken; die Frachtbriefe, deren Duplikate Klägerin am 30. Juli der Bekl. übersendet hat, tragen den Vermerk: „Verladung in offenen Wagen einverstanden."

Die der Hannoverschen Bahn übergebene Reissendung traf erst am 6. Septbr. in Mannheim ein, nachdem sie u. a. längere Zeit auf dem Bahnhof der Main-Weserbahn zu Frankfurt a. M. gestanden hatte. Die Untersuchung ergab, daß der Reis durch Nässe erheblich beschädigt war; von den 3 Wagen fand sich einer mit einer „gewöhnlichen Theerblase", die beiden anderen mit einer „dünnen Leinwanddecke" versehen, welche (nach Sachverständigen-Gutachten) bei einem Artikel wie Reis niemals ausreichenden Schutz gewähren.

Beklagte hat die Waare alsbald der Klägerin zur Verfügung gestellt, weigert Zahlung des Preises 2c. und verlangt wiederklagend Rückgängigmachung des Kaufgeschäfts. In I. und II. Instanz ward nach den Anträgen der Wiederklägerin erkannt, das OHG entschied abändernd zu Gunsten der klagenden Verkäuferin.

### Gründe:

Bei Beurtheilung der W i e d e r k l a g e sind die Vorderrichter von der Auffassung ausgegangen, die Klausel des Bestellungstelegramms v. 28. Juli 70 „wenn morgen an Militair-Proviantamt Mannheim verladbar" enthalte eine doppelte B e d i n g u n g: „wenn m o r g e n verladbar", und „wenn so verladbar, wie Reis r e g e l m ä ß i g verladen zu werden p f l e g t", das heißt: in bedeckten Wagen. Wäre diese Auffassung richtig, so käme es überall darauf, ob bei Versendung der Waare mit gehöriger Sorgfalt gehandelt worden, nicht an; sondern es würde lediglich wegen Ausfalls der Bedingung der Vertrag als nicht geschlossen gelten, ja dies würde sogar dann Platz greifen, wenn der Reis völlig unbeschädigt angekommen wäre. Mußte aber, wie der Appellrichter mit Recht annimmt, der in gutem Zustande in Mannheim anlangende Reis ohne Rücksicht auf die Art seiner Verladung angenommen werden: so ergiebt sich schon hieraus allein, daß eine wahre Bedingung des gedachten Inhalts dem verständigen Willen der Betheiligten nicht entsprochen hat. Auch führt dahin der Ausdruck „verladbar" keineswegs, da derselbe über die Modalität der Verladung keine Bestimmung enthält. Nur die Zeit der Verladung („morgen") war Bedingung der Kaufofferte, hinsichtlich der Verladungsart dagegen war unter den Parteien nichts bedungen.

Unstreitig hat die Abladung der Waare in Bremen rechtzeitig stattgefunden. Desgleichen ist seitens der Güterexpedition in Bremen bescheinigt und von der Bekl. nicht bestritten, daß der Reis zu Bremen in gutem Zustande aufgegeben worden ist. — Es kann sich somit nur darum handeln, ob Klägerin durch die Art der Verladung wider die Sorgfalt eines ordentlichen Kaufmanns (HGB Art. 344) verstoßen habe. Diese Frage war zu verneinen.

Zur Zeit der Bestellung, Ende Juli 70, war in Folge des Kriegsausbruchs notorisch der gesammte Privatgüterverkehr auf den deutschen Eisenbahnen sistirt. Nur für Militairzwecke wurden Gütersendungen und auch diese nur auf offenen Wagen angenommen. Daß dies auch an dem Reishauptmarkt Bremen sich so verhalten hat, ist durch Attest der Güterexpedition zu Bremen v. 10. Dez. 70 festgestellt. Nach Lage der Sache ist anzunehmen, daß Beklagte — welche ihrer eigenen Erklärung und einem beigebrachten Attest des großherzoglich badischen Kommissars für Kriegsleistungen zufolge, Lieferungen für das Heer übernommen hatte — mit diesen Umständen bekannt war, demgemäß die Klausel „verladbar" nur in dem Sinne gemeint hat: „so verladbar, wie unter den damaligen Verhältnissen Reis in Bremen zur Verladung gelangte." Wäre aber auch mit dem Appellrichter anzunehmen, daß Beklagte, ungeachtet sie im Allgemeinen von den Transportverhältnissen in Bremen Kenntniß hatte, doch der Meinung sein konnte, es würde der Klägerin möglich sein, für einzelne Reissendungen bedeckte Wagen zu erlangen: so hätte dieselbe sich bei dieser Annahme in einem selbstverschuldeten, für den Bestand des Geschäfts unwesentlichen und von der Klägerin nicht getheilten Irrthum befunden, welcher nur ihr — nicht der Klägerin — zum Nachtheil gereichen kann; Badisches Land-Recht Satz 1110, 1110a, 1116a. Letztere hatte keine Veranlassung, solchen Irrthum auf Seiten der Bestellerin vorauszusetzen, daher auch weder Pflicht noch Anlaß zu einer Anfrage über die gewünschte Verladungsart oder zu einer Anzeige, daß bedeckte oder genügend bedeckte Wagen nicht zu haben seien. Vielmehr hat Klägerin, indem sie die den damaligen lokalen Transportverhältnissen allein entsprechende Verladungsart auf offenen Wagen gestattete, der ihr obliegenden Sorgfalt eines ordentlichen Kaufmanns (HGB Art. 344) durchaus genügt, zumal die Klausel des Bestellungstelegramms „wenn morgen verladbar" deutlich zu erkennen gab, daß es der Widerklägerin auf unverzügliche Versendung ankam, der Zusatz „an Militair-Proviantamt Mannheim" aber nur dahin verstanden werden konnte: so, wie unter den damaligen Umständen Reis an Militär-Proviantämter zur Verladung gelangte.

Wußte sonach Beklagte, daß derzeit Reis in Bremen nur auf offenen Wagen verladen wurde, oder kann doch ihr behauptetes Nichtwissen nur ihr, nicht dem Gegner zum Nachtheil gereichen: so hatte Klägerin auch weder Pflicht noch Anlaß, für eine andere, als die von der Eisenbahnverwaltung getroffene Art der Bedeckung der offenen Wagen Sorge zu tragen oder auch nur deswegen bei der Bekl. anzufragen. Denn nur die gehörige Uebersendung liegt bei Distanzkaufgeschäften dem Verkäufer ob; diese aber schließt, im Zweifel, lediglich die Ueberlieferung der gehörig verpackten Waare an den Frachtführer ein, nicht auch die Sorge für gehörige und schützende Verladung durch den Frachtführer. Hat die Bahnverwaltung wider Gesetz, Reglement oder Vertrag gefehlt: so ist sie, nicht auch der absendende Verkäufer, dafür verantwortlich. Durfte, wie vorstehende Ausführung ergiebt, Klägerin sich mit der Verladung der Waare in offenen Wagen einverstanden erklären: so hatte lediglich die Bahnverwaltung, nicht Klägerin, die auch bei offenen Wagen mögliche und erforderliche Bedeckung zu beschaffen. Ohnehin lag Ende Juli 70 die Voraussetzung, daß eine durchaus genügende Bedeckung offener Wagen zu beschaffen war, sehr fern, und Sache der Bekl. wäre es gewesen, falls sie solche begehrte, die Klägerin oder die Bahnverwaltung mit den erforderlichen Instruktionen zu versehen...

Wenn endlich das Handelsgericht der Klägerin daraus einen Vorwurf macht, daß dieselbe (nicht die Tarifklasse A sondern) die Tarifklasse C gewählt habe, für welche ohnehin die Bahnverwaltung zum Transport in unbedeckten Wagen befugt war: so wird dabei übersehen, daß Klägerin selbstverständlich die niedrige Tarifklasse wählen mußte, wenn, wie feststeht, bedeckte Wagen überhaupt nicht zu beschaffen waren.

Trifft somit der von den Vorderrichtern unterstellte Vorwurf die Klägerin nicht: so reiste die Waare lediglich auf Gefahr der Bekl. (HGB Art. 345), und Letztere war verbunden, die rechtzeitig und in vertragsmäßiger Beschaffenheit abgesendete Waare zu empfangen (HGB Art. 346), sowie den Kaufpreis nebst den durch unbegründete Zahlungsweigerung entstandenen Unkosten und den nothwendigerweise aufgewendeten Zollauslagen zu zahlen.

Die Klage erscheint somit überall begründet, die Widerklage unbegründet.

## Nr. 53.

## I. Senat. — Erkenntniß v. 15. Sept. 71. (B.)

v. Poucet ./. Köhler (Nr. 384 v. 71).

**Königreich Sachsen.** **Weitere Berufung.**

I. Instanz: Handelsgericht im Bezirksgericht Leipzig,
II. Instanz: Appellationsgericht daselbst.

**Handelskauf, stillschweigende Preisbewilligung. Vergütung für das Verpacken der Waare.**

**1. Beim Handelskauf kann die Preisvereinbarung giltig auch dadurch zu Stande kommen, daß der Besteller die ihm mit bestimmter Preisnotirung übersendete Waare annimmt und behält.**

HGB Art. 279, 317.

Vgl. Rsp. I S. 152, II S. 273, 339, 341, III S. 261.

**2. Wenn die sachgemäße Verpackung einer Waare die Bethätigung besonderer Aufmerksamkeit und die Anwendung entsprechender Vorsichtsmaaßregeln erheischt: darf im Zweifel angenommen werden, daß Verkäufer dafür eine angemessene Vergütung fordern kann und in dem fakturirten Preisansatz für Emballage mit beansprucht.**

HGB Art. 279, 290.

Der Beklagte, auf Zahlung von Kaufgeld für bestellte Waaren und auf Vergütung der Verpackungskosten belangt, wird in zwei Instanzen verurtheilt. Weitere Berufung an das OHG bleibt erfolglos.

Gründe:

1) Beklagter hat die Schlüssigkeit der Klage lediglich deshalb bestritten, weil er meint, es fehle die Behauptung

ausdrücklicher Vereinbarung der geforderten Preise. Die Vorderrichter haben dieser Einwendung mit Rücksicht auf die aktenmäßige Sachlage jede rechtliche Relevanz abgesprochen, weil vom Bekl. die Voraussetzungen stillschweigenden Einverständnisses mit den gestellten Preisen genügend zugestanden worden seien. Dieses Einverständniß wird daraus abgeleitet, daß Beklagter die Waaren behalten hat, welche ihm vom Kläger mit Fakturen übersendet worden sind, die dem Beklagten spezielle Auskunft über die Höhe der geforderten Preise gewährten und deren Ergebnisse er selbst im Einklang mit den Klageanführungen dem von ihm aufgestellten Rechnungsabschluß zu Grunde gelegt hat. Den diesfälligen Zugeständnissen zufolge, hat die II. Instanz bemerkt, liege dem Bekl. der Nachweis von thatsächlichen Vorgängen ob, welche geeignet erscheinen, die Annahme zu rechtfertigen, daß in Ansehung der Preisbestimmung nicht die Fakturaansätze maaßgebend seien. Was Beklagter gegen diese, der Sache völlig entsprechende Auffassung einwendet, ist unhaltbar.

Beklagter nimmt zunächst an, die Thatsache des Fakturenempfanges sei irrelevant, weil das HGB im Art. 347 zwar unverweilte Prüfung und eventuelle Bemängelung der Waare, ein Gleiches aber nicht betreffs der Faktur fordere. Letzteres ist richtig, schließt aber nicht aus daß aus den begleitenden Umständen nach den Grundsätzen stillschweigender Willenserklärungen aus dem Verhalten des Waarenempfängers das Einverständniß desselben mit den Preisansätzen gefolgert werden könne. Von diesem Gesichtspunkt aus aber ist die Rechtsansicht, von welcher die Vorderrichter ausgegangen sind, durchaus zutreffend. Denn Annahme und Behalten der mit Preisnote übersendeten Waaren läßt ebenso nach allgemeinen Grundsätzen (§ 98 des kgl. sächs. bürgerl. GB) wie nach kaufmännischer Sitte (Art. 279 HGB) der Regel nach eine andere Auffassung als die der faktischen Preisgenehmigung nicht zu.

2) Kläger hat bei den einzelnen, allenthalben Glaswaaren betreffenden Zusendungen (neben dem Kaufpreise für die Waaren) durchweg noch einen Ansatz für Verpackung und Stroh in Rechnung gestellt. Beklagter will diese Ansätze von dem Guthaben des Klägers abgerechnet wissen, und hat dies durch das mit Eidesantrag unterstützte Anführen motivirt, daß die betreffende Emballage und das Stroh von den einzelnen Frachtführern „regelmäßig" wieder mitgenommen und dem Kläger wieder abgeliefert worden sei. Die I. Instanz befand die von Seiten des Klägers erfolgte Spezialisirung des Emballageanspruchs genügend, und diesen selbst gerechtfertigt, da Beklagter allgemeinen Grundsätzen nach für den einschlagenden Aufwand des Klägers aufzukommen habe, dessen Höhe aber nach Ansicht der kaufmännischen Mitglieder des Handelsgerichts als angemessen zu betrachten sei. Dagegen wurde das, was Letzterer zur Begründung der Liberation von dem Anspruch angeführt, als für diesen Zweck ungeeignet verworfen. Dieser Ausführung ist Beklagter in II. Instanz lediglich damit entgegen getreten, es sei notorisch, daß gerade bei Glaswaaren das zur Emballage verwendete Stroh jedesmal nach der Ablieferung und Auspackung der Waaren von den Frachtführern wieder mitgenommen und von denselben anderweit zur Verwendung bei Glasverpackung gebracht werde. Beklagter bekämpft somit nur die Zulänglichkeit der für die Zurückweisung der Exzeption geltend gemachten Gründe. Auch die II. Instanz hat sich jedoch für diese Zurückweisung entschieden, weil — so wurde sachentsprechend ausgeführt — nach dem Inhalt der Klageschrift und nach einer vom Bekl. gegebenen Aufstellung die Annahme gerechtfertigt erscheine, es handle sich bei dem bestrittenen Ansatz „Packung und Stroh" nicht blos um das

zur Verpackung der Waaren verwendete Material, sondern zugleich auch um Vergütung des durch die Arbeit des Verpackens erwachsenen Aufwands; weshalb es des Bekl. Sache gewesen anzugeben, zu welchem Theilbetrage durch die von ihm behauptete Zusendung des Verpackungsmaterials die Forderung auf Vergütung jenes Gesammtaufwands bereits zum Erlöschen gelangt sei. Der vom Bekl. hiergegen erhobene Einwand, es pflege der dem Absender der Waare durch die Arbeit des Verpackens entstandene Aufwand nicht besonders vergütet zu werden, kann in der behaupteten Allgemeinheit, und jedenfalls für Verhältnisse der konkreten Art, wo mit Rücksicht auf die Qualität der Waare deren sachgemäße Verpackung die Bethätigung besonderer Aufmerksamkeit und Anwendung entsprechender Vorsichtsmaaßregeln erheischt, nicht als zutreffend erkannt werden. Es muß im Zweifel vielmehr davon ausgegangen werden, daß der Ansatz der Emballage auch die Vergütung für die erforderlich gewordene Mühwaltung in sich schließe, deren Unentgeltlichkeit nach Art. 290 HGB im Allgemeinen nicht zu präsumiren ist. Dazu kommt, daß das vom Kläger aufgewendete Verpackungsmaterial durch die zu Gunsten des Bekl. erfolgte Benutzung, wenn auch nicht völlig werthlos geworden ist, doch jedenfalls nach allgemeinen Erfahrungsgrundsätzen eine Verringerung seines früheren Werths erlitten hat. Hiernach allenthalben würde der Liberirungsanspruch des Bekl. im günstigsten Falle nur theilweise für statthaft zu erachten sein. Für die Proratisirung [!] fehlt es aber so an den erforderlichen Parteiangaben wie an sonstigen objektiven Unterlagen.

## Nr. 54.

### I. Senat. — Erkenntniß v. 15. Sept. 71. (B.)

Volksbank zu Hamburg ./. L. W. George (Nr. 412 v. 71).

Hamburg. Oberappellation.

I. Instanz: Handelsgericht Hamburg,
II. Instanz: Obergericht daselbst.

**Bestellung an das Geschäftspersonal eines Handlungshauses.**

**Der Prinzipal, welchem durch in seinem Geschäft Angestellte Anträge (Offerten ꝛc.) Dritter übermittelt werden, kann die Mittelsperson nicht als Mandatar des Dritten ansehen, genehmigt vielmehr durch Entgegennahme solcher Bestellung und des dabei etwa Uebergebenen deren in seinen Geschäftsräumen (obschon unbefugt) erfolgte Annahme.**

HGB Art. 50, 58, 279, 317.

Kläger verlangt die Rückgabe eines Wechsels, welchen er auf dem Bureau der beklagten Bank einem dort Angestellten zum Zweck des In-Disconto-Nehmens überliefert hat und dessen Discontirung demnächst abgelehnt worden ist. Bei Regelung der Beweisfragen glaubte Beklagte vom Gegner auch den Nachweis fordern zu dürfen, daß der betreffende Beamte von ihr mit der Entgegennahme solcher Bestellungen beauftragt gewesen. Dies ward verworfen, vom OHG aus folgenden

**Gründen:**

Das die Beklagte rechtlich verpflichtende Factum liegt nicht darin, daß der — an sich zur Obligirung derselben nicht legitimirte — Beamte vom Kläger eine Bestellung für die Bankverwaltung sowie den [streitigen] Wechsel selbst entgegennahm, sondern darin, daß die Bankverwaltung, nachdem sie die ihr durch jenen Beamten ausgerichtete Bestellung angenommen hatte, den in Veranlassung der Bestellung ihr zugekommenen Wechsel (anstatt ihn, wenn sie auf des Klägers Antrag nicht eingehen wollte, zurückzugeben) behielt und anders, als vom Kläger beantragt worden, verwendete.

Ob der Beamte zur Annahme von Bestellungen im Allgemeinen oder von Bestellungen der fraglichen Art autorisirt war, ist hierbei unerheblich. Dies schon an sich, jedenfalls aber aus dem Grunde, weil die Bankverwaltung die etwa nicht autorisirte Bestellungs-Annahme seitens des

Beamten dadurch, daß sie von diesem die Bestellung sich ausrichten ließ und ihm den Wechsel abnahm, genehmigt haben würde.

Daß die Bankverwaltung ihren eigenen Beamten, welchem auf ihrem Bureau von einem Dritten eine Bestellung für sie gemacht worden war und von dem sie diese Bestellung entgegennahm, nicht für einen Mandatar des Dritten halten konnte, so daß etwaige Versehen des Beamten dem Dritten zur Last gekommen wären, bedarf keiner Ausführung.

## Nr. 55.

## II. Senat. — Erkenntniß v. 16. Sept. 71. (B.)

W. Hartwich ·/. J. L. Jacobson (Nr. 317 v. 71).

**Preußen.** **Revision.**

I. Instanz: Stadtgericht Berlin,
II. Instanz: Kammergericht.

**Vertragsschluß durch Offerte und stillschweigende Annahme.**

**1. Offerte und entsprechende Acceptation sind nothwendige Bedingungen jedes Vertragsabschlusses, die Acceptation braucht bei einem Handelsgeschäft nicht durch ausdrückliche Erklärung zu geschehen.**

HGB Art. 279, 317, 318 ff. (Rspr. I S. 152, 315, 339; II S. 273, 341).

Vgl. die Rechtsfälle Nr. 53, 54 u. 67 dieses Bandes.

**2. Es ist im Einzelfalle Sache der Auslegung und thatsächlichen Feststellung, ob bei schweigendem Verhalten des Einen auf die ihm gemachte Vertrags-Offerte des Anderen jener hat annehmen wollen und dieser seinen Antrag (nicht zurückzuziehen sich entschlossen, vielmehr) für acceptirt gehalten hat.**

HGB Art. 278, 318, 319.

In einer Berliner Streitsache gab das OHG, als Revisionsrichter das Appellurtel im Wesentlichen bestätigend, bezüglich des thatsächlich anerkannten Zustandekommens eines Handelskaufs folgende

Gründe:

Gegenstand richterlicher Prüfung war . . . und ist es, ob für bewiesen zu erachten,

> daß und wie (eventuell unter welchen Modalitäten) in Betreff der streitigen Roggenlieferung ein Vertrag unter den Parteien geschlossen worden?

Darin stimmen der Sachvortrag des Klägers, die Zeugenaussagen und die Auffassung des Appellrichters überein,

> daß Beklagter auf die [ihm vom Cedenten des Klägers gemachte] Verkaufsofferte keine Erklärung abgegeben, sondern stillgeschwiegen hat.

Der Bemerkung des Zeugen H. [Cedenten des Klägers], daß er aus diesem Stillschweigen auf das Einverständniß des Bekl. geschlossen habe, läßt sich kein positiver Werth attribuiren [!]. Die Behauptung des Klägers aber, daß Beklagter durch Zeichen und Geberden seine Acceptation kundgegeben habe, findet in dem dafür angerufenen Zeugniß des H. keine Bestätigung.

Für sich betrachtet, kann bloßes Schweigen auf eine Frage oder Offerte weder als Verneinung bzw. Ablehnung, noch als Bejahung oder Annahme gelten. Nun bestimmt zwar Art. 318 HGB ausdrücklich:

> über einen Antrag unter Gegenwärtigen zur Abschließung eines Handelsgeschäfts muß die Erklärung sogleich abgegeben werden, widrigenfalls der Antragende nicht länger an seinen Antrag gebunden ist.

Und daß hierdurch hat ausgedrückt werden sollen:

> der Antrag sei als erloschen, das Geschäft also als nicht zu Stande gekommen anzusehen,

erscheint schon deshalb zweifellos, weil die Art. 318 ff. von der Offerte und Acceptation, als den nothwendigen Bedingungen jedes Vertragsabschlusses, handeln. Andererseits aber stellt Art. 318 das Erlöschen des Auftrages nicht als eine gesetzliche Fiktion hin. Er schließt daher auch nicht die Auslegung aus, daß der Antragende, trotz der Nichterklärung des anderen Theiles auf den Antrag, an diesen hat gebunden bleiben wollen, und ebensowenig die Auslegung, daß der andere Theil durch sein Schweigen die Annahme der Offerte hat zu erkennen geben wollen. Es kann hier auf sich beruhen: ob, und eventuell unter welchen Voraussetzungen, solches Stillschweigen allein sich als genügender Ausdruck der Acceptation betrachten läßt. Nach Lage der Sache steht nur in Frage:

> wenn beide Theile in Bezug auf eine mündliche Vertragsofferte durch spätere Handlungen oder Erklärungen — welche voraussetzen, in Betreff des einen Theiles: daß er mit seinem Schweigen zu der Offerte (nicht deren Ablehnung, sondern) ihre Annahme beabsichtigt hat, und in Betreff des Offerenten: daß er von seinem Antrage nicht zurückgetreten ist, vielmehr denselben für stillschweigend acceptirt erachtet hat — ihre Willensübereinstimmung an den Tag gelegt haben: ob in solchem Falle der vom Offerenten bezielte Vertrag als geschlossen anzusehen ist, und zwar als in dem Zeitpunkt abgeschlossen, in welchem nach Art. 318 HGB die Offerte acceptirt werden mußte?

Der Bejahung dieser Frage widerspricht nach dem Vorausbemerkten die Bestimmung des Art. 318 nicht, und sie ist nach den, in den Artikeln 278 und 317 ebendaselbst ausgesprochenen Prinzipien für unbedenklich zu halten.

Von dem hiernach maaßgebenden Gesichtspunkt aus erscheinen die vom Appellrichter für den stattgefundenen Abschluß des streitigen Lieferungsvertrages aufgeführten Beweismomente erheblich, auch für die Annahme, daß nach den Willensäußerungen der Parteien unter ihnen eine Vereinbarung am 14. Mai 68 dahin zu Stande gekommen ist, daß Kläger 1000 Centner Roggen für $62^3/_4$ Thlr. à 2000 Pfund Mai-Juni zu liefern hatte,

unter der Voraussetzung ausreichend, daß zugleich [thatsächlich] anzunehmen ist,

Beklagter habe zunächst mit H. abgeschlossen . . .

Was Giltigkeit und Wirksamkeit des [auf einem Berliner sogen. „Frühmarkt" erfolgten] Geschäftsabschlusses anbetrifft, erscheint es rechtlich nicht von Erheblichkeit, ob Beklagter von vorn herein den Kläger als seinen Kontrahenten betrachtet oder denselben erst nach Abschluß des Geschäfts mit H., und auf Grund dessen Uebertragung der Rechte und Pflichten auf Kläger, als Kontrahenten anerkannt hat. Wohl könnte es Umstände geben, unter denen es von Wichtigkeit wäre, ob das Geschäft auf die eine oder andere Art zu Stande gekommen. Dergleichen Umstände liegen aber hier erkennbar nicht vor . . .

Nr. 56.

**II. Senat. — Zwei Erkenntnisse v. 16. Sept. 71. (Z.)**
**Preußen. Nichtigkeitsbeschwerden.**

**Rechnungslegung. Verpflichtung dazu in Gesellschaftsverhältnissen.**

**1. Was im Einzelfalle zu vollständiger Rechnungslegung gehört, namentlich auch ob Angabe der Zeitpunkte der betreffenden Geschäfte, richtet sich nach den Umständen.**

Vgl. Rspr. II S. 316 u. unten Fall Nr. 68.

**2. Unter Handelsgesellschaftern bedarf es, mit Rücksicht auf Art. 105 HGB, regelmäßig keiner förmlichen Rechnungslegung; die ordnungsmäßig geführten Handelsbücher ersetzen letztere.**

HGB Art. 105, 107.

**3. Nach ALR besteht die Pflicht zur Rechnungslegung nur für den (oder die) geschäftsführenden Gesellschafter.**

ALR I. 17 § 219—223; vgl. II. 8 § 614, 634, 640.

Den ersten Satz hat das OHG durch Erk. v. 16. Sept. in Sachen A. Liebmann ·/. A. Loewenthal (Nr. 396 v. 71),

I. Instanz: Kreisgericht Wiesbaden,
II. Instanz: Appellationsgericht daselbst,

anerkannt durch folgende Erwägungen,

daß der Appellrichter seine Entscheidung darauf stützt, Beklagter sei zwar nach dem vorliegenden Rechtsverhältniß zur Rechenschaftsablegung verpflichtet gewesen, habe aber dieser Verpflichtung dadurch genügt, daß er laut Brief v. 17. März 69 dem Kläger mitgetheilt, daß er für das fragliche Pferd 130 Gulden gelöst und Ausgaben dabei nicht gehabt habe, daß Kläger diese den Inhalt jenes Briefs betreffende, durch dessen Interpretation gewonnene thatsächliche Annahme als prozessualisch nichtig (vgl. Rspr. I S. 396) — namentlich als mit dem klaren Inhalt der Klagebeantwortung und der übergebenen Korrespondenz im Widerspruch stehend — nicht angefochten hat, daher der Nichtigkeitsrichter (vgl. Rspr. I S. 8, 188, 195 u., 197, 319) nicht in der Lage ist, von jener thatsächlichen Grundlage, auch wenn dieselbe völlig aktenwidrig sein möchte, abzugehen; daß aber bei Zugrundelegung jener thatsächlichen Annahme nicht erfindlich ist, welche Rechenschaft Beklagter dem Kläger noch weiter geben soll; ... daß endlich die Frage, ob und wieweit der zur Rechenschaft Verpflichtete die Zeitpunkte der betr. Rechtsgeschäfte, Einnahmen und Ausgaben anzugeben verbunden ist, nicht allgemein und unbedingt zu bejahen; vielmehr nach den Umständen des konkreten Falles jedesmal zu prüfen ist, ob und wieweit es jener Zeitangaben zu einer vollständigen Auskunft wesentlich bedarf;

daß daher dem Appellrichter auch deshalb ein rechtsgrundsätzlicher Verstoß nicht zur Last gelegt werden darf, weil er nicht festgestellt hat, daß jener Brief des Beklagten die fraglichen Zeitangaben enthalte.

Bezüglich des zweiten Satzes hat das OHG
in Sachen Abickes ./. Höning & Voß (Nr. 372 v. 71),
I. Instanz: Kreisgericht Herford,
II. Instanz: Appellationsgericht Paderborn,
durch Erk. v. 16. Septbr. zunächst für den vorliegenden Fall die zweitrichterliche Erwägung gebilligt,

daß Beklagter zum verwaltenden Gesellschafter nicht bestellt worden, damit aber nach Art. 105 HGB die auf Inventur, Bilanzziehung und Rechnungslegung abzielenden Klageanträge sich erledigen; wobei es nicht fraglich, daß die Pflicht zu formeller Rechnungslegung nur dem vertragsmäßig administrirenden Socius imputirt werden kann.

Weiter heißt es dann in den

Urtelsgründen:

Nach Art. 105 HGB kann jeder Gesellschafter sich persönlich vom Gange der Gesellschaftsangelegenheiten unterrichten, jederzeit die Handelsbücher und Papiere der Gesellschaft einsehen und auf ihrer Grundlage eine Bilanz anfertigen. Danach bedarf es, mindestens doch der Regel nach, keiner Rechnungslegung; die ordnungsmäßig geführten Handlungsbücher ersetzen die Rechnungslegung.

Nur dann hält der Apellrichter einen Gesellschafter zu formeller Rechnungslegung verpflichtet, wenn dieser dazu vertragsmäßig verpflichtet worden. Was Rechtens ist, wenn ein Socius die alleinige Verwaltung ohne Vertrag thatsächlich geführt haben sollte, ist vom Appellrichter gar nicht in Betracht gezogen, konnte auch nicht füglich erörtert und entschieden werden, weil ein solcher Fall .. nicht behauptet, jedenfalls der Anspruch auf Rechnungslegung hier nur auf vertragsmäßige Verabredung gestützt worden war.

---

Der Grundsatz Nr. 3 ist bereits durch Erk. v. 20. Juni 71 in Sachen A. Lohage & Genossen ./. F. W. Bremme & Lehrkind (Nr. 321 v. 71),

I. Instanz: Kreisgericht Hagen,
II. Instanz: Appellationsgericht Hamm,

angenommen. Dort wird — unter Berufung auf ALR I. 17 § 219 bis 223, II. 8 § 614, 634, 640 und auf ein Erk. des preuß. OTr. v. 28. Juni 66 — ohne weitere Motivirung gesagt:

„jedenfalls besteht die Pflicht zur Rechnungslegung nur für die geschäftsführenden Gesellschafter.
Ztschr. für das gesammte HR VIII S. 577, 578."

Das hierbei angezogene Erk. des OTr. IV. Sen. spricht (nach Strieth. Arch. B. 64 S. 158) folgende Grundsätze aus:

a) daraus, daß das HGB es für angemessen erachtet hat, dem einzelnen Gesellschafter gewisse Befugnisse (Einsicht der Bücher ꝛc.) ausdrücklich zu gewähren, folgt nicht, daß es das allgemeine bürgerliche Recht des Gesellschafters auf Rechnungslegung gegen den administrirenden Socius habe ausschließen wollen; vielmehr erkennt das HGB dieses Recht an.

b) Ob im Einzelfalle Bilanz und Buchführung die Stelle der Rechnungslegung vertreten können, bleibt richterlichem Ermessen überlassen.

---

## Nachtrag.

In der Nichtigkeitsbeschwerdesache S. J. Brasch ./. Hirsch Aronsohn (Nr. 74 v. 72, I. Instanz: Kreisgericht Lobsens) hat der I. Sen. des OHG durch Erk. v. 13. Febr. 72 nach preuß. ALR angenommen:

Die aus Verträgen entstandenen Gemeinschaften werden nach den Regeln der Gesellschafts-Verträge beurtheilt; § 6 ALR I. 17.

Wenn § 219 ALR I. 17 jeden Gesellschafter zur Rechnungslegung über die für die Gesellschaft von ihm übernommenen Geschäfte verpflichtet, so schließt diese Verpflichtung doch unzweifelhaft das Recht der übrigen Gesellschafter nicht aus, von dem rechnungspflichtigen Gesellschafter die Ausfolgung dessen zu verlangen, was er für sie erhoben hat.

Nr. 57.

## II. Senat. — Erkenntniß v. 16. Sept. 71. (B.)

Gebr. Schuster ./. Gebr. Fürstenberg (Nr. 520 v. 71).

**Preußen.** **Wechselsache.** **Revision.**

I. Instanz: Kreisgericht Stettin,
II. Instanz: Appellationsgericht daselbst.

**Urtelszustellung, Gemeinschuldner als Partei.**

**Nach altpreußischem Prozeßrecht darf während eines Konkursverfahrens die förmliche Zustellung (Insinuation) eines das zur Konkursmasse gehörige Vermögen betreffenden Erkenntnisses nicht an den Gemeinschuldner selbst erfolgen, vielmehr nur an den Konkursverwalter geschehen.**

AGO I. 7 § 1, 20;
preuß. Verordnung v. 5. Mai 38 § 3, 5.
Konkurs-Ordnung v. 9. Mai 55 § 1, 4, 5, 8, 131, 152, 199, 215, 221, 333.

In einem Wechselprozeß wurde dem Beklagten (Kaufmann zu Stettin) das ausgefertigte I. Erkenntniß am 24. Okt. 70 zugestellt, nachdem am 22. Okt. das kompetente Ortsgericht den kaufmännischen Konkurs über sein Vermögen eröffnet hatte. Das Konkursverfahren endete am 26. April 71 durch gerichtliche Bestätigung eines geschlossenen Akkords.

Nunmehr ward die Urtelszustellung als ungiltig angesehen und am 8. Mai 71 wiederholt. Beklagter legte am 9. Mai (also innerhalb der dreitägigen Frist, vgl. Rspr. I S. 275) Berufung ein und erstritt eine abändernde Entscheidung. Kläger ergriff die Revision, indem er des Bekl. Appellation als verspätet bezeichnete. Das OHG bestätigte den Spruch des Appellrichters.

Gründe:

Mit dem Zeitpunkt der Konkurseröffnung verliert der Gemeinschuldner von Rechtswegen die Befugniß, sein zur Konkursmasse gehöriges Vermögen zu verwalten; [preuß.] Konkursordnung § 4. [Vgl. unten S. 292 ff.]

Nach der Konkurseröffnung kann ein Verfahren zur Geltendmachung von Ansprüchen, welche sich auf das zur Konkursmasse gehörige Vermögen beziehen, nicht mehr gegen den Gemeinschuldner gerichtet oder fortgesetzt werden, § 8 daselbst.

Es gilt das auch von Wechsel-Sachen; Erkenntnisse des Obertribunals v. 5. Juli 56, Entsch. B. 33 S. 187 v. 27. April 58, B. 39 S. 268 u. v. 12. Sept. 61, B. 46 S. 266. Daraus folgt mit Nothwendigkeit, daß die Insinuation eines das Vermögen betreffenden Erkenntnisses nach der Konkurseröffnung mit rechtlicher Wirkung nur an den Konkurs-Verwalter erfolgen kann, die Insinuation an den Gemeinschuldner selbst wirkungslos ist. Nach § 3 der Verordnung v. 5. Mai 38 soll die Insinuation der Erkenntnisse an die Partei selbst erfolgen; an die Vertreter genügt sie nur dann, wenn diese dazu von der Partei ausdrücklich bevollmächtigt sind oder die Gerechtsame derselben vermöge einer gesetzlichen Vorschrift wahrzunehmen haben. In solchem Verhältniß steht der Gemeinschuldner zur Gläubigerschaft oder dem Konkursverwalter nicht.

Auch die Berufung des Revidenten auf die Vorschriften

im § 20 AGO I. 7 ist nicht zutreffend, nach denen Citationen und Befehle denjenigen, an welche sie gerichtet sind, in ihren gewöhnlichen Behausungen, Handelsleuten in ihren Kramläden — in ihrer Abwesenheit aber ihren Angehörigen — zugestellt werden sollen. Denn das Erkenntniß war nicht an die richtige Person — den Konkursverwalter — gerichtet; der Gemeinschuldner ist auch nicht ein „Angehöriger“ des Konkursverwalters oder der Konkursgläubiger.

Die am 24. Okt. geschehene Insinuation des Erkenntnisses I. Instanz an den Gemeinschuldner war daher, da der Konkurs bereits eröffnet war, keine gehörige, und da nach § 5 der Verordnung v. 5. Mai 38 der Lauf der gesetzlichen Frist zur Einlegung des Rechtsmittels der Appellation erst mit gehörig bewirkter Insinuation jenes Erkenntnisses begann, so fehlte es auch an einem Anfangspunkt für den Lauf der 3tägigen Frist zur Einlegung des Rechtsmittels.

Es ergiebt sich daraus aber auch, daß darin die spätere Aufhebung des Konkurses durch Bestätigung des Accords nichts zu ändern vermochte. Denn die Insinuation, welche von Anfang an eine ungehörige, wirkungslose war, konnte nachträglich allein durch Aufhebung des Konkurses nicht gesetzliche Kraft erlangen. Daß der Gemeinschuldner — wie Revident geltend macht — persönlich nicht dispositionsunfähig ist und nicht einem Blödsinnigen oder Minderjährigen gleichsteht, auch nur zeitweise über sein Vermögen nicht verfügen darf, mag richtig sein, ist aber nicht entscheidend. Denn es handelt sich gerade um das Vermögen, und so lange der Konkurs dauert, ist der Gemeinschuldner, wie bemerkt, zu irgend welchen Verfügungen, die das Vermögen betreffen, unfähig, auch ihm selbst gegenüber die an ihn bewirkte Insinuation des Erkenntnisses keine ordnungsmäßige. Es ist auch nicht erfindlich, weshalb er nicht berechtigt sein sollte, dieselbe als eine ungehörige anzugreifen; es ist keine von ihm ausgegangene, von seinem freien Willen abhängige Handlung.

Daß das fragl. Erkenntniß dem Konkursverwalter zugestellt worden, ergeben die Akten nicht, ist auch vom Revidenten nicht behauptet; darum konnte die Frist zur Einlegung der Appellation nur von dem Tage an gerechnet werden, an welchem das Erkenntniß nach Aufhebung des Konkurses dem Bekl. selbst insinuirt worden . . . Von da ab ist unbestritten die 3tägige Frist nicht verstrichen und deshalb die gegenwärtige Beschwerde über die Zulassung des Rechtsmittels unbegründet.

## Nr. 58.

## I. Senat. — Erkenntniß v. 19. Sept. 71. (V.)

L. Baak & Co. ./. Kraft & Knust (Nr. 136 v. 71).

**Preußen.** **Nichtigkeitsbeschwerde.**

I. Instanz: Kreisgericht Guben,
II. Instanz: Appellationsgericht Frankfurt a. O.

**Contocurrent-Verhältniß. Saldo, Verzinsung.**

**1. Der den eigentlichen Inhalt eines kaufmännischen Contocurrentverkehrs bildende Saldo ist als selbständige Forderung nach Handelsbrauch und Gesetz zu verzinsen.**

HGB Art. 291. Vgl. oben S. 110.

**2. Unterschied eines solchen Saldo von gewöhnlichen periodischen Rechnungsabschlüssen unter Geschäftsfreunden (z. B. über Kaufgelderrückstände aus einzelnen Handelskäufen).**

**3. Wesentlich für einen eigentlichen Contocurrentverkehr ist, daß auf beiden Seiten Leistungen geschehen, welche, für sich genommen, Gläubigeransprüche zu begründen vermögen.**

Ein preuß. Appellurtel wird wegen Verletzung von Rechtsgrundsätzen vernichtet.

**Gründe des OHG:**

Der kaufmännische Contocurrent-Verkehr beruht auf der (ausdrücklichen oder stillschweigenden) Einigung der Kontrahenten, wonach eine Reihe von wechselseitigen Leistungen und Gegenleistungen* nicht als ein Aggregat getrennter und selbständig verfolgbarer Ansprüche und Gegenansprüche bestehen, sondern eine rechtlich untrennbare Verbindung von Rechnungsfactoren für ein Gesammtergebniß dergestalt bilden soll, daß allein dieses letztere — der in periodischen Abschlüssen zu ermittelnde Saldo — als selbständige Forderung des einen Theils resultirt. Wesentlich ist also dem Contocurrentgeschäft, daß auf beiden Seiten Leistungen geschehen, welche — für sich selber genommen — zur Begründung von Gläubiger-Ansprüchen geeignet sind; unvereinbar ist mit seiner Natur, daß nur auf einer Seite an sich selbständige Forderungen sich summiren und die Leistungen der anderen Seite nur in deren successiver Tilgung bestehen. Denn in letzterem Falle bezwecken diese Leistungen gegen die Regel des Contocurrentverkehrs gerade die Solution einzelner, nicht als Leistungen aus einem Vertragsverhältniß kohärirender, sondern nur durch fortgeführte Rechnung äußerlich verbundener Posten — sei es nach besonders vereinbarter, sei es nach gesetzlich vorgeschriebener Tilgungsordnung.

Vgl. über die Natur des Contocurrentgeschäfts:

Creizenach in Goldschmidt's Ztschr. VII S. 88—129 und im Archiv für praktische Rechtswissenschaft IV S. 31—75;

Motive des preuß. Entwurfs zum HGB S. 158 (zu Art. 374);

* Nicht jeder fortlaufenden Geschäftsverbindung unter zwei Kaufleuten ist die Natur und Wirkung eines Contocurrent-Verhältnisses beizulegen; solches hängt vielmehr von besonderen thatsächlichen Erfordernissen ab. Erk. des II. Senats v. 2. März 72 in Sachen Gräfe ·/. Gutkind, Nr. 32 v. 72.

Thöl Handelsrecht S. 557, 595;
Voigtel, in Busch's Archiv III S. 203—222;
O. Hahn Handelsrecht § 214 (S. 396);
[Rspr. I S. 374, II S. 347, 351 ff.]

Dergleichen Posten, welche nur äußerlich — vermöge der chronologisch im Debet und Credit fortlaufenden Notirung — dem Contocurrentverkehr ähnlich sind, unterliegen daher nicht der letzterem eigenthümlichen, zunächst dem Bankgeschäft entnommenen Regel, daß, weil das Geld in jedem Moment zu „arbeiten" habe, jede Credit- und Debetpost vom Augenblick ihres Entstehens an Zinsen bzw. bringe und gebe. Ebenso wenig konstituirt ihr periodischer Rechnungsabschluß den, den eigentlichen Inhalt des Contocurrentverkehrs bildenden Saldo, welcher als selbständige Forderung nach Handelsgebrauch und Gesetz (Art. 291 HGB) der Verzinsung unterliegt. Denn besteht die geschäftliche Verbindung nur in einer Reihe einzelner und selbständiger Lieferungen des Einen als Verkäufers an den Anderen als Käufer: so richtet sich die Verpflichtung zur Verzinsung des allmälig und ratenweise eingehenden Kaufgelds nach den allgemeinen gesetzlichen Regeln,

Art. 288, 342 HGB [vgl. oben S. 95];

nicht aber werden einzelne Kaufgelder-Rückstände dadurch, daß sie der Verkäufer von Zeit zu Zeit summirt, zu besonderen, nun abweichend vom Inhalt der einzelnen Kaufabschlüsse verzinslichen Forderungen.

Dies alles hat der Appellrichter verkannt. Seine Entscheidung unterliegt daher der Vernichtung.

In der Sache selbst mußte es bei der Entscheidung des I. Richters verbleiben. Es steht fest, daß unter den Parteien ein Zahlungsziel nicht vereinbart; daß vielmehr den Beklagten im Beginn der beiderseitigen Geschäftsverbindung gesagt ist:

auf bestimmte Zahlungstermine komme es nicht an;
sie könnten zahlen, wenn es ihnen passe,

und daß die Kläger demgemäß während jener Geschäftsverbindung den Beklagten Rechnungsauszüge mitgetheilt haben, ohne Zinsen zu berechnen.

Die Absicht beider Theile ist also ersichtlich dahin gegangen, daß das Kaufgeld nicht mit Empfang der einzelnen Lieferungen, sondern erst nach einer billigen Frist* fällig und verzinslich werden sollte. Nun haben sich aber Kläger für ihre Zinsberechnung nicht auf den Ablauf einer derartigen Frist, sondern auf eine (angebliche) Berliner Usance berufen, deren Existenz bestritten und von den Aeltesten der Berliner Kaufmannschaft verneint worden ist. Ihrer Zinsforderung fehlt sonach die Begründung.

## Nr. 59.

## I. Senat. — Erkenntniß v. 19. Sept. 71. (Z.)

S. Rosenthal ./. C. Wirminghaus (Nr. 351 v. 71.)

**Preußen.** **Nichtigkeitsbeschwerde.**

I. Instanz: Gerichtsdeputation Recklinghausen,
II. Instanz: Appellationsgericht Münster.

**Wandel des Käufers nach ALR.**

**Die Wandelungsklage des Käufers (actio redhibitoria) bleibt nach ALR zulässig, auch wenn die gekaufte Sache in Folge eines vom Verkäufer zu vertretenden Fehlers untergegangen ist.**

ALR I Tit. 5 § 319, 326—328, 331; Tit. 11 § 193, 198.
Vgl. oben Fall Nr. 38 S. 187 ff.

* Daß ein dem Schuldner „nach Möglichkeit" oder „nach Bequemlichkeit, wie es ihm passe" gewährter Zahlungsaufschub die Abtragung der Schuld nicht in das Belieben des Betreffenden stellt, vielmehr ev. vom Richter unter gerechter Berücksichtigung der Umstände zu fixiren ist, hat das OHG schon früher ausgesprochen. Erk. vom 19. August 70 in der sächsischen Appellsache Nr. 2 v. 70; Erk. vom 13. April 71 in der hessischen Sache Nr. 180 v. 71.

Von einem Viehkauf ist Kläger, welcher das krank befundene Thier (eine Kuh) hat tödten lassen, zurückgetreten. Der in Anspruch genommene Verkäufer bemängelt die **Tödtung** als unnöthig und eigenmächtig veranlaßt. Dieser Einwand wird verworfen.

**Entscheidungsgründe des OHG:**

In der **jetzt** [von der NktVschw. des Bekl.] geltend gemachten Richtung:

die Redhibitionsklage sei unstatthaft, wenn Kläger durch eigene Handlung das Kaufobjekt **vernichtet**, sich also zur Rückgabe desselben außer Stande gesetzt habe;

folglich sei die vorliegende Klage unbegründet, weil die erkaufte Kuh vom Kläger getödtet worden,

ist die Berufung auf die Tödtung in den Vorinstanzen nicht opponirt. Schon dieser Umstand würde der NktVschw. obsiegenden Erfolg versagen. [Vgl. oben S. 167.]

Es kommt aber Folgendes hinzu:

Wie im gemeinen, so setzt auch im preuß. Recht die Redhibitionsklage **der Regel nach** die Bereitschaft und Fähigkeit zur Rückgabe der empfangenen Sache voraus; ALR Th. I Tit. 5 § 327, 331; Tit. 11 § 193, 198.

Ob diese Regel schlechthin zessirt, wenn die Rückgabe ohne Verschulden des Empfängers — etwa durch Zufall — unmöglich geworden, kann [hier] unentschieden bleiben; jedenfalls ist sie dann unanwendbar, wenn die empfangene Sache **in Folge der Fehler**, für welche der Geber aufzukommen hat, untergegangen ist.

L. 31 § 6 und 11 bis 15, L. 38 § 3, L. 44 § 2, L. 47 § 1, L. 48 pr. Dig. 21, 1;

Mühlenbruch Pandektenlehrbuch (3. Auflage) § 402 Nr. 5;

Arndts Lehrbuch der Pandekten (6. Auflage) § 304 am Ende;

Windscheid Pandekten (3. Auflage) § 394 Nr. 2; — Erkenntnisse des preuß. OTr. v. 26. Septbr. 49 (Strieth. Arch. B. 1 S. 46), v. 30. Okt. 49 (Entsch. B. 19 S. 83), v. 23. Juni 59 (Entsch. B. 41 S. 42), v. 12. Juni 62 (Strieth. Arch. B. 45 S. 286).

Nun hat der Kreisthierarzt S. begutachtet, daß die Krankheit, an welcher die streitige Kuh verendete, eine unheilbar-tödtliche gewesen. Diesen Theil des Gutachtens hat das Appellurtel mitgetheilt, und wennschon der Appellrichter diese Qualität nicht ausdrücklich festgestellt hat, so ist er doch unverkennbar von ihr ausgegangen. Auch hat er den Einwurf des Bekl.,

> daß bei rechtzeitiger Zuziehung eines approbirten Thierarztes die Heilung der Kuh vielleicht doch möglich gewesen,

als „zu unbestimmt und allgemein" verworfen, und insbesondere ausgesprochen, daß die vorläufige Anwendung von Hausmitteln und die Zuziehung eines Viehkenners auf dem Lande nichts Außergewöhnliches sei, Kläger also die Pflichten eines ordentlichen Landwirths nicht verletzt habe.

Ruht also die Entscheidung des Appellrichters auf der Voraussetzung, daß die Kuh an der vom Bekl. zu vertretenden Krankheit, und zwar ohne Verschulden des Klägers, verendet ist: so ist die Rüge der Verletzung der §§ 319, 326 bis 328, 331 Tit. 5 und § 193, 198 Tit. 11 Th. 1 ALR ohne Grund.

## Nr. 60.

## I. Senat. — Erkenntniß v. 19. Sept. 71. (V.)

Rieck & Sand ./. Bibber (Nr. 374 v. 71).

**Preußen.** **Nichtigkeitsbeschwerde.**

I. Instanz: Kreisgericht Wehlau,
II. Instanz: Ostpreuß. Tribunal zu Königsberg.

**Frachtvertrag mit einem Stromschiffer.**

**1. Enthält ein Frachtvertrag keine bestimmte Verein-**

**barung über die zu zahlende Fracht, so gilt im Zweifel die übliche Fracht als bedungen.**

Argumento: HGB Art. 620, 383, 385.

Goldschmidt, Handbuch des HR II S. 602, insbesondere n. 64.

2. Wie gestaltet sich das Verhältniß der Parteien bei gehinderter Fortsetzung des Transports? Distanzfracht, Konservationsmaaßregeln bezüglich der Ladung.

Bei eingehender Erörterung des Sachverhalts giebt das OHG, für die Vernichtung des Appellurtels und die Herstellung des I. Erk., als

Gründe:

Die auf Zahlung von 250 Thlrn. nebst 5% Zinsen seit der Klagebehändigung gerichtete Klage stützt sich darauf, daß Beklagter den Transport einer Ladung Kartoffeln von Koppershagen (bei Wehlau) nach Königsberg i. Pr. übernommen, die Ausführung aber nach Königsberg oder doch mindestens bis Wehlau, der Eisenbahnstation, nicht bewirkt habe, daß demnächst die Kartoffeln wegen eingetretenen Frostes in dem zwischen Koppershagen und Wehlau gelegenen Orte Groß-Ruhr wieder ausgeladen und vergraben werden mußten und verdorben seien. Beklagter sei schadenersatzpflichtig, weil er

1) die Ladung nicht rechtzeitig in Koppershagen eingenommen habe,

2) die eingenommene Ladung nicht bereits am 17. Nov. oder doch am 18. Nov. 68 mindestens nach Wehlau gebracht habe, von wo sie auch nach eingetretenem Froste per Bahn nach Königsberg geschafft werden konnte,

3) nicht mindestens Ende Dezember 68 der getroffenen Uebereinkunft gemäß und bei zeitweise freier Schifffahrt den Transport nach Wehlau bewirkt habe,

4) es an der gehörigen Aufsicht über die eingegrabenen Kartoffeln habe fehlen lassen.

Der I. Richter hat (nach erhobenem Beweise) die beiden ersten Verpflichtungsgründe für festgestellt erachtet und den Bekl. zur Zahlung der — den unstreitigen Werth der Kartoffeln nicht erreichenden — Klagesumme verurtheilt. Dagegen hat der Appellrichter die Klägerin abgewiesen. Er führt aus:

1) die im I. Urtel dem Bekl. zur Last gelegte Zögerung bei der Einladung und bei der Fahrt sei nicht erwiesen,

2) die Fortsetzung der Reise sei wegen des Eises auf der Alle unmöglich gewesen, und durch diese Unmöglichkeit der Beendigung der Reise werde der Frachtkontrakt von selbst aufgehoben,

3) Klägerin sei vom Frachtvertrage zurückgetreten, indem sie die Ladung dem Bekl. abgenommen und über dieselbe disponirt habe,

4) zwischen einer etwaigen Säumniß des Bekl. in der Fahrt und dem Verderben der Kartoffeln bestehe kein Kausalnexus, weil Klägerin die damals noch unversehrten Kartoffeln in Groß-Ruhr habe in Empfang nehmen und vergraben lassen, durch diese Disposition und die Unmöglichkeit der Fortsetzung der Reise aber Beklagter von der ihm gesetzlich obliegenden Sorge für die Ladung befreit worden sei.

Aus dem Zusammenhang der Entscheidungsgründe geht deutlich hervor, daß der Appellrichter nicht sowohl ein Erlöschen des Frachtvertrags ipso jure, als vielmehr einen Rücktritt der Klägerin vom Frachtvertrage unterstellt, und es ist unrichtig, daß diese Unterstellung wider die . . . Gesetze verstoße . . .

Begründet dagegen ist der Vorwurf, daß der Appellrichter durch diese Feststellung eine Omission [vgl. Rspr. I S. 97 n., 396] begangen. Denn es ist in der Sachdarstellung weder des II., noch des I. Erk. erwähnt, auch vom Appellrichter nicht gewürdigt, daß in Klage und Replik ausdrücklich behauptet und unter Beweis gestellt, auch in der Berufungsgegenschrift wiederholt und näher erläutert worden:

a) es sei bereits bei Ausladung der Kartoffeln in Groß-Ruhr im Nov. 68 zwischen K. (einem Commis der Klägerin) und dem Bekl. verabredet, daß dieser die Kartoffeln, sobald mildes Wetter eintrete, sofort wieder einladen und dann nur nach Wehlau fahren solle, bis dahin aber sorgfältige Aufsicht und Fürsorge übernehme;

b) als um Weihnachten 68 mildes Wetter eingetreten und die Alle zeitweise eisfrei war, sei R., Mitinhaber der klagenden Handlung, mit dem Bekl. dahin übereingekommen, daß dieser am nächsten Morgen die Kartoffeln wieder einnehme und sofort nach Wehlau fahre; auch seien bereits unter Mitwirkung des Bekl. die erforderlichen Vorbereitungen getroffen gewesen, da habe dieser unter nichtigen Vorwänden die Fahrt verweigert.

Sind diese Behauptungen richtig, so haben beide Theile in dem Zufrieren der Alle Mitte November ein dauerndes Hinderniß der Vertragserfüllung nicht gesehen, noch ist Klägerin durch Wiederausladen und Vergrabenlassen der Kartoffeln vom Vertrage zurückgetreten, HGB Art. 394. Der ursprüngliche Frachtvertrag bestand vielmehr mit der den Umständen entsprechenden Modifikation, daß der Transport nicht über Wehlau hinaus zu bewirken war, fort; das Wiederausladen und Vergrabenlassen der Kartoffeln war nicht eine das ursprüngliche Vertragsverhältniß definitiv lösende, sondern eine im beiderseitigen Interesse liegende, rein konservatorische Maaßregel. Daß bei diesem Abkommen Differenzen über die Fracht hervorgetreten seien, hat Beklagter nicht unter Beweis gestellt; fehlte es aber nur an Vereinbarung über die Fracht, so verstand sich Distanzfracht* nach richterlichem Ermessen von selbst: argumento HGB Art. 394, 632—634, 636,

* Vgl. ALR I Tit. 5 § 365, Tit. 11 § 883 ff.

639, 671. Es würde sogar, falls man das behauptete Abkommen als einen ganz neuen Frachtvertrag ansehen wollte, der bloße Mangel einer Uebereinkunft über die Fracht bis Wehlau der Perfektion des beiderseits ernstlich gewollten Frachtvertrags nicht entgegengestanden haben, da im Zweifel die übliche Fracht als bedungen gilt.

Arg. HGB Artikel 620, 383, 385.

Goldschmidt, Handbuch des HR II S. 602, insbesondere n. 64.

Für diesen Fall trifft somit die Argumentation des Appellrichters nicht zu, vielmehr wäre Beklagter zum Transport bis Wehlau verbunden und, wenn ihm auch ursprünglich keine Zögerung zur Last fiel, bei Nichterfüllung schadenersatzpflichtig gewesen.

Die vom Appellrichter omittirte Behauptung erscheint hiernach erheblich.

Dieser Anfechtungsgrund greift auch gegen den vierten Entscheidungsgrund des Appellrichters durch. Denn war die Reise durch die Wiederausladung der Kartoffeln nicht beendigt, oder war doch ein neues verpflichtendes Abkommen über den Transport der Kartoffeln nach Wehlau getroffen worden: so besteht allerdings zwischen dem Schaden der Klägerin und dem Verhalten des Bekl. der vom Appellrichter vermißte Kausalzusammenhang. Wurden die um Weihnachten 68 noch unversehrten Kartoffeln durch den Bekl. nach Wehlau geschafft, so war Klägerin unzweifelhaft im Stande, dieselben dort oder anderswo zu verkaufen und so den später erlittenen Nachtheil abzuwenden.

Das Appellurtel war daher zu vernichten.

In der Sache selbst ist dem I. Richter darin beizutreten, daß Beklagter schon dadurch, daß er erst am 16. Nov. 68, gleichviel ob Vormittags oder um die Mittagszeit, mit seinem Kahn in Koppershagen eintraf, sich einer Zögerung schuldig gemacht hat, welche ihn zum Schadenersatz verpflichtet, ohne daß die etwaige unverschuldete Unmöglichkeit der Fortsetzung der Fahrt ihn entlastete; ALR Th. I Tit. 16 §§ 15, 16, 20, 26; Tit. 3 § 13. Denn unzweifelhaft war Beklagter, welcher am 14. Nov. Nachmittags 2 Uhr den Frachtvertrag geschlossen haben will, im Stande, spätestens am 15. Nov. mit seinem Kahn in dem nur 2 Meilen entfernten Koppershagen einzutreffen. Dazu aber war er verpflichtet, da ihm bekannt sein mußte, daß eine auch nur geringe Verzögerung bei dem begonnenen Frostwetter den Transport unausführbar machen und unter den lokalen Kommunikationsverhältnissen für den Absender die empfindlichsten Nachtheile mit sich führen konnte. Da nun unstreitig am 16. und noch am 17. Nov. die Fahrt mindestens bis Wehlau zu bewirken stand, so wäre der durch die Ausladung und schließlich durch das Verderben der Kartoffeln eingetretene Schade vermieden worden, falls Beklagter sich rechtzeitig zur Einladung der Kartoffeln eingefunden hätte. Der Kausalzusammenhang zwischen dem Verzuge des Bekl. und dem Schaden der Klägerin liegt somit klar am Tage.

Daß Klägerin die verspätete Einladung geschehen ließ und demnächst selber die Wiederausladung und das Vergraben der Kartoffeln angeordnet hat, berechtigt nicht zu der Annahme, sie habe auf Ersatz des durch den Verzug des Bekl. ihr erwachsenen und noch erwachsenden Schaden verzichten wollen, erklärt sich vielmehr aus ihrem Bestreben, den drohenden Schaden abzuwenden und den eingetretenen möglichst zu vermindern. Daß Klägerin oder deren Commis K. selber die Verzögerung in der Einladung verschuldet habe, kann nach Lage der Sache nicht angenommen werden ....

Hiernach kommt es darauf, ob Beklagter sich auch einer Zögerung in der Fahrt schuldig gemacht, ob er ferner dem getroffenen Uebereinkommen hinsichtlich der Fortsetzung des Transports bis Wehlau nicht nachgekommen ist, endlich ob er die ihm (gesetzlich oder vertragsmäßig) obliegende Aufsicht über die Kartoffeln verabsäumt hat, nicht an. Die Behauptung des Bekl. aber, daß N. und K. es unterlassen hätten, die von ihnen aufgedeckten Kartoffeln wieder zuzudecken, und daß so durch deren Versehen der Schade entstanden sei, steht völlig beweislos da. Ueberdies hat Beklagter gar nicht bestritten, sich bei Ausladung der Kartoffeln Ende Nov. 68 gegen K. zur Aufsicht über die Kartoffeln verpflichtet zu haben, und diese Verpflichtung, welche jedenfalls die erforderliche Wiederbedeckung mit Erde, wenngleich auf Kosten der Klägerin, in sich schloß, wurde dadurch nicht aufgehoben, daß es Ende Dez. 68 zu einer Einigung über den Transport der Kartoffeln unter den Parteien nicht kam.

Hiernach war auf Appellation des Bekl. das I. Urtel zu bestätigen.

## Nr. 61.

### I. Senat. — Erkenntniß v. 19. September 71. (B.)

Stadie ./. J. E. Sachs (Nr. 410 v. 71).

**Preußen.** **Nichtigkeitsbeschwerde.**

I. Instanz: Kreisgericht Wehlau,
II. Instanz: Ostpreußisches Tribunal zu Königsberg.

**Formfreiheit der Vollmachten zu Handelsgeschäften.**

**Die von einem Kaufmann zu handelsgeschäftlichen Zwecken ertheilte Vollmacht ist an keine Form gebunden*.**

HGB Art. 277, 317.
Vgl. Rspr. I S. 207, 313.

Angenommen vom OHG, unter Darlegung des Sachverhalts, aus folgenden

* In einem Erk. v. 13. Nov. 66 hat der IV. Sen. des preuß. OTr. (nach Strieth. Arch. B. 64 S. 294) angenommen: „zur Giltigkeit des vom Bevollmächtigten eines Nichtkaufmanns mit einem Kaufmann abgeschlossenen Handelsgeschäfts ist eine mündliche Vollmacht ausreichend." — Ebenso Erk. v. 4. Febr. 68, Strieth. Arch. B. 70 S. 64.

Gründen:

Unangefochten hat der Appellrichter thatsächlich (bis zur Beweisergänzung durch einen Erfüllungseid) festgestellt, daß (worauf allein es hier ankommt) der Bekl. den Inspektor F. **mündlich beauftragt** hat, die zum Zurichten des in Ragnit gelagerten Holzes erforderlichen Arbeiten zu leiten und die Verpflegungszulagen für die Arbeiter zu beschaffen.

Der Richter hat nach Art. 317 HGB die **mündliche** Form der **Vollmacht** genügend erachtet, damit also die auf Zurichtung der Hölzer und Beschaffung der Verpflegungszulage für die Arbeiter sich beziehenden Verträge einschließlich des streitigen Vollmachtsvertrages implicite für **Handels**geschäfte erachtet.

Beklagter ist Kaufmann. Das Geschäft, vermöge dessen jene Hölzer aus Rußland beschafft waren, um in Preußen weiter verkauft zu werden, ist unzweifelhaft ein **Handels**geschäft, wird auch vom Imploranten selbst als solches bezeichnet; vgl. Art. 271 HGB. Zu den Handelsgeschäften zählt aber Art. 273 a. a. O. auch die Verträge zur Anschaffung von Geräthen, Material und anderen Sachen, welche beim **Betrieb des Gewerbs**, also namentlich für die gewerbliche Weiterveräußerung, unmittelbar benutzt oder verbraucht werden sollen; wohin unzweifelhaft auch die zur Löhnung der behufs Zurichtung der Hölzer zum Weiterverkauf anzustellenden Arbeiter zu beschaffende Verpflegung gehört; ja selbst im noch etwa möglichen Zweifel würde ein darüber geschlossener Vertrag eines Kaufmanns, also auch der in Rede stehende Vollmachtsvertrag, nach Art. 274 a. a. O. als zum Betrieb des Handelsgewerbes gehörig erachtet werden müssen, auf welchen also nach Art. 277 a. a. O. die Vorschrift des Art. 317 daselbst auzuwenden ist, nach welchem allerdings die mündliche Form genügt.

Auch der Umstand, daß Beklagter nur **stiller** Gesellschafter jenes Handelsgeschäfts gewesen sein will, erscheint hierbei gleichgiltig, da es hier nicht darauf ankommt, in wieweit und unter welchen Beschränkungen er für die Handlungen des Geschäftsinhabers und die daraus hervorgehenden Schulden des Geschäfts haftet; vielmehr der Beklagte, selber Kaufmann, durch eigene Thätigkeit — nämlich durch Ertheilung der Vollmacht — in das Geschäft zur Förderung desselben eingegriffen hat.

Nr. 62.

## I. Senat. — Erkenntnisse v. 19. Sept. u. 5. Dez. 71. (Z.)

**Preußen.** **Nichtigkeitsbeschwerden.**

**Feststellung von Forderungen im preußischen Konkursverfahren. Accord. Verjährung.**

**1. Nach der preuß. Konkursordnung v. 8. Mai 55 hat die gehörige Feststellung einer angemeldeten Forderung im Konkurse des Schuldners, falls das Gantverfahren durch gerichtlich bestätigten Accord beendet wird, die Wirkung einer rechtskräftigen Verurtheilung des Schuldners.**

**Dies gilt auch bezüglich der Verjährung von Wechselansprüchen.**

Preuß. Konkursordnung § 173, 181 ff., 201 Abs. 3, 204, 242 ff.

ALR I. 9 § 558 ff. u. preuß. Gesetz v. 31. März 38 § 10.

DWO Art. 77, 80.

**2. Welche Bedeutung hat sonst die Feststellung einer Forderung im Konkurse des Schuldners, namentlich für die Verjährungsfrage?*.**

Die vorgedachten, praktisch wichtigen Fragen sind beim I. Senat des OHG in zwei altpreußischen Wechselsachen zur Sprache gekommen, jedoch nicht ganz gleichmäßig entschieden worden.

* Ueber einfache Unterbrechung der Wechselverjährung durch das Konkursverfahren vgl. Borchardt ADWO Zusätze 591 — 597, S. 370 ff.

A) Urtel v. 19. Sept. in Sachen F. G. Richter ./. Salomon & Ephraim (Nr. 515 v. 71).

I. Instanz: Gerichtsdeputation Forst,
II. Instanz: Appellationsgericht Frankfurt a. O.

Ein über das Vermögen des Bekl. eröffnet gewesener kaufmännischer Konkurs ist im Mai 67, anscheinend durch gerichtlich bestätigten Accord, beendet worden. In jenem Verfahren hatten die jetzigen Kläger den Wechselanspruch aus einem Accept des Gemeinschuldners geltend gemacht, ihre Forderung wurde allseitig anerkannt, aber nicht ganz befriedigt.

Jetzt wird der noch ungetilgte Rest derselben Forderung nebst Zinsen gegen den Acceptanten eingeklagt. Beklagter erhob nur die Einrede der Verjährung aus Art. 77 DWO und drang damit in I. Instanz durch. Vom Appellrichter verurtheilt, ergriff er die NktBschw., ohne Erfolg.

**Entscheidungsgründe des OHG:**

Zur Begründung der NktBschw. ist Verletzung eines dahin aufgestellten Rechtsgrundsatzes gerügt worden:

> Die Feststellung einer Wechselforderung im (preuß.) Konkurse des Acceptanten durch Anerkenntniß des Konkursverwalters kann nicht als eine rechtskräftige Verurtheilung im Sinne des § 10 des Gesetzes vom 31. März 38 (preuß. Ges.-Sammlung S. 249) mit der Wirkung gelten, daß an Stelle der im Art. 77 der DWO bestimmten dreijährigen die ordentliche [30jährige] Verjährungsfrist trete.

Der Angriff erscheint verfehlt. Zwar stützt der Appellrichter seine Entscheidung auf die Ansicht, welche Implorant als rechtsirrthümlich bekämpft; allein diese Ansicht findet in den Gesetzen ihre vollkommene Rechtfertigung.

Eine hauptsächliche Neuerung, welche in Ansehung des formellen Konkursverfahrens durch die preuß. Konkurs-Ordnung v. 8. Mai 55 eingeführt ist, besteht in der Abschaffung des aus dem gemeinrechtlichen Konkursprozeß bis dahin beibehalten gewesenen Klassifikationsurtels. An Stelle desselben ist eine andere Einrichtung getreten, um dessen wesentlichen Zweck auf einem einfacheren, das Verfahren abkürzenden Wege zu erreichen. Nach §§ 164 ff. der neueren Konkurs-O. werden im Anschluß an die Konkurseröffnung, zur Feststellung der Passiv-Masse, die Konkursgläubiger öffentlich aufgerufen, ihre Ansprüche anzumelden, und zugleich aufgefordert, behufs Prüfung der letzteren vor einem Richterkommissar in einem bestimmten Termin zu erscheinen. Die angemeldeten Ansprüche werden in eine tabellarische Nachweisung eingetragen. Im Prüfungstermin wird jeder angemeldete Anspruch auf Grund jener Nachweisung zur Prüfung gezogen und deren Ergebniß in jener Nachweisung vermerkt (§ 171 a. a. O.). Wird eine Forderung vom Verwalter der Masse ausdrücklich anerkannt und von keinem der anwesenden Gläubiger ausdrücklich bestritten, so gilt sie, wie § 173 a. a. O. sich ausdrückt, als „unstreitig", und es wird dann in jene Nachweisung der Vermerk eingetragen, daß die Forderung unstreitig sei. Anderen Falles hat der Richterkommissar festzustellen, durch wen und in welchem Umfang die Forderung bestritten worden ist, und das Resultat dieser Feststellung in die Nachweisung einzutragen. In dem über das Ergebniß der Prüfungsverhandlungen aufzunehmenden Protokoll ist auf die demselben beizufügende tabellarische Nachweisung Bezug zu nehmen (§ 175 a. a. O.). Ueber die streitiggebliebenen Forderungen wird zwischen den im Prüfungstermin festgestellten Parteien in besonderen Prozessen verhandelt und entschieden, deren Einleitung zu betreiben und nachzuweisen den betreffenden Gläubigern überlassen bleibt (§ 227, 229, 255 a. a. O.). Für das Distributionsverfahren legt das Gesetz der tabellarischen Nachweisung aber vorzugsweise die Bedeutung bei, daß die darin als „unstreitig" aufgeführten

Forderungen als endgiltig festgestellt angesehen werden (§ 242 ff. a. a. O.).

Hieraus ergiebt sich überzeugend, daß der im Prüfungstermin bewirkten Feststellung der Richtigkeit einer Forderung, welche Feststellung die Agnition des Verwalters und den Mangel des Widerspruchs aller übrigen Gläubiger zur materiellen Grundlage hat und ihren formellen Abschluß in dem der tabellarischen Nachweisung einzuverleibenden Vermerk der Unstreitigkeit findet, dieselben Wirkungen beiwohnen, wie der nach älterem Recht im Klassifikationsurtel über die Verität erfolgenden affirmativen und rechtskräftig werdenden Entscheidung; daß jene Feststellung für den Konkursprozeß und dessen Endziel, die gesetzmäßige Vertheilung der Konkursmasse unter die Gläubiger, in ihren materiellrechtlichen Folgen von einem rechtskräftigen Erkenntniß sich in nichts unterscheidet. Wenn nun § 10 des [preuß.] Ges. v. 31. März 38 einem solchen Urtel die Wirkung beilegt, daß für den dadurch begründet erachteten Anspruch an Stelle der ursprünglichen kürzeren die ordentliche Verjährungsfrist tritt: so fehlt es an jedem inneren Grunde, der gedachten Feststellung eine gleiche Wirkung zu versagen. Der Mangel eines formellen Urtels kann zu der verschiedenen Beurtheilung unmöglich berechtigen, weil es sich um die richtige Anwendung einer materiellrechtlichen Vorschrift handelt, wobei nicht die Form sondern das Wesen der Sache den Ausschlag geben muß. Noch weniger darf eingewendet werden, die Konkursordnung knüpfe an die in Rede stehende Feststellung weniger die Folgen der Rechtskraft als die der Vollstreckbarkeit. Dagegen spricht schon, daß das preuß. Privatrecht von der Regel beherrscht wird: die volle Vollstreckbarkeit wohnt nur dem das Rechtsverhältniß unter den Parteien endgiltig feststellenden und rechtskräftig gewordenen Urtel bei, und daß, wenn diese Regel (wie z. B. im Mandats- und Wechselprozeß) eine

Ausnahme erleiden soll, genau bestimmt ist, wie die Ausnahme mit der Regel in Einklang zu bringen, und wie geeigneten Falles die endgiltige, die interimistische verdrängende, Entscheidung zu erwirken sei. Keine Vorschrift der Konkursordnung deutet auf eine solche ausnahmsweise Behandlung der mehrerwähnten Feststellung oder darauf hin, daß diese nur als vollstreckbar zu gelten habe. Eine solche Anordnung würde auch mit der vom Gesetzgeber besonders erstrebten raschen Erledigung der Konkursprozesse völlig unvereinbar sein und zu den größten Weiterungen und Verwickelungen führen. Wie wenig hieran gedacht sein kann, lehrt auch § 230 a. a. O., welcher ausdrücklich in Ansehung der Feststellung der streitig gebliebenen Forderungen alle besonderen Prozeßarten ausdrücklich ausschließt.

Einen weiteren Beleg für die Richtigkeit des vom Appellrichter angenommenen Grundsatzes liefert noch der § 201 a. a. O. Dieser bestimmt im dritten Absatz für den Fall der Beendigung des Konkurses durch Accord: auch wegen der den Wirkungen des Accords nicht unterworfenen Forderungen sei die Exekution gegen den Gemeinschuldner zulässig, soweit die Forderungen im Konkurse festgestellt seien. Da, wie gesagt, die Vollstreckbarkeit regelmäßig nur der rechtskräftigen Entscheidung beiwohnt, so unterstützt § 201 in nicht geringem Maaße die Ansicht, eine Feststellung, wie sie eben qualifizirt ist, habe alle Wirkungen eines rechtskräftigen Urtels. Dafür können auch noch die Vorschriften des preuß. Rechts über die Agnitionsresolution geltend gemacht werden. Wenn der Beklagte den in der Klage gegen ihn geltend gemachten Anspruch unumwunden anerkennt, so soll nicht allein das Anerkenntniß ausführlich protokollirt, sondern auf Grund des Protokolls eine Resolution erlassen werden, worin deutlich und bestimmt die dem Bekl. obliegenden Pflichten und Leistungen festzusetzen sind, und aus welcher die Exekution wie aus einem Erkenntniß zulässig ist, § 14—16 AGO I. 8. Das neuere Recht hat zusätzlich bestimmt, daß gegen die Agnitionsresolution Richtigkeitsbeschwerde, bzw. Rekurs stattfinde, beide Rechtsmittel aber an eine feste Nothfrist gebunden (§ 7 Verordnung v. 14. Dez. 33, Art. 1 Dekl. v. 6. April 39). Das preuß. Prozeßrecht behandelt also, abweichend von anderen Prozeßrechten, die Agnition nicht wie den gerichtlichen Vergleich als einen die Exekution gegen den Agnoscirenden zulassenden Rechtsakt, sondern findet darin die Grundlage einer nachfolgenden, den Schuldner verurtheilenden Entscheidung, welche nach neuerem Recht unzweifelhaft auch der formellen Rechtskraft fähig ist und somit auch materiell von einem gewöhnlichen Urtel sich in nichts unterscheidet. Damit ist für den Gläubiger der große Vortheil verbunden, daß der rechtskräftig gewordene Agnitionsbescheid wegen Mängel der Agnition nicht mehr angefochten werden kann und daß dessen formelle Rechtskraft alle Mängel der Agnition deckt, mit Ausschluß solcher, welche auch die Anfechtung eines auf kontradiktorische Verhandlung erlassenen und zur formellen Rechtskraft gelangten Urtels zulassen. Dieses Prinzip des preuß. Rechts würde, was nicht vermuthet werden kann, geopfert sein, wenn der Feststellung der Richtigkeit einer im Konkurse liquidirten Forderung, durch Agnition des Verwalters bei unterbliebenem Widerspruch eines anderen Gläubigers und durch Eintragung der Unstreitigkeit in die tabellarische Nachweisung, nur die Wirkungen der Vollstreckbarkeit bei Vertheilung der Konkursmasse und nicht zugleich die einer rechtskräftigen Entscheidung beigelegt werden müßten. Hiernach stellt sich der Angriff des Imploranten als unhaltbar dar.

Ob der vom Appellrichter außerdem (scheinbar) angenommene Grundsatz:

wenn im Konkurse eine Forderung als richtig festgestellt sei, so habe selbst im Falle, daß der — Konkurs durch Accord nicht beendigt worden — die Feststellung auch gegen die Person des Gemeinschuldners die Wirkungen einer rechtskräftigen Verurtheilung,

richtig sei, kann dahingestellt bleiben, da diese Frage ganz außerhalb der Sphäre der hier vorliegenden Streitfrage (betreffend die Wirkung einer solchen Feststellung auf etwaige Herbeiführung der ordentlichen Verjährung der festgestellten Wechselforderung) liegt, daher auf die Entscheidung der letzteren einflußlos ist, während die vom Appellrichter getroffene Entscheidung, wie oben dargethan, durch die gesetzlichen Vorschriften, auf welche sie gestützt worden, vollkommen gerechtfertigt wird, dieselben also, soweit sie hier von Einfluß sind, nicht verletzt.

B) Urtel v. 5. Dez. in Sachen S. Fabian ⁒. B. Hirsch (Nr. 469 v. 71).

I. Instanz: Stadtgericht Berlin,
II. Instanz: Kammergericht daselbst.

Bei Zurückweisung der NktBschw. des Klägers giebt das OHG als

**Gründe:**

Der Thatbestand des Appellurtels geht dahin:

daß der eingeklagte Anspruch aus einem am 22. Juni 54 fällig gewesenen, vom Bekl. acceptirten Wechsel in dem 1858 über des Letzteren Vermögen eröffneten Konkurse vom Konkursverwalter anerkannt und als unstreitig sowohl im Prüfungsprotokoll als in der tabellarischen Nachweisung vermerkt, ferner

daß jener Konkurs 1860 durch Ausschüttung der Masse beendet, und der jetzige Kläger dabei leer ausgegangen sei.

Auf Grund dieses Thatbestands hat der Appellrichter die vorliegende, lediglich auf das Accept gestützte, erst im Sommer 1870 erhobene neue Klage als verjährt zurückgewiesen, weil jene Feststellung der Forderung in dem durch Ausschüttung der Masse beendeten Konkurse dem Bekl. nicht wie eine Agnitoria entgegenstehe, überhaupt ihn für seine Person nicht verpflichte, die Wechselverjährung aber seit 1860 längst abgelaufen sei.

Der gegen diese Entscheidung erhobene Angriff erscheint nicht begründet. Die NktBschw. behauptet:

> die im Konkurse auf Grund des Anerkenntnisses des Verwalters erfolgte Feststellung einer Wechselforderung sei auch im Fall der Aufhebung des Konkurses durch Massenausschüttung für den Gemeinschuldner verbindlich,

und sie fügt hinzu:

> diese Feststellung habe rücksichtlich der Verjährung die Kraft einer rechtskräftigen Verurtheilung.

Erweist sich der erste Satz als unrichtig, so darf der zweite unerörtert bleiben. — Es kann aber ersterer für richtig nicht erachtet werden.

Er beantwortet eine bereits im Gebiet des gemeinen Rechts streitige Frage.

> Arch. für civilistische Praxis B. 11 S. 365—368; Seuffert Arch. I S. 441; Fuchs Konkurs-Verfahren (Marburg 1863) S. 68. — Schweppe System 2c. 3. Auflage § 138.

Auch betreffs der älteren preußischen Konkurs-Ordnung war dieselbe nicht unbestritten,

> vgl. Erk. des preuß. OTr. v. 15. März 47 (Entsch. B. 14 S. 218).

Für die neue preußische Konkurs-Ordnung v. 8. Mai 55 ist sie in letzter Instanz [vom preuß. OTr.] konstant im Sinne des Imploranten entschieden worden.

> vgl. Strieth. Arch. B. 50 S. 344; B. 54 S. 288 u. 336; B. 55 S. 326; siehe auch Entsch. B. 52 S. 454.

Um sie zu lösen, bedarf es einer Prüfung der rechtlichen Natur des Konkurses und der aus ihr folgenden Rechtsstellung des Gemeinschuldners und des Verwalters.

Die preußische Konkurs-Ordnung vom 8. Mai 55 faßt den Konkurs als eine Beschlagnahme des Vermögens des Gemeinschuldners zum Zweck einer exekutiven Befriedigung seiner Gläubiger. Allgemeiner Arrest und Generalexekution sind die Grundzüge des Konkurses.

vgl. Goltdammer Kommentar (1. Ausgabe) S. 72, 73; Wentzel und Klose preuß. Konkurs-Ordnung S. 73.

Die Beschlagnahme und der Zweck des Konkurses macht den Gemeinschuldner des Rechts zur Verwaltung und Verfügung über sein zur Konkursmasse gehöriges Vermögen verlustig, und überträgt dieses Verwaltungs- und Verfügungsrecht an seine Gläubigerschaft. Letztere übt es an seiner Stelle durch einen gerichtlich kontrollirten Verwalter.

Konkurs-Ordnung § 4, Goltdammer S. 77.

Folgerecht ist einerseits der Gemeinschuldner während des Konkurses nicht schlechthin dispositionsunfähig. Nur in Ansehung des zur Konkursmasse gehörigen Vermögens wird er durch die Gläubigerschaft repräsentirt, also nur in Ansehung des bei der Konkurseröffnung vorhandenen und während des Konkurses erworbenen.

Konkurs-Ordnung § 1; Goltdammer S. 77; Wentzel und Klose S. 74; vgl. Fuchs a. a. O. S. 49, 50.

Andrerseits wird der Umfang des durch die Gläubigerschaft geübten Verwaltungs- und Verfügungsrechts durch den Zweck des Konkurses beschränkt.

Goltdammer S. 78; Wentzel und Klose S. 76.

Dieser will Befriedigung der vorhandenen Gläubiger durch eine unter gerichtlicher Leitung zu bewirkende Vertheilung der Masse, mithin active vorab Sicherung und Feststellung der letzteren, sowie passive Ermittelung und

Feststellung der Richtigkeit und der Vorrechte der zum Zweck der Befriedigung aus dieser Masse geltend gemachten Ansprüche. Wie sonach im Interesse der Gläubigerschaft das Vermögen des Gemeinschuldners in Beschlag genommen, verwaltet und liquidirt wird, so ist es eben diese Gesammtheit der Gläubiger, gegen welche der einzelne Gläubiger seinen Anspruch aufzustellen und nachzuweisen hat.

Sind diese Sätze richtig, so besagt das von der Gläubigerschaft gegebene Anerkenntniß eines-Liquidats, nämlich einer persönlichen Forderung, nur ihr Einverständniß mit der Befriedigung desselben aus der Konkursmasse, und ihr Bestreiten des Liquidats verweigert nur die Zulassung zu dieser Befriedigung. Der Liquidant muß letzteren Falles das Liquidat gegen die Gläubigerschaft prozessualisch erstreiten, und das nach seinem Verlangen in solchem Prozeß ergehende, die Forderung feststellende Urtel bedeutet nur, daß der Gegner des Liquidanten, also die Gläubigerschaft, die Befriedigung des Letzteren aus der Konkursmasse zulassen muß. Mithin ergeht in diesem Falle kein Judikat zwischen dem Liquidanten und dem Gemeinschuldner.

Alle diese Regeln finden in positiven Bestimmungen der Konkurs-Ordnung v. 8. Mai 55 ihre Bestätigung.

Weil die Konkursmasse zur Befriedigung aller bei der Konkurseröffnung vorhandenen Gläubiger des Gemeinschuldners dienen soll,

Konkurs-Ordnung § 2,

und weil deshalb Verwaltung und Verfügung über das zur Konkursmasse gehörige Vermögen auf die Gläubigerschaft übergeht (§ 4 daselbst); so sind Verfügungen und Rechtshandlungen, welche der Gemeinschuldner nach der Konkurseröffnung vornimmt, nicht schlechthin, sondern nur in Bezug auf die Gläubigerschaft nichtig, § 5. Nicht gegen ihn und gegen sein Vermögen können Exekutionen bewirkt (§ 9), nicht gegen ihn, sondern nur gegen die Gläubigerschaft kann ein Verfahren zur Geltendmachung von Ansprüchen, welche sich auf das zur Konkursmasse gehörige Vermögen beziehen, gerichtet oder fortgesetzt werden; auch gehen gegen ihn anhängige Prozesse nunmehr auf die Gläubigerschaft über (§ 8). Und da letztere ihr Verwaltungs- und Verfügungsrecht durch den „Verwalter" an Stelle des Gemeinschuldners (§ 4) ausübt, Letzterer also die Doppelstellung des Kurators und Contradictors hat: so ist dieser, was die Verfügungen über das Aktivvermögen, insbesondere dessen Vertheidigung gegen Real-Ansprüche angeht, Vertreter auch des Gemeinschuldners, im Uebrigen aber, namentlich persönlichen Liquidaten gegenüber, Vertreter nur der Masse und der Gläubigerschaft, § 131, 215, 269. Folgerecht ist für die Feststellung dieser Liquidate die Erklärung (nicht des Gemeinschuldners, sondern die) des Verwalters entscheidend. Während bei Dispositionen über Activa der Einspruch des Gemeinschuldners unter Umständen den Ausschlag giebt, § 160 Abs. 2, § 274 Abs. 2: gilt die Forderung eines Liquidanten für anerkannt und festgestellt, wenn der Verwalter sie einräumt und kein Gläubiger widerspricht, mag auch der Gemeinschuldner sie nicht zugestehen; und umgekehrt gilt sie für streitig, wenn der Verwalter oder ein Gläubiger sie bestritten hat, mag sie auch vom Gemeinschuldner anerkannt sein.

§ 171, 172, 173; vgl. Günther Konkurs nach gemeinem Recht S. 27; Fuchs a. a. O. S. 51, 67.

Bei streitigen, durch Spezialprozeß zu verfolgenden Liquidaten ferner ist nicht der Gemeinschuldner die Gegenpartei des Liquidanten, sondern der Verwalter oder widersprechende Gläubiger;

§ 171, 277 ff.; Instruktion v. 6. August 55 § 27; Wentzel und Klose S. 343.

Weder kann der Gemeinschuldner in diesen Prozessen

Rechtsmittel einlegen, noch kann er interveniren, noch können Eide ihm angetragen oder von ihm geleistet werden;

vgl. Wentzel und Klose S. 87; Goltdammer, S. 87, 88; (Günther a. a. O. S. 45; Fuchs a. a. O. S. 50, 53.)

Und deshalb lautet das zu Gunsten des Liquidanten ergehende Urtel nicht auf Verurtheilung des Gemeinschuldners, sondern auf Feststellung des Liquidats, d. h. auf Verpflichtung der Gläubigerschaft, das Liquidat im festgestellten Betrage zur Befriedigung aus der Konkursmasse zuzulassen.

Instruktion a. a. O. § 43.

Ist endlich der Konkurs durch Schlußvertheilung der Masse beendet — und diese erfolgt nicht eher, als bis sämmtliche, gegen dieselbe verfolgten Ansprüche festgestellt sind (§ 272): so sind die „nicht vollständig befriedigten Gläubiger und die neuen Gläubiger" befugt, sich an das nach der Konkursbeendigung erworbene Vermögen des Gemeinschuldners im gewöhnlichen Verfahren zu halten (§ 280). Diese Gleichstellung der alten und der neuen Gläubiger wäre unmöglich gewesen, wenn die im Falle des § 280 nothwendig erfolgte Feststellung der Liquidate der alten Gläubiger genügen könnte, diese vom „gewöhnlichen Verfahren", also von einem durch Klage gegen den ehemaligen Gemeinschuldner zu erlangenden exekutiven Titel zu dispensiren, und der „Feststellung im Konkurse" verbindliche, sogar exekutive Kraft auch über den Konkurs hinaus beizulegen,

vgl. Goltdammer S. 442.

Gegenüber diesen, in sich geschlossenen und konsequenten Satzungen der Konkurs-Ordnung hätte es einer besonderen Vorschrift bedurft, wenn angenommen werden dürfte, daß die ohne entscheidende Einwirkung des Gemeinschuldners,

§ 171 Abs. 1 der Konkurs-Ordnung; § 28 Abs. 3 der

Instruktion; Goltdammer S. 87; Wentzel und Klose S. 85 —

und nur in Beziehung auf das zur Konkursmasse gehörige Vermögen erfolgte Feststellung der Liquidate gegen den Gemeinschuldner persönlich auch nach beendetem Konkurse und in Bezug auf späteren Erwerb verpflichtend sein solle.

Eine solche Vorschrift enthält die Konkurs-Ordnung nicht. Die durch sie zu lösende Frage scheint bei der Entwerfung und Berathung derselben nicht erkannt worden zu sein; wenigstens ist sie weder in den Motiven noch in den Kommissionsberichten noch in den Verhandlungen beider Kammern erwähnt.

vgl. Goltdammer Kommentar 2. Ausgabe S. 87.

Diejenigen, welche sie im Sinne des Imploranten entscheiden, berufen sich zumeist auf § 201 der Konkurs-Ordnung, insbesondere auf dessen Abs. 3.

Dieser § 201 setzt Beendigung des Konkurses durch Accord voraus. Er bestimmt im Abs. 1, daß bei Nichterfüllung der accordmäßigen Verpflichtungen der Accord in Ansehung aller im Konkurse festgestellten Forderungen vollstreckbar ist. Er spricht also in diesem Falle die Verpflichtung des Gemeinschuldners durch die Feststellung aus. Aber diese Vorschrift ist nur eine Bestätigung der oben entwickelten Regeln. Der Gemeinschuldner nämlich schließt den Accord mit seinen Gläubigern, um sein zur Konkursmasse gehöriges Vermögen zu freier Verfügung zurückzuerlangen. Er muß also die bisherigen legalen Dispositionen der Gläubigerschaft über und in Bezug auf dieses Vermögen anerkennen, mithin die von ihr eingeräumten Ansprüche auf Befriedigung aus demselben als bindende Verpflichtungen übernehmen. Es kommt hinzu, daß gerade diese Feststellungen die nothwendige Grundlage bilden sowohl für die Höhe der Offerten des Gemeinschuldners als für die Annehmbarkeit derselben auf Seiten der Gläubiger; § 185 ff.

Und da der Gemeinschuldner im Accord die Erfüllung seiner Verpflichtungen nicht etwa blos aus den Kräften der Konkursmasse, sondern schlechthin verspricht: so bleibt die im Konkurse erfolgte Feststellung der Liquidate auch für seinen späteren Erwerb um so mehr verpflichtend, als nach erfolgter Ausantwortung der Konkursmasse an ihn die Scheidelinie gegen späteren Erwerb praktisch kaum zu ermitteln wäre, wogegen sie im Fall der Konkursbeendigung durch Vertheilung der Masse mit Sicherheit bestimmt werden kann.

Mit scheinbar besserem Grunde beruft man sich auf den dritten Absatz desselben Paragraphen. § 201 Abs. 3 schreibt vor:

> „Wegen Forderungen, welche den Wirkungen des Accords nicht unterliegen, ist die Exekution gegen den Gemeinschuldner ebenfalls zulässig, soweit die Forderungen im Konkurse als richtig festgestellt sind."

Man findet hierin die persönliche Verpflichtung des Gemeinschuldners aus der Feststellung im Konkurse, unabhängig von der Wirkung des Accords, anerkannt.

Aber mit dieser Vorschrift hat es eine andere Bewandtniß. Sie fehlte im Regierungsentwurf zur Konkurs-Ordnung (bei § 195) und wurde auf den Antrag der Kommission der II. Kammer hinzugefügt. Folgendes hat zu ihrer Annahme geführt:

Zur Absonderung befugte, durch Pfand gedeckte und mit Vorzugsrechten versehene Gläubiger müssen ihre Ansprüche gleich den übrigen Kreditoren gegen die Konkursmasse anmelden; aber zur Beschlußfassung über den Accord sind sie in der Regel nicht berechtigt, und deshalb auch den Wirkungen des Accords regelmäßig nicht unterworfen; §. 185 Abs. 2, § 197 Abs. 2.

Bestimmte nun der erste Absatz des § 201, daß der Accord allen im Konkurse festgestellten Forderungen einen vollstreckbaren Titel gebe: so standen die Inhaber dieser gewöhnlichen Forderungen in Ansehung der Vollstreckbarkeit besser, als die den Accordwirkungen nicht unterworfenen, zu Vollzahlungen berechtigten Gläubiger, wenn auch die Ansprüche beider Kategorien im Konkurse festgestellt waren. Jene konnten — weil zur Exekution berechtigt — vorzugsweise und schnelle Befriedigung durch den früheren Gemeinschuldner erzwingen; diesen konnte, wie es im Kommissionsbericht (zu § 191 des Entwurfs S. 104) wörtlich heißt,

> Letzterer die Befriedigung so lange verweigern, bis sie ihre Forderungen **im Wege des Prozesses** gegen ihn erstritten hatten.

(vgl. Goltdammer S. 382; Kommissions-Bericht der II. Kammer zu § 191 des Entwurfs S. 103.)

Lediglich zur Beseitigung dieser Ungleichheit war auch den von den Accordwirkungen nicht berührten, aber festgestellten Ansprüchen das Exekutionsrecht gegeben (§ 197).

Ob jene Worte des Kommissionsberichts die Annahme rechtfertigen, die Kommission habe damit als selbstverständlich ausgesprochen, das Anerkenntniß jener Ansprüche durch den Verwalter verpflichte auch bei der Konkursbeendigung durch Accord den Gemeinschuldner überhaupt nicht — was doch deshalb kaum die Meinung gewesen sein kann, weil durch den Accord der Gemeinschuldner die Konkursmasse (also so, wie sie sich durch das legale Verfügungsrecht die Gläubigerschaft, insbesondere durch Einräumung von Ansprüchen gegen und in Bezug auf sie gestaltet hat) zurückempfängt —, oder ob damit dem Anerkenntniß durch den Verwalter nur die Bedeutung eines exekutorischen Titels hat versagt und zu dessen Erlangung der Gläubiger auf den Prozeßweg hat verwiesen werden sollen, kann hier unentschieden bleiben. Jedenfalls geht aus dem Mitgetheilten hervor, daß § 201 Abs. 3 a. a. O. ungeeignet ist, die Aufstellung des Rechtssatzes, daß die im Konkurse durch Anerkenntniß des Verwalters erfolgte Feststellung eines Liquidats auch im Fall der Aufhebung des Konkurses durch Ausschüttung der Masse für den Gemeinschuldner verbindlich sei, zu stützen.

Nicht solider ist die zur Vertheidigung jenes Satzes unternommene Berufung auf die Unzulässigkeit, das Verfügungsrecht des Verwalters über die Activa anders zu behandeln als seine Disposition über die Liquidate, und die Verbindlichkeit der Feststellungen des Verwalters in Bezug auf einen Theil des Vermögens des Gemeinschuldners anzuerkennen, betreffs eines anderen zu verneinen.

vgl. Ztschr. für Gesetzgebung und Rechtspflege in Preußen von Hinschius (Behrend) II S. 134 ff.

Jene Unzuträglichkeit schwindet vor der Erwägung, daß die Passiva, insbesondere die persönlichen Liquidate, nicht zu dem „der Exekution unterliegenden, Theile der Konkursmasse bildenden Vermögen" des Gemeinschuldners gehören (§ 1, 2 und 4 a. a. O.) —, und im Konkurse nur für die Frage interessiren, ob und inwieweit sie aus der Masse befriedigt werden können, also auch nur insoweit die Gläubigerschaft und den Verwalter angehen. Die zweite angebliche Unzuträglichkeit aber kehrt auch außerhalb des Konkurses in allen Fällen wieder, in welchen die eine Vermögensmasse des Schuldners nur von ihm selber, die andere aber durch einen gesetzlichen Vertreter repräsentirt werden kann (z. B. beim freien und nicht-freien Vermögen der Hauskinder, beim vorbehaltenen und nicht-vorbehaltenen Vermögen der Ehefrau). —

Kann sonach der Feststellung im Konkurse nach Maaßgabe des oben wiedergegebenen, angeblichen Rechtssatzes eine verpflichtende Kraft für den Gemeinschuldner nicht zugestanden werden:

— vgl. darüber die Abhandlungen von H. Rüdorff in obengenannter Ztschr. von Hinschius B. I S. 665, B. II S. 709 ff., B. III S. 143 ff. —

so kommt es für den vorliegenden Fall nicht darauf an, ob ihr, wenn sie für den ehemaligen Gemeinschuldner verpflichtend wäre, rücksichtlich der Verjährung die Bedeutung eines „Anerkenntnisses" im Sinne des § 564 ALR I. 9 und einer „rechtskräftigen Verurtheilung" im Sinne des § 10 des Gesetzes v. 31. März 38 gebühren würde (vgl. vorstehendes Erk. des OHG v. 19. Sept. 71).

Mithin hat der Appellrichter weder jenen Rechtssatz noch diese gesetzlichen Vorschriften durch Nichtanwendung, noch auch die §§ 1, 4, 171, 173, 201 Abs. 3, 280 der Konkurs-Ordnung v. 8. Mai 55 oder den Art. 77 der DWO durch unrichtige Anwendung verletzt. — Denn betreffs des Artikels 77 hat der Appellrichter festgestellt, daß der Klagewechsel bereits bei der Anmeldung im Konkurse verjährt war, und daß letzterer bereits 1860 beendet, die vorliegende Wechselklage aber erst 1870 eingereicht und zugestellt worden.

## Nr. 63.

## I. Senat. — Erkenntniß v. 19. Sept. 71. (B.)

O. Herberich ./. W. C. Fuchs (Nr. 534 v. 71).

**Preußen.** **Wechselsache.** **Revision.**

I. Instanz: Kreisgericht Wiesbaden,
II. Instanz: Appellationsgericht daselbst.

**Wechsel, Rekognition, Recht des Auslands. Regreßnahme, Verjährung, Zahlung.**

**1. Wenn die Echtheit der Girounterschrift, aus welcher der Beklagte wechselmäßig in Anspruch genommen wird, feststeht: so bedarf der anderweitige Wechselinhalt keiner Anerkennung.**

DWO Art. 12, 14, 75, 76, 81.

**2. Die wesentlichen Erfordernisse eines im Auslande ausgestellten Wechsels oder Protestakts sind nach dem dortigen Recht zu beurtheilen.**

DWO Art. 85. Vgl. Rspr. I S. 304 Nr. 3.

Bezeichnung des Bezogenen nach holländischem Recht.

Protesterhebung in England.

**3. Besitz des Wechsels und des Protests genügt zur Legitimirung des nur die Wechselsumme nebst Verzugszinsen (ohne Nebenposten) fordernden Klägers für die Regreßnahme.**

DWO Art. 50, 51, 54.

**4. Im Falle des Art. 79 DWO beginnt der Lauf der Verjährung (abgesehen von einer Klage), sobald der Betreffende durch irgend welche Einlösung des Wechsels oder durch ein Abkommen mit seinem Nachmann zur Erhebung der Regreßklage in den Stand gesetzt worden.**

**Den Beginn der Verjährungszeit hat Beklagter darzuthun.** (Rspr. I S. 355.)

**5. Auch bei den Verjährungsfristen der DWO werden Monate nach Art. 32 Nr. 2 berechnet.**

Vgl. HGB Art. 328, Code de commerce Art. 132.
v. Savigny System B. IV S. 341 ff.
Windscheid Pandekten § 103 n. 23, B. I S. 270.
Borchardt ADWO Zusatz 569 S. 356.

**6. Liquidität des Zahlungseinwandes ist in Preußen prozessualisch nothwendig.**

Einf.-Ges. v. 15. Febr. 50 § 7 (vgl. Rspr. I S. 395);
preuß. Verordnung v. 24. Juni 67 § 87 Nr. 2.

Der aus einem Blancogiro zur Zahlung der Wechselsumme verurtheilte Beklagte legt Revision ein. Das OHG erkennt bestätigend.

Gründe:

Inhalts der rechtzeitig eingelegten Revisionsbeschwerde hat Beklagter sämmtliche in den früheren Prozeßschriften aufgestellten Sätze wiederholt. Es war daher das gesammte Streitverhältniß der oberstrichterlichen Prüfung zu unterziehen.

1) Beklagter hat sein Blancogiro auf dem Wechsel anerkannt, und da er nicht behauptet, dasselbe auf ein bloßes Wechselformular gesetzt zu haben, oder aber daß zur

Zeit seiner Unterschrift die Urkunde anders* als gegenwärtig gelautet habe: so bedarf es, ungeachtet seiner Nichtanerkennung des anderweitigen Inhalts der Wechselurkunde, einer Beweiserhebung über deren Echtheit nicht.

2) Der in Amsterdam auf London über 100 Pf. St. gezogene Wechsel bezeichnet als Bezogenen „Mr. le directeur du credit international à Londres, 83 Lombard Street." Soll damit, wie im Zweifel anzunehmen ist, die Firma des Kreditinstituts bezeichnet sein: so entspräche der Wechsel sogar der strengen Vorschrift des Art. 4 Nr. 7 DWO und es wäre demgemäß, nach Art. 86 Abs. 2 derselben, das Blancogiro des Bekl. rechtsgiltig. Wäre aber auch mit den angezogenen Worten nicht die Firma des Kreditinstituts, sondern die nicht namentlich bezeichnete Person des Direktors des Credit international zu London gemeint: so würde der, nach Art. 86 Abs. 1 DWO für den in Amsterdam ausgestellten Wechsel maaßgebenden Vorschrift des holländischen Handelsgesetzbuchs Art. 100 genügt sein, nach welcher ausreicht, daß der Aussteller „Jemand" den Auftrag giebt, die Wechselsumme zu bezahlen, die namentliche Bezeichnung des Bezogenen dagegen nicht erfordert wird, sofern nur die Person desselben hinlänglich erkennbar ist.

Daß es im vorliegenden Falle an dieser Erkenntniß in höherem Maaße als bei der Namensbezeichnung fehle, hat Beklagter nicht behauptet. Seine Behauptung, daß F. D., welcher den Wechsel acceptirt hat, gar nicht oder doch nicht der einzige Direktor des Credit international zu London und nicht zur Vertretung des gedachten Instituts berechtigt gewesen sei, entbehrt in dem hier allein relevanten Satze „oder doch nicht der einzige Direktor gewesen sei", der erforderlichen Bestimmtheit.

3) Ob der im Wechsel bezeichnete Trassat der Accep-

* Vgl. oben S. 126 ff.

tant F. D. war und ob dieser durch sein Accept den Credit international obligirt hat, erscheint irrelevant, da es sich in diesem Prozeß nicht um die Giltigkeit des Accepts, noch um dessen Verbindlichkeit für den Credit international, sondern lediglich um die Existenz eines äußerlich giltigen, zur Grundlage für das Blancogiro des Beklagten dienlichen Wechsels handelt.

4) Die Echtheit der äußerlich durchaus unverdächtigen, sogar mit dem Amtssiegel versehenen Protesturkunde des Londoner öffentlichen Notars John Newton, dessen amtliche Eigenschaft Beklagter nicht einmal in Abrede gestellt hat, muß, dem allgemeinen Bestreiten gegenüber, für feststehend und hinsichtlich der darin bezeugten Thatsachen die Protesturkunde für beweiskräftig erachtet werden*.

Diese Thatsachen aber reichen — nach den dafür maaßgebenden Grundsätzen des englischen Rechts, Art. 85 DWO — zur Erhaltung des Wechselrechts gegen den Bekl. aus.

Die Präsentation des Wechsels hatte bei dem Bezogenen, somit bei dem directeur du credit international à Londres (mochte dieser F. D. oder sonst Jemand sein), in dessen Geschäftslokal oder Wohnung zu erfolgen, und da als solche „83 Lombard Street" angegeben war, an diesem Orte. Die im Protest bekundete Auskunft eines Hausbewohners, daß die beim Credit international betheiligten Personen und bzw. F. D. weggezogen [gone away]

* Bereits im Urtel vom 20. Jan. 71 in der Sache Müller und Sohn ·/. N. Alexander (Nr. 55 v. 70) hatte das OHG bei Anerkennung einer in Genua ausgestellten Protesturkunde sich dahin ausgesprochen: „Eine Präsumtion für die Legalität ausländischer Protesturkunden ist freilich in dieser Allgemeinheit nicht begründet; vielmehr liegt in Zweifelsfällen dem Richter die Prüfung der Gesetzmäßigkeit der Urkunde nach dem Recht des betreffenden Landes oder Ortes ob. Indessen darf doch angenommen werden, daß eine äußerlich unverdächtige Urkunde in der That von der als ausstellendem Notar bezeichneten Person herrühre, auch wenn deren Identität und Qualifikation der diplomatischen Beglaubigung entbehrt .. Demnach mußte die vorliegende, äußerlich durchaus unverdächtige Protesturkunde hinsichtlich der darin bezeugten Thatsachen als beweiskräftig erachtet werden."

seien, man wisse nicht wohin, und daß in dem bezeichneten Lokal keine Mittel zur Zahlung des Wechsels vorhanden seien, berechtigte den Notar, ohne weitere Nachforschung, den Wechsel als erfolglos präsentirt zu erachten*.

Die Präsentation geschah am 23. August, also am dritten Tage nach dem wechselmäßigen Verfalltage. Dies genügte; nicht, wie die Vorderrichter angenommen haben, weil der 21. August auf einen Sonntag fiel, und dadurch die beiden Präsentationstage der DWO um einen Tag verlängert wurden, sondern weil in England drei, Sonn- und Festtage einschließende Respekttage nach Verfall zu Gunsten des Bezogenen bestehen, vor deren Ablauf Zahlung nicht verlangt werden kann.

An diesem Orte und Tage war der Protestakt oder doch eine Protestnotiz aufzunehmen, und daß es geschehen, ergiebt sich aus der Protesturkunde.

5) Kläger hat anfänglich nur behauptet, daß der Wechsel nebst Protest und Retourrechnung am 23. November an ihn zurückgekommen sei; in der II. Instanz außerdem, daß er den rückgreifenden Vormann, die Frankfurter Gewerbekasse, bezahlt habe. Diese Behauptung ist, soweit es sich um die Statthaftigkeit der Regreßklage handelt, unerheblich, da der Indossatar durch den Besitz des Wechsels und des Protests zur Regreßnahme ausreichend legitimirt ist (DWO Art. 36, vgl. Rspr. I S. 213) und die Nebenposten, welche aus dem Wechsel selber nicht erhellen, in vorliegendem Falle (weil dem Kläger rechtskräftig aberkannt) nicht in Frage kommen.

6) Anlangend den Einwand der Verjährung, welche gegen den Kläger (als Indossanten) nach Art. 79 DWO seit dem Tage der Zahlung (Einlösung) ihren Lauf begonnen hat: ist einmal bestritten, ob überall eine Zahlung

* Wir lassen hier und im Folgenden die Citate aus den in englischer Sprache geschriebenen Werken von Byles, Chitty und J. Story weg.

(Einlösung) stattgefunden hat, ferner wann diese, bzw. das ihr rechtlich etwa gleichzustellende Ereigniß eingetreten ist.

Der erste Streitpunkt ist unerheblich. Das Gesetz spricht freilich nur vom Tage der Zahlung — und in Ermangelung solcher von der dem Indossanten geschehenen Behändigung der Klage oder Ladung. Allein der Sinn des Gesetzes kann nicht dahin gehen, daß die Verjährung nicht beginnen solle, sofern die Einlösung des Wechsels auf andere Weise als durch Zahlung bewirkt ist [Borchardt ADWO Zusatz 580a, S. 364], oder sofern auch nur der Indossant ohne Einlösung, z. B. weil er den Wechsel als Rimesse zurückempfängt (DWO Art. 54) oder vermöge anderweitigen Abkommens mit seinem Nachmann, zur Erhebung der Regreßklage in den Stand gesetzt ist. [Vgl. Hartmann DWR S. 450, Hoffmann Erläuterung der ADWO S. 564]. Letzteres aber ist, nach eigener Behauptung des Klägers, in dem Augenblicke des Rückempfangs des Wechsels der Fall gewesen.

Ueber den Tag des Rückempfangs differiren die Behauptungen der Parteien. Da nun die Wechselklage dem Bekl. am 20. Februar 71 behändigt ist, und von diesem Tage an 3 Monate rückwärts zu rechnen sind: so würde, wenn man die Berechnungsart des Art. 32 DWO zu Grunde legt — wie allerdings dem Geist der DWO und den bei Fristen des modernen Rechts, zumal des Handelsrechts, überhaupt zu beobachtenden Prinzipien entspricht — die dreimonatige Verjährungsfrist nur abgelaufen sein, wenn Kläger den Wechsel bereits vor dem 20. Nov. 70 (nicht, wie der erste Richter annimmt, vor dem 23. Nov. 70) zurückempfangen hat *.

* Das OHG zählt hier den Tag der Zahlung, bzw. der Klagebehändigung oder sonstigen Ladung nicht mit (vgl. Borchardt ADWO Zusatz 568). Ebenso ist in Bezug auf Art. 77 und 100 DWO angenommen worden, daß der Verfalltag des Wechsels nicht in die Verjährungszeit eingerechnet werde, Erk. des I. Senats v. 7. Nov. 71, Nr. 550 v. 71; so auch Hartmann DWR S. 452 und Praxis des preuß. OTr.

Kläger hat behauptet, der Wechsel sei erst am 23. November 70 an ihn zurückgelangt; Beklagter dagegen, der Wechsel sei vor dem 23. Nov. an den Kläger zurückgekommen, ja schon 4 bis 5 Monate vorher wieder in dessen Händen gewesen. Der klägerischerseits in I. Instanz angetretene Beweis ist mißlungen . . .

Der Appellrichter hat die Beweispflicht dem Bekl. auferlegt und eine bestimmte Behauptung desselben hinsichtlich der Zeit der Einlösung vermißt, auch die Angabe, daß Kläger den Wechsel schon vier bis fünf Monate vorher wieder in Händen gehabt habe, für augenscheinlich unrichtig erachtet.

Soweit nun die Revisionsschrift dem Appellrichter vorwirft, die Beweislast unrichtig vertheilt zu haben, erscheint sie nicht begründet. Denn wie das OHG bereits in Sachen Hees ·/. Fröhling [Rspr. I S. 355] erkannt hat, ist es Sache des Beklagten, welcher auf Grund des Art. 79 DWO den Verjährungseinwand vorschützt, den Ablauf der Verjährungszeit, somit auch, wo erforderlich, den Beginn derselben, welcher nur einen Theil des thatsächlichen Einredefundaments bildet, in ausreichender Weise zu behaupten und zu erweisen. Die besondere Schwierigkeit dieses Beweises kann hier so wenig wie in anderen Fällen zur Umkehr der Begründungs- und Beweislast hinsichtlich des Verjährungseinwands führen . . .

7) Den aus einer angeblichen Nichtbezahlung des Kaufpreises gegen Kläger entnommenen Kompensationseinwand hat schon der I. Richter mit Grund verworfen. Denn nach eigener Darstellung hat Beklagter den Wechsel nicht an Kläger, sondern an Dritte begeben, und hat Kläger von diesen, nicht vom Bekl. den Wechsel gekauft, verschuldet somit ohne Dazwischentreten besonderer, nicht behaupteter Umstände dem Beklagten den Kaufpreis nicht.

8) Anlangend endlich den eventuell vorgeschützten Zah-

lungseinwand, so erscheint Beklagter durch die Vorerkenntnisse nicht beschwert. Soweit die Einrede auf den Inhalt des dem Bekl. angeblich vom Kläger zugestellten Contocurrents gestützt wird, ist sie mit Recht als dunkel und unsubstantiirt verworfen worden. Denn aus dem vorliegenden Contocurrent erhellt die Tilgung dieser Wechselschuld keineswegs, da derselbe mit einem Saldo von 1675 Thlrn. zu Gunsten des Klägers abschließt, und selbst nach Abzug eines angeblich mit Unrecht darin aufgenommenen Wechsels von 1000 Thlrn. noch immer einen dem Klagebetrage nahezu gleichkommenden Saldo ergeben würde, da auch ein erst durch Beweisaufnahme zu berichtigender Contocurrent nicht als beweiskräftige Urkunde im Wechselprozeß erscheint, § 87 Nr. 2 der [preuß.] Verordnung v. 24. Juni 67. Ohnehin aber würde gerade ein wahres Contocurrentverhältniß die Anrechnung einzelner Zahlungen auf einzelne Debetposten ausschließen. Die Bemerkung der Revisionsschrift endlich, daß dem Kläger nicht zustehe, die im Contocurrent geleisteten Zahlungen zu ignoriren und jeden Wechsel besonders einzuklagen, führt — ihre rechtliche und thatsächliche Begründung dahingestellt — auf einen von dem in den Vorinstanzen allein vorgeschützten Zahlungseinwand gänzlich verschiedenen, in dieser Instanz unstatthaften Einwand; Verordnung v. 24. Juni 67 § 60.

## Nr. 64.

## II. Senat. — Erkenntniß v. 20. Sept. 71. (B.)

Reichel ./. Winkelmann (Nr. 405 v. 71).

**Königreich Sachsen.** **Weitere Berufung.**

I. Instanz: Gerichtsamt Reichenbach,
II. Instanz: Appellationsgericht Zwickau.

**Handelskauf, rechtzeitige Dispositionsstellung. Beweislast bezüglich der Geschäftsmodalitäten.**

**1. Die im Distanzhandel dem Käufer obliegende, ohne**

**Verzug nach der Ablieferung im ordnungsmäßigen Geschäftsgange vorzunehmende Untersuchung**

(vgl. Rspr. I S. 370, II S. 137, III S. 4, 79, 96, 101)

**umfaßt auch eine Bearbeitung der Waare oder eine sonst geeignete Maaßregel, ohne welche die vertragsmäßige Beschaffenheit des Gelieferten nicht erkennbar ist.**

HGB Art. 347; vgl. oben S. 186.
v. Hahn Komm. § 8 zu Art. 347, B. II S. 228.

**2. Wie regelt sich die Beweislast bezüglich eines Kaufgeschäfts, wenn Kläger eine gewisse Waare schlechthin abgelassen, Beklagter aber nur Waare von bestimmter Eigenschaft oder Beschaffenheit gekauft haben will?**

Pöschmann in den Annalen des kgl. sächs. Ober-App.-Ger. B. V S. 289 ff.
Vgl. oben Fall 29 S. 134.

In einer sächsischen Appellationssache hat das OHG sich über vorgedachte Rechtsfragen dahin ausgesprochen.

Entscheidungsgründe:

1) Beklagter glaubt für sich als ein besonderes Moment, welches seine späte Rüge einer vertragswidrigen Beschaffenheit der ihm gelieferten Wolle zu rechtfertigen geeignet sei, den Umstand geltend machen zu dürfen, daß die versprochene Eigenschaft der Wolle eine solche sei, welche sich nur erst nach deren Verwendung erkennen lasse, und daß deshalb das Fehlen dieser Eigenschaft unter die „später entdeckten" Mängel gehöre, für welche Art. 347 Abs. 3 HGB eine Frist der Untersuchung nicht vorschreibe. Mit Recht hat jedoch die II. Instanz diese Auffassung als unhaltbar zurückgewiesen. Wußte Beklagter, wie aus seinem Anführen erhellt, daß das Vorhandensein der ihm angeblich zugesicherten Eigenschaft der Waare nicht ohne eine mit derselben vorzunehmende Manipulation oder Bearbeitung erkennbar sei: so hatte er die ohne Verzug nach der Ablieferung im ordnungsmäßigen Geschäftsgange vorzuneh-

mende Untersuchung der Waare auf diesen Punkt mit zu richten und das zu diesem Behuf Erforderliche vorzukehren, zumal es voraussichtlich gar nicht der Verwendung oder des Waschens der ganzen Partie von 55 Ballen, sondern blos eines verhältnißmäßig geringen Bestandtheils derselben bedurfte, um über Vorhandensein oder Mangel der bedungenen Eigenschaft ins Klare zu kommen. Dies verabsäumt zu haben, fällt dem Bekl. zur Last, und darin liegt eine solche Verletzung der im Abs. 1 des Art. 347 dem Käufer auferlegten Verpflichtung rechtzeitiger Untersuchung und Anzeige, welche die im Abs. 2 desselben Artikels bestimmte rechtliche Folge nach sich zieht. Die Bestimmung im Abs. 3 des gedachten Artikels schlägt daher hier nicht ein, da sie, dem Zusammenhang mit Abs. 2 zufolge, blos die bei sofortiger Untersuchung nach ordnungsmäßigem Geschäftsgang nicht erkennbaren Mängel betrifft, zu diesen aber der hier fragliche Mangel, wie schon bemerkt, nicht gehört...

2) Soweit die Behauptung des Bekl., daß die gekaufte Wolle der von den Klägern zugesicherten Eigenschaft ermangle, die noch nicht abgenommenen Ballen betrifft, ist die Rechtslage eine andere, als die in Bezug auf bereits abgelieferte 55 Ballen im Vorstehenden dargelegte. Hier bewegt sich der Streit der Parteien um die Frage, ob die Behauptung des Beklagten, er habe nicht blos, wie der Inhalt der Klage ergebe, 137 Ballen „Wolle" schlechthin, sondern Wolle einer bestimmten, durch Zusage der Kläger garantirten Eigenschaft und Beschaffenheit gekauft, als Leugnen des Klagegrundes oder als Einrede anzusehen sei. Die vorigen Instanzen haben sich konform für erstere Alternative entschieden und demgemäß die Beweisfrage geregelt.... Die jetzige Instanz hat kein Bedenken getragen, dieser Ansicht beizutreten.

Die Frage, ob geleugneter Klagegrund oder Einrede

vorliege, ist vornehmlich in dem Falle, wenn dem vom Kläger behaupteten unbedingten Rechtsgeschäft Beklagter mit der Beziehung auf suspensiv bedingten Abschluß dieses Rechtsgeschäfts entgegentritt, bekanntlich eine bestrittene, die namentlich auch in der älteren Praxis der Gerichtshöfe des Königreichs Sachsen verschieden beantwortet wurde. Wie jedoch in der (schon von zweiter Instanz citirten) Abhandlung von Pöschmann über den Einfluß des sogenannten qualifizirten Geständnisses auf die Beweislast (vgl. Annalen des königl. sächs. OAppGer. B. V S. 289 ff.) nachgewiesen ist, schlägt dieselbe Frage nicht blos in vorgedachtem speziellen Falle, sondern überhaupt in allen denjenigen Fällen ein, in welchen die beklagte Partei den in der Klage vorgetragenen Inhalt der Verhandlung, auf welche der streitige Anspruch gestützt ist, als unrichtig, weil unvollständig, bezeichnet und ihrer Seits gewisse für die materielle Beurtheilung des streitigen Rechtsverhältnisses erhebliche Punkte anführt, welche außer und neben den vom Kläger angeführten den Inhalt jener Verhandlung gebildet haben sollen. Sind diese Punkte von der Art, daß danach das Objekt, beziehentlich auch die Subjekte des streitigen Rechtsverhältnisses, andere als die in der Klage dargestellten, sein würden, so daß die rechtlichen Folgen dieses Verhältnisses sich anders gestalten müßten, als Kläger für sich geltend macht, bzw. zur Begründung des Anspruchs geltend machen muß: so kann man ein mit einer Einrede verbundenes Zugeständniß des Klagegrunds nicht annehmen, ohne die Erklärungen des Bekl. durch willkürliche Trennung aus ihrem inneren Zusammenhange zu reißen und ihnen dadurch einen Sinn zu geben, der weder der subjektiven Absicht und Meinung des Erklärenden, noch objektiv der Natur der Sache entspricht. Die seitens des Bekl. behauptete Unvollständigkeit des Klagevortrags in diesem Sinne ist deshalb der Regel nach als sogenanntes motivirtes Leugnen des Klagegrundes anzusehen und, wie die Präjudizien aus neuerer Zeit in den Annalen (B. VIII S. 233 ff.; Neue Folge B. I S. 202 ff., B. II S. 23 ff., 52; B. IV S. 85, 286) bestätigen, in der sächsischen Praxis schon seit längerer Zeit angesehen worden.

Diese Regel ist keine schlechthin ausnahmslose (vgl. die citirte Abhandlung S. 317 ff., 336 ff.); insbesondere kann die erkennbare Absicht der Kontrahenten, wie sie sich aus den bei der Vertragsverhandlung gebrauchten Worten bzw. aus der diesfälligen Korrespondenz oder aus einschlagenden sonstigen Umständen ergiebt, den Schluß rechtfertigen, daß auf die Divergenzen des Parteivorbringens, auf die behauptete Unvollständigkeit des Klagevortrags in obigem Sinne nicht das für die Beweislast entscheidende Gewicht zu legen sei, welches ihnen unter anderen Umständen der Regel gemäß zukommen würde, (vgl. Thöl, ausgewählte Entscheidungsgründe des OAppGer. der vier freien Städte Deutschlands Nr. 70 S. 82 ff.). Auch das OHG hat die im Vorstehenden entwickelten Grundsätze dann, wenn die vom Bekl. geltend gemachte Suspensiv-Bedingtheit des in der Klage als unbedingt dargestellten Vertragsabschlusses unter den Parteien streitig war, beim Rechtsprechen bereits mehrfach befolgt und die Beweislast dem Kläger auferlegt, indem die dabei zu Grunde gelegte rechtliche Auffassung nicht blos mit den Grundsätzen des preußischen Rechts vereinbar befunden, sondern auch für das Gebiet des gemeinen Rechts als richtig und maaßgebend anerkannt worden ist*. Die Festhaltung derselben Grundsätze für das Gebiet des sächsischen Rechts, in welchem sie (wie bereits gezeigt) schon dermalen in der Judikatur die herrschenden sind, ist selbstverständlich nicht zu beanstanden. Ebenso wenig kann es

* Vgl. Rspr. II S. 80 und Erk. des II. Senats im Nachtrag S. 314.

mit Rücksicht auf die schon oben hervorgehobene Tragweite der streitigen Frage einem Bedenken unterliegen, das, was von den so eben bezeichneten Fällen der Suspensivbedingung gilt, auch auf den vorliegenden Fall anzuwenden, in welchem die seitens des Bekl. gerügte Unvollständigkeit des Klagevortrags darin bestehen soll, daß in der Darstellung des abgeschlossenen Vertrags die, einen integrirenden Theil desselben bildende, Einigung der Kontrahenten über eine gewisse Beschaffenheit und Eigenschaft des Kaufobjekts unerwähnt geblieben ist.

Was Kläger hiergegen eingewendet haben, ist unerheblich. Verfehlt ist zunächst der Versuch, die Entscheidung der Kontroverse im entgegengesetzten Sinne durch Hinweisung auf abnorme Konsequenzen des Prinzips der Unvollständigkeit des Klagevorbringens zu motiviren. Selbstredend ist nicht jede Abweichung der Vernehmlassung des Bekl. vom Klagevortrage ohne Unterschied und Ausnahme geeignet, Leugnen des Klagegrundes annehmen zu lassen; es muß die Abweichung einen, für die Entscheidung der Sache erheblichen, für die Beurtheilung des Inhalts und der Natur des streitigen Rechtsverhältnisses an sich wesentlichen oder nach den einschlagenden besonderen Umständen wichtigen Punkt betreffen. Von diesem Gesichtspunkt aus kann aber eine unbefangene Betrachtung über die Relevanz und Bedeutsamkeit des vom Bekl. geltend gemachten dictum et promissum um so weniger zweifelhaft sein, als nach dem weiteren Anführen des Bekl. der Mangel der zugesicherten Beschaffenheit der Waare eine sehr beträchtliche Minderung ihres Werths zur Folge hat, zudem Kläger selbst das vom Käufer auf diesen Punkt gelegte Gewicht gar nicht verkennen konnten, wenn Letzterer (wie durch die Eidesfassung ausgedrückt wird) sich durch die in Rede stehende Zusicherung des Verkäufers zum Abschluß des Kaufs hat bestimmen lassen.

Ob weiter, wie Kläger behaupten, diese Zusicherung eine solche sei, welche die Verkäufer bei vernünftiger Erwägung schlechterdings nicht hätten ertheilen können und welche jeder Sachkundige sofort als eine unwahre, weil schlechterdings unglaubhafte, erkennen müsse — das bleibt für die richterliche Erwägung zunächst schon der ermangelnden Sachkunde halber unklar, ist auch in Bezug auf die Beurtheilung des streitigen Vertrags-Verhältnisses an sich einflußlos. Auch für thörichte und unbedachtsame Zusicherungen hinsichtlich der Eigenschaften des Kaufobjekts, soweit sie über den Kreis allgemeiner, keine Haftpflicht begründender Anpreisungen hinausgehen, haftet der Verkäufer dem Erwerber; bürgerl. GB für das Königreich Sachsen § 899, 906. Denn auf seine Kenntniß vom Vorhandensein der versprochenen Eigenschaften kommt an sich nichts an (§ 901), mithin müssen die Nachtheile seiner Unbedachtsamkeit oder Unüberlegtheit jedenfalls nicht weniger als die seiner Unkenntniß ihn selbst, nicht den der Zusicherung vertrauenden Käufer, treffen (non debuit facilis esse ad temerariam indicationem, L. 13 § 3 Dig. 19, 1).

Daß eine Zusicherung der fraglichen Art in hohem Grade unwahrscheinlich oder im Verkehr ganz ungewöhnlich ist, kann zwar dann, wenn es, der Unklarheit des Vorbringens halber, einer Auslegung bedarf, als Moment der letzteren gegen den auf die Zusicherung sich beziehenden Käufer, nach Befinden auch bei Vertheilung der Beweislast in Betracht kommen, [vgl. Rspr. II S. 83 Nr. 3]. Hier läßt jedoch die Bestimmtheit und Unzweideutigkeit der Anführungen des Bekl. keinen Zweifel, daß die Gewährung der zugesicherten Eigenschaft zu den dem Verkäufer obliegenden wesentlichen und, soviel die Erfüllung des Vertrages betrifft, von diesem nachzuweisenden Vertragsleistungen gehören soll.

Mit Unrecht suchen endlich Kläger aus (einem) . . .

der Klage beigefügten Briefe Grund zu ihrer Verschonung mit der Beweislast abzuleiten, indem sie dabei anscheinend den Ausnahmefall vor Augen haben, in welchem für die Vollständigkeit des Klagevorbringens eine den abgeschlossenen Vertrag bekundende, die abweichenden Behauptungen des Gegners nicht bestätigende Urkunde spricht und die Voraussetzung, daß diese Urkunde den erschöpfenden Ausdruck das Vertragswillens wiedergebe*, die Zutheilung der Beweislast an den Gegner rechtfertigt. Vgl. Pöschmann a. a. O. S. 336 ff.

Allein auch abgesehen davon, ob ein in diesem — nicht an die jetzigen Kläger, sondern an die im Vorprozeß klagend aufgetretene Handlung Fr. & Co. gerichteten — Briefe enthaltenes Zugeständniß dem Bekl. in seinen rechtlichen Beziehungen zu den Klägern präjudiziren könne, ist der gedachte Brief unstreitig keine zu vorerwähntem Zweck ausreichende Urkunde. Seine Datirung vom 31. Mai 68, dem nächsten Tage nach dem Kaufabschluß, weist schon darauf hin, daß Beklagter damals noch keinen Anlaß haben konnte, sich über die Empfangbarkeit der noch gar nicht in seine Hände gelangten Waare mit Rücksicht auf die dem Vertrage gemäß zu machenden Anforderungen zu äußern.

## Nachtrag (zu S. 311 n.)

In der preuß. Nichtigkeitsbeschwerde-Sache Fr. Oehmig's Söhne ·/. Arnheim & Haberland (Nr. 600 v. 71, I. Instanz: Stadtgericht Berlin) hat der II. Senat des OHG das zurückweisende Erk. v. 4. Nov. 71 folgendermaaßen begründet:

1) Die NktBschw. rügt Verletzung des § 229 ALR I. 5, nach welchem auch bei mündlich giltigen Verträgen nicht vermuthet wird, daß der Vertrag unter besonderen Bedingungen geschlossen worden sei. Der Appellrichter bestreitet aber diesen Grundsatz gar nicht, spricht vielmehr nur aus,

* Rspr. II Fall 9 S. 39, auch S. 220 Nr. 3.

daß das Fundament der Klage der Kauf sei und daß, da ein fester Kauf, bzw. eine feste Bestellung ausdrücklich bestritten sei, also insoweit negative Litiskontestation vorliege, die Klägerin diesen Theil ihres Klagefundaments zu beweisen habe, wodurch die gedachte Vorschrift des Landrechts, welche andererseits auch nicht etwa eine Vermuthung für einen unbedingten Vertragsabschluß ausspricht, nicht verletzt sein kann.

2) Wenn ferner Klägerin die Verletzung des Rechtssatzes rügt:

„daß, wenn der Abschluß eines Rechtsgeschäfts an
„sich zugestanden ist, die Beifügung einer Bedin-
„gung von derjenigen Prozeßpartei zu beweisen ist,
„welche dieselbe behauptet,

so ist das Bestehen eines solchen Rechtssatzes in dieser Allgemeinheit keineswegs anzuerkennen; vielmehr muß der Kläger, welcher eine vom Beklagten pure übernommene Verbindlichkeit behauptet, während der Beklagte, wie in vorliegendem Falle, diese leugnet und nur unter einer nicht eingetretenen thatsächlichen Voraussetzung, mithin unter einer Suspensiv-Bedingung, dem Kläger Rechte eingeräumt zu haben zugiebt, den Beweis des pure zu Stande gekommenen Geschäfts führen. Vgl. die Erk. v. 13. Jan. u. 24. März 71 [Rspr. II S. 80 n. u. S. 79].

Auch das preußische Recht steht dem nicht entgegen; denn es geht ebenfalls davon aus, daß in Ermangelung rechtlicher Präsumtionen keine Thatsache (und keine Veränderung) vermuthet wird (AGO I. 13 § 28) und erkennt speziell bei einem unter einer aufschiebenden Bedingung abgeschlossenen Kaufe und bei dem Kaufe auf Probe an, daß erst mit dem Eintritt der Bedingung, bzw. Genehmigung der Kauf wirksam wird. Vgl. §§ 258 und 333 ALR I. 11.

3) Endlich wird dem Appellrichter auch mit Unrecht eine Verletzung des Art. 339 HGB vorgeworfen.

Nach diesem Artikel ist ein Kauf auf Besicht oder auf Probe unter der im Willen des Käufers stehenden Bedingung geschlossen, daß Käufer die Waare besehen oder prüfen und genehmigen werde, und zwar soll diese Bedingung — was daher in Ermangelung einer entgegenstehenden Behauptung der Klägerin auch hier anzunehmen ist — im Zweifel als eine aufschiebende angesehen werden. Der Käufer ist vor seiner Genehmigung an den Kauf nicht gebunden. Der Verkäufer hört auf gebunden zu sein, wenn der Käufer bis zum Ablauf der verabredeten oder ortsgebräuchlichen Frist nicht genehmigt. Diese Rechtssätze hat aber der Appellrichter keineswegs verletzt, sondern vielmehr ausdrücklich anerkannt, indem er davon ausgeht, daß die Beklagte dadurch, daß sie zwar den Kauf an sich zugiebt, aber einen Kauf auf Probe behauptet, ein wesentliches Erforderniß desjenigen Kaufs bestreitet, der in seinem Abschluß alle Wirkungen des Rechtsgeschäfts unbedingt mit sich bringt, daß also in Betreff der festen Bestellung eine negative Litiskontestation vorliegt. Der Appellrichter hat daher das Wesen und die rechtliche Natur des Kaufs auf Probe richtig gewürdigt. Wenn er den Kauf auf Probe gleichzeitig als eine Art, bzw. Abart des Kaufs überhaupt bezeichnet, so kann die Korrektheit dieses Ausdrucks dahin gestellt bleiben, weil ausdrücklich anerkannt wird, daß die in Art. 338 bis 341 HGB unterschiedenen Arten des Kaufs im Allgemeinen alle Voraussetzungen dieses Rechtsgeschäfts haben und nur in ihren **Wirkungen** verschieden sind.

## Nr. 65.

## II. Senat. — Erkenntniß v. 20. Sept. 71. (B.)

Binnen ./. Wittwe v. Cöllen (Nr. 413 v. 71).

**Bremen.** **Ober-Appellation.**

I. Instanz: Handelsgericht Bremen.

II. Instanz: Obergericht daselbst.

**Handelsgesellschafter, Belohnung für seine Bemühungen.**

**Die im Gesellschaftsverhältniß einem Gesellschafter zugesicherte Belohnung für besondere Bemühungen beim Betrieb der Geschäfte kann nach Auflösung der Gesellschaft regelmäßig für die bei Abwickelung der gesellschaftlichen Geschäfte eintretende Mühwaltung nicht gefordert werden.**

HGB Art. 93 Abs. 3, 144 Abs. 1.

Seit 1862 bestand zu Bremen unter der Firma Sch. & Co. eine offene Handelsgesellschaft, deren zwei Theilhaber an Gewinn und Verlust je zur Hälfte partizipirten. Mit Rücksicht auf andauernde Kränklichkeit des einen Gesellschafters, v. C., in Folge welcher dieser sich nur wenig um das Geschäft bekümmern konnte, und wegen der dadurch vermehrten Thätigkeit des Anderen soll Ende 1867 unter ihnen abgemacht worden sein, daß Letzterer (Beklagter) jährlich 2000 Thlr. im Voraus zu beziehen habe.

Später starb v. C., und seine als Erbin klagende Wittwe trat aus der Gesellschaft. Nunmehr will Beklagter die Geschäftsliquidation allein besorgt haben; er stellt deshalb, bei einer gegen ihn geltend gemachten Forderung, den Gegenanspruch auf, daß ihm auch für die Zeit dieser Geschäftsabwickelung jene Vergütung gebühre. Sein Verlangen wird abgewiesen, vom OHG aus folgenden

**Gründen:**

Soweit Beklagter sich auf [obige] Vereinbarung ... über eine ihm beim jährlichen Geschäftsabschluß im Voraus gebührende Vergütung stützt, kann es hier dahingestellt bleiben, ob und unter welchen Voraussetzungen der verstorbene v. C. für seine Lebenszeit und während des Fortbestehens der Societät an diese Vereinbarung gebunden gewesen sein würde. Denn darüber, daß dem Bekl. die Vergütung nicht nur bis zu v. C's Tode, sondern auch bis zum Austritt der Klägerin aus der Societät zu Theil geworden, ist kein Streit. Es handelt sich vielmehr nur darum, ob Beklagter zu einem Fortbezuge dieser

Vergütung auch für die Zeit nach Auflösung der, nur zwischen ihm und v. C. (später der Klägerin) bestandenen, Societät berechtigt sei, und diese Frage ist nach des Bekl. eigener Darstellung zu verneinen.

Abgesehen nämlich davon, daß nach derselben ein Liquidationsverfahren im gesetzlichen Sinne — wie es durch Art. 133 ff. HGB geregelt ist, und auf welches allein die im Art. 144 Abs. 1 aufgestellte gesetzliche Fiktion, auf welche Beklagter sich berufen hat, direkt anwendbar ist — überall nicht stattgefunden, sondern Beklagter die bisherige Gesellschaftsfirma und einen sehr großen (wenn nicht den größesten) Theil des Gesellschaftsvermögens übernommen und unter der Gesellschaftsfirma das Geschäft für seine eigene Rechnung fortgesetzt hat, eine Liquidation oder Realisirung für gemeinschaftliche Rechnung also auch im Uebrigen nur in Betreff eines Theils der Activa und Passiva erfolgt ist: so ergiebt sich der Ungrund des fragl. Anspruchs auch schon nach allgemeinen Rechtsgrundsätzen. Denn dem Beklagten ist die Bevorzugung um 2000 Thlr. bei der Berechnung des jährlichen Gewinnes und Verlustes des gemeinschaftlichen Geschäfts von Seiten des verstorbenen v. C. nicht etwa als nachträgliche Vergütung für eine schon in früheren Jahren dem Geschäft gewidmete größere Thätigkeit (für welche er auch nach Art. 93 Abs. 3 HGB keinen* Anspruch hätte erheben können) eingeräumt worden; sondern Beklagter hat diesen Vortheil, wie er selbst wiederholt geltend macht, gefordert und zugebilligt erhalten mit Rücksicht darauf, daß ihm bei der fortdauernden Kränklichkeit des v. C. die unentgeltliche Mehrleistung an persönlicher Thätigkeit für die Zukunft nicht ferner zuzumuthen sei, und daß er deshalb für den Fall der Ablehnung seiner Forderung dem v. C. eine Separation in Aussicht

* So: Erk. des II. Sen. v. 27. Sept. 71, unten S. 353 Fall 74 und v. 13. Januar 72 in Sachen Nr. 29 v. 71.

gestellt habe. Die hier fraglichen 2000 Thlr. sind dem Bekl. daher (nach seiner eigenen Darstellung) nur als Aequivalent für eine Gegenleistung von seiner Seite, bestehend in der auch fernerhin bei der Fortführung des gemeinschaftlichen Geschäfts zu entwickelnden ausschließlichen oder doch vorwiegenden Thätigkeit, bewilligt worden. Diese Thätigkeit hörte aber mit Auflösung der Gesellschaft von selbst auf, und die etwaigen Mehrleistungen des Bekl. bei der späteren Abwickelung des Geschäfts und bei der Auseinandersetzung der Gesellschafter können hier schon deshalb nicht in Frage kommen, weil die diesfällige Thätigkeit ihrer Natur nach eine andere — und regelmäßig geringere — ist, als diejenige, welche durch Weiterführung des Geschäfts bedingt wird. An sich kann aber in Ermangelung einer ausdrücklichen anderweitigen Willenserklärung der Kontrahenten, welche Beklagter in dieser Beziehung nicht behauptet hat, die Intention beim Abschluß jener Vereinbarung nur dahin gegangen sein, daß dem Bekl. die 2000 Thlr. blos solange zu Theil werden sollten, als er auch die Gegenleistung, für welche sie ihm bewilligt wurden, beschaffen werde.

## Nr. 66.

## II. Senat. — Erkenntniß v. 23. Sept. 71. (B.)

J. Rosenthal ·/. W. Silbergleit (Nr. 354 v. 71).

**Preußen.** **Nichtigkeitsbeschwerde.**

I. Instanz: Stadtgericht Breslau,
II. Instanz: Appellationsgericht daselbst.

**Anweisung. Pflichten des Assignatars.**

**Welche Folgen hat es nach ALR bei Anweisungen für die Regreßpflicht des Anweisenden, wenn der Assignatar sich eine Säumniß bezüglich der Einziehung der ihm überwiesenen Post zu Schulden kommen läßt?**

ALR I. 16 § 277 ff.

Die Nichtigkeitsbeschwerde eines abgewiesenen Klägers, welcher wegen (angeblicher) Nichtrealisirbarkeit einer empfangenen Anweisung Regreß nehmen wollte, wird für begründet erklärt, aber in der Sache selbst das angefochtene Appellurtel aufrecht erhalten (vgl. Rspr. II S. 251).

**Gründe:**

Nach § 277 ALR I. 16 soll der Assignatar, wenn nicht ein Anderes verabredet worden, die angewiesene Post binnen 14 Tagen von Zeit der geschehenen Anweisung einzuziehen sich angelegen sein lassen. § 278 bestimmt dann, daß die Frist, wenn der angewiesene Schuldner sich an einem andern Orte aufhält, von da an gerechnet werden soll, wo die Anweisung dem Assignaten vorgezeigt werden konnte. Allerdings ist hier nicht vorgeschrieben, welche Folgen die Verabsäumung dieser Pflicht nach sich zieht, ob der Assignatar — wie es im Falle des § 289 bestimmt ist — den Regreß an den Anweisenden ganz verliert, oder nur demselben für allen durch die Versäumniß entstandenen Nachtheil aufzukommen hat. Für beide Ansichten haben sich in der Wissenschaft und Rechtsprechung Stimmen geltend gemacht.

Mit Rücksicht auf die Bestimmung der §§ 289 u. 290, daß der Assignatar, wenn er eigenmächtig Nachsicht giebt, den Regreß verlieren soll, hat das Kammergericht zu Berlin in einem (in Hinschius' Wochenschrift für 1837, S. 545 allegirten) Erk. v. 9. Juli 25 angenommen, daß der Regreß auch im Falle des § 277 verloren gehe, weil in der Verabsäumung der Frist eine eigenmächtige Nachsicht zu finden sei. Bielitz (Kommentar B. 3 S. 637) ist derselben Ansicht; mindestens soll die Vermuthung Statt finden, daß die inzwischen eingetretene Insolvenz des Assignaten durch die Vernachlässigung des Assignatars schädlich geworden.

Eine abweichende Ansicht ist in dem (ebendaselbst in Bezug genommenen) Erk. des Hofgerichts Arnsberg v. 25. Juli 35 entwickelt. Auch von den Gesetz-Revisoren

(Pensum XIV S. 129), von Koch (Uebergang der Forderungsrechte S. 245) u. Bornemann (System B. 3 S. 638) ist die gleiche Ansicht ausgesprochen: daß der Assignatar nur den durch seine Nachlässigkeit entstandenen Nachtheil zu tragen habe, wie dies für kaufmännische Assignationen § 1277 ALR II. 8 bestimmt ist. Wie diese Folgen sich gestalten, sei in jedem einzelnen Falle zu beurtheilen. Ebenso bemerkt Koch, in seinem Allgemeinen Landrecht, zum § 277 I. 16:

> ist der Assignatar säumig gewesen, so haftet er für allen daraus entstandenen Schaden und selbst für den Verlust der Forderung, wenn der Assignat zahlungsunfähig geworden.

Nach Foerster (Theorie und Praxis B. 1 S. 588 n. 22) verliert der Assignatar durch eine Säumniß seine Forderung an den Anweisenden nicht, aber er muß den Nachtheil tragen, welcher daraus entsteht.

Die von den Parteien in Bezug genommenen Entscheidungen des [preuß.] Ober-Tribunals (Entsch. B. 15 S. 509 und B. 20 S. 185; Strieth. Arch. B. 14 S. 109 und B. 40 S. 146) treffen den Fall des § 277 nicht.

Der letzteren der vorerwähnten Ansichten ist beizutreten. Gerade deshalb, weil im § 277 in keiner Weise auch nur angedeutet ist, daß die Verabsäumung rechtzeitiger Einziehung der angewiesenen Post unbedingt den Verlust des Regresses zur Folge haben soll, während diese Folge doch für die Fälle der §§ 289 u. 290 angedroht ist, muß angenommen werden, daß sie in jenem Falle nicht eintreten soll, der Assignatar vielmehr nach allgemeinen Regeln nur den Schaden zu tragen hat, welcher durch seine schuldbare Versäumniß entstanden ist. Es läßt sich auch nicht anerkennen, daß letztere der eigenmächtigen Fristbewilligung (§ 290) gleichkommt; denn während jene in einer bloßen Nachlässigkeit des Assignatars beruht, setzt letztere eine ausdrückliche Willenserklärung voraus und steht insofern der „neuen Verbindung" gleich (§ 289), in welche der Assignatar sich mit dem Assignaten nicht einlassen darf, wenn er nicht des Regresses an den Anweisenden verlustig gehen will.

Hiergegen hat der Apellrichter verstoßen. Er stellt fest, daß Kläger erst etwa 5 Monate nach empfangener Anweisung mit der Assignatin [einer Aktiengesellschaft] eine briefliche Verbindung angeknüpft hat, welche den Zweck hatte, die Realisirung der Anweisung endlich zu bewirken, was jedoch durch die bald nachher eingetretene Insolvenz der Assignatin vereitelt worden. Dann schließt er, daß der Assignatar deshalb nach den Bestimmungen des § 277 des Regresses verlustig gegangen. Zwar geschieht der Insolvenz der Assignatin Erwähnung, es ist aber nicht festgestellt, daß dadurch der gänzliche Verlust der angewiesenen Forderung herbeigeführt worden und Kläger nun für den dadurch entstandenen Schaden aufkommen müsse; sondern es ist als Folge jener Säumniß der Regreßverlust ausgesprochen und lediglich aus diesem Grunde vom Appellrichter die erhobene Klage abgewiesen.

Das verstößt, wie bemerkt, gegen die Vorschrift des § 277; die Nichtigkeitsbeschwerde ist daher an und für sich begründet.

In der Sache selbst war gleichwohl die Entscheidung gerechtfertigt und demgemäß das angefochtene Erkenntniß aufrecht zu erhalten; Art. 11 der Deklaration v. 6. April 39.

Kläger hat sich nicht blos in eine neue Verbindung mit der Assignatin eingelassen, sondern dieser auch eigenmächtig Nachsicht gegeben. Die dem Kläger angewiesenen 2000 Centner Roheisen waren im Sommer 69 loco Hütte Vulkan zu liefern; am 26. Nov. verlangt Kläger Versendung des Eisens nach Oberberg an das Hüttenamt Karlshütte; Assignatin geht darauf ein. Es ist das eine nicht unwesentliche Aenderung des früheren Abkommens, nach welchem Kläger das Eisen auf Vulkan-Hütte in Empfang zu nehmen hatte, (§ 289). Als darauf die Absendung nach Oderberg nicht erfolgt, gewährt Kläger im Schreiben v. 16. Dez. Frist bis zum 20. Dez. und läßt sich dann noch weiter bis zum 3. Jan. 70 hinhalten. § 290 bedroht den Assignatar mit Verlust des Regresses, wenn er dem Assignaten eigenmächtig Nachsicht giebt. Das Gesetz bestimmt nicht, in welcher Weise und auf wie lange die Nachsicht gewährt sein muß; jedenfalls hat Kläger dieselbe ausdrücklich und schriftlich gewährt, und mit Rücksicht darauf, daß er vorher schon die Beitreibung während fünf Monaten ganz vernachlässigt hatte, muß in jener neuen — wenn auch nur kurzen — Fristgewährung eine unter § 289 fallende eigenmächtige Nachsicht gefunden werden, welche den Verlust des Regresses an den Anweisenden zur Folge hat. — Dadurch rechtfertigt sich auch die Zurückweisung des Anspruchs auf 2000 Centner Eisen, aus dem [mit dem Bekl. geschlossenen Kauf-] Vertrage v. 17. Juni 69; denn Kläger hat sich wegen Lieferung des Eisens auf die Vulkan-Hütte anweisen lassen und kann, da er des Regresses aus dieser Anweisung verlustig gegangen, nun auch aus jenem Vertrage keinen Anspruch auf Lieferung des Eisens erheben.

## Nr. 67.

## I. Senat. — Erkenntniß v. 26. Sept. 71. (V.)

G. v. Morawski ./. Gebr. Guttentag (Nr. 373 v. 71).

**Preußen.** **Nichtigkeitsbeschwerde.**

I. Instanz: Stadtgericht Breslau,
II. Instanz: Appellationsgericht daselbst.

**Annahme einer Offerte.**

**1. Bei Vertragsunterhandlungen gilt die Erwiderung: „gut“ als Annahme oder Bewilligung dessen, was von der**

**anderen Seite unmittelbar vorher angeboten bzw. gefordert worden.**

HGB Art. 278, 317; ALR I. 5 § 79, 81.
Vgl. Rspr. 1 S. 339, 341 n. und oben Fall 55 S. 261.

**2. Die (unbedingte) Annahme einer Offerte bedarf keiner weiteren Annahme.**

ALR I. 5 § 79, 82, 84.

Bei Vernichtung des Appellurtels und eigener anderweitiger Entscheidung giebt das OHG als

**Gründe:**

Nach der vom I. Richter gegebenen Darstellung des Sachverhalts, auf welche vom Appellrichter verwiesen ist, hat Cohn — ein Socius der beklagten Handlung — auf des Klägers, am Vormittag des 21. Juni 69 persönlich gethane Anfrage:

> ob derselbe ihm 3975 Rubel Nominalwerth poln. Pfandbriefe gegen poln. Rubel Papier verkaufen wolle und zu welchem Kurse?
> und ob im Falle des Kaufs Kläger die bei der Beklagten bereits pfandweise hinterlegten 1300 Rubel poln. Papiergeld in Anrechnung bringen könne?

erwidert:

> Kläger könne solche Pfandbriefe mit dem am 23. Juni fälligen Coupon zum Kurse von $87^1/_4$, ohne denselben zu $85^1/_4$ erhalten, auch für das Depot von 1300 Rubeln Papiergeld 1800 Rubel Pfandbriefe hinterlassen.

Nach der weiteren Feststellung des Appellrichters hat auf die nunmehrige Erklärung des Klägers:

> er werde sich im Lauf des Tages über den Kauf zu dem offerirten Kurse äußern und gleichzeitig das, nach Anrechnung der 1300 Rubel Depot, zur Zahlung Nöthige bringen oder schicken,

Cohn geantwortet:

> „gut“.

Der Appellrichter erklärt es für zulässig, diese Antwort dahin zu verstehen, daß Cohn dadurch dem Kläger „vorbehalten" hat,

> das am Vormittag besprochene Geschäft noch am Nachmittag desselben Tages zu dem ihm von Cohn am Vormittag angegebenen Kurse definitiv abzuschließen,

und der Richter geht bei seiner weiteren Argumentation von dieser Auffassung der Antwort aus. Gleichwohl findet er in der Nachmittags erfolgten brieflichen Erklärung des Klägers:

> „Ich werde die Pfandbriefe zu dem von Ihnen berechneten Kurse 85¼ nehmen und übersende 2100 Rubel, was mit deponirten 1300 Rubeln macht 3400 Rubel. — Ich bitte, mir 3975 Rubel in Pfandbriefen zu besorgen, von welchen Sie 1800 im Depot behalten und übrige mir abgeben wollen",

keinen „definitiven Abschluß", und zwar deshalb nicht, weil nicht erwiesen worden, daß der Prokurist der Beklagten, welcher die übersendeten 2100 Rubel dem Ueberbringer abnahm, diese als das gewollte Kaufgeld angenommen, namentlich aber dabei erklärt habe: „gut, es mag so bleiben."

War aber dem Kläger vorbehalten, das am Vormittag besprochene Geschäft Nachmittags zu dem angegebenen Kurse abzuschließen, sollte Cohn bis zum Geschäftsschluß am Nachmittag an den von ihm „offerirten Kurs" gebunden sein, war ferner — wovon der Appellrichter gleichfalls ausgeht — am Vormittag alles Wesentliche des Geschäfts, insbesondere die Summe der zu verkaufenden Pfandbriefe, die Art der Zahlung durch theilweise Anrechnung des Depots unter den Parteien vereinbart: so gehörte zum definitiven Abschluß nichts, als eine genügend bestimmte Annahme des offerirten Kurses, abgegeben im Lauf des Nachmittags.

§§ 79, 81, 90, 91, 94 ALR I. 5.

Es bedurfte nicht auch einer Annahme dieser Annahme,

— § 82 a. a. O. —

die annehmende Erklärung des Klägers war vielmehr für die Beklagte auch dann verpflichtend, wenn auf ihrer Seite eine zustimmende Erklärung unterblieb oder eine abweisende erfolgte. Nur dann, wenn die annehmende Erklärung des Klägers der Offerte nicht völlig entsprochen, Abweichungen von dem am Vormittag Besprochenen enthalten hätte, würde sie zum „definitiven Abschluß" ungenügend gewesen sein und Zustimmung der Beklagten nöthig gemacht haben.

§ 85 a. a. O, Art. 322 HGB.

Nun hat der Appellrichter nicht festgestellt, daß die Annahmeerklärung des Klägers von dem zuvor Besprochenen abgewichen wäre, und Bedingungen oder Einschränkungen enthalten hätte. Wenn er dennoch für den „definitiven Abschluß" des Geschäfts eine Gutheißung jener Erklärung auf Seiten der Beklagten — sei es durch ausdrückliche Aeußerung, sei es durch Annahme des Geldes als Zahlung — erfordert und vermißt: so verletzt er, wie die NktBschw. mit Recht rügt, den § 1 und die auf den Bestimmungen der §§ 79 und 82 beruhenden §§ 90, 91 und 94 ALR I. 5.

Das Appellurtel war hiernach zu vernichten. Die anderweite Entscheidung in der Sache selbst betreffend, so ist der Anspruch des Klägers für begründet zu erachten.

Ueber folgenden Sachverhalt sind die Parteien, wie insbesondere die Geständnisse der Klagebeantwortung ergeben, einverstanden.

Als am Vormittag des 21. Juni 69 Kläger im Geschäftslokal der verklagten Handlung an M. Cohn, einen Mitinhaber der letzteren, die Frage gerichtet hatte,

zu welchem Kurse er polnische Pfandbriefe gegen

polnische Rubel in Papiergeld käuflich erhalten könne?

nachdem ferner dem Cohn mitgetheilt war,

Kläger begehre 3975 Rubel Nominalwerth polnische Pfandbriefe,

ertheilte Cohn die Antwort:

Kläger könne die begehrten Pfandbriefe . . . ohne Coupons für 85¼ Rubel Papier erhalten.

Kläger entgegnete,

er werde sich im Lauf des Tages über den Kauf der 3975 Rubel polnischer Pfandbriefe erklären.

Es stehen aber noch zwei andere Thatsachen fest.

1) Auf jene Entgegnung des Klägers versetzte Cohn: „Gut."

Die Thatsache ist für erwiesen zu erachten, weil der darüber angetragene Eid zwar angenommen, aber nicht geleistet ist (§ 10 AGO I. 13).

2) Noch vor Ablauf des Tages hat Kläger, nachdem er sich auf die Erwiderung „gut" entfernt hatte, das Anerbieten, ihm 3975 Rubel Nominalwerth Pfandbriefe das 100 für 85¼ Rubel Papiergeld (also ohne Coupons) verkaufen zu wollen, schriftlich angenommen. — Es fragt sich, ob M. Cohn durch die gedachte Erwiderung „gut" dem Kläger zugestanden habe, das betreffende Anerbieten im Lauf des Tages anzunehmen. Muß die Frage bejaht werden, so ist durch die vom Kläger noch im Lauf des Tages schriftlich erklärte Annahme, wie aus Obigem und aus den Bestimmungen §§ 90, 91, 94 ALR I. 5 erhellt, ein beide Theile bindender Vertrag zu vollem Abschluß gelangt, gleichviel ob die verklagte Handlung mit der Annahme sich einverstanden erklärt oder diese sofort zurückgewiesen hat.

Es kann aber keinem Bedenken unterliegen, jene Frage zu bejahen. Die Erwiderung „gut" erfolgte, nachdem Kläger seine Absicht zu erkennen gegeben hatte, eine genau bestimmte Summe polnischer Pfandbriefe zu kaufen, nachdem von Cohn erklärt war, Kläger könne diese Summe käuflich erhalten, nachdem Cohn auch den Preis oder die Valuta bestimmt bezeichnet hatte, und nachdem hierauf vom Kläger bemerkt war, er werde sich im Lauf des Tages über den Kauf erklären. Sicherlich lag in der letzteren Bemerkung des Klägers deutlich ausgedrückt, daß er das Anerbieten des Cohn nicht sofort annehme, daß er aber dasselbe auch nicht zurückweise, sondern den Antrag stelle, ihm den noch übrigen Theil des Tages als Frist zu bewilligen, binnen welcher er zur Annahme des Anerbietens befugt bleibe. Ein anderes Verständniß war um so weniger möglich, als Kläger außer Stand gesetzt sein würde, mit voller Sicherheit seine Dispositionen zu treffen, wenn die einfache Annahme der Offerte innerhalb der beantragten Acceptationsfrist zum Abschluß des Geschäfts nicht genügt hätte. Wurde nun von Cohn die Bemerkung, innerhalb des laufenden Tages über den Kauf sich erklären zu wollen, mit „gut" erwidert: so erklärte Cohn sich auch mit dem Antrage auf Bewilligung der Acceptationsfrist einverstanden. Es ist unmöglich, der Entgegnung nach den Umständen des Falles einen anderen Sinn beizulegen. Die Ansicht der Beklagten, im Worte „gut" sei nur eine juristisch werthlose Aeußerung oder Redensart zu finden, ist unhaltbar. Die Partei, welche bei der Verhandlung eines Vertrages auf einen bestimmten Antrag des anderen Theils mit „gut" antwortet, giebt eine zustimmende Erklärung ab. Wäre es ihr gestattet, diese Antwort nachträglich für nicht bindend zu erklären, weil sie als eine bedeutungslose konventionelle Aeußerung sich darstelle: so würde es mit dem Abschluß mündlicher Verträge schlecht bestellt sein und namentlich der kaufmännische Verkehr, welcher eine kurze Redeweise nicht entbehren kann und vorzugsweise auf Treue und

Glauben ruht, schweren Abbruch erleiden. Die Beklagte darf auch nicht geltend machen, das Schwanken der Börsenkurse lasse nicht vermuthen, daß Cohn die einseitige Annahme seines Anerbietens während des übrigen Theils des Tages habe gestatten wollen. Es fehlt jeder Grund zu der Voraussetzung, daß die vom Kläger begehrten Effekten zu denjenigen gehörten, bei deren Kauf oder Verkauf zur fraglichen Zeit und am Orte der Verhandlungen ein vorsichtiger Bankier nicht einmal für den (größeren oder geringeren) Theil eines Tages sich gebunden haben würde. Sodann aber wäre es Pflicht des Cohn gewesen, wenn er ein solches Binden für unthunlich erachtete, dem Kläger, welcher hiervon nicht unterrichtet sein konnte, nicht mit „gut" zu antworten, sondern denselben zu bescheiden, sofern dieser nicht sofort acceptire, müsse über den Preis von neuem verhandelt werden. Auch das spätere Verhalten der Parteien spricht für die Bewilligung der Acceptationsfrist. Kläger übersendete am Nachmittag die Valuta mit einem Schreiben, welches auf der Voraussetzung fußte, die einseitige Annahme des Anerbietens des Cohn sei genügend. Der Vertreter der verklagten Handlung erhob Ausstellungen, jedoch nicht wegen Unrichtigkeit jener Voraussetzung, sondern wegen angeblich unrichtiger Berechnung des am Vormittag gestellten Preises.

Hieraus ergiebt sich, daß die auf Erfüllung des Vertrages gerichtete Klage für gerechtfertigt zu erachten ist, und daß dahingestellt bleiben kann, ob — abgesehen von den am Vormittag stattgehabten Verhandlungen — jedenfalls am Nachmittag ein Vertrag, wie ihn die Klage unterstellt, abgeschlossen sei.

Nr. 68.

## I. Senat. — Erkenntniß v. 26. Sept. 71. (B.)

M. Abel ./. C. Blumholz (Nr. 387 v. 71).

I. Instanz: Kreisgericht Stargard in Pommern,
II. Instanz: Appellationsgericht Stettin.

**Rechnungsprozeß. Rechnung.**

**Sobald thatsächlich (selbst ohne gesetzliche Verpflichtung) Rechnung gelegt worden ist, muß der Rechnungsführer sich den Rechnungsprozeß über den Inhalt derselben gefallen lassen.**

AGO Th. I Tit. 45 § 5 ff., Tit. 46 § 35, 36.

Der Banquier Abel hatte vom jetzigen Kläger 600 Thlr. als verzinsliches Depot und demnächst 60 Thlr. als erste Einzahlung auf 3 (bei ihm vom Kläger gezeichnete) Aktien einer neuen Berliner Kommanditgesellschaft erhalten. Später übersendete er dem Kläger die betreffenden Vollaktien nebst einer „Nota" v. 27. März 66, welche den Empfänger mit

1) 600 Thalern für die Aktien,

2) 6 Thlr. 15 Sgr. 6 Pf. Zinsen, Provision, Porti ꝛc.

belastete, ihm aber als Einnahmeposten

„Scheine von 600 und 60 Thlrn."

gutschrieb. Kläger erkennt diese Rechnungslegung nicht an und fordert gerichtliche Abnahme der Rechnung, auch (nach § 6 AGO I. 45) Einreichung von Belägen über die einzelnen Ausgabeposten.

Der Rechnungsprozeß ward nach der preuß. AGO eingeleitet.

Beklagter bestritt vorweg seine Pflicht zur Rechnungslegung sowie daß er bereits Rechenschaft abgelegt habe, und erklärte, Beläge nicht beibringen zu können. In I. Instanz wurde Kläger „zur Zeit" abgewiesen. Der Appellrichter erkannte, daß dem Rechnungsabnahmeverfahren Fortgang zu geben, und das OHG verwarf die NktBschw. des Bekl.

**Gründe:**

Der Appellrichter geht davon aus, daß Beklagter über die Verwendung der empfangenen 660 Thlr. thatsächlich Rechnung gelegt habe, daß Kläger die gerichtliche Abnahme dieser Rechnung verlange und die meisten Posten derselben unter Anforderung der Vorlegung von Belägen bemängele. Unter diesen Umständen habe der I. Richter nicht, unter Außerachtlassung der §§ 60 bis 79 Tit. 10 Th. I AGO und der §§ 5 ff. Tit. 45 daselbst, das Rechnungsabnahmeverfahren aussetzen und das Erkenntniß lediglich über die vom Bekl. hineingezogenen Rechtsfragen (in Ansehung der Verpflichtung zur Rechnungslegung überhaupt und insbesondere zur Beibringung von Belägen) fällen dürfen; denn es sei dadurch das eingeleitete Defectatorium über die schon gelegte Rechnung rechtlich nicht zu Ende gebracht. Das Rechnungsabnahmeverfahren habe daher Fortgang zu nehmen und das Erkenntniß habe sich, unter Prüfung des vorliegenden Rechtsgeschäfts, darüber zu verbreiten, inwieweit der Defekt begründet sei.

Hiergegen sind vom Bekl. folgende Angriffe gerichtet:

1) Es sei Präjudizialfrage, ob eine Partei sich auf den Rechnungsprozeß einzulassen, Rechnung zu legen oder eine angeblich gelegte Rechnung mit Belägen zu versehen habe. Der II. Richter habe, obwohl diese Frage noch nicht entschieden sei, das Rechnungsabnahmeverfahren für zuläßig erklärt und dadurch... [u. a.] den Rechtsgrundsatz verletzt:

> Wer ohne gesetzliche Verpflichtung dem Anderen eine Rechnung legt, wird dadurch allein nicht verpflichtet, die gelegte Rechnung mit Belägen zu versehen und auf das gerichtliche Rechnungsabnahmeverfahren sich einzulassen.

Der Angriff ist verfehlt. Der Appellrichter untersucht nicht, aus welchem Grunde Beklagter Rechnung gelegt hat, und ob derselbe überall dazu verbunden war; er geht vielmehr davon aus, daß nachdem einmal thatsächlich Rechnung gelegt ist, der eingeleitete Defektatorienprozeß zu Ende geführt werden müsse, wenngleich im Lauf desselben die Verpflichtung zur Rechnungslegung und zur Einreichung von Belägen bestritten werde. Diese Entscheidung aber ist durchaus sachgemäß und verstößt weder gegen den vom Imploranten behaupteten Rechtsgrundsatz, noch auch gegen §§ 1, 2, 5 ff. AGO I. 45.

Denn die Einreichung von Belägen gehört wesentlich zu den im Rechnungsprozeß zu entscheidenden Punkten, AGO I. 45 §§ 6, 7, 8 10, und es ist darüber ein Präjudizialverfahren nirgend angeordnet. Anlangend aber die Verpflichtung zur Rechnungslegung, so versteht sich freilich von selbst, daß ohne gelegte Rechnung ein Rechnungsprozeß nicht möglich ist, und daß im Streitfalle zunächst hierüber zu verhandeln und zu entscheiden und demnächst im Wege der Exekution die Rechnungslegung zu bewirken ist. Nur dies bestimmen — in Uebereinstimmung mit dem gemeinen Recht — § 1, 2 Tit. 45, § 43 Tit. 13 Th. I AGO. Ist aber einmal Rechnung gelegt, gleichviel ob freiwillig oder erzwungen, ob mit oder ohne gesetzliche Verpflichtung: so muß der Rechnungsleger sich darüber den Rechnungsprozeß gefallen lassen, wie die überall nicht unterscheidenden §§ 5 ff. Tit. 45 Th. I der AGO klar ergeben und §§ 35, 36 Tit. 46 daselbst bestätigen. Denn die in der erfolgten Rechnungslegung liegende Leistung kann nur nach gleichen Grundsätzen wie anderweitige Leistungen angefochten werden; geschieht diese Anfechtung einwandsweise in dem vom Rechnungsempfänger veranlaßten Rechnungsprozeß, so ist im Rechnungsprozeß zugleich über diesen Einwand zu entscheiden. Hängt ferner die Richtigkeit der gelegten Rechnung oder einzelner Rechnungsposten von der rechtlichen Natur des zwischen den Betheiligten bestandenen Verhältnisses ab, so kann dies zwar zu einer selbständigen Instruktion dieses Punkts und demgemäß, unter Umständen, auch ohne Prüfung der einzelnen Posten zur Entscheidung führen, allein auch diese Entscheidung hat im Rechnungsprozeß zu erfolgen.

AGO Th. I Tit. 10 § 81b, vgl. §§ 60—81a; Tit. 11 § 11; Tit. 13 § 43; Tit. 5 §§ 29, 30.

2) Nicht minder unbegründet sind die ferneren Angriffe. Aktenwidrig ist zunächst die Behauptung, daß der Streit der Parteien sich lediglich darum drehe, ob Beklagter den Parikurs der Aktien in Rechnung stellen dürfe oder aber verpflichtet sei, denjenigen Preis in Rechnung zu stellen, für welchen er selber die Aktien erworben hat, und daß, weil Beklagter zu letzterem sich bereit erklärt habe, das Rechnungsabnahmeverfahren gegenstandslos sei. Denn Kläger will überhaupt den Ankauf der Aktien, gleichviel zu welchem Kurse, nicht gegen sich gelten lassen, weil er nicht Auftrag zum Ankauf, sondern zur Einzahlung gegeben habe, will somit auch dasjenige defektiren, was Beklagter etwa unter dem Titel eines Kaufpreises rechtfertigen würde. Ob er dazu nach Lage der Sache befugt ist, steht zur Zeit noch nicht in Frage.

Wenn weiter behauptet wird, daß der II. Richter [gewisse] gesetzliche Vorschriften dadurch verletzt habe, daß er die Nota v. 27. März 66 überhaupt — und zumal unter den vorliegenden Umständen, wo Beklagter erklärt hat, darüber keine Beläge bringen zu können, weil die darin enthaltenen Posten nicht verausgabt sind — für eine Rechnung im Sinne des Rechnungsprozesses erachtet habe, so ist dies vollkommen irrig. Denn einmal bestimmen die Gesetze überall nicht, was als eine „Rechnung“ anzusehen sei; ja die [angerufenen] § 61 Tit. 13 u. § 134 Tit. 14 Th. I ALR sprechen nicht einmal von Legung einer „Rechnung“, sondern allgemein von „Rechenschaftsablage“, sie können also vom Appellrichter nicht verletzt sein. Sobann aber enthält jene als „Nota“

bezeichnete Urkunde eine Zusammenstellung von Ausgabe- und Einnahmeposten, stellt somit eine wahre Rechnung dar. Ob sie richtig und die einzelnen Posten wahr sind, soll im Rechnungsprozeß ermittelt werden. Ob für die streitigen Ausgabeposten Beläge beschafft werden können, hat Beklagter in dem nunmehr fortzuführenden Verfahren zu erklären. Will oder kann er solche nicht beibringen, so bleibt es dabei, daß er eine Rechnung gelegt, welche er nicht zu justifiziren vermag, und daß die bestrittenen Posten ihm defektirt werden; er könnte denn die Rechnungsablage selber als unverbindlich oder aber die behauptete Uebereinkunft, zufolge welcher er berechtigt gewesen wäre, die nicht eingezahlten 600 Thaler gleichwohl dem Kläger zur Last zu stellen, darlegen.

## Nr. 69.

## I. Senat. — Erkenntniß v. 26. Sept. 71. (V. B.)

O. Rattengell & Co. ./. kgl. preuß. chemische Fabrik Hans Hermann zu Schönebeck (Nr. 416 v. 71).

**Preußen.** **Richtigkeitsbeschwerde.**

I. Instanz: Gerichtsdeputation Groß-Salze,
II. Instanz: Appellationsgericht Magdeburg.

**Pfandvertrag und Pfandbestellung, Förmlichkeiten. Zurückbehaltungsrecht.**

**1. Die für den handelsgeschäftlichen Pfandvertrag geltende Formfreiheit entbindet die Uebertragung des Pfandbesitzes, bzw. die sonstige Bestellung eines wirklichen Pfandrechts, regelmäßig nicht von den landesgesetzlich vorgeschriebenen Förmlichkeiten.**

HGB Art. 317; 309, 312, vgl. 306 Abs. 2.
Vgl. ALR I. 20 § 93 ff., 281 ff., 511 ff.

**2. Dem kaufmännischen Zurückbehaltungsrecht unterliegen auch Hypotheken-Dokumente.**

HGB Art. 313.

Angenommen in einer altpreußischen Handelssache aus folgenden, den Sachverhalt ergebenden

**Gründen:**

In der Klage sind zwei verschiedene Ansprüche geltend gemacht. Klägerin verlangt,

1) daß das Pfandrecht an einer Hypothek-Forderung, welches für eine gegen die klagende Konkursmasse mit 597 Thlrn. liquidirte Forderung in Anspruch genommen ist, für nicht zu Recht bestehend erklärt und

2) daß Beklagte zur Herausgabe der über jene Hypothek-Forderung sprechenden Hypotheken-Urkunde verurtheilt werde.

Mit beiden Ansprüchen ist Klägerin vom I. Richter abgewiesen und dessen Entscheidung vom II. Richter bestätigt worden.

Die Nichtigkeitsbeschwerde richtet sich gegen den gesammten Inhalt des Appellurtels. Soweit letzteres die Abweisung der Klägerin mit dem zuerst erwähnten Anspruch bestätigt, muß die Beschwerde für begründet erachtet werden.

I. Der Appellrichter hat anerkannt, daß die Verpfändung der fraglichen Hypothek-Forderung nach preußischem Landesgesetz (§§ 103, 285, 515 ALR I. 20; Verordnung v. 9. Dez. 1809 § 1) einen schriftlichen Vertrag erforderte. Aber er ist der Ansicht, daß der schriftliche Verpfändungsvertrag ersetzt werden könne und in vorliegendem Falle ersetzt werde durch Ertheilung und Annahme eines Pfandscheins. Diese Ansicht stützt er auf §§ 95 und 96 ALR I. 20. Hierin geht er fehl.

Die §§ 93 bis 103 a. a. O. handeln unter dem Randvermerk „Form" von den Förmlichkeiten des Pfandvertrags. § 94 erklärt zur Einräumung des Pfandrechts an beweglichen Sachen die „bloße Uebergabe ohne weitere Form" für hinreichend; §§ 99 und 100 sprechen von den Formalien der Konstituirung eines Pfandes an unbeweglichen Sachen;

§ 101 erwähnt „besonderer gesetzlicher Förmlichkeiten bei gewissen Arten von Sachen". Mit diesen Paragraphen sind — abgesehen von den in späteren Abschnitten behandelten Fällen der symbolischen Verpfändung (§ 273) und der Verpfändung von Forderungen (§ 281, 285, 515) — die Regeln von der Form der Verpfändung erschöpft. Allein das ALR hat unter demselben Randvermerk ein nicht dahin gehöriges Verhältniß behandelt, nämlich die Rechtswirkungen, welche eintreten, wenn zwar der Pfandvertrag (die Pfandbestellung) formell korrekt ist, der „Hauptvertrag aber, zu dessen Sicherheit das Pfand bestellt wird", der gehörigen Form entbehrt. (§ 93, 95, 96 bis 98). In diesem Falle soll (nach § 95 und 96) der Formmangel des Hauptvertrages durch Ertheilung und Annahme eines Pfandscheins unter Umständen ersetzt werden. Es soll also — um analogisch zu reden — das Accessorium, nämlich die gehörige Pfandbestellung, das Principale, nämlich den formell-mangelhaften Hauptvertrag, stützen. Aber diese §§ sagen nichts davon, daß die Ertheilung eines Pfandscheins durch den Pfandnehmer und die Annahme desselben durch den Schuldner den Mangel eines formell-genügenden Pfandvertrags ersetzen, namentlich also den Schuldner (Pfandgeber) wie aus einer schriftlichen Verpfändung obligiren könnte.

Vgl. Bornemann Erörterungen I. 184.
Förster Theorie und Praxis ꝛc. (2. Auflage) I. S. 441; III. S. 391 n. 36;
Goldschmidt Handbuch des HR I S. 886 n. 18.

Nur hierauf aber kommt es in vorliegendem Falle an. Der erste Entscheidungsgrund des Appellrichters beruht also auf mißverständlicher Anwendung des Gesetzes.

Nicht minder der hinzugefügte zweite Entscheidungsgrund:

„weil nach dem Stande der Parteien das Geschäft

(die Verpfändung) als ein Handelsgeschäft anzusehen (Art. 274), sei für die Pfandbestellung (die Rechtshandlungen, welche der Bekl. ein Pfandrecht gewährt haben sollen) schriftliche Form nicht erforderlich gewesen (Art. 317, 309)."

In dieser Auffassung liegt eine unstatthafte Erweiterung der Bestimmung des Art. 317, veranlaßt durch Nichtbeachtung der verschiedenen Momente der Konstituirung eines vertragsmäßigen Pfandrechts.

Das letztere erfordert: 1) Vereinbarung über die Verpfändung (Pfandvertrag), 2) Uebertragung des Besitzes am Pfandobjekt auf den Gläubiger.

ALR I. 20 §§ 2, 6 ff., 71, 94, 102, 103, 104 bis 111, 273, 281, 285, 286, 299 ff., 410, 411.

Das HGB hält beide Erfordernisse auseinander; Art. 306 Abs. 2: „verpfändet und übergeben", Art. 309 Abs. 2: „neben der einfachen Vereinbarung über die Verpfändung ... Uebertragung des Besitzes".

Vgl. Laband in Goldschmidt's Ztschr. B. IX S. 232, 236, 245.

Wenn der Pfandvertrag Handelsgeschäft ist, so scheint seine Giltigkeit nach Art. 317 HGB insgemein an eine bestimmte Form nicht gebunden. Für das kaufmännische Faustpfand (zur Sicherung einer Forderung aus beiderseitigen Handelsgeschäften) ist dies im Art. 309 HGB ausdrücklich vorgeschrieben.

Laband a. a. O. S. 233 und n. 1 daselbst; Goldschmidt, Handbuch des HR I S. 878.

Ob es auch für handelsgeschäftliche Pfandverträge anderen Inhalts richtig ist, oder ob diese zu den im Art. 317 Abs. 2 erwähnten Ausnahmen zählen, kann hier unentschieden bleiben.

Art. 312 Abs. 2 HGB.

Vgl. Goldschmidt, Ztschr. B. IX S. 10, 11, 21, 22 und Handbuch I S. 879, 891 n. 31.

Jedenfalls hat in Ansehung der Besitzübertragung das HGB an den Landesgesetzen nichts geändert, vielmehr deren unveränderte Giltigkeit für das von ihm allein behandelte kaufmännische Faustpfand ausdrücklich anerkannt.

Laband a. a. O. S. 236, 240, 243, 244;
Goldschmidt Handbuch I S. 893, 894 n. 44;
preußisches Einführungsgesetz Art. 27;
Makower Komm. n. 43b zum Art. 309, 4. Auflage S. 229.

Wo also das Landesgesetz für die Besitzübertragung einzelner Arten von Pfandobjekten besondere Förmlichkeiten vorschreibt, müssen diese auch dann erfüllt werden, wenn es sich um eine handelsgeschäftliche Verpfändung handelt.

Nun fordert das ALR sowohl für die symbolische Uebertragung des Pfandbesitzes als auch für die pfandweise Besitzübertragung verbriefter, auf einen benannten Gläubiger lautender Forderungen einen schriftlichen Akt des Verpfänders.

Verordnung v. 9. Dez. 1809 § 1;
ALR I Tit. 11 § 394; Tit. 20 § 512, 515, 516.

Die bloße Uebergabe der Schuldurkunde genügt dazu nicht (§ 281 Tit. 20 a. a. O.) — Wie das HGB (Art. 309 Abs. 2 Nr. 2) für das Faustpfand an Ordrepapieren als Theil des Traditionsakts das schriftliche Indossament vorschreibt: so ist auch nach ALR die schriftliche Erklärung des Cedenten bzw. Verpfänders, daß die Forderung nunmehr dem Cessionar bzw. Pfandnehmer übertragen sein solle, Bestandtheil der Besitzübertragung (quasi-traditio).

§ 377, 394 ALR I. 11;
Förster Theorie 2c. 2. Auflage I S. 615, 616, 619;

Koch, Uebergang der Forderungen S. 32 ff. und Lehrbuch 1. Ausgabe II S. 134;

Heydemann zu § 376 a. a. O.;

vgl. v. Rönne's Ergänzungen ꝛc. 5. Ausgabe zu §§ 376, 377 I. 11.

Dies hat der Appellrichter verkannt. Er hat den Pfandvertrag und die Tradition des Pfandobjekts in unzulässiger Weise identifizirt, und vermöge dieses Irrthums die Zulässigkeit der Formlosigkeit des Pfandvertrags auf die Tradition übertragen. Sein zweiter Entscheidungsgrund beruht also auf unstatthafter Anwendung des Art. 317, wenn er aber die angeblich verpfändete Hypothek zu den „beweglichen Sachen" im Sinne der Art. 306 und 309 gerechnet und deshalb die Pfandbestellung für ein kaufmännisches „Faustpfand" gehalten haben sollte, auf Verletzung des § 394 ALR I. 11, des § 1 der Verordnung v. 9. Dez. 1809 und des Art. 309 HGB. — Denn letzterer verweist betreffs der Essentialien der Besitzübertragung ausdrücklich auf das Landesgesetz.

Aus Vorstehendem folgt, daß die Entscheidung des Appellrichters, soweit sie auf das von der Beklagten an der Hypothekforderung in Anspruch genommene Pfandrecht sich bezieht und dieses Pfandrecht für begründet erachtet, der Vernichtung unterliegt, und daß — die anderweite Entscheidung in der Sache selbst betreffend — der Beklagten dieses Pfandrecht nicht zusteht, letzteres vielmehr dem Antrage der Klägerin gemäß für nicht zu Recht bestehend erachtet werden muß.

II. Verfehlt ist dagegen die Nichtigkeitsbeschwerde, soweit der Appellrichter den zweiten, auf Herausgabe der Hypothekenurkunde gerichteten Anspruch der Klägerin zurückgewiesen hat. Der Appellrichter stützt diese Entscheidung... u. a. durch eine Erwägung, welche wörtlich lautet:

„Nach HGB Art. 313 steht der Beklagten an dem Dokument ein Zurückbehaltungsrecht zu."

Dieser selbständige Grund ist mit Erfolg nicht angegriffen, weshalb dahingestellt bleiben kann, inwiefern die gegen die übrigen Gründe gerichteten Angriffe gerechtfertigt seien. [Vgl. Rspr. II S. 200, 239 n.]

In Ansehung des aus Art. 313 entlehnten selbständigen Entscheidungsgrundes rügt zwar die NktBschw. eine Gesetzesverletzung; allein diese Rüge stellt sich als grundlos dar.

Der I. Richter nimmt als feststehend an: die Hypothekenurkunde sei dem Agenten G. R. für eine Forderung der Beklagten im Betrage von 597 Thlrn. zum Faustpfand und zur Ablieferung des Dokuments an die Beklagte ausgeliefert. Die Thatsache, daß die Urkunde solchergestalt zum Faustpfand ausgefolgt, also mittelst körperlicher Uebergabe verpfändet ist, wird auch vom Appellrichter als feststehend angesehen, wie schon aus seiner Bezugnahme auf die Sachdarstellung des I. Richters hervorgeht, und diese Feststellung ist nicht bekämpft. Der Appellrichter geht ferner, wie seine Hinweisung auf Art. 313 zur Genüge ergiebt, von der, überdies nach Lage der Sache vollkommen gerechtfertigten (Art. 273, 274 HGB), Voraussetzung aus: die zu sichernde Forderung habe sich in einem beiderseitigen Handelsgeschäft gegründet, nicht minder gehöre der Pfandvertrag zu den Handelsgeschäften. Auch hiergegen ist ein spezieller Angriff nicht gerichtet.

Mithin bleibt nur zu entscheiden: ob der Appellrichter, indem er folgerte, die Beklagte sei das als Faustpfand empfangene Dokument auf Grund des Art. 313 HGB zurückzubehalten befugt, dieses Gesetz durch unpassende Anwendung verletzt habe.

Die Behauptung, eine Hypothekenurkunde, für sich und als körperliche Sache betrachtet, könne nicht Gegenstand eines Faustpfands sein, und ihre faustpfändliche

Verpfändung erzeuge keine rechtlichen Wirkungen, weil sie als bloße Beweis- oder Legitimationsurkunde keinen Verkaufswerth und überhaupt keinen selbständigen ökonomischen Werth habe, entbehrt der Begründung. Aus dem Mangel eines Verkaufswerths oder jedes selbständigen ökonomischen Werths folgt nur, daß der wichtigste Theil der aus dem Faustpfandrecht sich begriffsmäßig ergebenden Rechte sich als gegenstandslos erweist und dem Pfandgläubiger nicht zufällt. Das aus dem Faustpfandrecht außerdem entspringende Besitz- und Retentionsrecht wird dagegen durch den gedachten Werthsmangel in keiner Weise berührt, weshalb es dem durch den Verpfändungsakt in den Besitz gesetzten Gläubiger bis zu seiner Befriedigung unmöglich versagt werden kann (vgl. v. Hahn, Komm. II S. 127; Goldschmidt, Handbuch des HR I S. 970, 983 ff.) Ob das Zurückbehaltungsrecht [aus Art. 313 HGB, vgl. Rspr. II S. 69, 323] mit der Eröffnung des Konkurses über das Vermögen des Pfandschuldners nach preußischem Landesrecht aus dem Grunde erlösche, weil das Verkaufsrecht fehlt (Konkurs-Ordnung v. 5. Mai 55 § 2, 31—39, 145, 146, 264), kann [hier] dahingestellt bleiben.

Wenn, wie in vorliegendem Falle anzunehmen ist, die Faustpfandbestellung durch ein Handelsgeschäft für eine Forderung aus beiderseitigem Handelsgeschäft erfolgt ist: so paßt auf das aus der Pfandbestellung folgende Besitz- und Zurückbehaltungsrecht in vollem Maaße auch Art. 313 HGB. Durch dessen Anwendung hat mithin der Appellrichter nicht fehlgegriffen. Die Anwendbarkeit des Art. 313 zieht aber mit Nothwendigkeit die der Art. 314 und 315 nach sich, welche letzteren dem Zurückbehaltungsrecht seine Fortdauer auch für den Fall des Konkurses des Schuldners und gegenüber der Konkursmasse sichern. Die etwa abweichenden Bestimmungen des preußischen Konkursrechts sind hiernach und weil ihnen die Vorschriften des HGB derogiren, unerheblich.

Die Nichtigkeitsbeschwerde enthält nichts, was zu einer anderen Beurtheilung führen könnte. Insbesondere paßt der Angriff nicht, der unrechtfertige Besitzer [im Sinne vom ALR I. 7 § 10, 14] sei nicht zur Retention berechtigt. Denn er hat die Ungiltigkeit der Pfandbestellung zur Voraussetzung, welche Ungiltigkeit nur in Ansehung der Verpfändung der Forderung, nicht aber in Betreff der faustpfändlichen Verpfändung des Dokuments sich behaupten läßt. Die Giltigkeit dieser Verpfändung ist sowohl nach preußischem Landesrecht (ALR I. 20 § 94) als nach den etwa anwendbaren Bestimmungen des HGB (Art. 309) unanfechtbar. Sollte aber gemeint sein, nach allgemeinen Rechtsgrundsätzen sei eine Beweis- oder Legitimationsurkunde demjenigen auszufolgen, welchem das Hauptrecht zustehe: so ist die Verpflichtung des Besitzers des Dokuments zur Herausgabe desselben mindestens für diejenigen Fälle als den allgemeinen Rechtsgrundsätzen entsprechend nicht anzuerkennen, in welchen sein Besitzrecht auf einem mit dem Berechtigten abgeschlossenen Vertrage beruht und für ihn nicht ohne Werth ist.

## Nr. 70.

## I. Senat. — Erkenntniß v. 26. Sept. 71. (B.)

Schloßmann & Co. ./. A. Lange (Nr. 497 v. 71).

**Preußen.** **Revision.**

I. Instanz: Kreisgericht Stettin,
II. Instanz: Appellationsgericht daselbst.

**Deklarirung eines Schiedsrichterspruchs.**

**Ein schiedsrichterliches Deklarations-Urtel ist nach der preuß. AGO nicht deshalb nichtig, weil es die Grenzen einer bloßen Deklarirung überschreitet und bezüglich der Vorentscheidung mit den Grundsätzen der Rechtskraft im Konflikt steht.**

AGO Th. I Tit. 2 § 172, 175; Tit. 16 § 1.
Daselbst Th. I Tit. 14 § 1, 67; Tit. 15 § 26 ff.

In einer altpreußischen Handelssache, bei Bestätigung

des Appellurtels, angenommen vom OHG aus folgenden, den Sachverhalt ergebenden

Gründen:

Inhalts der den [jetzt vor den Staatsgerichten streitenden] Parteien vorgelegten schiedsrichterlichen Akten war beim kaufmännischen Schiedsgericht [zu Stettin] vom jetzigen Bekl. Lange Klage angebracht gegen die „Kaufleute Sch. und Co.“ [zu Breslau]...

Die damalige Klagebeantwortung bezeichnete als verklagte Partei „die Handlung Sch. und Co.“, während dieselbe im Rubrum der Duplik kurzweg: „Sch. und Co.“ genannt ward. Es war also diese Handlung: Sch. und Co. der Beklagte, und ist auch bis zum Erlaß des Urtels keine Erklärung der Parteien erfolgt, welche hierüber den geringsten Zweifel aufkommen ließe. Nur ließ die Bezeichnung: „Handlung Sch. und Co.“ es zweifelhaft, ob diese Firma von einem Einzelkaufmann oder von einer Handelsgesellschaft geführt wurde, ob also ein Einzelkaufmann oder eine Handelsgesellschaft und deren Theilnehmer belangt seien und als verklagte Partei den Prozeß führen. Das Schiedsgericht hat vom ersten Audienztermin an, insbesondere auch bei Erlaß des [rechtskräftig gewordenen] Erkenntnisses v. 5. Febr. 70 und in letzterem selbst, ohne daß Parteierklärungen hiezu irgend einen Anlaß gaben, das Erstere angenommen und den Kaufmann Carl Sch. als alleinigen Inhaber jener Handlung bezeichnet und demgemäß den [für den jetzigen Bekl. über ein mit jenem getroffenes Abkommen] erkannten Eid normirt. Darin lag ein aus den Akten nicht aufzuklärender und um so mehr auffallender Irrthum, als die Klagebeantwortung die Vermuthung bestärkte, es sei eine Handelsgesellschaft verklagt. Indeß war dieser Irrthum an sich von nebensächlicher Bedeutung, weshalb seine Berichtigung, so weit er auf das Erkenntniß eingewirkt hatte, im Wege der Deklaration völlig am Platze war; vgl.

§ 1 und 67 Tit. 14, § 26 bis 28 Tit. 15 Th. I der AGO.

Daß ein solcher Irrthum vorgelegen hat, wird durch die gegenwärtige [gerichtliche Nichtigkeits-] Klage zu voller Gewißheit, da Kläger [die früheren Beklagten] selbst darin anerkennen, daß jene Firma von einer aus zwei Gesellschaftern bestehenden Handelsgesellschaft geführt wird. Sie würden ja auch zu dieser Klage nicht berechtigt sein, wenn sie zugeben müßten, daß sie nicht die verklagte Partei im schiedsrichterlichen Vorprozeß waren. Wenn nun Kläger gleichwohl geltend machen, die Berichtigung der Eidesnorm durch die Deklaration verstoße gegen den klaren materiellen Rechtsgrundsatz, eine rechtskräftige Entscheidung sei unabänderlich: so wird dabei übersehen, daß der im Gesetz vorgesehene Fall eine Ausnahme macht, und eine völlig gerechtfertigte Ausnahme, weil es der Gerechtigkeit widerstrebt, das materielle Recht dem formellen selbst in denjenigen Fällen zu opfern, in welchen der Richter bei Erlassung des Urtels aus einem offen vorliegenden Versehen in der Bezeichnung der Parteien und dergleichen fehlgegriffen hat.

Ueberdies hat die angefochtene Deklaration keineswegs die Bedeutung, welche die Parteien ihr beilegen. Beklagter scheint von der Ansicht auszugehen, er könne in Folge der Deklaration den ihm auferlegten Eid leisten, obschon er nunmehr bekennt, die betr. Uebereinkunft sei mit dem Prokuristen der Gegnerin getroffen. Es ist völlig unerfindlich, wie die Aenderung der Eidesnorm eine solche Wirkung haben könnte. Wäre die Auffassung des Bekl. richtig, so würde sie ihre Berechtigung auch dann haben, wenn die Eidesnorm nicht geändert wäre, da einleuchtend ein Einzelkaufmann in ganz gleicher Art wie eine Handels-Gesellschaft durch Geschäfte und Rechtshandlungen eines oder mehrerer Prokuristen gebunden wird. Ueber die Frage, ob Beklagter noch zu dem Eide zu verstatten oder ob dieser als abgelehnt zu erachten sei, nachdem er nachträglich erklärt hat, das bezügliche Abkommen sei mit dem Prokuristen der Gegenpartei geschlossen (eine Behauptung, die vor Erlaß des Urtels nicht aufgestellt war), und ob dem entsprechend das Urtel purifizirt werden müßte, ist noch nicht entschieden. Die Entscheidung gebührt dem Schiedsgericht, welches bisher nur ein bedingtes Endurtel erlassen und das Purifikationsverfahren behufs Erlassung des unbedingten Endurtels (der Purifikations-Resolution) noch einzuleiten hat.

Zugegeben aber auch, das Schiedsgericht habe die Grenzen der Zulässigkeit der Deklaration überschritten, so ist doch der Ansicht des Appellrichters beizutreten. Es läßt sich nicht behaupten, daß „gegen ein den vorliegenden Fall ganz klar entscheidendes Landesgesetz erkannt worden", also die Voraussetzung des § 172 AGO I. 2 vorhanden sei. Wenn der Gesetzgeber deklaratorische Urtel, — das heißt: Deklarationen, welche der erkennende Richter selbst außerhalb des gewöhnlichen Rechtsmittelverfahrens und auch bei formell rechtskräftigen Urteln ertheilt — in anderen Fällen als bei offenbaren Schreibfehlern oder Rechnungsirrthümern zuläßt: so ist ein Konflikt mit den strengen Grundsätzen der formellen Rechtskraft unvermeidlich; daher verschiedene Prozeßgesetzgebungen deklaratorische Urtel für unstatthaft* erachten und den Parteien nur das Recht zugestehen, im Wege der gewöhnlichen Rechtsmittel Abhilfe zu suchen oder bei Rechtskraft des Urtels in einem neuen Prozeß die Frage zum Austrag zu bringen, ob nun das Urtel zu deklariren sei. Das preußische Prozeßrecht steht, wie erwähnt, auf einem anderen Standpunkt, und dieser bringt es nothwendig mit sich, daß gegen ein deklaratorisches Urtel, welches nach einer umsichtigen juristischen Prüfung die feinen Grenzen der Zulässigkeit einer

* Vgl. Nordd. POEntw. § 403 und preuß. Entwurf einer deutschen Civilprozeßordnung v. 1871 § 265, 266.

Deklaration überschritten hat, sich nicht der Vorwurf erheben läßt, es sei gegen ein den Fall klar entscheidendes Landesgesetz erkannt.

Hiernach ergiebt sich denn auch der Vorwurf als unhaltbar, daß die Deklaration die Grundsätze über die Wirkungen der Rechtskraft verletze.

Die Verwerflichkeit des Vorwurfs, [die jetzigen] Kläger seien über das Deklarationsgesuch nicht vorher gehört worden, (§ 172 AGO I. 2) ist von den Vorrichtern genügend dargethan und darauf hingewiesen, daß die Anhörung des Gegners vor Erlaß der Deklaratoria nur in einem bestimmten, hier nicht vorliegenden Falle vorgeschrieben ist.

## Nr. 71.

## I. Senat. — Erkenntniß v. 26. Sept. 71. (B.)

M. Köhler ./. Flachsspinnerei Hirschfelde von H. C. Müller (Nr. 540 v. 71).

**Preußen. Wechselsache. Nichtigkeitsbeschwerde.**

I. Instanz: Kreisgericht Frankfurt a. O.
II. Instanz: Appellationsgericht daselbst.

**Wechselschuld, Stundungsvertrag, Auslegung. Verzugszinsen.**

**Im Anschluß an Nr. 16 S. 75 ff. dieses Bandes geben wir als Beispiel der Auslegung eines unter den streitenden Parteien geschlossenen, auf eine Wechselschuld bezüglichen Stundungs-Vertrages folgende Entscheidung des OHG.**

Urtelsgründe:

Das Uebereinkommen der Parteien v. 20. Febr. 69, zu dessen Erweise Beklagter den schriftlichen Revers des Klägers vom selbigen Tage vorgelegt und damit die Uebereinstimmung dieses Reverses mit dem Abkommen selber behauptet hat, stellt sich als eine Vereinbarung des Klägers, als Inhabers des von ihm an eigene Ordre auf den Bekl. gezogenen und von diesem acceptirten Wechsels, mit dem Bekl. dar, vermöge deren die Stundung einer damals bereits seit 15. Juni 68 fällig gewesenen Wechselschuld bewilligt wurde; welches ganz außerhalb des Wechselrechts liegende Uebereinkommen ein vertragsmäßiges Verhältniß zwischen diesen beiden alleinigen Interessenten des Wechselanspruchs schuf und also lediglich nach den sonstigen civilrechtlichen Vorschriften hinsichts seines Einflusses auf die dadurch modifizirte Verbindlichkeit des Bekl. gegenüber dem Kläger zu beurtheilen ist.

Beklagter hatte die bereits am 15. Juni 68 fällig gewordene Wechselschuld zu bezahlen. Nun mag es richtig sein, daß der Wechselinhaber sich mit dem Wechsel beim Schuldner zu melden hat, und daß wenn er es nicht thut, er selbst — nicht der Schuldner — im Verzuge ist*, da dieser nicht weiß, ob es wirklich sein Accept ist, worauf er zahlen soll, und in wessen Händen sich das Accept befindet.

In vorliegendem Falle aber hat der Appellrichter thatsächlich festgestellt, daß Beklagter nach Lage der Sache gar nicht in Zweifel darüber gewesen sei, in wessen Händen der Wechsel sich befand, und daß er bereits am 15. Juni 68 zur Zahlung verpflichtet war. Wenn Beklagter letztere Schlußfolgerung als unlogisch bezeichnet, so kann darin ein die Vernichtung des Urtels begründender Angriff nicht gefunden werden. Aber auch abgesehen hiervon, geht der Appellrichter weiter und erachtet das Abkommen selbst als entscheidend für den Zeitpunkt des eingetretenen Verzuges des Bekl., weil inhalts des Reverses die geleistete Theilzahlung nach der Uebereinstimmung der Parteien auf die Zinsen abgerechnet werden sollte, womit nur Verzugszinsen gemeint sein konnten, so daß also Beklagter damit stillschweigend anerkannte, daß er im Verzuge war. Wenn der Appellrichter diesen Verzug auf den Verfalltag des Wechsels zurückzudatiren um so weniger bedenklich findet, als dem Kläger unbestrittenermaaßen eine andere Forderung nicht zustand: so ist dies insofern richtig,

* Vgl. Hartmann DWR § 121 S. 364 ff.

als im ganzen Lauf der Instanzen von einer anderen Forderung des Klägers gar nicht die Rede war, Beklagter selbst auch den schriftlichen Revers, welcher den Zinsvorbehalt ausspricht, gerade auf das Uebereinkommen über die vorliegende Wechselforderung bezieht.

Wenn Beklagter ferner diese Voraussetzung, daß eine andere Forderung zwischen ihnen nicht bestehe, als „wider die klare Lage der Akten" verstoßend bezeichnet — wobei er muthmaaßlich den § 5 Nr. 10 der Verordnung v. 14. Dez. 33 im Auge hat —: so ist weder bezeichnet, welcher der dort aufgezählten 4 Fälle vorliegen soll, noch ist versucht, das Vorhandensein der thatsächlichen Voraussetzungen von einem dieser vier Fälle darzuthun. [Vgl. Rspr. I S. 63 n., 396]

Der Appellrichter führt aus,

daß das zwischen den Parteien neu begründete Rechtsverhältniß lediglich nach dem Inhalt des fragl. Reverses beurtheilt werden müsse.

Die Interpretation dieses Inhalts läßt ihn weiter annehmen,

daß darin das Recht auf Verzugszinsen vom Kläger vorbehalten sei, wodurch [die Behauptung des Bekl.] widerlegt werde, daß das Abkommen sich nur auf die Wechselsumme bezogen habe....

Diese Interpretation greift die NktBschw. damit an, daß da neue Zahlungstermine verabredet worden, auch Verzugszinsen erst vom versäumten Ablauf dieser letzteren beginnen könnten, vom Tage des Abkommens an also jedenfalls keine weiteren Verzugszinsen liefen. Allerdings ist richtig, daß Zögerungszinsen nur bei Säumigkeit in der Zahlungsleistung eintreten (§ 64 ALR I. 16), daher bei einer Verlängerung der Zahlungsfrist bis zum Ablauf dieser neuen Frist nicht gefordert werden können, wenn wegen derselben nichts vorbedungen ist (§ 70 daselbst). Der Appellrichter würde also diese Vorschriften verletzt haben, wenn er für seine Ansicht nur angeführt hätte, daß das Abkommen nach Inhalt des Reverses weder einen Erlaß noch einen Verzicht bezüglich der Zinsen enthielt; allein er findet darin im Gegentheil einen Vorbehalt wegen der Zinsen, und daß bei dem Abkommen der gesammte klägerische Regreßanspruch ins Auge gefaßt sei. Durch diese, dem Angriff durch die NktBschw. unzugängliche, Interpretation wird die Rüge jener Verletzung beseitigt.

Ebensowenig erscheint § 307 ALR I. 5 verletzt, weil dort nur theils von Konventionalstrafen* die Rede ist, theils von Annahme der Erfüllung ohne Vorbehalt, während der Richter den Vorbehalt wegen der Zinsen gerade im Inhalt des Reverses findet.

## Nr. 72.

## I. Senat. — Erkenntniß v. 26. Sept. 71. (B.)

Ae. Koch ./. Krausenitzer (Nr. 552 v. 71).

**Preußen. Wechselsache. Nichtigkeitsbeschwerde.**

I. Instanz: Kreisgericht Königsberg i. N.,
II. Instanz: Appellationsgericht Frankfurt a. O.

**Personenbezeichnung auf Wechseln.**

**Eine Verschiedenheit in der Angabe des Vornamens beim Bezogenen und beim Acceptanten schadet der wechselrechtlichen Giltigkeit des Acceptes nicht, wenn die Identität des Bezogenen und des Acceptanten (anderweitig) feststeht.**

DWO Art. 4 Nr. 7, 21, 23, 81.
Vgl. Rspr. II S. 36, 217 ff.

Der Klagewechsel ist auf „Ilges Koch auf dem Zäckericker Loose bei Wriezen" gezogen und trägt einen Annahmevermerk von „Ae. Koch".

Als Acceptant wird Aegidius Koch, Eigenthümer eines Ausbaus** vom Dorfe Zäckerick, belangt. Dieser macht u. a. den Einwand, er sei nicht der Bezogene, welcher

* Vgl. oben S. 227 n.

** Im Oderbruch werden vereinzelt liegende Besitzungen „Loose" genannt.

auf dem Wechsel mit dem Vornamen Ilges bezeichnet sei, während er Aegidius heiße. In zwei Instanzen wird die Identität des Bekl., bei welchem der Wechsel auch Mangels Zahlung protestirt worden war, mit dem Bezogenen und Acceptanten als zweifellos angenommen und demgemäß Beklagter verurtheilt. Seine NktBschw. bleibt ohne Erfolg.

Gründe des OHG:

Zu den wesentlichen Erfordernissen eines Wechsels — welche nach Art. 7 DWO die Entstehung der wechselmäßigen Verbindlichkeit bedingen — gehört allerdings nach Art. 4 Nr. 7 DWO der Name der Person oder die Firma des Bezogenen. Daß außer dem Familiennamen auch noch der Vorname der Person des Bezogenen angegeben werde, ist nicht vorgeschrieben; ist der Vorname überflüssigerweise und dabei unrichtig angegeben, so folgt von selbst, daß diese überflüssige Angabe gänzlich wirkungslos bleiben muß, wenn nur ein Zweifel über die Identität der Person des Acceptanten mit der des Bezogenen nicht besteht. Daß auch in diesem Falle der Acceptant nicht, und also überhaupt niemals hafte, wenn der angegebene Vorname des Bezogenen von dem des Acceptanten verschieden ist, läßt sich aus den Bestimmungen der DWO unmöglich herleiten.

In vorliegendem Falle hat nun der Appellrichter thatsächlich festgestellt, daß Beklagter das vorliegende Wechselgeschäft mit dem Trassanten gemacht hat, und daß er auch der im Wechsel, nur mit unrichtigem Vornamen, bezeichnete Trassat ist. Der Richter folgert dies daraus, daß Beklagter die Existenz eines zweiten Eigenthümers Koch auf Zäckericker Loosen nicht behauptet; daß er bei der Protestaufnahme erklärt hat, auf den vorliegenden Wechsel nur einen Theil der Valuta erhalten zu haben; daß er das Accept anerkannt und endlich durch den [im Lauf des Prozesses eidlich widerlegten] Einwand einer Arglist des

Klägers deutlich zu erkennen gegeben hat, von ihm sei das Wechselgeschäft mit dem Trassanten gemacht und er mit dem im Wechsel nur irrig als Ilges Koch bezeichneten Trassaten identisch. Wenn Beklagter hierin eine Aktenwidrigkeit (Verstoß gegen § 5 Nr. 10, b der Verordnung v. 14. Dez. 33) finden will: so leuchtet in der That nicht ein, wie die Folgerungen des Appellrichters und seine Auffassung der angedeuteten Erklärungen des Bekl. dem wörtlichen Inhalt [vgl. Rspr. I S. 396] dieser Erklärungen entgegen sein soll.

## Nr. 73.

## II. Senat. — Erkenntniß v. 27. Sept. 71. (B.)

Hommel ./. Günther (Nr. 404 v. 71).

**Königreich Sachsen.** **Weitere Berufung.**

I Instanz: Handelsgericht im Bezirksgericht Annaberg,
II. Instanz: Appellationsgericht Zwickau.

**Ob Fixgeschäft? Schadenersatz, Verzicht.**

**1. Ein Handelskauf über Lieferungen „von Woche zu Woche" ist kein Fixgeschäft im Sinne des Art. 357 HGB.**

Vgl. Rspr. I S. 397, II S. 79.

**2. In vorbehaltloser Empfangnahme der einzelnen, unregelmäßig erfolgenden Lieferungen, verbunden mit deren Bezahlung ohne Rüge einer Verspätung, liegt eine Genehmigung der betreffenden Posten und ein Verzicht auf etwaige Ansprüche wegen verspäteter Erfüllung.**

HGB Art. 1, 279; vgl. oben S. 227 n.

**3. Wer wegen einer ihm verspätet gemachten Lieferung Entschädigung beansprucht, hat den ursächlichen Zusammenhang zwischen dem Unterbleiben der Lieferung und dem fraglichen Schaden darzuthun.**

HGB Art. 283, 355; vgl. oben S. 199.

Kgl. sächs. bürgerl. GB § 125, 687.

Ebenso nach gemeinem Recht: die Erk. des II. Senats v. 2. Dez. 71 in der Kasseler Sache Nr. 656 v. 71 und v. 16. März 72 in der Braunschweiger Sache Nr. 102 v. 72.

Beklagter hat vom Kläger Roggen gekauft, zu liefern „von Woche zu Woche". Wegen des Preises belangt, wendet er ein, die Waare theils gar nicht, theils nicht rechtzeitig erhalten zu haben. Auch beansprucht er aus Art. 357 HGB Schadenersatz wegen Nichterfüllung, wegen der verspäteten Lieferungen namentlich deshalb, weil in Folge derselben seine Mühle still gestanden habe.

Die Einwendungen des Bekl. werden verworfen.

Gründe des OHG:

Anlangend die dem Klageanspruch entgegengesetzte Schadenforderung des Bekl., so erledigt sich:

1) der Punkt wegen der angeblich nicht gelieferten 772 Wispel Roggen durch Hinweisung auf Art. 356 HGB.

Dieser und nicht Art. 357 muß hier zur Anwendung kommen. Denn die Vereinbarung, daß die Lieferung successive „von Woche zu Woche" erfolgen solle, kann als Fixgeschäft (die Feststellung eines festbestimmten und dergestalt, daß damit der Vertrag stehen und fallen soll, wesentlichen Zeitpunkts der Lieferung) nicht aufgefaßt werden. Ist dies aber der Fall, so mußte Beklagter, wenn er Schadenersatz wegen Nichterfüllung beanspruchte, der Vorschrift des Art. 356 gemäß eine entsprechende Anzeige an Kläger gelangen lassen*. Daß er dies gethan, hat Beklagter nicht behauptet.

2) Die angeblich verspäteten Lieferungen hat Beklagter ohne Widerspruch in Empfang genommen, auch die Zahlungen dafür geleistet. Ob dem Bekl. zur Begründung seiner diesfälligen Entschädigungsforderung obgelegen hätte, die Kläger bei den einzelnen Lieferungsterminen unter Offerirung des Preises in Verzug zu setzen, kann dahingestellt bleiben. Dagegen liegt in der widerspruchs- und vorbehaltlosen Empfangnahme der einzelnen, wenn auch nicht gerade regelmäßig erfolgenden, Lieferungen —

* Vgl. Rspr. I S. 124, 318.

in Verbindung mit den ebenso vorbehaltlos geleisteten Zahlungen — ohne irgend eine Rüge über die angebliche Verspätung eine Genehmigung der Sendungen sowie ein Verzicht auf etwaige Ansprüche wegen zu später Lieferung.

Dazu kommt . . ., daß Beklagter die Behauptung, seine Mühle habe der verspäteten Sendungen wegen völlig stillstehen müssen, in keiner Weise substantiirt hat. Daß dieses, die Basis seiner Schadenforderung bildende, Resultat unter den obwaltenden Umständen wirklich als Folge der Verspätung der von den Klägern erwarteten Getreide-Lieferungen habe eintreten müssen, hätte Beklagter darzulegen gehabt (vgl. L. 21 § 3 Dig. 19, 1) — um so mehr, als er jetzt sich darauf beruft, er würde anderwärts Getreide nur zu höheren Preisen haben anschaffen können.

## Nr. 74.

## II. Senat. — Erkenntniß v. 27. Sept. 71. (Ref.)

Kruthoffer ./. Will (Nr. 427 v. 71).

**Hessen.** **Oberberufung.**

I. Instanz: Stadtgericht Darmstadt,
II. Instanz: Hofgericht daselbst.

**Kompromiß; Verfahren der Schiedsrichter. Handelsgesellschafter, Vergütung eigener Leistungen. Beweislast.**

**1. Zur Rechtsgiltigkeit eines Schiedsvertrages gehört wesentlich, daß als Grundlage der schiedsrichterlichen Entscheidung eine genaue Darlegung des Sachverhalts und der Streitpunkte geboten wird.**

L. 32 § 15 Dig. 4, 8.
Vgl. Rspr. I S. 383.

2. Fall der Vernichtung eines Schiedsrichterspruchs wegen Willkürlichkeit getroffener Festsetzungen.

Unterscheidung von arbiter und arbitrator (vgl. Rspr. II S. 332).

**3. Ein Handelsgesellschafter kann für eigene, zu gesellschaftlichen Zwecken übernommene Arbeiten, Bemühungen rc.**

**eine (nicht bedungene) Vergütung nicht fordern, wenn jene Leistungen innerhalb des Kreises der Societätsgeschäfte liegen.**

HGB Art. 93, 102.

Ebenso: Erk. des II. Senats v. 13. Januar 72 in Sachen T. Ludwig ⁒. Richard-König, Nr. 29 v. 71.

**4. Wenn im Prozeß der Inhalt getroffener Vereinbarungen streitig ist, so hat regelmäßig der Kläger zu beweisen, daß und wie die Abrede, auf welche er seinen Anspruch stützt, geschlossen worden.**

Vgl. Rspr. I S. 280 Nr. 3; II S. 80, 91, 158 f., III S. 134, 309 ff.

Im Jahre 63 bewarb sich Beklagter (Druckereibesitzer zu Darmstadt) bei der großherzoglich hessischen Staatsregierung darum, daß ihm die Anfertigung eines neuen Papiergelds übertragen werden möge. Den hierbei eingereichten, anerkannt zweckmäßigen Entwurf zu den Geldscheinen hat, auf Grund einer Vereinbarung der Parteien, der jetzige Kläger (Lithograph und Typograph in Frankfurt a/M.) gemacht. Die Bewerbung blieb ohne Erfolg, die betr. Arbeiten wurden 1864 einer Leipziger Firma übertragen. Die Parteien hatten behufs gedachter Bewerbung einen Gesellschaftsvertrag des Inhalts geschlossen, daß das Geschäft zwar auf des Beklagten Namen, sachlich aber für gemeinsame Rechnung gemacht und dabei Gewinn wie Verlust unter ihnen gleich getheilt werden sollte.

Jetzt beansprucht Kläger Vergütung der Hälfte von seinen Auslagen sowie vom Werth geleisteter Arbeiten. Parteien streiten sowohl über die Faktoren dieser Vergütung als auch über die einzelnen Beträge. Deshalb hatten sie auf drei sogenannte „Sachverständige" kompromittirt, deren Schiedsspruch (ohne alle Begründung) kurzweg dahin ergangen ist, daß „nach den gegebenen Verhältnissen eine Gesammtforderung von 500 Gulden vollkommen gerechtfertigt wäre, und vom Beklagten anstandslos dem Kläger zu zahlen sein dürfte".

Beklagter erkennt diesen Ausspruch nicht als rechtsverbindlich an, findet denselben ganz willkürlich und rügt, daß ihm kein Gehör gewährt worden. Kläger fordert die von den gewählten 3 Personen, welche er als arbitratores angesehen wissen will, festgesetzte Vergütungssumme; eventuell hat er eine spezifizirte Rechnung über seine Aufwendungen und Bemühungen aufgemacht.

Unter Abänderung des Appellurtels hat das OHG den Schiedsrichterspruch für nichtig und rechtlich unerheblich erklärt, den Anspruch auf Honorirung eigener Arbeiten und Bemühungen des Klägers verworfen, übrigens aber die Beweisfrage über den Inhalt des Vertrags geregelt —

in Erwägung:

1) daß die behauptete Abrede, den Sachverständigen, bzw. Schiedsrichtern solle die Art des Verfahrens ganz überlassen werden, nicht geeignet ist, das in vorliegender Sache (nach den eigenen Erklärungen des Klägers) von den Sachverständigen beobachtete Verfahren als ein gerechtfertigtes erscheinen zu lassen, da dieselben auch im Falle einer solchen Abrede nicht nach reiner Willkür verfahren durften, vielmehr die Fundamental-Grundsätze jedes Verfahrens, deren Vernachlässigung jede Entscheidung, sei es eine richterliche oder schiedsrichterliche, nichtig macht, beachten mußten; daß zu diesen Substantialien [!] aber unter allen Umständen das Gehör beider Theile, ohne welches die Sachverständigen bzw. Schiedsrichter nicht wissen können, was den Gegenstand ihrer Entscheidung bildet, sowie ferner gehört, daß sie nicht ultra petitum und nicht ein aliud entscheiden;

daß, wenn auch dasjenige, was der Appellrichter ... zum Beweise verstellt hat,... [daß nämlich die Entscheidung über die Höhe der vom Bekl. zu zahlenden Entschädigung den

Sachverständigen vollkommen überlassen sein solle] festgestellt würde, einer solchen Abrede nicht die geringste rechtliche Bedeutung beizulegen sein würde; daß nämlich unter den „Sachverständigen", welchen die Parteien ihren Streit zur Entscheidung zu unterbreiten verabredet hatten, nur Schiedsrichter (arbitri) im eigentlichen Sinne haben gemeint sein können, indem es sich, wenn man die Streitpunkte, welche unter den Parteien nicht blos jetzt, sondern schon zur Zeit jener Verabredung obwalteten, in's Auge faßt, nicht um eine bloße Taxation, wozu ein geeignetes Objekt nicht vorlag, auch nicht etwa darum handelte, daß die sogenannten Sachverständigen als arbitratores (vgl. L. 76 bis 80 Dig. 17, 2) einen im Vertrage rc. unbestimmt gelassenen Punkt gewissermaaßen in der Seele der Interessenten festsetzen oder einen einzelnen Faktor einer demnächst durch Gericht oder Schiedsgericht zu fällenden Entscheidung*, einen vor einer solchen festzustellenden Beweissatz rc. nach einem, eventuell einer Korrektur unterliegenden arbitrium boni viri entscheiden sollten; daß es vielmehr zweifellos die Intention der Parteien war, daß die sogen. Sachverständigen den unter ihnen über die vom Bekl. an Kläger zu zahlende Vergütung obwaltenden Streit endgiltig und definitiv entscheiden sollten;

daß nämlich Beklagter dem Kläger nur erweislich baare Auslagen ersetzen und eine dessen Zeitaufwand entsprechende Entschädigung für Zeichnung und Komposition des Papiergeld-Entwurfs zahlen zu müssen glaubte; Kläger dagegen 158 Gulden als Vergütung für Druckproben und Photographieproben, 250 Gulden für den Kunstwerth des Entwurfs, 182$^1/_2$ Gulden für verschiedene Reisen nach Darmstadt und Carlsruhe, sowie Ersatz einer Auslage von 100 Gulden für Zeichnung der Hessia auf dem Entwurf rc. beanspruchte — Ansprüche, welche Beklagter größtentheils gänzlich, theils

* So im Falle Nr. 60 unseres II. Bandes, dort S. 332 ff.

wenigstens den Beträgen nach, nicht anerkannte und noch jetzt nicht anerkennt;

daß wenn die Parteien, die Entscheidung dieser Streitpunkte und die endgiltige Festsetzung der dem Kläger zu zahlenden Entschädigung Sachverständigen zu übertragen verabredeten, ein solcher Vertrag ein Kompromiß war, zu dessen Rechtsgiltigkeit — nach zweifelloser Vorschrift in L. 32 § 15 Dig. 4, 8 — eine genaue Darlegung des Sachverhalts und der Streitpunkte als Grundlage der schiedsrichterlichen Entscheidung gehörte; daß eine solche Grundlage auch dann nicht fehlen durfte, wenn man die ernannten Sachverständigen als bloße arbitratores ansehen könnte, da dieselben auch in diesem Falle durch die von den Parteien ihnen zu ertheilende Information vergewissert werden mußten, was sie nach den Intentionen der Parteien entscheiden sollten, und sich nicht selbst willkürlich die zu entscheidende Frage konstruiren durften;

daß (nach der eigenen Darstellung des Klägers) die Schiedsrichter bei ihrer Entscheidung die ihnen vorgelegte klägerische Rechnung unbeachtet bei Seite gelegt, eine Anhörung des Bekl. über seine Einwendungen gegen diese Rechnung nicht für nöthig erachtet, und sich lediglich nach Ansicht des vom Kläger angefertigten Papiergeld-Entwurfs zu ihrem, die vom Bekl. zu zahlende Vergütung auf 500 Gulden festsetzenden, Wahrspruch geeinigt und diesen dem Kläger gegenüber mündlich dahin erläutert haben:

> daß sie lediglich aus allgemein technischen Gründen die dem Kläger gebührende Vergütung, nach Ansicht und Prüfung des Papiergeld-Entwurfs, fixirt hätten, daß darum eine weitere Kommunikation mit dem Bekl. für unnöthig und zwecklos erachtet worden, da ihre technische Ueberzeugung über die Vergütung für Fertigung eines Papiergeld-Entwurfs von den thatsächlichen Behauptungen des

einen oder anderen Interessenten nicht influirt werden könne;

daß hiernach die Schiedsrichter bewußt die unter den Parteien obwaltenden Streitpunkte völlig ignorirt und einen als Akt reiner Willkür zu bezeichnenden Machtspruch auf einer Grundlage, welche von keiner der Parteien gegeben oder anerkannt war, gefällt haben; daß dieselben dabei von dem, was Kläger selbst liquidirte, namentlich von dessen baaren Auslagen ganz abgesehen, und während Kläger selbst als Kunstwerth des Entwurfs nur 190 Gulden und 60 Gulden, im Ganzen 250 Gulden liquidirte, den Entwurf ultra petita zu 1000 Gulden, wovon dem Kläger die Hälfte mit 500 Gulden zu vergüten sei, taxirt haben — wobei es in Ermangelung von Entscheidungsgründen nicht ersichtlich ist, ob etwa die Schiedsrichter auch die Erfindung des Klägers, wofür demselben nach dem Einverständniß der Parteien eine Vergütung nicht gebührt, sowie die veranstalteten Proben, bezüglich deren die Erstattungspflicht streitig ist, als Faktoren der schließlich arbitrirten Vergütungs-Summe mit in Anschlag gebracht haben;

daß nach allem diesem der Schiedsspruch null und nichtig ist und als Klagefundament nicht dienen kann;

2) daß nach gemeinem Recht* ein Gesellschafter von seinem Mit-Gesellschafter zwar Vergütung seiner Auslagen und Schäden, nicht aber eine (nicht bedungene) Vergütung für geleistete Arbeiten, soweit dieselben nur überhaupt innerhalb desjenigen gewerblichen Zwecks, für welchen die Gesellschaft errichtet worden und nicht vielmehr gänzlich außerhalb des Kreises der Societäts-Geschäfte liegen, zu beanspruchen berechtigt ist, daß also auch falls ein Gesellschafter nur operas (nicht Kapital) in die Gesellschaft einbringt, derselbe — sowenig er, falls ein Gewinn erzielt wird, neben seinem

* Vgl. L. 52 § 4 u. 15, L. 60 § 1, L. 61, L. 67 § 2 Dig. 17, 2.

Gewinn-Antheil noch Vergütung für seine Arbeit fordern kann — eine solche Vergütung, falls Gewinn nicht erzielt wird, unter dem Namen eines Verlust-Antheils zu beanspruchen befugt ist, vielmehr (ebenso wie der Kapital einwerfende socius die Zinsen verliert) die im Gewinn-Antheil gehoffte Vergütung seiner Arbeit entbehren muß; daß die Quellen der operae des socius, als eines bezüglich des Verhältnisses der socii zu einander zu beachtenden Moments, nur in der, hier nicht zutreffenden, L. 80 Dig. 17, 2 gedenken;

daß diese gemeinrechtlichen Grundsätze auch in dem — allerdings in dem, die offenen Handelsgesellschaften betreffenden, Titel befindlichen — Art. 93 Abs. 3 HGB Anerkennung gefunden haben, und namentlich die Motive des preuß. Entwurfs, welche so wenig wie die Bestimmung selbst bei den Berathungen einen Widerspruch gefunden haben, ergeben, daß man gerade beabsichtigt hat, eine abweichende Bestimmung des (preuß.) ALR I. 17 § 229 (wonach ein socius ausnahmsweise den gewöhnlichen Preis für solche Arbeiten, welche nicht zum gewöhnlichen Betrieb der Societäts-Geschäfte gehören und die eine besondere Kunst und Wissenschaft erfordern, in Rechnung bringen konnte) als nicht rationell zu beseitigen, weil es prinzipiell nur darauf ankomme, ob eine gewisse Verrichtung zum Geschäftsbetrieb der Gesellschaft überhaupt gehöre;

daß Kläger allerdings Techniker war, auch ihm eben mit Rücksicht auf seine höheren technischen Kenntnisse die Anfertigung des fraglichen Papiergeld-Entwurfs übertragen war, während Beklagter in dem von ihm zu stellenden Druckerei-Lokal die mehr mechanische Arbeit des Druckens übernehmen sollte; daß jedoch Kläger für die Anfertigung des Entwurfs nach den entwickelten Grundsätzen eine nicht bedungene Vergütung nicht beanspruchen kann, da Beklagter den Societätsvertrag mit dem Kläger eben nur mit Rücksicht darauf, daß dieser Techniker war, geschlossen hat, und Gegenstand und Zweck des Societäts-Geschäfts eben in Leistungen, welche nur ein Techniker ausführen kann, bestand; die Zeichnung und Komposition des fraglichen Entwurfs also recht eigentlich zu den Societäts-Geschäften gehörte, nicht außerhalb des Kreises derselben lag;

daß das Argument der vorigen Instanz,

daß nämlich zur Zeit der Anfertigung des fraglichen Entwurfs der Societätsvertrag noch nicht zu Stande gekommen, daß es sich damals nur um Vorarbeiten gehandelt habe, der eigentliche Societätsvertrag erst, nachdem die Bewerbung des Bekl. von der großherzogl. Regierung angenommen worden, habe geschlossen werden sollen,

wenn es thatsächlich richtig wäre, dem nur auf das Bestehen eines Societätsverhältnisses fundirten Klageanspruch den Boden entziehen würde, aber auch in den Akten keine thatsächliche Basis findet, da der Societätsvertrag unbestritten geschlossen war, ehe die von voriger Instanz als „Vorarbeiten" bezeichneten Leistungen begannen, und nur das Geschäft, auf welches der Zweck der geschlossenen Societät gerichtet war, durch Nichtberücksichtigung der Bewerbung des Bekl. seitens der hessischen Regierung vereitelt worden ist, was jedoch auf die rechtliche Beurtheilung der vorliegenden Sache ohne allen Einfluß ist;

3) daß die Parteien darüber einig sind, daß Kläger schon vor Abschluß des Societätsvertrags eine Methode erfunden hatte, photographisch nicht nachbildbare Drucksachen herzustellen; daß diese Erfindung auch bei Anfertigung des in Rede stehenden Papiergelds zur Anwendung kommen sollte, ohne daß Kläger für die Erfindung an sich eine besondere Vergütung zu beanspruchen hatte;

daß indeß bezüglich der unmittelbar vor und bei Abschluß des Societätsvertrags getroffenen Abreden, bzw. der damals obwaltenden und erklärten Intentionen der Parteien insofern eine Verschiedenheit in den Behauptungen der Parteien sich findet, als Beklagter behauptet, daß Kläger zugesichert habe, die Erfindung als eine bereits fertige, sofort und ohne weitere Proben auf die Herstellung des fraglichen Papiergelds anwendbare, ohne eine Vergütung dafür zu beanspruchen, in die Societät einbringen zu wollen, Kläger dagegen behauptet, daß er die Erfindung gemacht, jedoch sie ohne Proben unmittelbar auf die Herstellung des fraglichen Papiergelds anzuwenden nicht im Stande gewesen sei, auch keine diesfällige Zusicherungen dem Bekl. ertheilt habe;

daß Kläger demgemäß für die betreffenden Proben und für Konsultationen bei dem Physiker, Professor E... seine Auslagen, auch Vergütung für Arbeitsversäumniß liquidirt, Beklagter dagegen unter Berufung auf die von ihm behauptete Abrede diesen Anspruch bestreitet, und die Vorderrichter, deren Entscheidungen wesentlich in der Redaktion abweichen, den bezüglichen Beweis dem Bekl. auferlegt haben, Letzterer jedoch in seiner Beschwerde Belastung des Klägers mit dem Beweise seiner Behauptung verlangt;

daß die Frage, welcher der Parteien in Fällen der vorliegenden Art der Beweis aufzulegen, in Doktrin und Praxis sehr bestritten ist; daß jedoch der Gerichtshof — in Uebereinstimmung mit anderweiten, in ähnlichen Fällen bereits erlassenen Entscheidungen* — den Kläger für beweispflichtig erachtet;

daß nämlich die Klage auf den Inhalt des unter den Parteien abgeschlossenen Societätsvertrags gegründet ist, und die Angaben der Parteien über den Inhalt dieses Vertrags differiren, indem Beklagter behauptet, daß die Abrede über den oben angegebenen Punkt in anderer Weise geschlossen worden, mit anderen Worten also behauptet, daß

* Vgl. oben S. 309 ff.

Kläger den Inhalt des Vertrags unrichtig bzw. unvollständig angegeben habe; in solchem Falle aber nach allgemeinen Grundsätzen Kläger sein Klagefundament, soweit solches vom Bekl. bestritten ist, beweisen muß;

daß nach Lage der Akten kein Zweifel darüber obwaltet, daß nicht etwa zuerst der Societätsvertrag einfach und ohne eine die fragliche Erfindung betreffende Abrede geschlossen, und die Vertragsklausel, über deren näheren Inhalt die Parteien jetzt streiten, Gegenstand einer nachträglichen Vereinbarung gewesen ist, daß es sich vielmehr um einen einheitlichen Akt handelt, indem unstreitig die, die fragliche Erfindung betreffenden Abreden unmittelbar vor und bei Abschluß des Societätsvertrags stattgefunden haben; und daß man diesen einheitlichen Akt in unzulässiger Weise zerreißen würde, wenn man etwa deduziren wollte, daß Kläger aus dem Societätsvertrage an sich, zu dessen Essentialien die fraglichen Abreden nicht gehörten, einen Anspruch auf die fragliche Vergütung haben würde, und daß es, um eine Ausnahme von dieser Regel zu rechtfertigen, dem Bekl. obliege, die von ihm behauptete, die Regel ausschließende, besondere Abrede nachzuweisen. —

Aus diesen Gründen legte der Gerichtshof dem Kläger den, allerdings eine Negative enthaltenden, Beweis auf:

„daß er bei den unmittelbar vor und bei Abschluß des Societätsvertrags zwischen den Parteien gepflogenen Verhandlungen bezüglich der von ihm gemachten Erfindung einer Methode, photographisch nicht nachbildbare Drucksachen herzustellen, dem Bekl. nicht die Zusicherung ertheilt habe, daß es auch nicht die erklärte übereinstimmende Intention der Parteien gewesen sei, Kläger solle diese Erfindung als eine fertige, sofort und ohne weitere Proben auf die Herstellung des fraglichen Papiergelds anwendbare, ohne diesfällige Vergütung zu beanspruchen, in die Societät einbringen."

Nr. 75.

## II. Senat. — Erkenntniß v. 30. Sept. 71. (B.)

C. Sachs ./. B. Bogts (Nr. 376 v. 71).

**Preußen.** **Nichtigkeitsbeschwerde.**

I. Instanz: Stadtgericht Berlin,
II. Instanz: Kammergericht.

**1. Fester Kauf oder Entnahme zur Ansicht?**
**2. Prozessuale Nichtigkeiten in Altpreußen, Omission.**

Als Beispiel einer Erörterung der Frage, ob im gegebenen Falle ein fester Kauf oder nur ein unverbindliches Entnehmen von Waaren zur Ansicht vorliege, geben wir noch einen Rechtsfall, welcher zugleich die für Preußen praktisch wichtige Frage einer prozessualen Omission (Rspr. I S. 97, 369; II S. 121, 235, 277) erläutert.

Kläger fordert den Preis verabfolgter Seidenwaaren, welche Beklagter von dessen Stadtreisendem gekauft haben soll. Ueber den Kaufabschluß und die Tradition der Waaren ist Beweis erhoben worden, und mit Rücksicht auf das Ergebniß hat der Appellrichter dem Kläger einen Glaubens-Erfüllungseid (suppletorium de credulitate) über beide Thatsachen auferlegt. Die NktBschw. des Bekl. wird verworfen.

**Gründe:**

Beklagter hatte in Beantwortung der Klage Kauf und Empfang der Waaren bestritten, außerdem aber eine Behauptung aufgestellt, welche er jetzt dahin präzisirt:

„daß die in Rechnung gestellten Posten ihm zur Ansicht übersendet und wieder abgeholt worden, und

„daß diese Posten nur aus Irrthum oder um ein Manco des klägerischen Lagers zu verdecken, in die Bücher des Klägers eingetragen seien.“

Durch Nichterwähnung dieser Behauptung soll sich der Appellrichter einer Omission (im Sinne des § 5 Nr. 10a der preuß. Verordnung v. 14. Dez. 33) und durch

Nichterwähnung des bezüglichen Beweisantritts [einer Eideszuschiebung] einer weiteren Omission (im Sinne des Art. 3 Nr. 4 der Deklaration v. 6. April 39) schuldig gemacht haben. Die Vorwürfe sind jedoch unbegründet.

In den, vom Appellrichter, was die Sachdarstellung anbelangt, in Bezug genommenen, Motiven des I. Urtels ist ausdrücklich angeführt, daß Beklagter nicht blos den Klageinhalt bestritten, sondern zugleich behauptet habe:

> daß er oft ohne Auftrag Seidenwaaren vom Kläger „zur Ansicht" zugesendet erhalten und dieselben, wenn ihm Waare oder Preis nicht konvenirte, zurückgesendet habe, sowie daß die eingeklagten Waaren nur aus Irrthum, als von ihm gekauft, in des Klägers Bücher eingetragen sein könnten.

Vermöge der Verbindung dieser beiden Sätze ist in denselben auch die Behauptung des Bekl.: daß die streitigen Waaren zu denjenigen gehört haben, welche ihm nur zur Ansicht zugeschickt und von ihm remittirt worden seien, unverkennbar zum Ausdruck gelangt.

Insoweit erweist sich also die erste von jenen beiden Anschuldigungen als aktenwidrig.

Ueberdies umfaßt der aufgenommene Klagebeweis die Gegenbehauptung des Bekl.: die Waare nicht gekauft, sondern nur zur Ansicht zugesendet erhalten zu haben. Die Angabe aber, daß die Buchung nur aus Irrthum oder um ein Manco des klägerischen Lagers zu verdecken, stattgefunden habe, verdient wegen Mangels thatsächlicher Substantiirung überhaupt keine Beachtung.

Allerdings haben die Vorderrichter unerwähnt gelassen, daß nach Behauptung des Bekl. die Waaren „wiederabgeholt" worden sind. Diesem Ausdruck ist das Wort „zurückgesendet" substituirt. Wäre hierin ein wesentlicher Verstoß zu erblicken, so hätte derselbe nach § 5 Nr. 10 b der Verordnung von 1833 [als wortwidrige Auffassung einer Parteierklärung] gerügt werden müssen. Abgesehen jedoch davon, daß hiernach der Angriff aus § 5 Nr. 10 lit. a daselbst unzutreffend ist, fehlt auch zu seiner Begründung das Requisit der Erheblichkeit der omittirten Thatsache. Denn wenn die Waaren dem Bekl. nur zur Ansicht überschickt worden sind, so ist der, auf unbedingten Verkauf und die Tradition der Waaren gegründete, Klageanspruch hinfällig, gleichviel ob die Waaren vom Kläger wiederabgeholt worden sind oder nicht; wenn aber die Waaren zufolge Kaufs dem Bekl. tradirt worden sind, so würde durch ihre Wiederabholung der Empfänger von seiner Verpflichtung zur Bezahlung des Kaufpreises keineswegs ohne Weiteres befreit worden sein. Beklagter könnte auf Grund dieser Wiederabholung nur einen Gegenanspruch oder Einwand der Klageforderung opponiren. In dieser Richtung aber hat er die Klage nicht bekämpft. Seine, in Rede stehende, Behauptung hat nur zum Zweck, die Klagebehauptung, daß über die streitigen Waaren ein Kaufvertrag geschlossen worden sei und daß deren Uebergabe an ihn stattgefunden habe, zu widerlegen.

Eine Omission der im Gesetze a. a. O. vorgesehenen Art fällt daher dem Appellrichter nicht zur Last. —

Anlangend den Angriff aus Art. 3 Nr. 4 der Deklaration v. 6. April 39, so setzt diese Vorschrift selbstredend für ihre Anwendung voraus, daß einer erheblichen Thatsache lediglich um deswillen, weil der Richter zu Unrecht angenommen hat, daß für sie ein Beweis nicht erbracht bzw. angetreten sei, kein Einfluß, oder doch nicht der gebührende Einfluß, auf die Entscheidung verstattet worden ist. Demgemäß würde der Angriff überhaupt nur dann für begründet erachtet werden können, wenn der Appellrichter zu erkennen gegeben hätte, daß er die in Rede stehende Behauptung des Bekl. deshalb, weil sie nicht mit Beweis unterstützt sei, unberücksichtigt gelassen habe. Dieser Grund der Nichtberücksichtigung ist nicht ersichtlich und nicht behauptet. Ueberdies unterliegt die Annahme keinem Zweifel, daß der Appellrichter für den Fall der Ergänzung des Klagebeweises durch Ableistung des dem Kläger zuerkannten Eides den Beweisantritt des Bekl. für die fragliche Behauptung mit Rücksicht darauf als erledigt angesehen hat, daß die beiderseits vorgeschlagenen Zeugen über die Frage: ob ein Kaufvertrag zwischen den Parteien abgeschlossen und demzufolge die Waaren-Uebergabe bewirkt worden sei? vernommen worden sind, daß nach dem Resultat des Zeugen- und Urkunden-Beweises die Bejahung der Frage von einem Erfüllungseide abhängig gemacht werden müsse und daß es bei dieser Sachlage auf die Eidesdelation des Bekl. nicht ankommen könne.

Auch der zweite Angriff der NktBschw. zeigt sich hiernach unzutreffend, weshalb es einer näheren Erörterung desselben nicht bedarf.

## Nr. 76.

## II. Senat. — Erkenntniß v. 30. Sept. 71. (B.)

F. Kühl (jetzt die Erben) ./. E. Stauff (Nr. 422 v. 71).

**Preußen. Wechselseparatum. Nichtigkeitsbeschwerde.**

I. Instanz: Kreisgericht Neu-Stettin,
II. Instanz: Appellationsgericht Cöslin.

**Wechselseparatum. Diffessionseid.**

**Wer im Wechselprozeß, ohne die Unechtheit der verpflichtenden Unterschrift irgend zu rügen, sich in contumaciam hat rechtskräftig verurtheilen lassen, kann nach AGO im späteren Separatverfahren nicht mehr zur Diffession seiner Unterschrift verstattet werden.**

AGO I. 27 § 29, 52, 54.
Vgl. Rspr. II S. 296, auch S. 257.

Als Acceptant eines Wechsels ist K. in contumaciam wechselmäßig verurtheilt worden. Jetzt wollen seine Erben im Wechselseparatverfahren (nach AGO) ausführen, daß der Wechselanspruch rechtlich unbegründet, namentlich das vorliegende Accept unecht sei. Sie erreichen auch in den Instanzen, daß der Beklagte die Echtheit des Accepts noch durch einen Glaubenseid bestätigen soll. — Bei Zurückweisung ihrer NktBschw. giebt das OHG als

**Gründe:**

Der Wechselschuldner, welcher sich im Wechselprozeß, ohne die Unechtheit seiner Unterschrift auf dem Wechsel irgend zu rügen, rechtskräftig in contumaciam hat verurtheilen lassen, kann im Separat-Verfahren zur Diffession seiner Unterschrift nicht mehr verstattet und mit Einwendungen in dieser Beziehung nicht mehr gehört werden.

Das Separatum in Wechselsachen ist überhaupt als Ausnahme von der Regel aufzufassen, daß durch ein rechtskräftiges Erkenntniß das streitige Rechtsverhältniß definitiv und auf immer entschieden sein soll — §§ 65 und 66 der Einl. und § 1 Th. I Tit. 16 der AGO —; dasselbe ist daher auch nicht über das ersichtlich vom Gesetzgeber angedeutete Bedürfniß auszudehnen. Im Allgemeinen soll nun nach § 29 und 52 AGO I. 27 dem Wechselschuldner nur Gelegenheit gegeben werden, diejenigen Einwendungen, welche er im Wechselprozeß nach dessen besonderer Natur gar nicht oder nicht gehörig geltend machen konnte, nachträglich noch zur Erörterung und Entscheidung zu bringen. Zu diesen Einwendungen kann nun aber der Einwand gegen die Echtheit der Unterschrift nicht gerechnet werden. Die AGO schreibt im Gegentheil in §§ 20 ff. a. a. O. ausdrücklich und sehr umständlich vor, daß dem Wechselbeklagten vor allen Dingen der Wechsel zur Rekognition oder Diffession vorgelegt und wie eventuell mit Abnahme des Diffessionseides verfahren werden soll. Der Wechselbeklagte kann den Einwand, daß die Unterschrift nicht von ihm herrühre, sofort durch Erbieten zur Diffession begründen, thut er es nicht, so gilt der Wechsel gegen ihn als rekognoscirt. Demnächst erst — wenn der Wechsel rekognoscirt ist, gleichviel ob ausdrücklich oder in contumaciam — soll nach den Vorschriften der §§ 25 ff. mit Instruktion der sonstigen Einwendungen des Bekl. verfahren und es sollen alle illiquiden zum Separatum verwiesen werden, § 29. Der vom Separatum handelnde § 52 erwähnt denn auch nur jenes § 29. Daraus ergiebt sich unzweideutig, daß die AGO Einwendungen gegen die Echtheit der Unterschrift nicht jenen im Separatum zu erörternden Einwendungen beigezählt wissen will, diese vielmehr der Regel nach im Wechselprozeß selbst definitiv zur Entscheidung gebracht werden sollen. § 54 steht dem nicht entgegen, er kann sich nicht auf solche Einwendungen beziehen, welche nach den vorausgehenden Vorschriften vom Separatum überhaupt ausgeschlossen sind.

Derselbe Grundsatz ist vom OHG bereits in den Prozessen Schönnenbeck ·/. Schüler (Nr. 279 und 315 v. 1871) in den Erkenntnissen v. 10. Juni 71 zur Geltung gebracht.

Damit aber beseitigen sich auch alle Angriffe der Nichtigkeitsbeschwerde . . .

Es verstößt zunächst nicht gegen die Grundsätze von der Rechtskraft, wenn der Richter aus der rechtskräftigen Entscheidung im Wechselprozeß eine Vermuthung für die Echtheit des Wechsels herleitet; es folgt daraus nicht blos eine Vermuthung, sondern es ist die Echtheit als festgestellt anzusehen. Kann der Wechselschuldner im Separatum zur eidlichen Ablehnung seiner Unterschrift nicht mehr verstattet werden, so ist es völlig gleichgiltig, wenn der Appellrichter unerwähnt läßt, daß sich der ursprüngliche Kläger K. selbst zur eidlichen Diffession erboten hat. Eine Omission [vgl. Rspr. I S. 97 n., 396] würde nur dann vorliegen, wenn der Richter eine erhebliche Thatsache unerwähnt gelassen hätte.

Daß ferner die vom Separatum handelnden §§ 29, 52—54 AGO I. 27 nicht verletzt sind, folgt bereits aus obiger Ausführung. Dasselbe gilt von den, übrigens nur prozessuale Vorschriften enthaltenden §§ 134, 138, 145 AGO I. 10. Der Wechsel gilt als rekognoscirt, weil gegen die Echtheit Einwendungen im Wechselprozeß überhaupt nicht erhoben und im Separatum unstatthaft sind.

Es kann zugegeben werden, daß die bona fides des Erwerbers eines Wechsels die Echtheit des Accepts nicht ersetzen kann; dieser Satz findet indeß auf den vorliegenden Fall keine Anwendung, der darauf gestützte Angriff ist daher verfehlt. Es steht nämlich keineswegs fest, wie Imploraant meint und bei diesem Angriffspunkt voraussetzt, daß das Accept von dem Wechselbeklagten K. nicht herrühre, vielmehr von einem Dritten auf den Wechsel gesetzt worden. Es hat das nach der Sachdarstellung der Vorderrichter der jetzige Beklagte auch keineswegs eingeräumt, im Gegentheil er hat es direkt bestritten, sich sogar zum Eide de veritate über die Echtheit des Accepts erboten. Es handelte sich schon in I. Instanz nur um Erörterung dieser Frage, nicht aber darum, ob Beklagter von der etwaigen Fälschung gewußt habe.

## Nr. 77.

### II. Senat. — Erkenntniß v. 30. September 71. (B.)

Kamper ·/. Gressard & Co. (Nr. 509 v. 71).

**Königreich Sachsen.** **Weitere Berufung.**

I. Instanz: Handelsgericht im Bezirksgericht Leipzig,
II. Instanz: Appellationsgericht daselbst.

**Nichterfüllung, Schadenersatz. Fixgeschäft.**

**1. Das Bedingen einer „binnen kürzester Frist" zu machenden Lieferung stellt kein Fixgeschäft (im Sinne des Art. 357 HGB) her.**

Rspr. I S. 110, 397; II S. 79; III S. 351.

**2. Bei gewöhnlichen Käufen ist, wenn ein Theil sich im Verzuge mit der Uebergabe, bzw. Zahlung befindet,**

**der andere Kontrahent nur dann berechtigt, statt der Vertragserfüllung Schadenersatz wegen Nichterfüllung zu fordern, wenn er dem Säumigen eine Anzeige seiner desfalls getroffenen Wahl gemacht hat.**

HGB Art. 354, 355, 356. Vgl. oben S. 352 Nr. 1.

**3. Wie ist eine Schadenersatz-Forderung zu begründen?**

Vgl. oben S. 196, 229, 351.

Ueber diese Punkte hat das OHG in einer sächsischen Sache sich, bei Darlegung des Sachverhalts, ausgesprochen

**Entscheidungsgründe:**

1) Beklagter will eine theilweise Kompensation mit der in der Klage geltend gemachten Kaufgeldforderung lediglich darauf gründen, daß Kläger eine vom Bekl. bei ihnen am 18. März 70 gemachte und von ihnen acceptirte Bestellung der in dem ihnen übersendeten „Kommissionszettel" verzeichneten, „in kürzester Frist" zu liefernden, Waaren trotz wiederholter Erinnerung des Bekl. bisher nicht ausgeführt hätten, und daß hierdurch Beklagter einen wirklichen Schaden bzw. entgangenen Gewinn von mindestens 250 Thlrn. erlitten habe, indem sein Reisender die bestellten Waaren bei der Kundschaft des Bekl. längst untergebracht habe, die betreffenden Geschäfte aber nicht hätten effektuirt werden können.

Nun kann man immerhin mit dem Gericht II. Instanz ungeachtet des Ausdrucks „Kommissionszettel" annehmen, daß bei gedachter Bestellung und ihrer Annahme die Parteien ein Kaufgeschäft intendirt haben, was um so unbedenklicher ist, als Kläger sich jetzt mit dieser Auffassung ausdrücklich einverstanden erklären. Auch mag zu Gunsten des Bekl. angenommen werden, daß zumal bei der zwischen den Parteien bereits bestehenden Geschäftsverbindung eine ausdrückliche Vereinbarung über die Preise der bestellten Waaren zur Perfektion dieses Kaufgeschäfts nicht erforderlich war und somit das Vorbringen des Bekl. genügen würde, einen Anspruch auf Erfüllung des Kontrakts seitens der Kläger thatsächlich zu substantiiren. Allein den aus Art. 356 HGB entnommenen entscheidenden Grund, auf welchen das Appellgericht die Nichtzulassung dieser Kompensationseinrede stützt, hat Beklagter gar nicht zu widerlegen versucht. Nach seiner Angabe sollte nämlich die Lieferung der bestellten Waaren zwar „binnen kürzester Frist" geschehen, daß aber dieselbe genau zu einer festbestimmten Zeit oder binnen einer festbestimmten Frist geschehen sollte, hat Beklagter nicht behauptet und läßt sich ebensowenig aus der angeblichen Verabredung einer „kürzesten" Lieferungsfrist entnehmen, da eine solche doch immerhin einen nach den Umständen zu bemessenden Spielraum übrig läßt; während dagegen bei den sogenannten Fixgeschäften der Endpunkt der Lieferungsfrist ein von vornherein genau bestimmter, jedes weitere Ermessen ausschließender ist. In Ermangelung der Voraussetzung des Art. 357 HGB ist hier daher die Vorschrift des voraufgehenden Art. 356 in Anwendung zu bringen, nach welcher beim Kauf derjenige Kontrahent, welcher statt der Erfüllung Schadenersatz wegen Nichterfüllung fordern will, dies seinem Mitkontrahenten anzeigen und ihm dabei, wenn die Natur des Geschäfts es zuläßt, noch eine den Umständen angemessene Frist zur Nachholung des Versäumten gewähren muß.

Nun mag es hier dahingestellt bleiben, ob die letztgedachte Fristgewährung in eben demselben Sinne Bedingung der Schadenersatzforderung ist, wie die Anzeige des Kontrahenten, daß er Schadenersatz statt der Erfüllung fordern wolle.

Vgl. Kierulff, Sammlung der Erk. des OApp.-Ger. Lübeck B. 2 S. 919 ff.

Denn jedenfalls bildet diese Anzeige eine thatsächliche Voraussetzung, an welche das Recht des Kontrahenten

Schadenersatz statt Erfüllung des Kontrakts zu fordern, geknüpft ist; und eine solche Anzeige dem Kläger gemacht zu haben, hat Beklagter nirgend behauptet, so daß es seinem direkt auf Schadenersatz gerichteten Gegenanspruch an der nothwendigen thatsächlichen Substantiirung gebricht. Freilich hat Beklagter andererseits ebensowenig mit Bestimmtheit erklärt, ob er Schadenersatz wegen Nichterfüllung statt der Erfüllung oder wegen verspäteter Erfüllung verlange, welchen letzteren Schadenersatz wegen verspäteter Erfüllung der Käufer nach Art. 355 HGB neben nachträglicher Erfüllung von dem säumigen Verkäufer fordern kann, ohne daß, wenn er diese Alternative wählt, sein Anspruch an weitere Voraussetzungen geknüpft ist. Allein auch diese Erwägung führt zu keinem dem Bekl. günstigeren Resultat, denn die Vorschrift des Art. 356 beruht offenbar auf der Billigkeitsrücksicht, daß der Säumige nicht unnöthig mit der Herbeischaffung des zur Erfüllung des Kontrakts Erforderlichen belastet bleibe. In dieser Lage würden aber die Kläger bleiben, falls man annimmt, daß Beklagter nicht erklärt habe, er fordere statt der Erfüllung Schadenersatz, und es wäre daher Sache des Beklagten gewesen, die Kläger hierüber nicht in Ungewißheit zu lassen, wenn es seine Absicht gewesen wäre, nur wegen verspäteter Kontraktserfüllung Schadenersatz zu begehren. Dem Bekl. die Verbesserung dieser Mängel und Unklarheiten seines Vorbringens in der Beweisinstanz nachzulassen, liegt aber auch nach der — in der Beurtheilung des Einrede-Vorbringens sehr milden — sächsischen Praxis um so weniger ein Grund vor, als es sich hier nicht nur um eine nicht connexe, zur selbständigen klageweisen Verfolgung geeignete, Einrede handelt, sondern für die Kläger daraus auch möglicherweise eine Beeinträchtigung ihrer Vertheidigung gegen dergleichen vage, jeglicher näheren thatsächlichen Substantiirung ermangelnde, Schadenansprüche erwachsen könnte.

2) Eine zweite Gegenforderung hat Beklagter darauf gestützt, daß Kläger sich fort und fort geweigert hätten, ihm diejenigen Waaren zu liefern, welche ihm (nach einem am 5. Mai 70 während der Leipziger Ostermesse mit dem klägerischen Reisenden und Bevollmächtigten R. abgeschlossenen Vertrage) sofort an Stelle der dem R. retournirten Waaren im Betrage von 532 Thlrn. vom Meßlager der Kläger in gleichem Werth=Betrage, jedoch in passenderen Farben, zu liefern gewesen seien, und daß gedachter R. den Bekl. nur zum Schein zu diesem Geschäft durch die arglistige Vorspiegelung, daß die retournirten Waaren nicht ganz für des Bekl. Geschäft paßten, veranlaßt habe, um letztere wieder zu erlangen und so die Forderung der Kläger an den Bekl. zu vermindern, welche ihrerseits den R. zu der arglistigen Wiedererlangung der Waaren beauftragt zu haben schienen und zum Ersatz des Schaden, beziehentlich entgangenen Gewinns von 400 Thlrn. verpflichtet seien, der dem Bekl. durch die rechtswidrige Abnahme der Waaren, bzw. durch rechtswidrig versagte Lieferung anderer Waaren erwachsen sei, indem Beklagter dieselben bereits „zum Absatz an ein hiesiges Detailgeschäft bestimmt gehabt" habe.

Dieser zweiten Kompensationseinrede steht aber schon entgegen, daß das Interesse des Bekl. hier thatsächlich auch nicht im Allermindesten substantiirt ist, da der allein behauptete Umstand, daß Beklagter die ihm vorenthaltenen Waaren seinerseits bereits zum Absatz an ein Detailgeschäft bestimmt gehabt habe, offenbar nicht genügt, einen positiven Schaden oder einen entgangenen Gewinn überhaupt, geschweige denn zu dem (bei einem Kaufpreise der Waaren von nur 532 Thlrn.) auffallend hohen Betrage von 400 Thlrn., als dem Bekl. durch die rechtswidrige Abnahme bzw. Vorenthaltung der Waaren verursacht, anzunehmen. Der liquiden Klageforderung gegenüber die bessere Begründung dieser Gegenforderung dem Bekl. noch in gegen=

wärtigem Verfahren nachzulassen, erscheint aber auch hier aus den unter 1) am Schlusse angeführten Rücksichten nicht gerechtfertigt, und kann es unter diesen Umständen dahingestellt bleiben, ob das zwischen dem Bekl. und dem klägerischen Reisenden angeblich abgeschlossene Geschäft als ein Kauf- oder ein Tausch-Vertrag anzusehen und ob der Schadenanspruch des Bekl., soweit er auf einen dolus beim Abschluß bzw. bei der Erfüllung dieses Vertrages basirt ist, auch im Uebrigen genügend substantiirt sei, um eine Haftung nicht nur des Reisenden R., sondern auch der Kläger begründet erscheinen zu lassen.

## Nr. 78.

## II. Senat. — Erkenntniß v. 30. Sept. 71. (B.)

Wittwe Luckwaldt's Erben ./. J. Bagemühl (Nr. 541 v. 71.)

**Preußen. Wechselsache. Nichtigkeitsbeschwerde.**

I. Instanz: Kreisgericht Stettin,
II. Instanz: Appellationsgericht daselbst.

**Wechselklage; Einrede der Zahlung, Arglist des Klägers.**

**Dem Wechselkläger, welcher den protestirten Wechsel durch Befriedigung eines Nachmanns an sich gebracht hat und nun auf Grund eines älteren Blancogiro klagt, steht eine anderweitig vom beklagten Schuldner bereits geleistete Wechselzahlung nur entgegen, wenn er letztere bei Einlösung des Wechsels gekannt hat.**

DWO Art. 16, 39, 51, 82; vgl. Rspr I S. 355.

Aus einem Accept ihrer Erblasserin belangt, wenden die Beklagten ein, daß einem früheren Wechselinhaber M., welcher den Protest Mangels Zahlung hat erheben lassen und dann den Wechsel eingeklagt, bereits ein Theil der Wechselsumme (150 Thlr.) gezahlt worden. Sie dringen damit nicht durch, ihre NktBschw. wird verworfen aus folgenden

Gründen:

Der Appellrichter soll gegen die Art. 16, 39, 82 DWO verstoßen haben, weil er den Einwand für unerheblich erklärt, daß Kläger vor Anstellung der gegenwärtigen Wechselklage Kenntniß von den an M. geleisteten Abschlagszahlungen gehabt habe.

Beklagte meinen, Kläger müsse sich als Cessionar des M. alle Einwendungen entgegensetzen lassen, welche ihnen dem M. gegenüber zustehen, und sie finden ferner in jener Behauptung die exceptio doli.

a) In ersterer Beziehung steht dem Angriff die thatsächliche Feststellung des vorigen Richters entgegen, daß Kläger keineswegs Cessionar des M., Ausweises des Wechsels nicht nach der Protesterhebung durch Giro des M. in den Besitz des Wechsels gekommen ist, sondern als Vormann des M. denselben wegen der Wechselforderung befriedigt hat und so durch Einlösung des Wechsels im Regreßwege in dessen Besitz gelangt ist. Es liegt hierin eine thatsächliche Feststellung, welche Beklagte gegen sich gelten lassen müssen, da sie mit einem besonderen prozessualen Angriff gar nicht angefochten ist; § 16 der Verordnung vom 14. Dezember 33.

Bekl. stützen ihre abweichende Ansicht auch nur darauf, daß in der Klage gesagt worden:

> Kläger hat den M. befriedigt und ist durch Blanco-Giro in den Besitz des Wechsels gelangt.

Unangefochten hat der Appellrichter bereits dargethan, daß der Wechsel von einem Giro des M. überhaupt gar nichts ergiebt und der Sinn jener Stelle der Klage ein anderer ist. Kläger sei früher durch Blanco-Giro des Trassanten in den Besitz des Wechsels gekommen, und dann später erst wiederum durch Befriedigung seines Hintermanns M. im Regreßwege. Die Voraussetzung des Art. 16 DWO — daß Kläger nach der Protesterhebung durch Indossament in den Besitz des Wechsels gekommen — liegt somit nicht vor, einer Verletzung dieses Art. 16 hat sich daher der Appellrichter nicht schuldig gemacht. Ist hiernach aber Kläger nicht als Cessionar des M. anzusehen, so stehen ihm die an diesen geleisteten Zahlungen der Bekl. auch nicht entgegen, und ist der von diesem Gesichtspunkt aus erhobene Vorwurf einer Verletzung der Art. 39, 82 DWO unbegründet.

b) Anlangend sodann den Einwand des dolus und den hierauf gestützten Vorwurf der Verletzung jener Art. 39, 82: steht den Bekl. zunächst entgegen, daß dieselben in den früheren Instanzen den Einwand, ausdrücklich wenigstens, gar nicht erhoben haben, für den Appellrichter daher auch nicht Veranlassung vorlag, besonders zu prüfen, ob etwa aus den zur Begründung eines anderen Einwandes aufgestellten Behauptungen ein dolus des Klägers sich herleiten lasse [vgl. oben S. 167]. Beklagte sagen denn auch nur in ihrer Nichtigkeitsbeschwerde, in den Behauptungen,

> Kläger habe bei Anstellung der gegenwärtigen Wechselklage gewußt, daß M. die angegebenen Zahlungen auf den Wechsel erhalten habe,

sei die exceptio doli vorgetragen. Sie erkennen damit an, daß diese Exception früher bestimmt nicht erhoben worden.

Dieselbe ist aber auch nicht einmal begründet und insofern die Behauptung vom Appellrichter mit vollem Recht unbeachtet gelassen.

Schon der I. Richter hat die Beklagten darauf aufmerksam gemacht, daß die angeblich an M. geleisteten Zahlungen dem Kläger dann würden entgegengesetzt werden können, wenn er bei Einlösung des Wechsels darum gewußt hätte. Hat er sie damals nicht gekannt, so kann ihm ein dolus auch nicht vorgeworfen werden, wenn er von dem gesetzlich durch die Einlösung ihm entstandenen Recht vollen Gebrauch macht, Art. 51. Eine später erlangte Kenntniß der aus dem Wechsel nicht hervorgehenden Abschlagszahlungen kann das einmal erworbene Recht nicht weiter beeinträchtigen, und daher ist es völlig gleichgiltig, wenn Kläger bei Anstellung der Klage Kenntniß der an M. geleisteten Zahlungen gehabt haben sollte.

Der Einwand der Arglist ist daher unbegründet und auch von diesem Gesichtspunkt aus eine Verletzung des Art. 82 nicht anzuerkennen.

## Nr. 79.

## I. Senat. — Erkenntniß v. 3. Okt. 71. (B.)

Schott ./. Gorecki (Nr. 440 v. 71).

**Preußen.** **Nichtigkeitsbeschwerde.**

I. Instanz: Kreisgericht Schubin,
II. Instanz: Appellationsgericht Bromberg.

**Vertragsschließung von Analphabeten.**

**Wer die Schrift, in welcher ein Vertrag abgefaßt ist, weder schreiben noch lesen kann, steht nach ALR denen gleich, welche der betreffenden Sprache überhaupt unkundig sind.**

ALR I. 5 § 172, 174, 179.

Kläger begehrt Erstattung einer für den Bekl. geleisteten Wechselzahlung. Beklagter beruft sich dagegen auf ein vom Kläger unterzeichnetes, in deutscher Sprache abgefaßtes Schriftstück, inhalts dessen Kläger (für geständlich empfangene 100 Thaler) den betreffenden Wechsel einzulösen übernommen hatte. Kläger bestreitet die Giltigkeit dieses Scheins, weil er des Deutschen gänzlich unkundig; Beklagter stellt das Gegentheil unter Beweis sowie, daß der Inhalt des betreffenden Scheins dem Kläger polnisch vorgelesen worden. Der Appellrichter nahm nur als erwiesen an, daß Kläger deutsche Schrift nicht zu lesen verstehe; dies wurde aber für ausreichend erachtet, um denselben einem Analphabeten (im Sinne v. § 172, 179 ALR I. 5) gleichzustellen.

Die RktBschw. des demnach verurtheilten Bekl. ist zurückgewiesen worden.

**Gründe:**

§ 179 ALR I. 5 bestimmt:

„Wer der Sprache, worin das Instrument abgefaßt werden soll, unkundig ist, wird Einem, der nicht schreiben kann, gleich geachtet (§ 172)."

Im § 172 a. a. O. wird nun aber für alle Analphabeten die gerichtliche oder notarielle Form des Vertrages vorgeschrieben und im § 174 ebendaselbst bestimmt, daß bei Verabsäumung dieser Form der Vertrag nur als ein mündlicher gelten soll. Daß den Analphabeten in dieser Beziehung diejenigen Personen gleichstehen müssen, welche die Schrift, in welcher das Instrument abgefaßt ist, weder lesen noch schreiben können, weil der Kontrahent im Stande sein muß, sich von der Uebereinstimmung des Niedergeschriebenen mit der Verabredung zu überzeugen, und die Schrift nicht blos wesentliche Form, sondern auch Beweismittel ist, hat das preuß. Ober-Tribunal im Plenarbeschluß v. 2. Juli 55 (Entsch. B. 31 S. 1) festgestellt und überzeugend begründet. Wenn also der Appellrichter unangefochten festgestellt hat, daß Kläger Deutsch weder lesen noch schreiben kann: so hat er ganz recht, wenn er sagt, daß es unter diesen Umständen nicht darauf ankomme, ob Kläger der deutschen Sprache auch überhaupt mächtig sei, und es erscheint daher weder § 172 noch 179 a. a. O. verletzt. Stellt nun aber § 174 a. a. O. diejenigen schriftlichen Verträge, bei denen die vorgeschriebene Form verabsäumt worden, den mündlichen gleich: so ist damit denselben eben die Beweiskraft abgesprochen, was aus der Sache selbst mit Nothwendigkeit, sowie auch aus der obigen Darlegung folgt. Denn wenn z. B. ein Blinder — und diesem ist im § 174 a. a. O. der Analphabet gleichgestellt — ein beschriebenes Blatt unterschrieben zu haben überführt wird: so kann der

Inhalt dessen, was darauf geschrieben ist und über der Unterschrift steht, unmöglich als Beweis eines darin kund gegebenen Vertrages gelten, so lange die Verabredung eines solchen nicht anderweit erwiesen ist.

## Nr. 80.

## I. Senat. — Erkenntniß v. 3. Okt. 71. (V.)

Mispel ./. C. Schulz (Nr. 551 v. 71).

**Preußen. Wechselsache. Nichtigkeitsbeschwerde.**

I. Instanz: Kreisgericht Glogau,
II. Instanz: Appellationsgericht daselbst.

**Wechselausstellung. Giro. Minderjährigkeit.**

**Daß der Wechselaussteller zur Zeit der Wechselziehung minderjährig war, beeinträchtigt an sich die Giltigkeit seines späteren Indossaments nicht — auch nicht bei undatirtem Giro auf einem an eigene Ordre gestellten Wechsel.**

DWO Art. 1, 3, 4 Nr. 5 u. 6, Art. 14, 75, 76, 81. Selbständigkeit der einzelnen Wechselverpflichtungen, vgl. Rspr. I S. 57 Nr. 2, 64, 107, 230 ff.

Bei Vernichtung eines preuß. Appellurtels angenommen vom OHG aus nachstehenden

**Gründen:**

Der Appellrichter hat die aus einem v. C. Schulz an eigene Ordre gezogenen und in blanco girirten Wechsel über 215 Thlr. gegen denselben als Aussteller und Giranten gerichtete Klage um deswillen abgewiesen, weil der in Rede stehende Wechsel als Ausstellungsdatum den 28. Juni 70 angiebt, an diesem Tage aber Schulz (unstreitig) noch minderjährig gewesen ist. Er folgert aus Art. 4 Nr. 6 DWO, nach welchem zu den wesentlichen Erfordernissen des Wechsels die Angabe von Monatstag und Jahr der Ausstellung gehört, daß der im Wechsel angegebene Ausstellungstag allein maaßgebend sei für diejenigen Rechte und Pflichten, welche nach der Zeit der Vornahme des Geschäfts zu beurtheilen sind, daß daher die klägerische Replik-Behauptung, die Unterschrift des Bekl. sei erst nach dem 1. Juli 70 — an welchem Tage Beklagter gemäß § 2 des preuß. Ges. v. 9. Dez. 69 (Ges.-Sammlung 1869 Nr. 69) das Großjährigkeitsalter erreicht hat — auf den Wechsel gesetzt worden, einmal nach Inhalt des Wechsels, sodann um deswillen unbeachtlich erscheine, weil es sich hier lediglich um Verfolgung eines wechselmäßigen Anspruchs an den Bekl., nicht um einen auf einen etwaigen dolus desselben gestützten Entschädigungsanspruch handle.

Die Nichtigkeitsbeschwerde greift diese Ausführung hauptsächlich, und mit Recht, an wegen Verletzung des, im Art. 81 DWO enthaltenen, Rechtsgrundsatzes:

> „die wechselmäßige Verpflichtung trifft auch den Indossanten des Wechsels, und es hat auf die Verbindlichkeit der übrigen Wechselverpflichteten keinen Einfluß, wenn sich auf dem Wechsel Unterschriften von Personen befinden, welche eine Wechselverbindlichkeit nicht eingehen können."

Beklagter hat den Klagewechsel nicht allein als Aussteller, sondern auch als Blancogirant unterzeichnet. Angenommen daher, daß dem im Wechsel angegebenen Ausstellungsdatum überall die vom Appellrichter vorausgesetzte unbedingt beweisende Kraft unter Ausschluß des Gegenbeweises zukäme: so spricht doch keine rechtliche Präsumtion dafür, noch ist vom Appellrichter thatsächlich festgestellt, daß dieses Ausstellungsdatum zugleich das Datum des auf dem Wechsel befindlichen undatirten Blancogiro sei. Ja, Beklagter hat dies nicht einmal behauptet und die Bemerkung des Appellrichters: „abgesehen davon, daß die Stempelverwendung zu demselben schon am 28. Juni 70 stattgefunden hat", deutet nur auf die Unwahrscheinlichkeit des behaupteten späteren Ausstellungstages, nirgend aber auf das Datum des Giro hin. Die Identität des Ausstellungs- und Giro-Datums ist aber auch nicht daraus zu folgern, daß der Klagewechsel an eigene Ordre gezogen ist. Denn auch das erste Giro eines Wechsels an eigene Ordre ist ein selbständiger Verpflichtungsakt, hat somit sein eigenes, ausgesprochenes oder nicht ausgesprochenes, Datum und kann wirksam sein ungeachtet der Unverbindlichkeit des Ausstellungsaktes, wie umgekehrt. (Erk. v. 8. Nov. 70, Rspr. I S. 64).

Hätte also Beklagter am 28. Juni 70 noch als Minderjähriger den Wechsel ausgestellt, so konnte er doch sehr wohl nach erlangter Großjährigkeit sich durch Girirung des Wechsels in gleicher Weise verpflichten, wie ein dritter Remittent. Indem der Appellrichter die rechtliche Doppelstellung des Bekl. ignorirt und lediglich um der angenommenen Ungiltigkeit des Ausstellungsaktes willen die Klage zurückgewiesen hat, trifft ihn der Vorwurf, den in Art. 3, 75, 76, 81 DWO anerkannten Grundsatz der Selbständigkeit der verschiedenen Wechselverpflichtungen verletzt zu haben. Sein Urtel war daher zu vernichten, und da Beklagter nicht behauptet hat, daß sein Blancogiro v. 28. Juni 70 datire, in der Sache selbst das lediglich verurtheilende I. Erkenntniß herzustellen.

## Nachtrag.

Ebenso hat das OHG bereits am 4. April 71 in der Berliner Wechselsache Zinn ·/. Loewenstein (Nr. 128 v. 71) entschieden. Damals wurde bei Zurückweisung der NktBschw. des Bekl. erwogen:

Beklagter ist nicht blos in seiner Eigenschaft als Aussteller, sondern auch als Indossant des Klagewechsels in Anspruch genommen und hat sich im Lauf der Vorinstanzen lediglich darauf beschränkt, seine Dispositionsunfähigkeit für den Tag der Ausstellung des Wechsels zu behaupten. Mit Recht hat daher der Appellrichter die Aufstellung und Substantiirung des Einwands vermißt, daß Beklagter auch bei Indossirung des Wechsels mit diesem Mangel behaftet gewesen, und der Richter würde gerade dann einer Verletzung des § 28 AGO I. 13 [wonach Thatsachen nicht zu vermuthen sind] und eines prozessualen Verstoßes im Sinne des Art. 3 Nr. 1 der Deklaration v. 6. April 39 sich schuldig gemacht haben, wenn er dem Bekl. den thatsächlichen Einwand suppeditirt hätte, daß der fragl. Wechsel bereits am Tage der Ausstellung girirt worden sei. Der Richter hat in dieser Beziehung nichts vermuthet noch suppeditirt, vielmehr nur die Aufstellung und Substantiirung des betreffenden Einwands bezüglich des Giro des Bekl. — und mit Recht — vermißt, da es Sache des Bekl., soweit er aus seinem Giro in Anspruch genommmen, blieb, den Einwand seiner Unfähigkeit zu erweisen.

## Nr. 81.

## II. Senat. — Erkenntniß v. 7. Okt. 71. (V.)

E. Sobotha ./. A. Püschel (Nr. 559 v. 71).

**Preußen. Wechselsache. Nichtigkeitsbeschwerde.**

I. Instanz: Stadtgericht Breslau,
II. Instanz: Appellationsgericht daselbst.

**Bürgschaft in Wechselform, Verhältniß von Mitbürgen.**

**Das Rechtsverhältniß unter mehreren Wechselverbundenen, welche für die Wechselsumme nur als gemeinschaftliche Bürgen haften zu wollen übereingekommen sind, bestimmt sich nach bürgerlichem Recht — im Geltungsbereich des ALR nach § 424 ff. Tit. 5 und § 374 Tit. 14 Th. I.**

Vgl. Rspr. I S. 74, II S. 152, 251.

Bei Vernichtung eines altpreußischen Appellurtels angenommen vom OHG aus nachstehenden

**Gründen:**

Der Appellrichter beginnt seine Entscheidungsgründe mit dem Satze, daß die [landrechtlichen] Grundsätze von Correal-Verbindlichkeiten auf gemeinschaftliche Wechsel-

Verpflichtungen keine Anwendung finden, und abstrahirt von der Beweisaufnahme darüber, daß die Parteien für die Schuld aus dem eingeklagten Wechsel sich gemeinschaftlich verbürgt haben, lediglich aus dem Grunde, weil die Parteien, wenn überhaupt, nur in der Form des Wechselvertrages sich gemeinschaftlich verbürgt haben, daher auch ihre Regreßpflicht lediglich nach den Grundsätzen des Wechselrechts zu beurtheilen sei.

Der dagegen in der Nichtigkeitsbeschwerde erhobene Vorwurf der Verletzung des § 445 Tit. 5 und § 374 Tit. 14 Th. I ALR sowie der Grundsätze des Wechselrechts ist begründet. Schon im Erk. v. 3. Juni 71 [Rspr. II S. 251] hat das OHG ausgeführt, daß die Verpflichtungen mehrerer Aussteller eines Wechsels, welche übereingekommen waren, als Bürgen für den Hauptschuldner zu haften, unter sich nach den Vorschriften des ALR in den oben als verletzt bezeichneten §§ zu beurtheilen seien. Es ist nicht ersichtlich, weshalb derselbe Grundsatz nicht auch für das Rechtsverhältniß zwischen anderen Wechselbetheiligten — Indossant und Indossatar — gelten sollte, sobald dieselben in einer nach allgemeinen Vorschriften rechtsverbindlichen Art übereingekommen sind, unter sich gemeinschaftlich nur als Bürgen für den Hauptschuldner zu haften. Weshalb für ein solches, unter diesen Personen begründetes Rechtsverhältniß die allgemein geltenden Gesetzvorschriften keine Anwendung finden sollten, ist vollkommen unerfindlich. Es ist vom Appellrichter auch keine dem entgegenstehende Vorschrift des Wechselrechts bezeichnet. Es würde im Gegentheil dem mit Uebergehung solchen Uebereinkommens lediglich auf das Wechselrecht gestützten Anspruch der Einen dieser Personen gegen die Andere aus Art. 82 DWO mit Wirkung der Einwand aus dem Uebereinkommen entgegengesetzt werden können, daß sie unter einander nur als gemeinschaftliche Bürgen des Hauptschuldners nach § 374

Th. I Tit. 14 und § 445 Th. I Tit. 5 ALR zu gleichen Theilen haften.

Die auf der entgegengesetzten Annahme beruhende Entscheidung des Appellrichters unterliegt daher der Vernichtung.

In der damit der freien Beurtheilung anheimfallenden Sache selbst ist zwar durch Eid des Klägers die Behauptung des Bekl. widerlegt, daß sie unter einander verabredet, für die Wechselschuld des Hilbert als Bürgen Jeder zur Hälfte aufzukommen, damit ist indeß noch nicht ausgeschlossen, daß Parteien nicht in anderer verbindlicher Weise übereingekommen, für die Hilbertsche Wechselschuld unter sich als Bürgen zu haften.

Beklagter hat nun . . . Behauptungen aufgestellt, aus denen mit voller Zuverlässigkeit auf solches Uebereinkommen mit dem Kläger geschlossen werden könnte.

Es soll sich danach H., um vom Vorschußverein ein Darlehn zu erhalten, an jeden der [jetzigen] Parteien einzeln behufs Uebernahme der Bürgschaft gewendet; es sollen beide Theile sich zu dieser Uebernahme bereit erklärt und nun den ersten sowie die späteren Prolongations-Wechsel — so, wie sie ihnen vorgelegt worden — bald als Aussteller, bald als Giranten unterzeichnet haben, ohne daß ein Uebergang der Wechsel von Einem auf den Anderen stattgefunden.

Beklagter hat über diese Behauptungen Zeugen benannt und ev. dem Kläger den Eid deferirt. Diese, vom vorigen Richter aus unzureichendem Grunde abgelehnte Beweisaufnahme ist nachzuholen und sodann anderweit in der Hauptsache und über die Kosten zu entscheiden. Zu diesem Behuf war die Sache in die vorige Instanz, in welcher jene Behauptungen erst aufgestellt worden, zurückzuweisen.

# Quellen- und Rechtsmaterien-Register
## für die drei ersten Bände unserer Rechtsprechung.

## I. Allgemeines Deutsches Handelsgesetzbuch.

Art.

### 1. Quellen der Rechtsprechung in Handelssachen.

a) Reichsgesetzgebung I. 1, 3 n., 4 n*).

b) Kraft des Handelsgewohnheitsrechts . . II. 346.
Unterscheidung von Handelsgebrauch und Verkehrssitte (Art. 279): II. 277, 347.

c) Analoge Gesetzesanwendung I. 139, II. 75, 88, 238; III. 44, 61, 198; vgl. zu Art. 113, 279, 323, 359, 364 Abs. 2.

d) Grundsätze der Gesetzesauslegung I. 5, 8, 194, 197 n.; III. 175, 198.

e) Recht des Auslands, Territorialität der Rechte: I. 231, 235 ff., 245, 280, 300; II. 54, 216, 301; III. 41, 106, 172, 185, 300; vgl. zu Art. 84 ff. DWO.
Abweichungen des fremden Rechts werden nicht vermuthet I. 280, II. 57 n., III. 106.
Legalität ausländischer Akte III. 303.
Vertragsmäßige Unterwerfung unter ausländisches Recht I. 194.
Englisches Recht I. 281, 303.
Französisches Recht I. 194, III. 168 ff.
Russisches Handelsrecht II. 58.

f) Wegen einzelner Handelsbräuche vgl. I. 401, II. 394 unter Handelsbrauch.

g) Das Prinzip von Treue und Glauben beherrscht allen Handelsverkehr, vgl. I. 133, 141, 152; II. 349 und hier zu Art. 279, auch die Register I. 405, II. 398, III. 413;
selbst sog. Fixgeschäfte (HGB Art. 357) I. 253,

---

*) Die lateinische Ziffer bezeichnet in dieser Uebersicht stets den Band, die folgende arabische Ziffer die Seite der Rspr., wo die betr. Entscheidung steht.

Art. HGB.

namentlich Versicherungsverhältnisse (vgl. HGB Art. 789, 810 ff.) I. 92, II. 33, 95, 337.

h) Das allgemeine bürgerliche Recht greift ergänzend ein, vgl. I. 70; II. 47, 51, 66, 199; III. 48, 95, 110, 171.
Die einzelnen vorzugsweise wichtigen Materien deutet Nr. IV dieser Uebersicht an, nachher S. 402 ff.

i) Prozessuale Handelssachen, Kompetenz des OHG I. 11 ff., 244, 392 ff.
Vgl. HGB Art. 3, 27, 37, 62, 125, 160 Abs. 3, 195, 253 Abs. 2, 310 Abs. 2, 323 Abs. 3, 348, 407, 492.

k) Rechtsprechung des OHG, Berücksichtigung landesrechtlicher Gerichtspraxis I. 15 n., III. 198 nebst Nachtrag.

2. **Wechselsachen** (vgl. zur DWO).

a) Streitigkeiten aus Wechseln sind prozessuale Handelssachen I. 11 Nr. 1, 246, 392 lit. d.
Rekognition oder Diffession der Wechselunterschriften 2c. II. 296, III. 114, 190 ff., 300, 366.

b) Auslegung und Beurtheilung wechselmäßiger Erklärungen I. 79, 87; II. 36, 217.

c) Wechselgeschäft und unterliegendes Rechtsverhältniß I. 49, 57, 100, 198, 208, 397; II. 142, 149, 374; III. 75 ff.
Nebenverträge beim Wechsel I. 59, 64, 198, 308; III. 346.
Civilrechtliches Verhältniß unter einzelnen Wechselbetheiligten I. 74, 308; II. 152, 251; III. 382.

d) Bürgschaft in Wechselform I. 53, II. 152, 251, 287; III. 382.

e) Cession und Wechselbegebung II. 186.

f) Condictio indebiti nach Rückgabe des Wechsels behufs Einziehung eines Restbetrages III. 128.

g) Contocurrentvertrag und Wechselregreß I. 373, II. 141, III. 202.

h) Wechselgeschäfte einer Handelsgesellschaft, Wirkung II. 1.

i) Zahlungsversprechen nach Wechselrecht III. 22 n.

3. Kompetenz des OHG, Handelsgerichte in Preußen I. 11, 12 Nr. 3, 393 lit. g.

4. a) Wer ist Kaufmann? I. 127, 393.

b) Kaufmann als Beklagter, Kompetenz des OHG I. 11 Nr. 2, 393.

c) Vermuthung für die handelsgeschäftliche Qualität seiner Verträge (Art. 274) II. 49, 52; III. 52.

d) Handelsgeschäfte (Art. 271 ff.):

Art. HGB.

## II. Allgemeine Deutsche Wechsel-Ordnung.

## III. Sonstige Reichsgesetzgebung.



## IV. Bürgerliches Recht, allgemeine Rechtsbegriffe und Rechtsregeln.

Rechtsregeln.

## V. Landes-Prozeßrecht.

(Hauptpunkte.)

# Sach-Register.

## A.



## B.

## C.



## D.



## E.



## F.

## G.



## H.



## J.



## K.

## L.



## M.

## N.



## O.



## P.



## Q.



## R.



## S.

## T.



## U.



## V.

## W.



## Z.



Druck von Bär & Hermann in Leipzig.

## Druckfehler.

Man lese gefälligst in unserem I. Bande:

S. 5 von unten: hinter „Theile" ein Komma und mittelst (statt wie selbst), aber kein Komma hinter „Indossaments" in der folgenden Zeile;

S. 186 Z. 5 von unten: 658 (statt 650);

S. 198 Z. 6 von unten: richterlichem;

S. 331 Z. 17: Roseen (statt Roseeu);

S. 398 Z. 7 von unten: Art. 354 (statt 154);

im II. Bande:

S. 4 Z. 13 von unten: 338 (statt 238);

S. 106 am Ende und 107 oben: Nr. DLVII;

S. 108 Z. 11 von unten: Nr. CLVI (statt C. L. III).

S. 388 Z. 8 von unten: ein Komma hinter „erfindlich";

und in diesem III. Bande:

S. 37 Z. 2 von unten noch: Art. 387;

S. 93 letzte Zeile: „Anker", Erklärung Nr. 82;

S. 149 Z. 3: 655 (stattt 665);

S. 217 Z. 19: Through-bill rc. (d. h. durchgehendes Connossement);

S. 363 Z. 14: 396 (statt 369).

Kolibri 360 GmbH
Ferdinand-Jühlke-Straße 7
99095 Erfurt, Deutschland
produktsicherheit@kolibri360.de